主创团队 | 合木弘文

姚烨

诗词山河主策划、插画师
哔哩哔哩 @ 合木烨仔

赵白

诗词山河主美、插画师
已出版图书《画画的小小旅行家》
《草草画猫》《草草画狗》。

辛玥

作家、作词人

本科就读于四川大学汉语言文学系，后于美国纽约州立大学宾汉姆顿分校取得文学硕士学位，并于加州大学伯克利分校、圣母大学进行交换访学，研究方向为东亚宗教与神话学。

在新作《宋词山河》即将上市之际，我们感到十分激动，也十分忐忑。三年前，我们的第一套书《唐诗山河》问世，获得了广大读者的喜爱，如何能够不辜负读者信任、在《唐诗山河》的基础上再做创新与升级，是我们编撰《宋词山河》的过程中思考最多的问题。

关于这套书，有一些要点，需要读者提前知晓：

第一，《宋词山河》并不只有宋词。王国维曾说："凡一代有一代之文学，楚之骚，汉之赋，六代之骈语，唐之诗，宋之词，元之曲，皆所谓一代之文学，而后世莫能继焉者也。"这几乎是所有研习过文学史的人都知道的一段话。宋词是宋代的代表文体，但这并不意味着盛行于宋代的文体只有"词"这一类。在宋代，诗与文的发展同样繁荣，甚至它们在文坛中的地位要高于诞生于歌筵酒宴之间的词。一些优秀的宋代文章，至今仍是中小学生重点学习的对象，如《岳阳楼记》《醉翁亭记》《前赤壁赋》等。本书中，对这些文章也进行了收录和解读，以让读者更为全面地了解宋代文学作品，并体会文人们的心路历程。

第二，《宋词山河》并不是商业化的流水线作品。在前作《唐诗山河》中，我们加入了一些较为高阶的知识点，以让这套书尽可能地完善、全面与专业——这也是《唐诗山河》有别于市面上其他青少年诗词读物的地方。《宋词山河》沿用了唐诗山河的整体风格，在定位与内容上做出了更为精细的调整：在阅读难度上，我们参考了中小学课外读物，对于学生来说，这样的难度既不会太过难懂，又具有一定的挑战性；在内容范围上，《宋词山河》涵盖了中小学重点诗文作品百余篇，以诗人经历、历史事件、文学知识作为串联，全景式地展现了两宋时期的文学脉络与社会风貌。书中的人设立绘、生动漫画、互动吐槽、精美饰图，将在帮助记忆的同时，进一步将读者带入那个风雅迷人的年代。

中华上下，万代千秋，留下的文学遗产数不尽、说不透、学不完。对于合木团队来说，创作的过程，实际上也是再次学习、再次认识这些历史人物的过程。在编写时，我们也时常会因兴奋而战栗，为那些荡气回肠的传说与故事、为那些骄傲不屈的人格、为那些光耀百世的皇皇著作。它们潜藏进历史的书页之间，亦化入了中华大地上的山川草木，为万里山河注入了无限的诗性与灵性。它们等待着与你的结识。

再次感谢南京师范大学钟振振教授、华中师范大学戴建业教授、纽约州立大学宾汉姆顿分校陈祖言教授、四川大学丁淑梅教授，你们从始至终的帮助，使《诗词山河》系列焕发了新的光彩。

另外，要再次感谢前人所做的研究。本书所涉及的参考文献众多，在撷英取华的过程中，我们无数次地感叹前人研究之广、之深。向这些学者致敬！

《宋词山河》历时两年半编著而成，虽夕惕若厉、终日乾乾，仍不免有错漏之处，望读者海涵。

合木弘文

2024.2

宋词山河

卷一 诗词山河 春花秋月

合木弘文 编著

江苏凤凰文艺出版社
JIANGSU PHOENIX LITERATURE AND ART PUBLISHING

图书在版编目（CIP）数据

宋词山河 . 卷一，春花秋月 / 合木弘文编著 . — 南
京：江苏凤凰文艺出版社，2024.4
ISBN 978-7-5594-8261-7

Ⅰ . ①宋… Ⅱ . ①合… Ⅲ . ①诗人 – 生平事迹 – 中国
– 宋代②宋词 – 选集 Ⅳ . ① K825.6 ② I222.844

中国国家版本馆 CIP 数据核字 (2024) 第 009088 号

宋词山河 . 卷一 春花秋月

合木弘文 编著

出 版 人	张在健
统　　筹	姚 丽
责任编辑	朱雨芯　文芹芹
装帧设计	今亮後聲 HOPESOUND · 小九（原设计）
	徐芳芳（修改）
责任印制	杨 丹
出版发行	江苏凤凰文艺出版社
	南京市中央路 165 号，邮编：210009
网　　址	http://www.jswenyi.com
印　　刷	苏州工业园区美柯乐制版印务有限责任公司
开　　本	889 毫米 × 1194 毫米 1/16
印　　张	27
字　　数	420 千字
版　　次	2024 年 4 月第 1 版
印　　次	2024 年 4 月第 1 次印刷
书　　号	ISBN 978-7-5594-8261-7
定　　价	199.00 元（全 4 册）

江苏凤凰文艺版图书凡印刷、装订错误可随时向承印厂调换
如对内容有意见或建议，可向编辑部反馈，联系电话 025-83280207

目录

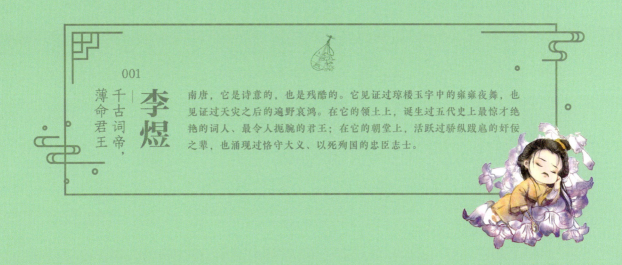

001

千古词帝，
薄命君王

李煜

南唐，它是诗意的，也是残酷的。它见证过琼楼玉宇中的霪霪夜舞，也见证过天灾之后的遍野哀鸿。在它的领土上，诞生过五代史上最惊才绝艳的词人、最令人扼腕的君王；在它的朝堂上，活跃过骄纵跋扈的奸佞之辈，也涌现过恪守大义、以死列国的忠臣志士。

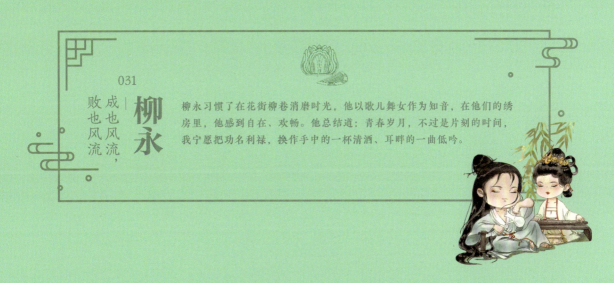

031

成也风流，
败也风流

柳永

柳永习惯了在花街柳巷消磨时光，他以歌儿舞女作为知音，在他们的绣房里，他感到自在、欢畅。他总结道：青春岁月，不过是片刻的时间，我宁愿把功名利禄，换作手中的一杯清酒、耳畔的一曲低吟。

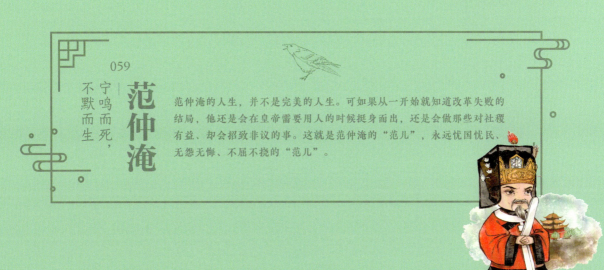

059

宁鸣而死，
不默而生

范仲淹

范仲淹的人生，并不是完美的人生。可如果从一开始就知道改革失败的结局，他还是会在皇帝需要用人的时候挺身而出，还是会做那些对社稷有益、却会招致非议的事。这就是范仲淹的"范儿"，永远忧国忧民、无怨无悔、不屈不挠的"范儿"。

千古词帝，薄命君王

Song Ci Shan He

李煜
LI YU

李煜

李煜（937—978），原名从嘉，字重光，号钟隐、莲峰居士。南唐末代君主、诗人，也被称为南唐后主、李后主。李煜的一生，颇具戏剧性：年少时，他以闲散皇子的身份，过着养尊处优的生活；青年时期，他在机缘巧合之下成为掌权者，却不改风流缱绻、醉心艺术的天性；南唐被北宋攻破后，他被俘往汴京，最后因一首《虞美人》得罪宋太宗赵光义，于七夕生辰日当天被毒杀，享年四十二岁。

李煜精书法、善绘画、通音律，于诗文一途有很深的造诣，尤以词的成就最高。其后期词作，如《虞美人·春花秋月何时了》等，情真意切、娓娓动人，提升了词的思想内涵与精神境界，他对词这一文体的发展做出了贡献。王国维评价其人与其词道："词至李后主而眼界始大，感慨遂深，遂变伶工之词而为士大夫之词。……主观之诗人，不必多阅世，阅世愈浅，则性情愈真，李后主是也。"

耀州窑青釉药王塑像

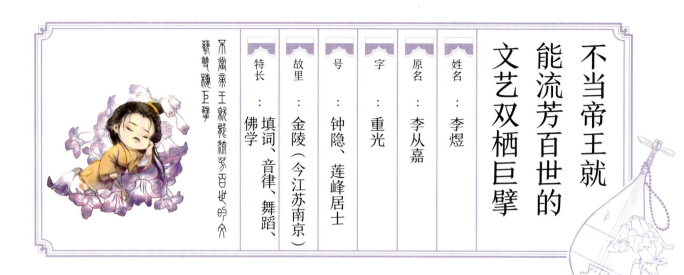

不当帝王就
能流芳百世的
文艺双栖巨擘

姓名：李煜

原名：李从嘉

字：重光

号：钟隐、莲峰居士

故里：金陵（今江苏南京）

特长：填词、音律、舞蹈、佛学

四十年来家国，三千里地山河

▶ 出自李煜《破阵子·四十年来家国》

李煜的祖父、南唐的建立者李昪（biàn），有一个传奇的人生。从乱世中的孤儿，到坐拥江淮、登基为帝，他书写了一段白手起家的奋斗史，也为子孙后代留下了丰厚的遗产。

词的故事，以南唐后主李煜作为开端，希望不会让你感到错愕。

唐诗与宋词，是中国文学史上的两座高峰，此言不假。的确，李煜不是宋人，也并不生活在宋朝，但在"词"这一文体的发展历程中，他的成就，是让人无法忽视的一座丰碑。直到今天，仍有很多人痴迷他的词，并津津乐道于他那短暂又曲折的一生。在尘世的维度上，他是个失败的君王；但在艺术的领域里，他是当之无愧的"词中之帝"。他的家国被北宋所灭，他的词却令整个宋朝为之倾倒。

要了解李煜，首先就要了解他生活的时代，以及他所执掌的南唐政权。

唐朝末年，藩镇割据，国家领土被分为数份，分别被各地藩镇控制。公元907年，唐朝灭亡，各地藩镇纷纷自立，或守土自重、雄踞一方，或厉兵秣马、争夺天下。中原地区依次形成了梁、唐、晋、汉、周五个政权，史称后梁、后唐、后晋、后汉与后周，合称"五代"；中原之外的区域，如巴蜀、湘鄂、江淮等地，则被其他藩镇占有，其中有十个同时或相继存在的政权相对突出，它们被后世史家称为"十国"，这就是"五代十国"之称的由来。

作为"十国"之一——南唐的掌权者，李煜的家族史与五代十国的历史息息相关。当他的祖父李昪迈入高门，借此拿到争驰天下的"入场券"时，乱世的大幕才刚刚拉开；待到李煜去世时，五代硝烟已散，北宋王朝一统天下。可以说，从祖父、父亲再到李煜自己，三代人的命运，贯穿了乱世的始终。

李煜的爷爷——南唐开国皇帝李昪，原本只是乱世中一个有姓无名的孤儿，在父亲李荣失踪、母亲去世后，他孤身一人在濠州一带流亡。七岁时，在机缘巧合之下，他遇到了当时的大唐淮南节度使杨行密，被其收为养子。杨行密拥兵自重，割据一方，跟着他，总不会再受到欺辱了吧？然而，杨行密的儿子们骄矜善妒，看不起这个出身低微的养子，经常排挤李昪。杨行密只好把养子交给部下徐温抚养。徐温很喜欢这个聪明伶俐的孩子，便依照家族字辈，为他取名为"徐知诰"。

乱世之中，政权相替，各色人马"你方唱罢我登场"，城头不断变换大王旗。公元 902 年，唐王朝奄奄一息之际，唐昭宗封杨行密为吴王，令他统兵讨伐叛军首领朱温。这并没能挽救大唐与昭宗自己的命运，却成了杨吴[1] 政权的开端。公元 904 年，朱温杀唐昭宗，扶持其第九子李柷即位——这便是唐朝的末代皇帝唐哀帝。公元 905 年，杨行密去世，其子杨渥继位，继续割据江淮。公元 907 年，朱温逼迫唐哀帝禅位，唐朝彻底灭亡。朱温称帝建国，定国号为大梁，史称"后梁"。至此，五代十国的大幕正式拉开。

随着后梁的建立，中原的情况稍事稳定。但在杨行密留下的江淮之地，另一出好戏正在上演。杨渥接掌南吴政权后，很快就暴露出了自身的问题：他既没有仁德，又缺乏治国才干，没过几年便被大臣张颢所杀。后来，张颢又死于徐知诰的养父徐温之手，至此，南吴政权开始被徐氏操控，

1　杨吴：五代十国的十国政权之一，为杨行密所建，又称"南吴"。

之后即位的杨隆演、杨溥两任吴王，都不过是徐家扶植上位的傀儡罢了。徐温的身份、地位，为徐知诰走上政治舞台提供了机会。之后的许多年里，凭借自身的能力与手段，徐知诰在南吴官场扶摇直上，其权势之大，甚至超越了徐温的亲生儿子。

公元 927 年，吴王杨溥在大臣们的劝说下僭号称帝，追尊杨行密为武皇帝。徐知诰始终在朝中扮演着重要角色，累迁太尉、中书令、金陵尹、东海王，直至位居太师、天下兵马大元帅。公元 935 年，南吴划升州、润州等十州为齐国，加封徐知诰为齐王，统御十州之地。周围的闽国、越国等国看到徐知诰权势如此之大，便都派遣使者过来，劝说徐知诰夺权称帝。徐知诰知道，自己上位，已经是众望所归的事了。

公元 937 年，徐知诰建立齐国，以金陵（今江苏南京）为西都，广陵（今江苏扬州）为东都。同年，杨溥在重重压力下，"自愿"禅位给齐王徐知诰，至此，江淮真正成为徐家天下，徐知诰称帝，定国号为大齐，改元"昇元"。南吴政权灭亡。

公元 939 年，或许是为了给自己建立的政权找一个更加稳固的"落脚点"，又或许是不愿一辈子冠着别人的姓氏过活，徐知诰决定恢复自己的旧姓"李"（这是在他六岁那年失踪的父亲给他留下的为数不多的东西），并改名为"昪"，取日光明亮之意。正巧，覆灭的唐王朝宗室也姓李，这方便了李昪攀附关系。他昭告天下，说自己是唐宪宗之子——建王李恪的后人，是正统的唐朝宗室血脉，并改国号为"唐"，史称"南唐"。

尽管李昪编造出的家族谱系遭遇了后世许多史学家的质疑，但至少在表面上，宗室后裔的身份，让南唐的建立、李昪的夺权显得顺理成章。

就这样，孤儿李昪成为南唐的开国皇帝。此时的南唐，北面、西北面与中原政权以淮河至大别山一线为界；西面与楚相隔；南面隔南岭与南汉分界；东南面隔武夷山与闽国为邻；东面与东北面，在苏州、无锡一带与吴越国相望。江淮地区的千里江山，尽数归其所有，是"十国"里面积最大的政权。

这些，便是李煜出生前后发生的故事。

世上如侬有几人

▶ 出自李煜《渔父》

李煜出生时，南唐正如红日初升、蒸蒸日上。在金陵的王宫中出生、长大的他，过着锦衣玉食、无忧无虑的生活。

李煜——当时还叫李从嘉，降生于公元937年，也就是祖父李昪称帝的那一年。

李煜童年时期，正是李昪初建南唐、励精图治的时期。这位不擅军事的皇帝无意开疆拓土，志向是守住自己的一亩三分地。史书中记载了这样一件事：昪元六年（942），与南唐相邻的吴越国发生大火，宫室、府库尽被焚烧，南唐群臣认为这是吞并吴越国的好时机，于是争相劝谏李昪起兵攻打吴越。然而，李昪不愿趁火打劫，也不愿频繁用兵、扰民生息。他选择了最为和平的做法：派使者前去吴越国慰问，并赠给他们一笔丰厚的抚恤金。就此，南唐与吴越化

冯延巳

五代十国时期著名词人、宰相。冯延巳擅长写词，词风清丽，婉转情深，内容或写生活闲情，或伤春悲秋，对北宋初期词人如晏殊、欧阳修等有着深刻影响。清代文学家刘熙载在《艺概》中言："冯延巳词，晏同叔得其俊，欧阳永叔得其深。"

解了多年的宿怨，之后的很多年里，两国一直保持着友好往来。大臣冯延巳喜欢大谈用兵之事，对李昪的行为非常不满。他讥讽李昪说："这样的一个田舍翁，还能指望他成就什么大事呢！"

的确，要在乱世中称雄，须得有雷霆手段、杀伐决断。李昪的行为难称雄主，但他确实通过与邻国交好，避免了两国之间的兵燹（xiǎn）之祸，让南唐人民免于战火纷扰，得以暂时休养生息。安定的社会环境，为经济、文化的发展提供了丰厚的土壤：李昪在位期间，南唐手工业发展迅速，在纺织业、印染业、制茶业、造纸业、金银陶瓷等方面均有突出成就，与邻国贸易往来十分密切。文化方面，李昪设太学、兴科举，广建书院、画院，使南唐成为天下士人向往的文艺之邦。人才的大量吸收，使得南唐在文学、美术、书法、音乐等方面的成就再次登上了一个台阶。南宋陆游在《南唐书》中评价李昪道："仁厚恭俭，务在养民，有古贤主之风焉。"

昪元七年（943），五十六岁的李昪驾崩，身后是无限繁荣的南唐江山。至此，他完成了守土安邦的心愿，这是他为子孙后代留下的一笔最宝贵的财富。

李昪去世后，他的长子、李煜的父亲李璟即位。李璟性格儒雅随和，风度翩翩，喜好艺术，在诗词、书画等方面都有很高的造诣。很快，他的身边便聚集起了一群文臣，君臣之间相互唱和、谈论诗词文章，朝堂之上一派风雅和煦的景象。

祖父治下的繁华盛世，为李煜提供了安定、优渥的生活环境。就这样，在文人荟萃的江南，李煜由一个天真烂漫的孩童，长成了风流俊雅的青年。他的个性中，颇有父亲的影子：他性格温和敦厚，不喜杀生，同时，他对文学艺术也有着天生的热爱。《新五代史》中记载，李煜"为人仁孝，善属文，工书画"，可见其与父亲李璟一样，在艺术领域是个全才。而他所处的环境，能够最大限度地满足他对艺术的钻研、渴望：金陵富丽的宫阙楼阁，成为他与父亲李璟的私家博物馆，宫中收藏图书、画帖数万卷，奇珍异宝数不胜数。

十八岁那年，李煜迎娶了南唐大臣周宗的女儿周娥皇，这便是未来的"大周后"。娥皇貌美如花，才情出众，尤其擅长弹奏琵琶，李煜对她十分宠爱。这桩珠联璧合的婚事，为李煜本已足够美满的生活增添了一抹亮色。

不过，少年李煜也有自己的烦恼，那就是来自兄长的嫉妒。李煜本身对君王之位并不热衷，对于他这种性格的人来说，当一个富贵自在的闲散亲王，每日优游唱和、吟风弄月，才是最好的安排。但是，他不想，不代表别人也这样认为。他那聪颖的天资，"丰额骈齿、一目重瞳"的圣人之相，都让他成为他的哥哥、当时的南唐太子李弘冀的猜忌目标。

为了让兄长不再视自己为眼中钉、肉中刺，李煜愈发努力地扮演着一个"富贵闲人"的形象：他从不过问政事，每日只是沉浸在各种经史子集里，研究那些与治国无

重瞳

一个眼睛里有两个瞳孔的特殊现象，被古人认为是帝王之相。传说虞舜、项羽都生有重瞳。

渔　父（二首）

其一

浪花有意千重雪，桃李无言一队春。　一壶酒，一竿纶，世上如侬有几人？

其二

一棹春风一叶舟，一纶茧缕一轻钩。　花满渚，酒满瓯，万顷波中得自由。

渔歌子

张志和

西塞山前白鹭飞，桃花流水鳜鱼肥。青箬笠，绿蓑衣，斜风细雨不须归。

关的"旁门左道"。他甚至声称，自己想去金陵城外的钟山当一名隐士，与山花、清风、竿纶、渔父为伴，远离朝堂之事。为此，他还为自己起了一系列称号，如"钟峰隐者""莲峰居士""钟峰白莲居士"云云，唯恐兄长不知晓自己与世无争的心意。他的两首《渔父》词，便是在这种情况下写就的：

浪花有意千重雪，桃李无言一队春。　一壶酒，一竿纶，世上如侬有几人？

一棹春风一叶舟，一纶茧缕一轻钩。　花满渚，酒满瓯，万顷波中得自由。

李从嘉写下《渔父》词，为逃避兄长猜忌是真，对山水田园生活的向往也是真。在这两首小词中，我们可以看到这位贵族年轻人对渔樵生活的想象：那是浪漫的、诗意的、风雅的、自由的。在他的幻想中，自己仿佛成了那逍遥的渔父，当他泛舟在江河之上，小舟劈波斩浪，跃动的浪花化作飞雪，仿佛是在欢迎他；河流两岸，桃花、李花纷纷盛开，无声地带来芳春的讯息。手上是一壶美酒，身侧是一根钓竿，这世上还能有几个人像他一样快活、自由呢！

在中国传统文化的语境里，"渔父"是一个特别的意象。它最初出现在战国时期的《楚辞》中，一句"沧浪之水清兮，可以濯吾缨；沧浪之水浊兮，可以濯吾足"，塑造了一个清醒智慧、洒脱超然的隐者形象。这样的形象，对后世那些或是怀才不遇、或是厌倦世俗的人来说，是别具吸引力的。厌倦世俗者艳羡渔父的自在，怀才不遇者想要仿效渔父的清醒与超脱，于是便有了李白"人生在世不称意，明朝散发弄扁舟"、韩愈"蘋藻满盘无处奠，空闻渔父叩舷歌"、张志和"青箬笠，绿蓑衣，斜风细雨不须归"的千古名句。从意境、人物的塑造上来说，李煜的两首《渔父》明显与张志和的《渔歌子》一脉相承，都充斥着对桃花、流水等自然风光的审美意趣，以及闲适、悠然的情感色彩。

少年时期的李煜，对田园的想象仿佛世外桃源，却不知平民在乱世中的举步维艰。

然而，当李煜写下"万顷波中得自由"时，哪里懂得什么是真正的自由与不自由？在那段"被父兄之荫育，乐日月以优游"[2]的时光里，对于这位年轻的皇子来说，最大的不自由之处，不过是长年居住在华丽的宫廷里、不能到山林之中过隐士生活罢了。

风里落花谁是主

▶ 出自李璟《摊破浣溪沙·手卷真珠上玉钩》

李昇去世后，李煜的父亲李璟即位，南唐国运迎来了转折点。在李璟的纵容下，"五鬼"等奸邪之辈把持朝纲，致使南唐国力衰减、国库虚耗，百姓怨声载道。与后周之间的战争，让南唐被迫割让了大片土地，并从此对中原政权俯首称臣，李璟也在屈辱与愤恨中郁郁而终。李煜的登基，就发生在这样的时代背景下。

作为南唐王室的血脉，李煜的个人命运与国家命运紧密相连，少时的富贵悠闲，是建立在南唐繁荣富强的国力之上的。但乱世之中风云变幻，随着时间的流逝，神州大地上的格局也在发生着变化。在偏安一隅的南唐之外，淮河以北的地方，中原地区的政权更迭不断，北方契丹部族也频频南下侵扰，妄图在这政权乱斗的局面中分一杯羹。朱温建立的后梁，早在李煜出生之前便被李存勖的后唐所取代；没过几年，后唐又被后晋所灭。到李煜的父亲李璟即位时，中原地区还在后晋的统治之下，但仅仅过了七八年时间，中原政权便几经相易，后汉灭了后晋，之后又被后周所亡。后周之主柴荣素称"神武雄略"，有志于并吞群雄，一

---

2 宋代李煜《即位上宋太祖表》。

统天下，这意味着中原与南唐隔淮相望的局面将被打破。随着后周的逐渐强大，南唐的命运也即将迎来转折。

与雄心勃勃的后周雄主柴荣相比，李璟就显得太没有野心、太缺乏侵略性了。其实，李璟并不是一个糟糕彻底的君主，在位期间，他也曾试图突破李昪的保守作风，扩大南唐的疆域。但他有两个最大的缺点，一是识人不明，二是耽溺享乐。这两个缺点造成的连锁反应，也成为南唐由盛转衰的关键因素。

当时，南唐朝中冯延巳、冯延鲁、陈觉、魏岑、查文徽五位大臣相互勾结、狼狈为奸，时人称他们为"五鬼"。"五鬼"在朝堂之上尽行奸佞之事，又依靠自身的权势地位，独断专行、左右朝政，败坏朝堂风气。有正直的大臣上谏揭发"五鬼"的种种行径，并劝李璟不可继续重用他们，但李璟充耳不闻，仍将"五鬼"作为心腹大将、股肱之臣。究其原因，竟是李璟酷好风雅、擅长作词，而"五鬼"之首冯延巳正是写词的一把好手。君臣二人常常探讨、切磋，从而生出了一种如师如友的情分，冯延巳因此深得圣眷，稳居宠臣之列。

但李璟不明白的是，说得漂亮不代表做得漂亮，文学上的才华，并不等于政治上的才能。冯延巳喜欢在军事上夸夸其谈，讥讽守土安邦的李昪为"田舍翁"，但真正到了战场上，他的党羽冯延鲁、陈觉、查文徽等人，或荒唐，或愚蠢，或胆怯，在对闽国与南楚的战争中，频出洋相，竟然做出假借君令、胡乱指挥、阵前争夺军功等一系列的荒唐事。最后，在与闽国的战争中，南唐杀敌一万、自损八千，用近乎半个国库的代价，换来了区区三州的领土扩张；在与南楚的战争中，南唐耗损了大量兵力、物力，攻克湖南之地，却因守将经营不力，仅一年之后便失去了刚刚占领的土地。是啊，李璟的确迈出了"田舍翁"的舒适圈，但因为他用人不善，得到的结果是白白耗费了兵力与资金，却没有取得应有的成效，徒然致使南唐兵民疲乏、国库空虚。

大臣们如此不堪重用，偏偏李璟自己也不是什么刚强果敢、意志坚定的人。国事危急，眼看着南唐已经成为后周下一步攻取的目标，而李璟却只顾沉浸在歌舞升平里，过着奢侈放纵的生活，这让本就因为征战而萎缩的国库日渐空虚，也让百姓们的怨气愈发深重。

保大十一年（953），金陵突发大火，烧毁官舍民房数千间。到了夏天，江南

> 李煜还真是遗传了亲爹的诗词基因，也都不太有治国用人的才能。

又遭遇了严重的旱灾，整个六月，滴雨未下，水井、泉水都干涸了，河流水位下降，人甚至可以直接在河床上行走。大旱之后紧接着又是蝗灾，大量蝗虫以遮天蔽日之势席卷而来，风卷残云般地吞食了仅有的禾田。一场大饥荒爆发了。

饥荒之下，南唐境内哀鸿遍野、民不聊生。看着这样的景象，李璟的第一反应不是开仓赈灾、抚恤人民，而是榨干人民的劳动力，去修筑灌溉屯田的水利设施，确保军营的粮草供应。人们本来就连饭都吃不饱，现在又要承担如此繁重的体力劳动，自然是牢骚满腹。李璟派去监工的大臣车延规更是鬼迷心窍：他唯恐完不成任务指标，便强占老百姓的民田，将之充作屯田。这一举动，激起了巨大的民愤。一时间，"江淮骚然，百姓以数丈竹去节焚香于中，仰天诉冤者，不可胜数"[3]。朝中官员徐铉听说了这件事，连忙入宫，向李璟奏明情况，不料李璟反而站在了车延规那边："我国有数十万官兵，不吃饱饭，怎么戍边呢？扩充屯田是一件大好事啊，怎么你们都要反对呢？"

李璟这种"想当然"，和李煜的"渔翁"幻想如出一辙，深居宫中，不知世事之艰。

就这样，在天灾人祸的共同作用下，南唐的国力走向了下坡路，李璟也逐渐失去了民心。

----

3 宋代陆游《南唐书·卷二·元宗本纪第二》。

摊破浣溪沙·手卷真珠上玉钩

李　璟

手卷真珠上玉钩，依前春恨锁重楼。风里落花谁是主？思悠悠。　青鸟不传云外信，丁香空结雨中愁。回首绿波三楚暮，接天流。

与此同时，在淮河对岸，后周的势力仍然在不断扩大。保大十三年（955），柴荣率兵南下，亲自征讨南唐，大获全胜。"五鬼"之一的冯延鲁被周兵抓获，李璟也大为恐慌，连忙向后周进献贡品若干，并主动提出割让六州土地。然而，柴荣志在削平天下，区区六州土地，显然不能满足他的胃口。之后，他又两次率军亲征南唐，水陆并进，气势如虹，于公元958年彻底使南唐俯首就范。后周对南唐的三次大举进攻，使得李璟接连割让出扬、泰、滁、和等十四州土地，南唐长江以北的土地尽归后周所有。

为了表示对后周的臣服，李璟宣布去除帝号。从此以后，李璟不再以皇帝自居，而只称"国主"。南唐举国奉后周为尊，废除南唐年号，使用后周年号。至此，南唐与后周的淮南之战，以南唐的惨败而结束。这一年，距离李昇称帝，不过短短二十一年。

但造化往往弄人。柴荣战胜了南唐，但他却没能等到一统天下的那一天。后周大破南唐的第二年，柴荣在北伐中患病，随后猝然离世，年仅三十九岁。柴荣逝世后，他的儿子柴宗训即位。又过了一年，后周大臣赵匡胤发动陈桥兵变，逼迫柴宗训禅位，完整地篡夺了后周政权，由此登基为帝，黄袍加身。赵匡胤在后周任归德军节度使的藩镇所在地是宋州（今河南商丘），他便以"宋"为国号，改元"建隆"，以登基这一年（公元960年）为建隆元年，北宋建立。

北宋建隆二年（961），李璟在幽愤之中逝世，享年四十六岁。对于这位郁郁而终的君王，后人陆游在《南唐书》中这样称赞了李璟的才华和品性："元宗（李璟庙号）多才艺，好读书。便骑善射，在位二十九年，慈仁恭俭，礼贤睦族，爱民字孤，裕然有人君之度。"提到南唐连年用兵，致使国势转衰一事，陆游认为，这也不全是李璟的错：比起同时代割据一方的几个国家来说，南唐地大力强，人才众多，并且倚仗着长江的天险，最有大国气象。如果当初李璟用人妥当，趁着闽国、楚国内乱之机，把他们一举攻克，然后东取吴越，南下五岭，成南北之势。中原政权就算暗中窥伺，想找机会除掉南唐，又岂敢轻举妄动？但不幸的是，南唐的诸位将领高官目无军律，贪功轻举，难成大事。南唐国力因战事而削弱，不是谋划者的过错，而是他所任命的人的过错啊！[4]

李璟的登台，深化了南唐的艺术气质，但在五代十国的战火之中，国家更需要一位铁血强权的领导者，而不是一位风花雪月的诗人；他所器重的冯延巳等人，下启宋词的辉煌发展，让南唐的文学成就在中华历史上千载留名，但人民更需要为国操持、为民言事的好官，而不是只会舞文弄墨，在政治、军事上却难堪大用的绣花枕头。

就在李璟去世的同一年，李从嘉在金陵登基，更名为李煜，史称"南唐后主""李后主"。在长江对岸，南唐昔日的"宿敌"后周已经被北宋所灭，但这只是意味着南唐需要效忠的对象换了一个。失去了祖父、父亲的荫庇，这个天性柔弱的君王能保全南唐多久？

在那个时候，没有人知道。

醉拍阑干情味切 | 李煜

▶ 出自李煜《玉楼春·晓妆初了明肌雪》

成为国主之后，李煜仍然不改少时的奢侈、风流做派。他与后妃在宫廷中宴饮、享乐，留下了许多绮丽香艳的词作。

其实，作为李璟的第六个儿子，南唐的王位，本来是不属于李煜的。如果南唐原本的太子、那个一直被李煜所忌惮的哥哥李弘冀没有被废除太子之位，

4 宋代陆游《南唐书·卷二·元宗本纪第二》："唐有江淮，比同时割据诸国，地大力强，人材众多，且据长江之险。隐然大邦也。若用得其人，乘间楚昏乱，一举而平之，然后东取吴越，南下五岭，成南北之势。中原虽欲睥睨，岂易动哉？不幸诸将失律，贪功轻举，大事弗成。国势遂弱，非始谋之失。所以行之者非也。"正文中为粗略意译，略供参考。

如果他能以太子的身份活到即位的那天，在他的胆略、智谋与军事才能的作用下，或许南唐与李煜的命运都会被改写。

但事情偏偏就这么发生了。后周显德五年（958）的时候，李弘冀毒杀了自己的叔叔（同时也是他最有力的王位竞争人）李景遂，此事让李璟大为震怒，下令废除李弘冀的太子之位；李弘冀本人也在毒杀事件中留下了心理创伤，次年便因看到李景遂鬼魂的幻觉，惊吓过度而亡。于是，性格、喜好都与父王相似的李煜得到了李璟的垂青，当上了南唐太子。北宋建隆二年（961），随着李璟的去世，二十五岁的李煜成为南唐新的主人。

都说一将功成万骨枯，李弘冀"毒杀了叔叔"却又害怕，其实也不是能在乱世争雄的人。

俗话说："江山易改，本性难移。"这句话放在此时的李煜身上可谓再合适不过了。家国之外，五代烟消、北宋建立，延续了数十年的乱世接近尾声；家国之内，在战火燎原之后，南唐已沦为中原王朝的臣属，父亲李璟与其倚重的老臣相继去世，给这位文弱的新君留下一个前途未明的割据政权。

可不管家国内外发生了什么巨变，李煜还是那个喜好风雅、喜欢奢靡享乐的李煜。南唐曾是繁华富饶的大国，如今落得个贬损规制、向北摇尾乞怜的下场，也许有的读者会期待这位新上任的国主励精图治、厉兵秣马，上演一出"王子复仇记"吧？但李煜并没有这样的打算——复仇的戏码，既不符合他的性格，恐怕也不符合他对局势的判断。或许是感到南唐的复兴没有希望，李煜默默地接受了臣服于宋廷的事实，用大量的进贡、委曲求全的态度维系与北宋微妙的关系，换取继续偏安一隅的权限。

就这样，在如诗如画的江南，李煜继续过着如梦似幻的生活。他与年少时便结为连理的娥皇（如今是王后了）感情还是很好，在金陵的王宫中，他们还是像以前一样，在歌舞、宴乐、诗词歌赋中度过着花朝与月夕，享受着富贵与权势带来的快乐。

娥皇通晓音律，她与李煜之间的相处，比起寻常夫妻的举案齐眉，更像志同道合、能够平等对话的知己。在一个雪夜，李煜与娥皇对饮，娥皇举起酒杯，请李煜为她起舞——后妃要君王跳舞，这放在之前、之后的任何一个朝代，都

是无法想象的事。可李煜不仅不恼，还调笑地说："若是要我起舞，除非你能为我新谱一曲。"娥皇信口吟唱，下笔不停，不多时便写成一首新曲，名为《邀醉舞破》，于是李煜欣然起身，于醉中为娥皇雪夜起舞。

李煜是艺术的天才，他对美有一种与生俱来的掌控能力。作为绘画、音律、文学上的通才，对字词组合与韵律抑扬的敏感、对感情的细腻感受力让他尤其擅长写词。在宫中与娥皇通宵达旦地宴饮时，他从不会吝啬用自己的词笔记录下每一瞬的欢愉：

晚妆初了明肌雪，春殿嫔娥鱼贯列。凤箫吹断水云间，重按霓裳歌遍彻。　临风谁更飘香屑？醉拍阑干情味切。归时休放烛花红，待踏马蹄清夜月。

那是一个绮丽的春夜，一场盛大的宴会正在南唐富丽堂皇的王宫中召开。宫娥们鱼贯而列，她们那刚刚上

作品 WORKS

玉楼春·晚妆初了明肌雪

晚妆初了明肌雪，春殿嫔娥鱼贯列。凤箫吹断水云间，重按霓裳歌遍彻。　临风谁更飘香屑？醉拍阑干情味切。归时休放烛花红，待踏马蹄清夜月。

《韩熙载夜宴图》局部——琵琶独奏

《韩熙载夜宴图》局部——六幺舞击鼓

《韩熙载夜宴图》局部——宴间小憩

《韩熙载夜宴图》局部——清吹合奏

《韩熙载夜宴图》局部——宾客宴归

好新妆的肌肤如同春雪一般明艳。笙箫声响起，那声音在水云之间飘荡，映衬得这夜晚格外瑰丽奢靡。宴酣之时，忽然响起了《霓裳羽衣曲》的美妙旋律。这曾响彻华清池与长生殿的曲子，见证过唐玄宗与杨贵妃的爱情，之后又一度在唐末的战火中佚失，到南唐时只留下部分断章残句。李煜和周后都精通音乐，对这充满传奇色彩的《霓裳羽衣曲》心向往之。于是，他们在残存乐谱的基础上，共同梳理、推敲、勘正谬误，终于整理出了一份完整的《霓裳羽衣曲》谱，让开元天宝遗音重新现世。《霓裳》曲谱的复原，是李煜与周后共同的文艺成就，也是他们之间心心相印、互为知音的见证，因此在那场春夜里的极乐之宴上，李煜又命乐工奏起了这支曲子，且要他们往复不停地演唱——如若不这样纵情歌舞，便不足以尽兴，便是辜负了这春暖花开的曼妙良宵。

其实如果他们不是一国之主的话，复原大唐遗音也是非常了不起的一件事！

哇~

到了词的下片，宴会来到了尾声，宾客都已醉眼蒙眬，却仍然兴致不减，情至深时，他们和着乐工的歌声，带着醉意，在栏杆上打着节拍。夜深了，一缕风吹过，带来一阵幽远迷人的香气，那大概是一种花香，或是宫娥们身上的脂粉香味，又或是熏香的味道。李煜喜好熏香，南唐宫中特别设有"主香宫女"，所用的焚香器皿也是琳琅满目，有数十种之多。每当宫女们点燃名贵的熏香，香屑与香气一同随风飘散，南唐宫阙仿佛成了众香之界，安乐俱足、清雅无比。但再盛大的宴会也有结束的时候，当灯火转暗、歌声停歇，这春夜里的一切喧阗又将归于宁静。在这阕《玉楼春》的最后，李煜似是叮嘱宾客，又似是自言自语："宴罢归去的时候，不要点燃红烛光，而要让马蹄踏过那清亮如水的月色。"

李煜对奢侈的追求是全方位的，视觉、听觉、触觉、嗅觉，缺一不可。他爱雕梁画栋的金殿、明艳的宫娥，爱婉转动听的音乐，爱绵滑如流水的锦缎香罗，爱春殿花雾中袅袅不绝的香气。而他也擅长通过他的词来立体化地展示这些美好的东西。李后主的宫廷词读来令人愉悦，是因为它们不仅在字形上、在音节上是美的——它们甚至闻起来是香的。除了上面那阕《玉楼春》外，李煜还为周后、为南唐宫中的宴饮写过很多词："红日已高三丈透，金炉次第添香兽，红锦地衣随步皱。""寻春须是先春早，看花莫待花枝老。""云一缏，玉一梭，淡淡衫儿薄薄罗。"……如今我们很难再听到这些词的演唱版本，但单从文字上来看，它们仍然有打通感官的魔力，让人一秒便置身于南唐香软豪奢的宫廷生活之中。

好景不长。北宋乾德二年（964），李煜的次子去世，年仅四岁，周后因悲伤过度，于同年病逝。李煜悲痛不已，将周后与她最爱的金屑檀槽琵琶共同下葬，写下诔文与数首诗词，悼念这位年少相识的爱人。

但李煜的多情天性，并没有因为娥皇的去世而磨灭。娥皇有一个妹妹，美丽娴雅，在娥皇过世之后得到李煜的宠爱，并于北宋开宝元年（968）被立为皇后，史称"小周后"，以与娥皇区分。有研究者认为，李煜与小周后的相恋，最早开始于大周后染病、小周后前往宫中探望之时。李煜的几首《菩萨蛮》，就是在那段时间为小周后而写的：

> 花明月暗笼轻雾，今宵好向郎边去。刬袜步香阶，手提金缕鞋。　　画堂南畔见，一向偎人颤。奴为出来难，教君恣意怜。

宴饮

南唐的宫宴虽已不可得见，但盛大的家宴场景至今仍可从传世名画《韩熙载夜宴图》中窥见一二。这幅画是后主李煜派画家顾闳中窥视南投的北方望族韩熙载夜宴时，顾闳中记录宴饮场景、往来宾客所作。画中记录了南唐高规格夜宴的流程，分为赏乐（教坊琵琶独奏）、观舞（家伎舞六幺、韩熙载击鼓）、宴间小憩、清吹合奏、宾客宴归五个部分。

浣溪沙·红日已高三丈透

红日已高三丈透，金炉次第添香兽。红锦地衣随步皱。　　佳人舞点金钗溜，酒恶时拈花蕊嗅。别殿遥闻箫鼓奏。

菩萨蛮·花明月暗笼轻雾

花明月暗笼轻雾，今宵好向郎边去。刬袜步香阶，手提金缕鞋。　　画堂南畔见，一向偎人颤。奴为出来难，教君恣意怜。

子夜歌·寻春须是先春早

寻春须是先春早，看花莫待花枝老。缥色玉柔擎，醅浮盏面清。何妨频笑粲，禁苑春归晚。同醉与闲评，诗随羯鼓成。

菩萨蛮·蓬莱院闭天台女

蓬莱院闭天台女，画堂昼寝人无语。抛枕翠云光，绣衣闻异香。潜来珠锁动，惊觉银屏梦。脸慢笑盈盈，相看无限情。

昭惠周后诔（节选）

我思妹子，永念犹初。爱而不见，我心毁如。寒暑斯疚，吾宁御诸？呜呼哀哉！万物无心，风烟若故。惟日惟月，以阴以雨。事则依然，人乎何所？悄悄房栊，孰堪其处？呜呼哀哉！佳名镇在，望月伤娥。双眸永隔，见镜无波。

事过千年，这段记载于《江南野史》与《南唐书》中的宫闱秘事，如今已经无法考证真假。我们很难说清，在大周后娥皇染病之时，李煜与其妹小周后之间是否真的已经开始互递情愫，娥皇本人对此事又有什么感想，她的病情恶化是否也与丈夫和妹妹的私通有关。

> 李煜还真是"昨夜黄土送白骨，今宵红灯帐底送鸳鸯"。

无语

与小周后成婚以后，李煜对她恩宠有加，宠爱的程度甚至超过了大周后。两人经常在宫廷花园中的一个小亭子里饮酒作乐。当年李煜与大周后一起研究曲谱，一国之君每日耽溺于音律之中，以致荒废政事，已经引起了朝中很多官员的不满。曾经有正直的官员上谏规劝李煜，却没有任何效果。如今，大周后去世，小周后入朝，李煜沉迷享乐的心性却仍然没变，这不免让大臣们愈发失望。再加上李煜笃信佛教，大肆修建佛寺、广募僧尼，更加没有心思处理政事，南唐的未来，似乎是可以预见的了。

三十年来梦一场 李煜

▶ 出自李煜
《渡中江望石城泣下》

在李煜的统治下，南唐偏安一隅十五年。但随着北宋统一天下，南唐不再被允许作为独立的政权而存在。公元 975 年冬天，宋军攻破金陵城，南唐灭亡，李煜作为亡国之君，被俘至北宋都城——汴京。

今人评价李煜，多数认为他是一个杰出的词人，却是一个失败的君王。不过，客观来看李煜在位期间的行动，他所做的，不全是对社稷无用的事情。

李煜即位初期，十分重视人才的培养与选拔。他还曾亲自复核冤案、减除刑罚，并下令减免税收、免除徭役，让人民得以休养生息。他也曾试图改革土地制度，以解决土地兼并的问题，缓和社会矛盾。在军事上，他一面对宋朝俯首称臣，恪守藩臣之礼，以换取赵匡胤的信任，让南唐得以继续偏安，免于宋廷征讨；一面缮甲募兵，暗中备战，以免宋廷突然发兵南下时，南唐毫无还手之力。

李煜的这些部署，确实在一定程度上起了作用，但对于积重难返的南唐来说，这些作用只是杯水车薪。与后周的一战，让南唐接连割让了十四州土地——它们是对南唐来说十分重要的盐产地，失去了它们，南唐只能花费重金向中原政权买盐，才能维持民生。宋朝建立后，南唐每年需要耗费大量的财力物力向宋朝进贡，这让本就不甚殷实的国库更加空虚。再加上李煜崇信佛法，于在位中后期开始大建寺院，随着金陵城内佛寺与僧尼的数量激增，这些营造、供养的成本统统加诸国库之上，再度大大耗费了国家的财富。为了填补空虚的国库，李煜不得不改变前期轻徭薄赋的政策，开始向百姓征收大量税款。赋税的加重，让百姓们牢骚满腹，由是，南唐政治、经济局面江河日下，已经到了崩溃的边缘。

在长江以北，北宋也从未取消过夺取江南的念头。南唐的做小伏低，只能换取片刻的安宁，无法动摇北宋一统天下的意志。"卧榻之侧，岂容他人鼾睡"，随着赵匡胤接连平定其他几个更为棘手的割据政权，南唐成为下一个被料理的目标，只是早晚的事。

北宋开宝七年（974），宋太祖赵匡胤以祭天大典为由头，派使者请李煜前往汴京。李煜与臣子们深知，李煜这一去，很有可能被终身软禁在北宋都城，再也不会有回来的机会，就像他的弟弟李从善一样。几年前，李从善前往宋朝纳贡，从此便被扣留在了汴京，这次李煜若是应诏前往，想必也是一样的结果。因此，对于这一邀约，李煜闭口不答。

同年秋天，赵匡胤再次派使者前往南唐，手持诏书招李煜入京。诏书上写："朕将以仲冬有事圜丘，思与卿同阅牺牲。"这其实是赵匡胤给李煜下的最后通牒，意思是：你最好乖乖听话，早点入朝。如若不然，便是抗旨不尊，决意与北宋为敌。李煜称自己有疾病在身，不从，并回复说："臣侍奉大朝，希望能够

保全宗庙，想不到竟会走到这样的地步。如今只有一死了。"赵匡胤闻讯，当即发兵十万，直下南唐，这场酝酿多年的战争，终于爆发了。

在与北宋交好的时候，李煜便暗中练兵，为的就是抵挡宋军的突然南下。虽然这确实或多或少地牵制住了宋兵，让南唐不至于坐以待毙，但双方的兵力差距过于悬殊，无论过程如何，结局已是无法更改的了。

开宝八年（975）冬天，经历了一年多的战争后，宋军攻破金陵。由于宋军围城日久，城内米粮匮乏，金陵城内伤者、病者、死者众多，几乎成为人间炼狱。城破之日，南唐将军吕彦、马承信，以及马承信的弟弟马承俊，率领数百名壮士，奋力血战而死。勤政殿学士钟蒨身穿朝服坐在家中，乱兵闯入时，他率领全族服毒自尽，宁可守节而亡，也不愿归降北宋。光政使、右内史侍郎陈乔步上殿前，向李煜申请赴死。李煜不许，陈乔默然离去，返回私宅后，自缢身亡。国主李煜率领剩余大臣步出宫城，奉表投降。南唐就此灭亡。

从李昇在金陵称帝，到北宋大军荡平江南，中间这短短的三十余年，就是南唐的全部历史。南唐，它是诗意的，也是残酷的。它见证过琼楼玉宇中的雍雍夜舞，也见证过天灾之后的遍野哀鸿。在它的领土上，诞生过五代史上最惊才绝艳的词人、最令人扼腕的君王；在它的朝堂上，活跃过骄纵跋扈的奸佞之辈，也涌现过恪守大义、以死殉国的忠臣志士。后世的人们将不断复诵这段历史，为了获取为人治世的经验教训，或是仅仅为了理解某一段精彩绝伦的词章。可不论人们是叹息、是向往、是鄙夷、是颂扬，南唐，已经永远地成为史书上一页薄薄的记载，随金陵城外的逝水而去，永不重来。

南唐灭亡后，作为亡国之君，李煜再也没有理由、也没有权利继续留在金陵。开宝九年（976）正月，李煜被押送到北宋都城——汴京。赵匡胤恼怒他曾经的抗旨之举，赐了他一个充满讽刺意味的封号：违命侯。

离开金陵时，李煜于渡船之上，回望这座陪伴他走过少年、青年时光的城池，只见家国破败，宫阙寥落，不由得心生荒凉，泪如雨下。他吟诗泣道：

江南江北旧家乡，三十年来梦一场。
吴苑宫闱今冷落，广陵台殿已荒凉。
云笼远岫愁千片，雨打归舟泪万行。
兄弟四人三百口，不堪闲坐细思量。

江水浩荡，渡船在风涛中愈去愈远，直到再也望不见石头城的轮廓，直到遗民们的哭声渐渐消隐在水天之间。

就这样，李煜开始了作为亡国俘虏的生活。

渡中江望石城泣下

江南江北旧家乡，
三十年来梦一场。
吴苑宫闱今冷落，
广陵台殿已荒凉。
云笼远岫愁千片，
雨打归舟泪万行。
兄弟四人三百口，
不堪闲坐细思量。

故国不堪回首月明中

▶ 出自李煜《虞美人·春花秋月何时了》

来到汴京后的李煜，心中尽是苦恨忧伤。他屡屡在梦中回到日思夜想的家国，醒来后，便用词笔写下种种心绪。这些情真意切的词作，升华了他的创作境界，也让这位亡国之君被后世誉为词中的"千古一帝"。

李煜抵达汴京的时候，正值春寒料峭。中原的气候比之江南，更加寒冷，也更加干燥，恐怕这会让李煜很难捱。

以前在江南的宫苑中时，李煜有很多种方式可以消磨这样的寒春。可现在，在陌生的王城、陌生的宅院，他无法像过去那样，用歌台暖响呼唤春光，用红丝罗帐装点华堂。这无时无刻不在提醒着他亡国之君的身份：南唐已灭，他失去了家国、荣华、地位、尊严……甚至自由。

多数时间里，他被困在那一方庭院中，没有别的事情可做，因为这个天下已经不再需要他。南唐不需要他，一个灭亡了的、复国无望的国家，还需要国主做什么呢？大宋也不需要他——这个文弱的、负隅顽抗的、最终束手就擒的番邦之君。他能做的事情，只有在赵匡胤为他安排好的宅子里，一遍又一遍地回想往事，以泪洗面。悔恨、无奈、伤感、怀念……种种情绪凝结在心中，没有其他办法可以宣泄，他只能用词作为情绪的出口：

这时候的李煜才真正感受到"失去自由"的滋味，回想起年少时，自己慨叹宫中没有自由，大概会嗤笑自己"少年不识愁滋味"。

思考

四十年来家国，三千里地山河。凤阁龙楼连霄汉，玉树琼枝作烟萝，几曾识干戈？　一旦归为臣虏，沈腰潘鬓消磨。最是仓皇辞庙日，教坊犹奏别离歌，垂泪对宫娥。

他回想起南唐曾经的繁华。自南唐建立以来，近四十个春秋，在南唐的鼎盛时期，江南江北三千里山河，尽数归其所有，那是何等的荣光！金陵城内的宫阙高耸入云，仿佛与霄汉相连，宫廷内外种植着名贵的花草与树木，它们那茂盛的枝叶，就像美丽的轻纱般装点着城池。四十年来，金陵城从未经历过战争，哪里识得战火与兵祸？

他回想起家国的破灭、自己无奈的北上。自从来到汴京，成为北宋的俘虏，自己就日渐消瘦，甚至生出了白发。他至今都记得离开金陵的那一天，他在宋人的监视下，匆匆忙忙地辞别宗庙，忽然之间，听到教坊为他演奏着别离的曲子，这更令他伤感不已。可悲痛至深之时，往往难以言说，他只能看着宫女们，用泪水宣泄心中的悲恸……那一天，何其摧心，何其屈辱！

对于经历了巨大变故的人来说，清醒的追忆是一种难以忍受的折磨。于是李煜用醉酒来麻痹自己的神经，好让自己不那么痛苦地度过长得仿佛没有尽头的白日。但是，每当夜深人静时，那些往事又会浮现在他的梦里，勾勒着往昔盛世的幻景，挑拨着他的心绪。便是从这段时期开始，李煜开始频繁地写作记梦词：

> 帘外雨潺潺，春意阑珊，罗衾不耐五更寒。梦里不知身是客，一晌贪欢。

> 多少恨，昨夜梦魂中。还似旧时游上苑，车如流水马如龙。花月正春风。

> 人生愁恨何能免？销魂独我情何限！故国梦重归，觉来双泪垂。

在梦里，他忘记了自己亡国臣虏的身份，他好像又成了那个风流烂漫、倚红偎翠的江南国主。恍惚间，他回到了江南的宫苑中，身侧的车马如流水般来去不绝，臣子、宫

破阵子·四十年来家国

四十年来家国，三千里地山河。凤阁龙楼连霄汉，玉树琼枝作烟萝，几曾识干戈？　一旦归为臣虏，沈腰潘鬓消磨。最是仓皇辞庙日，教坊犹奏别离歌，垂泪对宫娥。

浪淘沙·帘外雨潺潺

帘外雨潺潺，春意阑珊，罗衾不耐五更寒。梦里不知身是客，一晌贪欢。　独自莫凭栏，无限江山，别时容易见时难。流水落花春去也，天上人间。

忆江南·多少恨

多少恨，昨夜梦魂中。还似旧时游上苑，车如流水马如龙。花月正春风。

子夜歌·人生愁恨何能免

人生愁恨何能免？销魂独我情何限！故国梦重归，觉来双泪垂。　高楼谁与上？长记秋晴望。往事已成空，还如一梦中。

娥的语笑声如在耳畔，繁花与月色在暖意融融的春风里摇曳。可梦醒之时，这一切的乐景也烟消云散，只留他一人，在凭栏伤心之处，感叹"流水落花春去也，天上人间"。

李煜在梦中回顾着四十年来的人生，颇感梦如人生、人生如梦。南唐的亭台楼阁、自己的天子之尊，如同一场须臾幻灭的大梦，转瞬便已成空。这曾真切经历过的一切，现在看来，并不比一场幽梦更加真实。李煜崇信佛法，金陵城内的诸多寺院，都是在李煜统治下而建。佛教经典《金刚经》中有偈语云："一切有为法，如梦幻泡影，如露亦如电，应做如是观。"便是在说，世间万事，倏忽而逝，因缘造作，终成一空。如今李煜国破家亡，更对经卷中的道理有了切身的体会。他将空门之法与个人经历相结合，通过笔下的一首首词，抒发"一梦浮生"的感慨：

　　　　昨夜风兼雨，帘帏飒飒秋声。烛残漏断频欹枕，起坐不能平。　　世事漫随流水，算来一梦浮生。醉乡路稳宜频到，此外不堪行。

清代郭麟评价李煜说："作个才人真绝代，可怜薄命作君王。"感叹李煜以文人之心，居君王之位，结果为家国与自己都带来了苦难。但从另一个角度来说，如果没有君王的身份，没有亲历过坐拥三千里地山河的无限荣光，便也不会有那样深重的家国之悲，不会有"几曾识干戈"的兴亡慨叹。李煜是个心地纯真的人，少时的宫廷生活，很好地保护了他的这份本真，这更让他具备了成为绝代词人的条件。王国维评价他："词人者，不失其赤子之心者也。故生于深宫之中，长于妇人之手，是后主为人君所短处，亦即为词人所长处。主观之诗人，不必多阅世，阅世愈浅，则性情愈真，李后主是也。"[5] 这是在说，李煜的词人与君王二重身份之间，其实并不是相互对立的关系；相反，正因降生在帝王之家，李煜才能维持性情中的本真之色，才能凭借这份"真"，敏锐地察觉到细腻幽深的美态、捕捉到稍纵即逝的情愁，将他们转化为一首首优美的词章。

而正因这种赤子之心，当他面对亡国被俘的境遇时，心灵上的冲击是巨大的。家国、王权、荣华，所有能保护他、支撑他的客观条件都不在了，但他至真至诚的性情已经在过往四十年中被塑造成形，无法轻易移转。于是，他以本真之心，生本真之情，又以本真之情，写本真之语。在他早期词作中常见的香艳豪奢之气，至此已被荡涤一空。在他亡国之后的词中，没有过多的矫饰、雕琢，有的只是真实的所思所想、所见所闻。读罢这些词，那凄风苦雨、飒飒秋声，那孤馆池台、残烛更漏，犹在读者眼前。而那伤春悲秋的感喟，背井离乡的伤怀，则引起了无数读者的共鸣，让那些身份、阅历、生活年代都与李煜截然不同的人们，也能轻易读懂他的悲伤，亦从那情感真挚的字里行间，读出他们自己的心声。

林花谢了春红，太匆匆。无奈朝来寒雨晚来风。　胭脂泪，相留醉，几时重？自是人生长恨水长东。

"人生长恨水长东"，这一语道破多少人生无奈！江水东流，无有尽时，而人生中的悲伤与遗憾，恰如东流之水一样无穷无尽。北宋苏轼曾在《赤壁赋》中写道："哀吾生之须臾，羡长江之无穷。"这恰好与李煜的这句词形成了对照。人的寿命不过须臾之间，而这连绵的愁思，却仿佛没有尽头。以有穷之形寿，承载无尽之憾恨，要如何承受？必然是难以承受！今天的我们读到这句词，无须过多解释，便能体会到困扰着李煜的那种没有尽头的痛苦，并

家国供养，造就了他的赤子之心；山河破灭，成就了他的千古词句。我们也能对"人生长恨水长东"发出由衷的认可。

5　清代王国维《人间词话》。

浪淘沙·往事只堪哀

往事只堪哀，对景难排。秋风庭院藓侵阶。一任珠帘闲不卷，终日谁来。　金锁已沉埋，壮气蒿莱。晚凉天净月华开。想得玉楼瑶殿影，空照秦淮。

相见欢·林花谢了春红

必背

林花谢了春红，太匆匆。无奈朝来寒雨晚来风。　胭脂泪，相留醉，几时重。自是人生长恨水长东。

与之深深共情。"人生长恨水长东"，没有多余的夸耀与修饰，却是至为简朴、至为精妙的比喻。

清代词论家周济将李后主词比作毛嫱、西施，说李煜的词就像这两位天下闻名的美人一样，"粗服乱头，不掩国色"。这是在夸赞，李煜之词，充满着真挚深浓的感情，即使没有华丽的辞藻、浮夸的修饰，也无法掩盖它们内容与本质上的熠熠光辉，就像美人即使只穿着粗陋的衣服、散乱着头发，也掩盖不了国色天香的美貌。的确，论华美与技巧，李煜的名声不如晚唐五代的花间词派，也不敌后世的格律词派，但他却用词中的真诚与深情，征服了千载以来的无数读者，让他们由一首词联想起自己的身世经历，由一首词萌生对这位悲命帝王的恻隐之心。公元976年的那个寒冬，李煜在屈辱悔恨中离开故国，但这段不幸的经历却促使他完成了心境的转变，继而又带来词境上的突破。"词至李后主而眼界始大，感慨遂深，遂变伶工之词而为士大夫之词。"[6] 这是李煜本人艺术成就的一座高峰，也在词这一文体的发展历史上，铸就了一座后世景仰的丰碑。李煜永远地失去了南唐江山，可他从此在诗词的领土上称王，以"词中之帝"之名，傲视古往今来的词人。

北宋太平兴国三年（978）春天，李煜作《虞美人》一词，词中尽是对家国的无限眷恋。

春花秋月何时了，往事知多少？小楼昨夜又东风，故国不堪回首月明中。　雕栏玉砌应犹在，只是朱颜改。问君能有几多愁？恰似一江春水向东流。

李煜出生时，南唐刚刚诞生；李煜不过四十岁时，南唐便已灭亡。这短短的一段时光，便已见证了一个国

6　清代王国维《人间词话》。

家全部的兴衰。可人世代谢不能变更自然的法则，在所有的繁华与覆灭过后，唯有春花与秋月年年如旧。

同年七夕，正是李煜的生辰。当天夜晚，他在汴京寓所内，命乐妓弹唱《虞美人》。彼时，宋太祖赵匡胤已经去世，性情阴鸷的赵光义即位，这便是历史上的宋太宗。据传，那一天的夜晚，赵光义听到了小楼之中飘出的乐声，暗想亡国之奴竟敢大肆作乐，不禁大怒。又因词中有"小楼昨夜又东风""恰似一江春水向东流"等句，赵光义疑心李煜影射南唐复兴，其怒火更加一发而不可收。盛怒之下，赵光义命人赐给李煜一杯毒酒，李煜喝下，顷刻间便气绝身亡。这位才华横溢的薄命君王，就这样仓促地走完了他的一生，享年四十二岁。

李煜死后，葬于洛阳北邙山。他再也没有机会回到日思夜想的金陵故城。

即使回到金陵，故国已不在，那些过往也再不能重来。

在洛阳东南方向，长江对岸，金陵城仍在静谧的月色下默然屹立。宽阔的江面上，战船与甲兵都已不见踪影，唯有江水的声音在静夜中回荡，亘古不息。此情此景，正像李煜曾在词中所写的那样：

金锁已沉埋，壮气蒿莱。晚凉天净月华开。想得玉楼瑶殿影，空照秦淮。

虞美人·春花秋月何时了

必背

春花秋月何时了，往事知多少？小楼昨夜又东风，故国不堪回首月明中。　雕栏玉砌应犹在，只是朱颜改。问君能有几多愁？恰似一江春水向东流。

忆江南·闲梦远

其一

闲梦远，南国正芳春。船上管弦江面绿，满城飞絮混轻尘。愁杀看花人。

其二

闲梦远，南国正清秋。千里江山寒色远，芦花深处泊孤舟。笛在月明楼。

　　一千年前的一个雪夜，在南唐巍峨的殿宇之间，李后主与其后周娥皇对饮，娥皇邀后主起舞，遂成《邀醉舞破》。在知晓故事背景之前，想必多数人都会以为，所谓"邀醉舞"，是君王命后妃起舞——我们几乎都默认了。在等级森严的封建时代，只有上位者有号令他人献艺的资格，而忽略了反其道而行之的可能性。

　　可李煜和娥皇，偏偏就是这样一个反例。在那个漫天飞雪的夜晚，在摇曳的灯火中，南唐的国主翩然起舞，只为爱人一句乘醉的邀约。或许在那一刻，在李煜心中，没有君与妃、主与从、尊与卑的区别，他要做的，只是尽情地享受这良宵一刻，只是为了让娥皇唇边绽放出一抹笑意。

　　这就是李煜，一个难得纯粹的人。而正是这一点纯粹，使他成了最不像君王的君王，也成了超越词人的词人。这是千年前那位失败的统治者向我们展示的另一面，比他所有的标签都更加温存、动人的一面。

柳永（984—1054），原名三变，字景庄，后改名永，字耆卿，因排行第七，又称柳七。

柳永出身官宦人家，却半生怀才不遇、漂泊江湖，于晚年始中进士，终其一生，仅为微末小官。但与困顿仕途相对的，是他极高的文学成就：他被认为是"婉约派"的代表人物，是宋词代表性形式——慢词的奠基人，是第一位对宋词进行全面革新的大词人，对宋词的发展影响颇深。

柳永词作浅俗直率，音律谐美，在当时流传甚广，有"凡有井水处，皆能歌柳词"的说法；部分作品以身世入词，意境深远，发人感慨，大大拓展了"词"这一文体的深度与广度。晚清词人郑文焯评价柳永词曰："屯田（指柳永）北宋专家，其高浑处不减清真（指周邦彦），长调尤能以沉雄之魄，清劲之气，写奇丽之情，做挥绰之声。"

官窑青釉蒜头瓶

成也风流，败也风流

Song Ci Shan He

柳永

無可奈何的白衣卿相

| 姓名：柳永 |
| 原名：柳三变 |
| 字：景庄、耆卿 |
| 别称：柳七 |
| 故里：崇安（今福建武夷山） |
| 特长：填词 |

六六真游洞，三三物外天 | 柳永

▶ 出自柳永《巫山一段云（其一）》

　　柳永的少年时光，在闽地故乡的山川间度过。十几岁时，偶然听到的一首小词，激发了柳永歌词创作的热情，让他逐渐领悟了作词的章法。

　　宋太宗雍熙元年（984），柳永降生在沂州费县。

　　柳永的父亲柳宜，本是南唐官员，因为性格耿直、直言上谏，得罪了很多权贵。后来，柳宜入宋为官，先后在山东雷泽县、沂州费县出任县令。柳永便是出生在父亲担任费县令的这一年。

　　柳永的童年，是在各地奔波中度过的。父亲柳宜能力出众，迁官频繁，父亲调任到哪儿，母亲和柳永就得跟去哪儿，短短十二年间，一家人先后辗转了濮州、全州、扬州等多个地方。不过，尽管公务繁忙，柳永的父母始终非常重视对孩子的教育，这从柳永少时的习作《劝学文》中可见一斑："学，则庶人之子为公卿；不学，则公卿之子为庶人。"可见，年少时的柳永已经在父母的教育下，知道了读书的重要性。

在当时，学习是唯一的出路！

嘿嘿

十五岁那年，柳宜派遣弟弟回到崇安（今福建武夷山）故里，将自己的画像带给年迈的母亲，以告慰母亲对儿女的思念之情。柳永也随叔父一并前往，探视祖母。

虽然少时跟随父亲游历过很多地方，但闽地的山水，还是带给了柳永别样的新鲜感。他登上了高高的中峰山[1]，走过中峰寺那恢宏的庙宇，为山间奇险、秀丽的景色深深着迷。闽地群山峥嵘，峰头千万，中有一湾碧水，直向这山中古庙的槛下而来；眼前是列松如翠，耳畔是梵钟猿啼，这怎能不让少年柳永醉心？于是，他用诗句写下了对眼前景物的赞叹："旬月经游殊不厌，欲归回首更迟回。"

《中峰寺》是柳永学诗时的习作。很快，他便遇到了另一种令他钟情一生的文学体裁——词。

一次偶然的机会，柳永听到了一首歌词，名为《眉峰碧》。词的作者是谁，如今已经不可考证，但我们能肯定的是，它对柳永产生了极大的影响。这首词是这样写的：

> 蹙破眉峰碧。纤手还重执。镇日相看未足时，忍便使、鸳鸯只。　薄暮投村驿。风雨愁通夕。窗外芭蕉窗里人，分明叶上心头滴。[2]

这首以"离愁别绪"为主题的小词，语言浅近柔婉，字间情意缠绵，令柳永爱不释手。他将这首词抄写下来，时时品读，竟逐渐领悟了作词的章法。

故乡的山水，是柳永取之不尽、用之不竭的作词素材。很快，他便以武夷山的秀美风光为灵感，写下了组词《巫山一段云》。其一为：

1　中峰山：位于今福建松溪县境内，两宋时与崇安同归建宁府管辖。

2　笔者查阅资料时，见有人称此词写于宋徽宗时期，但该说法出处不明。便依旧按刘天文先生《柳永年谱稿》中说法。

攀萝蹑石落崔嵬，
千万峰中梵室开。
僧向半空为世界，
眼看平地起风雷。
猿偷晓果升松去，
竹逗清流入槛来。
旬月经游殊不厌，
欲归回首更迟回。

六六真游洞，三三物外天。九班麟稳破非烟。
何处按云轩。　　昨夜<u>麻姑</u>陪宴。又话蓬莱清浅。
几回山脚弄云涛。仿佛见金鳌。

麻姑

中国古代神话中的女仙。

阕

古人称歌曲或词的一首为"一阕"。

巫山一段云（其一）

六六真游洞，三三物
外天。九班麟稳破非烟。
何处按云轩。　　昨夜麻
姑陪宴。又话蓬莱清浅。
几回山脚弄云涛。仿佛见
金鳌。

"六六真游洞"，是武夷山的三十六峰；"三三物外天"，是武夷山的九曲溪流。[3]

这阕词从描写眼前的风景起笔，延伸到对神仙生活的想象，内容虚实结合，词风缥缈空灵，流露着少年人潇洒飘逸的襟怀。

就这样，在山水的滋养中，在诗词的润育下，柳永在闽地度过了年少的岁月，直到十九岁那年，他为赴科举，离开家乡。

3　该说法参考：李国庭《柳永生年及行踪考辨》。

东南形胜，三吴都会，
钱塘自古繁华

▶ 出自柳永《望海潮·东南形胜》

上京赶考途中，柳永路过了杭州城，被这座城市的繁华富丽吸引，便暂时留了下来。在杭州的街衢（qú）巷陌间，他通过与歌儿舞女合作，创制出新词调《望海潮》，极写杭城盛景，就此声名远播。

真宗咸平五年（1002），十九岁的柳永通过乡试。随后，他便离开家乡前往北宋的都城——汴京，准备参加礼部举行的考试。南方河湖众多，水运发达，于是柳永决定，先由水道前往杭州，再从杭州折往汴京。

与崇安相比，杭州自是一番不同的风貌。杭州，这座历史悠久的名城，自秦朝时已成聚落，于隋开皇年间初具规模，随着隋炀帝"京杭大运河"的开凿而飞速发展、声名远播。此后的数百年间，任凭朝代更迭、山川相易，杭州始终承担着商贸、交通枢纽的重要作用。"骈樯二十里，开肆三万室"[4]，是唐人对杭州繁华的写照。

至北宋之时，杭州城的发展已达高峰，物阜民丰，繁荣无比。北宋大文人欧阳修曾在文章中赞美杭州道："这里的人民生活富足安乐，又擅长工巧技艺，城市中的房屋十分华美。城中房屋大概有十万多家，坐落在湖光山色之中，在自然风光的映衬下，美丽非凡。**有商贾自江海而来，船队的风帆在波涛、烟霞之间出入，可谓繁盛至极。**"[5]

自码头登船后，映入柳永眼帘的，就是这样的盛景。这位天性浪漫的少年很快便沉沦在杭州城这座富贵温柔乡中，无法自拔了。西湖水的柔波，让他心旌摇荡；城池中宽阔的街道、奢华的建筑，让他目眩神迷。而在杭城的

> 这样的地方谁不喜欢呢！柳永的家乡偏僻，群山围绕，气候潮热，到了繁华美丽的杭州怎能不被迷住！

4　唐代李华《杭州刺史厅壁记》。

5　相关记载见欧阳修《有美堂记》。原文为："又其习俗工巧，邑屋华丽，盖十万余家，环以湖山，左右映带，闽商海贾，风帆浪泊，出入于江涛浩渺、烟云杳霭之间，可谓盛矣。"

万种风情中，最让他沉醉的，则是城内的秦楼楚馆、花街柳巷。他喜欢和女孩们交谈，听她们婉转的歌声、清脆的笑声，在每一个红袖添香、笙歌萦绕的夜晚，他任自己的情思融化在丝竹、乐舞之中，创作的灵感像潮水一样源源不断地涌来。

起初，柳永只是享受风流浪荡的生活，但很快他就发现，在青楼中填制新词，其实是使自己的才名传扬出去的绝好机会。其一，青楼每日迎来送往，那么多人，都要听歌女们唱的曲子。如果曲词足够动人，就能在人们心中留下深刻的印象，继而传唱开来；其二，一些才艺出众的歌女，会受邀前往高官、名人的宅邸中演唱，如果演唱的曲词能令听众称颂，那么作为词作者的自己，就能得到贵人的赏识，这对今后仕途的发展非常有利。

其实，这"贵人"是谁，柳永心中早已有了目标，那便是时任两浙转运使、起居舍人的孙何。孙何与柳永的父亲柳宜是旧相识，柳永来到杭州，一直想见见这位位高权重的"世伯"，却因为对方门禁森严，找不到合适的机缘前去拜会。于是，他将自己在杭州的所见、所闻、所感写成了一阕《望海潮》，献给当时有名的歌女楚楚，希望她能在孙何面前演唱。这阕词是这么写的：

东南形胜，三吴都会，钱塘自古繁华。烟柳画桥，风帘翠幕，参差十万人家。云树绕堤沙。怒涛卷霜雪，天堑无涯。市列珠玑，户盈罗绮，竞豪奢。　　重湖叠巘清嘉。有三秋桂子，十里荷花。羌管弄晴，菱歌泛夜，嬉嬉钓叟莲娃。千骑拥高牙。乘醉听箫鼓，吟赏烟霞。异日图将好景，归去凤池夸。

《望海潮》词调初次见于记载，就是在柳永的《乐章集》中，应是柳永所创。词牌名产生之时，往往与词的内容有所联系，杭州钱塘潮天下闻名，我们可以猜想，柳永可能是在观看钱塘江潮的时候有所感触，于是与熟识的乐工、歌女联手，将观潮的感受谱入乐律，由此创制新声。从形式上来看，《望海潮》无论是篇幅，还是所叙的内容，又或是笔法，都与传统的小令不同，正是柳永"慢词"的代表作之一。全词一百零七个字，慢声长调，气度恢宏，恰似一卷缓缓铺陈开的市井图长卷。

词的上片写杭州城的繁华豪奢，一句"钱塘自古繁华"，总写古今杭州之盛，气势宏伟，统领全篇。接下来，是城中的风物：错落有致的楼台、鳞次栉比的民居，帘幕重重、杨柳依依，无一不展现着这座城市的繁华与风情。再接下来，诗人将目光移向城外，在那里，钱塘江日夜奔流不息，江水拍打在堤岸上，激起霜雪似的白浪。在这样一座城市里，人们的生活富足而安逸，市面上的店铺陈列着珍珠百宝，家家户户充盈着绫罗绸缎，像是在互相攀比着奢侈豪华。

《诗辨坻》中说："前半泛写，后半专叙，盛宋词人多此法。"意思是，一首词的上下片内容往往有总写、专写之分，柳永的这首《望海潮》便是如此。词的上片，已经将杭城盛景进行了总体描绘，到了下片，便开始聚焦杭州城内最负盛名的名胜——西湖。

这就像拍城市宣传片的镜头语言，先航拍俯瞰全貌，再特写名胜。

啊！

小令

一种词的体制。本为唐时文人宴饮中为助酒兴，即席填写以供演唱的歌词，故形式多短小紧凑。至宋演变成固定体制，字数在五十八字以内，为词中较短小者。

慢词

依曲调舒缓的慢曲所填写的词，其名称从"慢曲子"而来。字句多且旋律、节奏繁复舒缓，因此相较小令而言，便于容纳更多内容。一般认为，柳永是北宋第一个大量创作慢词的词人，他将六朝、隋唐小赋的技法引进词的领域，丰富了词的内容主题、表现手法，对宋词的发展产生了深远的影响。

作品 WORKS

望海潮·东南形胜

东南形胜，三吴都会，钱塘自古繁华。烟柳画桥，风帘翠幕，参差十万人家。云树绕堤沙。怒涛卷霜雪，天堑无涯。市列珠玑，户盈罗绮，竞豪奢。　重湖叠巘清嘉。有三秋桂子，十里荷花。羌管弄晴，菱歌泛夜，嬉嬉钓叟莲娃。千骑拥高牙。乘醉听箫鼓，吟赏烟霞。异日图将好景，归去凤池夸。

延伸阅读

忆江南三首
白居易
其一

江南好，风景旧曾谙。日出江花红胜火，春来江水绿如蓝。能不忆江南？

其二

江南忆，最忆是杭州。山寺月中寻桂子，郡亭枕上看潮头。何日更重游？

其三

江南忆，其次忆吴宫。吴酒一杯春竹叶，吴娃双舞醉芙蓉。早晚复相逢。

晓出净慈寺送林子方
杨万里

毕竟西湖六月中，风光不与四时同。接天莲叶无穷碧，映日荷花别样红。

在柳永笔下，西湖的景色，因山水相错而明净秀美，因坐落于城中而富有生活意趣。西湖三面环山，清秋时节，山中桂花次第而开，满山幽芳，沾衣不散。唐人白居易在杭州做官时，也曾在灵隐山的桂花树下流连，写下"山寺月中寻桂子"[6]的词句。西湖中的荷花，更是惹人喜爱：每逢夏秋，十里平湖上便开满了亭亭的荷花，正所谓"接天莲叶无穷碧，映日荷花别样红"[7]。人们在美景中徜徉、徘徊，游人悠扬的笛声、采菱女清越的歌声，昼夜可闻。如此美景，让城中的高官贵人[8]也坐不住了。他在车马、牙旗的簇拥下，缓缓而来；在西湖畔的美景中，在醉意蒙眬里，他伴着箫鼓之乐，嗟叹着、咏歌着，抒发着对眼前美景的喜爱。他在心里筹划，等来日升官回到京城，一定要将这样的景色细细描绘，在同僚面前夸耀。

据说柳永完成《望海潮》后不久，时值中秋，孙何府上举办中秋宴会，邀楚楚前去献艺。楚楚在诸多宾客前，曼声弹唱了这阕《望海潮》，引来孙何的连连赞叹。

孙何问楚楚："词是谁人所写？"楚楚按照柳永之前的交代，回答道："词是柳七所写。"孙何听后，心中对这位才华横溢的年轻人有了好感。第二天，他便邀请柳永到府上做客，在得知柳永的父亲竟是自己的旧识之后，更是对柳永青睐有加。

中秋府宴后，柳永和他的《望海潮》在杭州城里名动一时。就这样，凭借一首《望海潮》，柳永达成了结识孙何的愿望，而柳永的大名，也随着这首词的流传，为人们所熟知。后来，虽然孙何、柳永相继离开杭州，这首《望海潮》仍在这座城市的巷陌之间流传。再后来，它穿

6　唐代白居易《忆江南三首》其二。

7　宋代杨万里《晓出净慈寺送林子方》。

8　通常认为，柳永词里的这位达官贵人就是孙何本人。柳永在《望海潮》词尾写"异日图将好景，归去凤池夸"，暗含着对孙何早日升官回京的祝福。这或许也是孙何对这首词青睐有加的原因。

透了时间与空间的界限，无差别地吸引着每一个向往富庶、安逸、诗意之地的人。传说，在柳永写下《望海潮》的一百多年后，金主完颜亮偶然听到，被词中"三秋桂子，十里荷花"的景致吸引，由此萌发了挥师渡江、南下攻宋的念头。

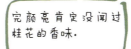
完颜亮肯定没闻过桂花的香味。

哈哈

不过，这个故事是真是假，柳永是否要为完颜亮的侵略"背锅"，时至今日已是无人知晓了。

忍把浮名，换了浅斟低唱

柳永

▶ 出自柳永《鹤冲天·黄金榜上》

柳永的科举之路并不顺利。三次应试失利后，他写下《鹤冲天》一词，表达怀才不遇的愤懑。然而，他的词作引起了当朝统治者的不满，这让柳永再次失去了及第的机会。无奈之下，柳永离开汴京，前往南方远游。

大体上来说，柳永在杭州的生活，是孟浪而无忧无虑的。在词中，他这样写道："太平世。少年时，忍把韶光轻弃。况有红妆，楚腰越艳，一笑千金何啻（chì）。向尊前、舞袖飘雪，歌响行云止。愿长绳、且把飞乌系。任好从容痛饮，谁能惜醉。"

古人常说"长绳系日"，意思就是用长绳子把太阳系住，好让时光不再流逝。柳永写下"愿长绳、且把飞乌系"时，心中也是同样的想法。然而，人不可能永远停

贴士 TIPS

作品 WORKS

飞乌

古人以金乌、三足乌代指太阳。词中此处"飞乌"，亦指太阳。

长寿乐·繁红嫩翠

繁红嫩翠。艳阳景，妆点神州明媚。是处楼台，朱门院落，弦管新声腾沸。恣游人、无限驰骤，娇马车如水。竞寻芳选胜，归来向晚，起通衢近远，香尘细细。　太平世。少年时，忍把韶光轻弃。况有红妆，楚腰越艳，一笑千金何啻。向尊前、舞袖飘雪，歌响行云止。愿长绳、且把飞乌系。任好从容痛饮，谁能惜醉。

双声子·晚天萧索

晚天萧索，断蓬踪迹，乘兴兰棹东游。三吴风景，姑苏台榭，牢落暮霭初收。夫差旧国，香径没、徒有荒丘。繁华处，悄无睹，惟闻麋鹿呦呦。　想当年、空运筹决战，图王取霸无休。江山如画，云涛烟浪，翻输范蠡扁舟。验前经旧史，嗟漫哉、当日风流。斜阳暮草茫茫，尽成万古遗愁。

破阵乐·露花倒影

露花倒影，烟芜蘸碧，灵沼波暖。金柳摇风树树，系彩舫龙舟遥岸。千步虹桥，参差雁齿，直趋水殿。绕金堤、曼衍鱼龙戏，簇娇春罗绮，喧天丝管。霁色荣光，望中似睹，蓬莱清浅。 时见。凤辇宸游，鸾觞禊饮，临翠水，开镐宴。两两轻舠飞画楫，竞夺锦标霞烂。蟾欢娱，歌《鱼藻》，徘徊宛转。别有盈盈游女，各委明珠，争收翠羽，相将归远。渐觉云海沈沈，洞天日晚。

露花倒影

从字面上来看，意思是带露水的花在水中映出倒影。苏东坡认为，此四字的意境颇能概括柳永词的风格。他曾将秦观与柳永的词风归纳为："山抹微云秦学士，露花倒影柳屯田。"

留在某一段岁月中，即便那段年华再好、再完美，也会随着下一个人生阶段的开始而成为过去。

真宗景德二年（1005），柳永二十二岁。这一年，他乘船离开杭州，沿京杭大运河前往汴京，继续赴京赶考的旅途。途中，他经过扬州、苏州，用手中的词笔，追忆吴越往事，抒发心中的怀古幽思，写下"斜阳暮草茫茫，尽成万古遗愁"的词句。他在姑苏一带走走停停，中间也发生了一些美人才子的风流故事。两年后的冬天，柳永终于抵达了都城汴京，至此，一个新的人生阶段开始了。

初到汴京，柳永心中尽是意气风发。看着这座城池的绣户珠帘、雕梁画栋，他坚信：很快，自己就能在科举考试中拔得头筹，在朝堂中谋得一席之地。于是我们看到，他是如何热切地享受并歌颂都城的生活。

上元灯节时，千灯烂漫，繁弦急管，他沉浸在城池的喧闹与狂欢中，歌颂着君民同乐的盛景："愿岁岁，天仗里，常瞻凤辇。"三月清明时，春花似锦，绿草如茵，满城游人尽出，前往郊外踏青，柳永也在其中。他描述当时的场面道："风暖繁弦脆管，万家竞奏新声。"春日里，汴京城内的金明池上常有画舫嬉游，有时，皇帝的龙船也会出游其中。柳永曾见过这样的光景，他在词中写道："露花倒影，烟芜蘸碧，灵沼波暖。金柳摇风树树，系彩舫龙舟遥岸。"

柳永来到汴京的第二年春天，省试在礼部的主持下举行。对于这次考试，柳永非常自信，然而，结果却让他非常失望——他落榜了。

当时的进士科考试，都考什么呢？有现代学者总结："北宋初期沿袭唐、五代旧制，进士科考试诗、赋、论各一首，策五道，帖《论语》十帖，对《春秋》或《礼记》墨义十条。所谓'论'，是指史论，对于历史上某件事论述自己的看法；所谓'策'，即策论，议论当前政治问题、向朝廷献策的论述文。"[9] 由此可见，考试内容比较多，难度相当大。所以，柳永也没把第一次的失利放在心上，转头继续在汴京过着歌咏、游乐生活。

柳永没有想到，这第一次的落第，并不只是偶然，而是特定时代下的必然。《宋史·真宗本纪》记载，就在柳永初次参加礼部试的这一年正月，皇帝刚刚发下诏令："读非圣之书及属辞浮靡者，皆严谴之。"以擅长填写艳词著称的柳永，无疑算是"属辞浮靡者"之列。可以说，从一开始，柳永就失去了及第的可能性。

9　张念瑜《宋代的科举考试进度》。

省试

宋朝的科举考试分为三级：一级是由各州举行的取解试，然后是礼部举行的省试，最后是最高级别的殿试。考试时间为：每年秋天，各州进行考试；第二年春天，由礼部进行考试；省试当年进行殿试。

贴士
TIPS

之后的几年，柳永一直在汴京度过。

柳永年岁渐长，却始终不改他风流的天性。闲暇时候，他还是像以前在杭州那样，流连于烟花巷陌，和歌女、乐伎打交道。他们为他弹唱解忧，他为他们填制新词——相比于单纯的消遣、娱乐，这似乎更像是一种艺术创作上的合作。大概是因为柳永的词写得又快又多，而他的词风又优美通俗、独树一帜，很快，他又因为擅长填词而在京城出了名。后来，连教坊乐工都成了柳永的"合作对象"，每当创制新腔，这些乐工总要找到柳永，请他填词，由此，这些新腔才能"始行于世"。[10]

北宋初年到真宗朝时，省试的举行时间并不固定，甚至有四五年才举行一次考试的纪录[11]，在未得到考试消息的时间里，举子们只能眼巴巴地等着。就这样，日子像流水一样地过去，汴京城里的春风年年而至，柳永像其他企盼登科的举子一样，在城中翘首等待着开科考试的消息。

宋真宗祥符八年（1015），柳永三十二岁。这一年，他再次落第。

真宗天禧二年（1018），柳永三十五岁。他怀抱着期望再度参加礼部考试，却第三次落第。

至此，柳永已经在汴京蹉跎了十年的光阴。十年里，他已凭借自己的努力，在帝京"文艺圈"混得小有名气——可这无情的科场啊，为何就不能垂青于他？于是，他写下了一首《鹤冲天》，抒发郁闷的心绪：

10 宋代叶梦得《避暑录话》："柳永为举子时，多游狭邪，善为歌辞。教坊乐工每得新腔，必求永为辞，始行于世，于是声传一时。"

11 《宋史·志·卷一百零八》记载了北宋官员王洙为宋仁宗讲解《周礼》的一段故事，其中提到在仁宗朝之前，出现过皇帝四五年才下诏举办一次科举考试的情形："王洙侍迩英阁讲《周礼》，至'三年大比，大考州里，以赞乡大夫废兴。'上曰：'古者选士如此，今率四五岁一下诏，故士有抑而不得进者，孰若裁其数而屡举也。'"这也解释了柳永没有逐年连续参加科举考试的原因——不是因为懒。

祥符八年

天禧二年

黄金榜上，偶失龙头望。明代暂遗贤，如何向？未遂风云便，争不恣狂荡？何须论得丧。才子词人，自是白衣卿相。　烟花巷陌，依约丹青屏障。幸有意中人，堪寻访。且恁偎红倚翠，风流事，平生畅。青春都一饷。忍把浮名，换了浅斟低唱！

"黄金榜上，偶失龙头望"，上片开篇两句，直接点明了这首词的创作背景——落榜。接下来，他用充满讽刺意味的笔调写：在这清明盛世里，我这样有才能的人却被弃置不用，之后的人生道路，我该向何方而去？既然我的理想已经落空，何不恣意放荡，干吗还要患得患失、纠结那些功名利禄呢？做一个风流才子，在坊曲之间写作词章，纵然只是一介布衣，也不输于那些公卿将相。

"烟花巷陌，依约丹青屏障。幸有意中人，堪寻访。"词到了下片，似是回顾过往，亦似是预言未来。从二十岁到三十五岁，柳永习惯了在花街柳巷消磨时光，他以歌儿舞女作为知音，在他们的绣房里，他感到自在、欢畅。过去的十几年已经在"丹青屏障"中度过了，柳永预感到，未来的年岁，或许还会是同样的模式。于是他总结道：青春岁月，不过是片刻的时间，我宁愿把功名利

鹤冲天·黄金榜上

黄金榜上，偶失龙头望。明代暂遗贤，如何向？未遂风云便，争不恣狂荡？何须论得丧。才子词人，自是白衣卿相。　烟花巷陌，依约丹青屏障。幸有意中人，堪寻访。且恁偎红倚翠，风流事，平生畅。青春都一饷。忍把浮名，换了浅斟低唱！

禄，换作手中的一杯清酒、耳畔的一支低唱。

从这首词可以看出，柳永是自信的。"偶失龙头望"，"偶"字当先，说明落榜在他看来，只是偶然之事，与才学、人品无关；"明代暂遗贤"，"暂"字为眼，说明当今的失意只是暂时性的，再过一些时日，自己的才华一定会得到天子赏识。

词名大，却不一定能科考顺利。自认是白衣卿相，究竟是真的狂傲自信呢，还是不得已的自我安慰呢？

柳永更是狂傲的。他自认风流才子，少时便广有词名，心中怎能不有一股傲气在？如若这科举不能慧眼识珠，如若这世上再无其他途径可以施展抱负，那么他宁可转头离去，继续在勾栏坊曲里过"偎红倚翠""浅斟低唱"的生活——这是柳永的文人傲骨，也是他与无情的现实抗争的方式。

但是，纵然自信狂傲如柳永，难道就真能像他自己说的那样，放下一切对功名的追求，甘心去做一个浅斟低唱的布衣平民吗？如果真的能放下一切，对得失不再挂怀，那么何必再写这一纸牢骚言呢？如果真的不再打算走科举之路，不再打算入朝为官，那又何必在词中留下"偶失龙头望""明代暂遗贤"的退路呢？

入仕和出世是很多文人都会面临的选择，这道选择题，唐代自称"不才明主弃"的孟浩然做过，"仰天大笑出门去"的李白做过，"赢得青楼薄幸名"的杜牧也做过。如今，做这道选择题的人，轮到柳永了。

柳永果然没有真正放弃入仕的希望。他还想要再试一次。

就这样，三次落榜的柳永依然留在汴京，以举子的身份继续生活。不过，虽然没有正式职务，他也不用为经济来源发愁——他的才名早已在市井之间流传开来，歌伎们都以能唱他的新词为荣。因此，时常会有歌伎赠予他一些金银物资，以求填翻新词。

过了几年，宋真宗驾崩，时年十三岁的仁宗赵祯即位，刘太后成为实际意义上的掌权者。又过一年，柳永在汴京迎来了他四十岁的生辰。家国之大事、个人之大事，便都在备考与等待中度过了。

仁宗即位后的第二年，柳永四十一岁。这一年，他第四次参加科举考试，仍然不中。

据说，柳永本已凭借真才实学考中了进士，但临近放榜时，仁宗皇帝特地画去了他的名字。原来，柳永的那阕《鹤冲天·黄金榜上》早已传遍了京城，甚至传到了宫墙之内。仁宗皇帝听到那句"忍把浮名，换了浅斟低唱"，不满地说道："既然如此，就让他继续去浅斟低唱吧，还要浮名做什么？"就这样，柳永再次失去了及第的机会。

十余年的金榜题名梦，如今宣告落空，郁闷之下，柳永也不再留恋东京繁华，转头收拾好行囊，决定向江南漫游去了。

刘太后
即北宋章献明肃太后刘娥，是宋真宗赵恒的第三任皇后。真宗去世后，因仁宗年幼，无法把持朝纲，刘娥垂帘听政十余载，统管军国大事，成为宋朝第一个临朝称制的女主。常与汉代吕雉、唐代武则天并称，后世称其"有吕武之才，无吕武之恶"。

东京
即北宋首都开封，与西京洛阳相对。

暮霭沉沉楚天阔 | 柳永

▶ 出自柳永《雨霖铃·寒蝉凄切》

挥别了在汴京结识的红颜知己，柳永开始了漂泊四海的生活。离开汴京，他没有感到轻松，反而时时感到焦虑、忧愁。他去过江南、关中、蜀地，留下了很多词

章，然而这些地方中，没有一个能给予他归属感，也没有一个能抚平他心中的不平与愁绪。

世有无情事，却有多情人。柳永在汴京游冶十年，结识了不少红颜知己，也与她们中的一位萌发了真挚的爱情。

在汴京渡口，柳永与恋人依依惜别。时过千年，我们已经无法看到当时的场景，却可以通过柳永留下的词句，感受那种依依不舍的心绪：

寒蝉凄切，对长亭晚，骤雨初歇。都门帐饮无绪，留恋处、兰舟催发。执手相看泪眼，竟无语凝噎。念去去、千里烟波，暮霭沉沉楚天阔。

那大概是在一个初秋，寒蝉凄凉地鸣叫着，一场大雨刚刚停止，四处笼罩在一片晦暗、潮湿的暮色中。佳人在都门外的长亭下为柳永摆好了送别的酒筵，词客却丝毫没有饮酒的兴致。直到离开的这一刻，他才发现自己心中的留恋之情：他留恋眼前人的温存，留恋帝京的风物，留恋青年时的那些风流岁月……但已经没有时间停留了，离去的船已经在渡口等待，它在催促他快点出发。

他恍然觉得有很多话想对眼前人说，但真的……真的没有时间了。蝉还在叫着，雨后的风很凉，它轻轻地撞着不知哪里的铃铛，丁零，丁零。说不清是谁先哭了，第一滴眼泪落下来，喉头开始哽咽，让本就难以启齿的道别更加艰涩。他们的手紧握着，用泪眼相看着，却终究无人说话。谁不知晓？这一去，便是远隔千里烟波，楚天邈远，江湖寥廓，或许再无相见之日啊。

多情自古伤离别，更那堪冷落清秋节！今宵酒醒何处？杨柳岸、晓风残月。此去经年，应是良辰好景虚设。便纵有千种风情，更与何人说？

——终是要走了。他们的心中纵有千般不舍，可又有什么办法？古往今来，多情之人总为离别伤怀，更别提是在这个萧瑟、冷落的季节。柳永心想，等到今宵酒醒，谁又知道我会身在何处？怕是只能一个人在杨柳岸边，面对晓风与残月了。这一别，相爱的人不在一起，再多良辰美景无人共赏，也如同虚设。即使有满腹的情意，又能与何人去说呢？

《雨霖铃》本是唐代教坊曲名，它的最初创作者，正是唐玄宗李隆基。安史之乱时，唐玄宗自长安逃往蜀地，途经马嵬驿时遭遇军队哗变，不得已之下，令杨贵妃自缢而死。贵妃死后，玄宗一路向西南而去，过蜀山栈道时，于雨中听见阵阵铃声在山间回荡，就此引发思念之情，便"采其声为《雨霖铃》曲，以寄恨焉"[12]。柳永将它改为宋词词调，叙写离情别意，与唐人旧事遥相呼应，更显得哀怨深情、委婉凄恻。这首词寓情于景，层层铺叙，上下片层次分明，结构清晰，充分展现了柳永"以赋为词"的特点。

就这样，柳永辞别了佳人、告别了汴京，乘一叶扁舟，向江南而去。

离开了汴京这座豪华的樊笼，回到吴越的山水之间，他总该感到快乐一些了吧？然而，从他当时写下的词章来看，相思之愁、怀古伤今之愁、年华老去之愁……种种

12 唐代段安节《乐府杂录》。

以赋为词

指上文提到过的，柳永擅长以六朝、隋唐小赋的技法入词。又称"屯田蹊径"。

贴士 TIPS

雨霖铃·寒蝉凄切

寒蝉凄切，对长亭晚，骤雨初歇。都门帐饮无绪，留恋处、兰舟催发。执手相看泪眼，竟无语凝噎。念去去、千里烟波，暮霭沉沉楚天阔。 多情自古伤离别，更那堪冷落清秋节！今宵酒醒何处？杨柳岸、晓风残月。此去经年，应是良辰好景虚设。便纵有千种风情，更与何人说？

八声甘州·对潇潇暮雨洒江天

对潇潇暮雨洒江天，一番洗清秋。渐霜风凄紧，关河冷落，残照当楼。是处红衰翠减，苒苒物华休。唯有长江水，无语东流。 不忍登高临远，望故乡渺邈，归思难收。叹年来踪迹，何事苦淹留？想佳人妆楼颙望，误几回、天际识归舟。争知我，倚阑干处，正恁凝愁！

哀愁始终困扰着他，不能散去。

漂泊几年后，柳永又回到汴京。然而，这次汴京之行没有带给柳永新的机遇与活力，反而使他更加忧郁了。

因念秦楼彩凤，楚观朝云，往昔曾迷歌笑。别来岁久，偶忆欢盟重到。人面桃花，未知何处，但掩朱扉悄悄。尽日伫立无言，赢得凄凉怀抱。

重返帝京后，柳永又回到从前流连过的秦楼楚馆，追忆往日的快意与潇洒。然而，尽管画栋雕梁如故，昔日那些和他嬉笑过、交谈过的红粉佳人，却已不知去处了。物是人非，这让柳永更感凄凉、孤独。

这次回汴京，柳永只停留了一年时间。仁宗天圣八年（1030），四十七岁的柳永再次整理行装，踏上了漫游的道路。这一次，他的目的地是关中一带，那是一片他之前从未踏足过的土地。

从汴京到长安，即使是今天来看，也是一段漫漫长旅。经过长达数月的舟车劳顿，柳永终于抵达了长安，然而此时的关中平原正是一幅秋色寥落的景象，这再次唤起了柳永的身世飘零之感，让他更加消沉。他感叹：

长安古道马迟迟，高柳乱蝉嘶。夕阳鸟外，秋风原上，目断四天垂。 归云一去无踪迹，何处是前期？狎兴生疏，酒徒萧索，不似少年时。

游冶玩乐的兴致，如今已经荒疏；当日一起饮酒作乐的朋友，也已各自离散。如今的一切，都不似当年了。短短数行词间，已经见得词人心境的衰老。

对于柳永的境遇，古典文学研究专家叶嘉莹有过详尽分析。"柳永以一个禀赋有浪漫之天性及谱写俗曲之才能的青年人，而生活于当日之士族的家庭环境及社会传统中，本来就已经注定了是一个充满矛盾不被接纳的悲剧人物，而他自己由后天所养成的用世之意，与他自己先天所禀赋的浪漫的性格和才能，也彼此互相冲突。"[13] 此言鞭辟入里。

宋人尊崇儒家重教化的文学思想，而词的内容通常为抒发个人情感，无法起到载道、教化的作用。词最初诞生于歌席舞宴之间，起助酒遣兴之用，尽管柳永通过创作实践，大大拓宽了词的广度与深度，其写作风格也与儒家正统推崇的"温柔敦厚"相去甚远。多情浪荡的天性、歌词写作的禀赋让柳永以"白衣卿相"的身份声名远扬，却也使得柳永与"庙堂主流"愈发格格不入，这正是柳永长年不被进用的根本原因。

后来，柳永又去了巴蜀、湘鄂一带漫游。日子就这么一天天地过去，路旁的风景换了一程又一程，他的生活却始终没有起色，曾经的风发意气也在光阴的流转中消磨殆尽。应是在这段时间，他写下了《八声甘州》[14]：

　　对潇潇暮雨洒江天，一番洗清秋。渐霜风凄紧，关河冷落，残照当楼。是处红衰翠减，苒苒物华休。唯有长江水，无语东流。　　不忍登高临远，望故乡渺邈，归思难收。叹年来踪迹，何事苦淹留？想佳人妆楼颙望，误几回、天际识归舟。争知我，倚阑干处，正恁凝愁！

这首词意境高远，气势沉雄，其中"渐霜风凄紧，

13 《宋词鉴赏辞典》。

14 暂未查到该词的详细系年。但词的内容显然与漂泊羁旅生活密切相关，且考虑到《八声甘州》本为唐时边塞曲，词中提到"关河冷落"场景，故推测此词应写于柳永前往关中、近距离体验西北风情之后。故姑系于此。

满朝欢·花隔铜壶

花隔铜壶，露晞金掌，都门十二清晓。帝里风光烂漫，偏爱春杪。烟轻昼永，引莺啭上林，鱼游灵沼。巷陌乍晴，香尘染惹，垂杨芳草。　　因念秦楼彩凤，楚观朝云，往昔曾迷歌笑。别来岁久，偶忆欢盟重到。人面桃花，未知何处，但掩朱扉悄悄。尽日伫立无言，赢得凄凉怀抱。

两同心·伫立东风

伫立东风，断魂南国。花光媚、春醉琼楼，蟾彩迥、夜游香陌。忆当时、酒恋花迷，役损词客。　　别有眼长腰搦。痛怜深惜。鸳会阻、夕雨凄飞，锦书断、暮云凝碧。想别来，好景良时，也应相忆。

西 施

苎萝妖艳世难偕。善媚悦君怀。后庭宠，尽使绝嫌猜。　　正恁朝欢暮宴，情未足，早江上兵来。捧心调态军前死，罗绮旋变尘埃。

少年游·长安古道马迟迟

长安古道马迟迟，高柳乱蝉嘶。夕阳鸟外，秋风原上，目断四天垂。归云一去无踪迹，何处是前期？狎兴生疏，酒徒萧索，不似少年时。

少年游·参差烟树灞陵桥

参差烟树灞陵桥，风物尽前朝。衰杨古柳，几经攀折，憔悴楚宫腰。夕阳闲淡秋光老，离思满蘅皋。一曲《阳关》，断肠声尽，独自凭兰桡。

关河冷落，残照当楼"一句，曾被苏轼评价为："于诗句不减唐人高处。"古人常说"伤春悲秋"，意思是季节的变换能够格外凸显出时间的流逝，让人忧伤感怀。柳永淹留异乡，凭栏远眺长江，只觉山河一片冷清萧索，在一番秋雨后，草木摇落，更显萧瑟。

这让他忽然觉得：原来，我已经离开家乡那么远，已经在异乡消磨这么多年了！年华老去，不过是弹指之间，而见证过无数春秋更迭的长江之水，却不管这人间的诸多情愁，兀自无语东流……

这种没有目标、看不见希望的生活直到柳永五十岁那年才结束。这一年，随着刘太后去世、宋仁宗掌权，朝廷取士的风向发生了变化——柳永的机会来了。

柳永自从离家，一直厮混于教坊司，或在各地漂泊，让人觉得他身如浮萍。

思考

觉客程劳，年光晚

▶ 出自柳永《迷神引·一叶扁舟轻帆卷》

年过半百，柳永终于进士及第。在各地为官时，他密切关注百姓生活，为劳苦大众写下了打抱不平、为民请愿的诗篇，得到了人民的爱戴。

仁宗明道二年（1033），垂帘听政十三载的章献明肃皇后刘娥逝世，时年二十三岁的宋仁宗赵祯真正开始把持朝政。或许是处在刘太后控制之下太久的原因，这位年轻的皇帝刚刚开始亲政，便迫不及待地大展身手，采取了一系列举措，力图让朝堂面貌焕然一新。

仁宗亲政的第二年，为了笼络更多有才学的人，让士子能更好地为国家效力，朝廷特别开设了恩科考试，对屡试不第的大龄考生们放宽录取尺度，让这些"沧海遗珠"有再次登第的机会。漂泊江湖的柳永得知这个消息后，再次动了进京赶考的心思。

这一年的春天，五十一岁的柳永从鄂州启程，前往汴京参加恩科考试。途中，他写道：

> 冒征尘远况，自古凄凉长安道。行行又历孤村，楚天阔、望中未晓。

词句中流露的，是伤感、惘然的情绪。遥想二十五年前，第一次参加科举考试的时候，他曾满怀信心地写下"对天颜咫尺，定然魁甲登高第"，其中心境的变化，令人何等唏嘘！

所幸，命运没有一直亏待柳永。这一次，柳永成功中举，登进士第。清人宋凤翔在《乐府余论》中写道："耆卿蹉跎于仁宗朝，及第已老。"寥寥十二字背后，是二十五年屡试不第、漂泊天涯的辛酸。

是啊，正像宋凤翔所说，柳永已经老了，他终于等到了及第的这一天，终于能踏上仕途，为朝廷和百姓做些事了，但他也已经来到人生的暮年。他不再有大把的时间可以用来

> 太不容易了！五十一岁了，终于考中了！
>
> 呜呜

挥霍、交游、经营、升迁，也不认识什么高官可以提供援引，这辈子的结局几乎已经注定了：没有富贵荣华，没有高堂华屋，只是在一个微末小官的位子上度过余生。

然而，柳永没有半分怨天尤人。这个曾经风流轻佻的浪子，在年过半百后重新整理心绪，开始努力认真地做一个好官。他的首任职务是在睦州当团练推官，后来被调往余杭，出任余杭县令。据《余杭县志》记载，柳永"长于词赋，为人风雅不羁，而抚民清静，安于无事，百姓爱之"，可见柳永的为官、为人颇受百姓敬爱。

五十六岁那年，柳永被调往定海（今为浙江省舟山市）担任监盐官，工作内容主要是监管盐场。在这里，他看到了舟山一带壮阔的海潮风光，但同时也看到了底层劳动者的无尽苦难。

海边没有丰美的土壤，人民不能以耕织为生，只能在盐场从事辛勤的煮盐工作，以此养家糊口。什么是煮盐？就是将海水收集起来烹煮，将水煮干以后，其中的盐分会析离出来，形成人们日常食用的、白花花的食盐。然而，这个过程并不容易：煮海水用的柴火，需要盐民们进山去砍，途中很有可能遇上豺狼虎豹；砍到木柴之后，盐民们要片刻不停地把它们担运出山，投入到煮海水的炎热巨灶中。煮制食盐的过程长达数月时间，在这几个月中，因为无盐可卖，盐民们只好靠借高利贷生活。

这样辛苦的劳动，却没有为盐民们带来相应的回报：将产出的食盐卖给官府，换取的报酬十分微薄，还完高利贷以后，几乎就不剩什么钱了。再加上朝廷要征收赋税，这让盐民们本就贫寒的生活更加困苦，只能为了挣一口饭吃，全家一齐上阵，加倍劳碌地工作。

盐民们的生活，身为监盐官的柳永全看在眼里。他前半生流连勾栏酒肆，与不少世俗眼中的"下九流"人士打过交道，但这般直接地面对底层劳动者的生活，想来

贴士 TIPS

盐场

北宋时期，盐根据制法不同主要分为池盐、海盐、井盐、土盐几种。盐户因制盐方式不同，又被称为畦户、铛户、井户、灶户、亩户、亭户等。宋代加强了对制盐的官方管控，《宋史·食货志》记载，食盐的生产体制有官制、官监民制和民制三种类型。在海盐产区主要实行的是官监民制，即在官府监督下的民制，所产的盐全部由官收买，一斤一两不得私留。

是第一次。他同情这些劳动者的境遇，于是迫切想要帮助他们改变这样的困境。
于是，他写了一首长诗《鬻海歌》，叙写盐民的深重苦难：

> 船载肩擎未遑歇，投入巨灶炎炎热。
> 晨烧暮烁堆积高，才得波涛变成雪。
> 自从潴卤至飞霜，无非假贷充糇粮。
> 秤入官中得微直，一缗往往十缗偿。
> 周而复始无休息，官租未了私租逼。
> 驱妻逐子课工程，虽作人形俱菜色。

在长诗最后，他提出了改变现状的建议，那就是让朝廷减少征战、轻徭薄
赋、提高收盐价格，这样，才能让盐民们过上更好的生活。他希望，这首诗的
流传，能让朝廷看到地方百姓的疾苦、听到人民的心声，从而做出相应的改变
措施：

鬻海歌（节选）

鬻海之民何苦辛，
安得母富子不贫？
本朝一物不失所，
愿广皇仁到海滨。
甲兵净洗征输辍，
君有余财罢盐铁。
太平相业尔惟盐，
化作夏商周时节。

迷神引·一叶扁舟轻帆卷

一叶扁舟轻帆卷。暂泊楚江南岸。孤城暮角，引胡笳怨。水茫茫，平沙雁，旋惊散。烟敛寒林簇，画屏展。天际遥山小，黛眉浅。　旧赏轻抛，到此成游宦。觉客程劳，年光晚。异乡风物，忍萧索、当愁眼。帝城赊，秦楼阻，旅魂乱。芳草连空阔，残照满。佳人无消息，断云远。

鬻海之民何苦辛，安得母富子不贫？

本朝一物不失所，愿广皇仁到海滨。

甲兵净洗征输辍，君有余财罢盐铁。

太平相业尔惟盐，化作夏商周时节。

　　今天我们读这首诗，很难第一眼就把它和那位"奉旨填词柳三变"联系起来。它或许会让我们想起唐代白居易的《卖炭翁》，在那首"合为事而作"的新乐府诗里，白居易用一种白描的手法记录了一位卖炭老人困苦的生活，抨击了腐败的社会现实。或许，我们还会想起李贺的《老夫采玉歌》，在那首诗里，同样有一群民夫，冒着生命危险日夜劳作，却只换来贫寒而饱受剥削的生活。又或许，我们会想起诗圣杜甫，那位伟大的现实主义诗人。在他笔下，刻画了多少民生凋敝、生离死别的惨剧，又饱含着多少对社会底层人民深刻的同情……

　　在入仕之前，柳永的作品更关注自身，所叙写的内容多数与自己的经历、感受相关，但这首《鬻海歌》，则展现了他为官以后关心民生的一面。为官的责任，将这位昔日浪子与下层劳动者们紧紧联系在一起，拓宽了他的襟怀，锤炼了他的人格。他写诗为民请命的行为，也让后世义人感佩不已。清代朱绪曾赞柳永《鬻海歌》云："积雪飞霜韵事添，晓风残月画图兼。者卿才调关民隐，莫认红腔昔昔盐。"

　　后来，柳永又被调往其他地方做官。虽然几经辗转，但官职始终没有大的提升。有人说，他在晋升的重要节点上，又一次因作词而引起皇帝不满，即使后来投诉改官成功，最终也没有得到受皇帝恩宠、青云直上的机会。

　　七十岁那年，柳永按照宋代官制规定[15]，辞官退休，

15　宋代官制规定，官员七十岁当致仕。

隐居润州（今江苏省镇江市）。隔年，柳永去世。

柳永一生沉沦下僚，晚年生活相当清贫，去世时家无余产。他逝世后，润州太守曾尝试联系他的后代，无果，便自己出钱，将柳永草草下葬。

有后人不愿柳永的一生如此潦草而终，便为他编撰了一个更加缠绵的结局。明末小说家冯梦龙在他的短篇集《喻世明言》里，写过一篇名为《众名姬春风吊柳七》的故事。故事里说：

自葬后，每年清明左右，春风骀荡，诸名姬不约而同，各备祭礼，往柳七官人坟上，挂纸钱拜扫，唤做"吊柳七"，又唤做"上风流冢"。未曾"吊柳七""上风流冢"者，不敢到乐游原上踏青。后来成了个风俗，直到高宗南渡之后，此风方止。

在故事的最后，冯梦龙感叹柳永一生不受知遇，唯有歌女能解其襟怀，写道：

后人有诗题柳墓云：
乐游原上妓如云，尽上风流柳七坟。
可笑纷纷缙绅辈，怜才不及众红裙。

联系不上后人，被草草下葬的结局也太悲惨了。还是冯梦龙写的结局更容易让人接受：他一生大半混迹教坊，词名也成就于此，各地辗转，最后仍在教坊中被传唱祭奠，没有被人遗忘。

卖炭翁（节选）

白居易

卖炭翁，
伐薪烧炭南山中。
满面尘灰烟火色，
两鬓苍苍十指黑。
卖炭得钱何所营？
身上衣裳口中食。
可怜身上衣正单，
心忧炭贱愿天寒。

老夫采玉歌（节选）

李　贺

采玉采玉须水碧，
琢作步摇徒好色。
老夫饥寒龙为愁，
蓝溪水气无清白。
夜雨冈头食蓁子，
杜鹃口血老夫泪。
蓝溪之水厌生人，
身死千年恨溪水。
斜山柏风雨如啸，
泉脚挂绳青袅袅。
村寒白屋念娇婴，
古台石磴悬肠草。

延伸阅读

宋词往往写于酒宴歌席之间，因此宋代词人笔下，总是少不了歌女的身影。"况有红妆，楚腰越艳，一笑千金何啻。向尊前、舞袖飘雪，歌响行云止。"这是柳永对她们的描绘。

歌女，是一个特殊的群体。她们出现在无数词篇中，用自己的美丽装点着欢宴的奢靡，为才子们的风流多情提供着承载的客体。她们是"被书写者"，而非"书写者"本身，因此，她们在宋词发展历程中的重要性往往被忽视。

宋词的创作与流传，不能没有词人，也不能没有歌女。客观来说，他们不是被动接受叙写的"背景板"和"花瓶"，而是词人的合作伙伴，是新词的品评者、表演者与推广者。

对于柳永这样游离于社会主流之外的落魄士人来说，歌女的作用更是巨大的：她们能通过表演，为他打开向上层社会展示才华的通道，也能通过口口相传的推荐，让柳七的名字人尽皆知，使"凡饮井水处，皆能歌柳词"。最重要的是，当柳永被主流社会排斥时，她们认同他的才情，甘愿成为他的知己，为他的创作行为提供源源不断的动力——这是一种特殊的"知遇之恩"。

伯乐与千里马的佳话，往往存在于士大夫之间，但如柳永这样沉沦下僚却别有所长的人，也需要得到赏识与肯定。而与他一同辗转在红尘之间的歌女，就是能给予他正向反馈的那群人。

宁鸣而死，不默而生

Song Ci Shan He

范仲淹

范仲淹
FAN ZHONGYAN

范仲淹（989—1052），字希文，北宋杰出政治家、文学家，被黄庭坚评价为"当世文武第一人"。

范仲淹为人正直，谋略出众。在朝中，他是心怀社稷的文官，针砭时弊、匡扶大义，为朝中之重臣；在边塞，他是运筹帷幄的主帅，在宋夏之战中屡立奇功，就连西夏将士也对他敬佩有加。他主导的庆历新政，虽最终以失败而告终，却开北宋改革风气之先，为后人变法做好了铺垫；他那"先天下之忧而忧，后天下之乐而乐"的精神，成为后世文人景仰、效仿的典范，与名篇《岳阳楼记》一起，历千年而光彩不灭。

范仲淹的文学成就颇高，其词作虽传世不多，但从中可见其出众才情，名作《渔家傲·秋思》更是以戍边将士的真实生活入词，以肃杀悲慨之境，拓宽了词的主题范围与审美境界，开豪放词先声。

钧窑月白釉鼓钉三足花盆托

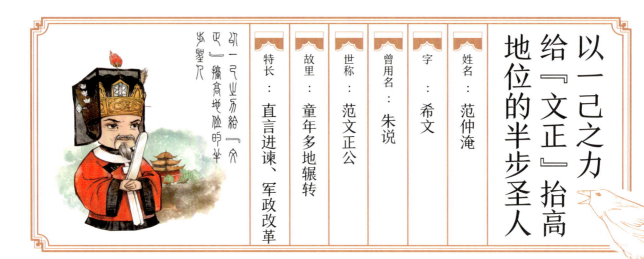

以一己之力
给『文正』抬高
地位的半步圣人

| 姓名：范仲淹 | 字：希文 | 曾用名：朱说 | 世称：范文正公 | 故里：童年多地辗转 | 特长：直言进谏、军政改革 |

辗转求学，断齑画粥

范仲淹天性好学，对身外之物不甚在意。青年时期，他曾在长白山醴泉寺寒窗苦读，留下了"断齑画粥"的典故。

范仲淹生于宋太宗端拱二年（989）。他的父亲范墉曾在吴越国朝中做官，北宋建立后，吴越举国归降，范墉也随吴越王钱俶归降宋朝，由此成了一名北宋官员。

虽说生在官宦之家，但范仲淹的童年并不算美满。范仲淹两岁那年，范墉在徐州任所上骤然离世，留下一双孤儿寡母。母亲谢氏带着范仲淹扶柩南下，将范墉葬在苏州天平山，随后便定居在那里，过着守丧的生活。

后来，因为生活实在拮据，母亲改嫁给了一个叫朱文翰的人，于是范仲淹也随了继父的姓氏，改名为"朱说（yuè）"。朱文翰四处为官，先后辗转于苏州、安乡、青阳等地，范仲淹和母亲谢氏也随之奔波于各地之间。

年光飞逝，在跟随继父与母亲奔忙的这些年间，范仲淹从稚龄幼童成长为苗壮少年。虽然一直过着漂泊不定的生活，但范仲淹并没有落下学业，苏州、安乡、青阳等地的学堂、巷陌里，都留下过范仲淹朗朗的读书声。

　　范仲淹喜欢读书，对身外之物不甚留意，从小到大，他始终保持着节俭的生活习惯。二十一岁那年，范仲淹来到邹平（今山东邹平），在当地的长白山醴泉寺读书。寺里的条件清贫简陋，但范仲淹毫无怨言。他经常在僧舍中煮粥，一晚上过去后，粥就凝固了。这时，他就用小刀把粥分成四块，早上、晚上各吃两块，再切一点腌菜下饭——这种艰苦的生活，他一过就是三年。

　　其实，朱家虽然不是大富大贵之家，但继父朱文翰多年为官，维持家中的基本生计，想来不成问题。朱文翰曾亲自教导范仲淹读书，在各地奔波之际也从未中断对他的教育，可见他对范仲淹也并不苛待。在这种家庭条件下成长的范仲淹，仍能忍受三年如一日的青灯古佛、喝粥咽菜的生活，大约是天性使然。或许在范仲淹眼里，除去书本中的世界，身外的一切都不重要，再美味的食物也不过是为了果腹，书中的精神食粮才是真正可口的东西——其求知意志的坚定、对待物质环境的超然，由此可见一斑。

海角亦逢春

▶ 出自范仲淹《西溪见牡丹》

一次偶然的事件，让范仲淹发现了自己的身世秘密。于是，年轻的范仲淹决定外出求学，自立门户，并于二十七岁那年进士及第，走上官场之路。直率的性格，让他成了不受上司待见的"职场愣头青"，却也使他认识了许多意气相投的朋友。

范墉去世时，范仲淹只有两岁，对自己的生父并没有记忆。从他记事起，便已是朱文翰的儿子"朱说"了。从小到大，他从来没有怀疑过自己的身世，直到二十三岁那年。

范仲淹生性节俭，但朱文翰的亲生儿子们并不是这样——他们喜欢铺张浪费，花起钱来没有节制、大手大脚。一天，范仲淹实在看不过朱氏兄弟的行为，便劝说了两句，不料朱氏兄弟嘲讽道："我们花的是朱家自己的钱，和你有什么关系？"

这话对范仲淹来说，无异于晴天霹雳。他头一次知道，原来，自己不是朱家的血脉；抚养自己多年的父亲、与自己一同长大的兄弟，竟然不是自己真正的亲人。惊讶、感愤之下，范仲淹决定离开朱家，自立门户。于是，他背起行囊，带上琴剑，告别了母亲与养父，只身往南都（今河南商丘）的应天府书院求学去了。临别前，他对母亲许下诺言：待十年以后，自己若能成功及第，定会回来迎接母亲。

十年，对范进来说远远不够，对范仲淹来讲，却是绰绰有余。范仲淹来到南都的第二年，便以"朱说"之名应礼部试，名列第一；又是几年的寒窗苦读后，他又

应天府书院

应天府书院
又称应天书院、睢阳书院、南京书院、南都书院、南京国子监，位于河南省商丘市睢阳区，是中国古代著名的四大书院之一。应天府书院前身为睢阳书院，由五代后晋时的商丘人杨悫创办。北宋大中祥符二年（1009），宋真宗改升应天书院为府学，并正式赐额"应天府书院"。

成功登第蔡齐榜，中乙科第九十七名，正式进士及第。随后，他被任命为广德军司理参军，从此走上官场之路，并如愿将母亲接到身边奉养。这一年，他才二十七岁。

范仲淹的第一份工作，是做什么的呢？司理参军，是宋朝新设的一个州级属官，职责是掌管地方上的讼狱、案件等事宜，减少冤假错案的发生，简单来说就是地方司法官。而广德军，并不是一个军队，而是一个地名，也就是今天安徽省东南部的广德市。所以，范仲淹的工作，其实就是在广德军这个地方当司法官。

范仲淹为人有两个特点，一是节俭，二是硬气。他有一套自己的处事原则，若有人想让他做出违反原则的事，无论是谁，他都会抗争到底。在广德，范仲淹认真梳理每一个案卷，当他认为案卷中记载的判决结果不够公正时，他就会拿上案卷，找他的上司——当地太守去辩论，一定要争出个是非。他还会将已经下狱的囚犯叫来盘问，了解案件背后的实情，由此平反了很多冤假错案。

范仲淹秉公执法、挖掘真相，这固然是对工作负责的表现，但顶撞上司的次数多了，在太守看来，范仲淹就成了个以下犯上、目无尊长的"愣头青"，自然不会对他有什么好脸色。有好几次，太守都忍不住对范仲淹发了脾气，但范仲淹却丝毫不屈服，一直是那样不卑不亢的态度；回到住处以后，范仲淹还会着意留下"证据"，将自己与太守辩论时的言语记录在屏风上。待到范仲淹任职期满离开广德时，屏风上已经被写得满满当当，几乎没有能下笔的地方了——可见，范仲淹为了寻求真相，曾与上司有过多少激辩！

这是早期会议"黑板报"？还能提醒自己哪些问题争论过了。

嗯？

广德任满后，范仲淹又被调到亳州、泰州等地任职，虽官阶一直不高，但却是一步一个脚印的经验积累。由于他才学出众，又为人正直，百姓都十分爱戴他，渐渐地，朝中也有越来越多的人听说，有个叫范仲淹的地方小官，精明强干又不畏强权，总能将所治事务处理得井井有条。就这样，他逐渐积累起了名望。

在认真工作的同时，范仲淹也没忘记身世大事：二十九岁那年，他上了一封《奏请归宗复姓表》，正式认祖归宗，从"朱说"变回了"范仲淹"，终于了却了一桩心愿。

石曼卿

石延年，字曼卿，北宋诗人、文学家、书法家。石曼卿性格爽朗，喜好饮酒，其书法笔画遒劲，诗风豪放飘逸。

富弼

北宋政治家、文学家，为仁宗、英宗、神宗三朝重臣。仁宗庆历年间时，与范仲淹同为新政骨干力量。

滕宗谅

字子京，即滕子京。北宋政治家、文学家、词人，一生清正廉明，勤政为民，其名与《岳阳楼记》一起流传后世。

晏殊

北宋政治家、文学家，自小便有神童之名，十四岁时通过殿试，被宋真宗赐予"同进士出身"，开始仕宦之路。以年龄而言，晏殊比范仲淹小两岁；但以官场资历而言，晏殊可以说是范仲淹的前辈。

看到这里，你可能会想，像范仲淹这么一个较真、固执的人，应该很难交到朋友吧？但事实并非如此。正是因为范仲淹的这种性格，他所吸引来的，没有花天酒地的狐朋狗友，而多数是与他一样生性正直、富有思想的人。在亳州就职期间，他结识了性情磊落、旷达豪放的诗人石曼卿，两人以诗文相唱和，携手同游当地名胜太清宫；在泰州任上，他与富弼、滕宗谅相识，很多年以后，富弼与范仲淹一起，活跃在庆历新政的舞台上，而范仲淹的名字，也会因后者修建的一座高楼，在文学史上永远熠熠生辉。

片心高与月徘徊 | 范仲淹

▶ 出自范仲淹
《寄林处士》

在晏殊的举荐下，范仲淹得以在应天府书院中供职。他用自己的才学、人品，赢得了学子们的敬重。

光阴流转，又是很多年过去，范仲淹的地方官生涯，在"贵人"晏殊出现后，发生了转折。

范仲淹三十八岁那年，母亲谢氏去世，他便回到南都应天府，为母亲守丧。隔年，晏殊出守应天府，他知道范仲淹人品、学识都很出众，便力邀范仲淹来掌管府学，范仲淹欣然应允。

作为靠读书踏上仕途的寒门学子，范仲淹深知教育的重要性，教导学生时，他是一等一地认真。他训导、督促学生很有自己的一套方法，耳提面命，都有法度。他还为学生们规划了时间表，吃饭、睡觉都要严格遵循时间安排。到了晚上，为了防止学生偷懒，范仲淹还亲自

溜到斋舍去，暗中监督学生们的读书进度。有一次，有个学生提前睡觉，被范仲淹发现了。范仲淹责问他为什么偷懒，学生撒谎说："我恰好有点疲倦，刚想暂时休息一下。"范仲淹不为所惑，继续追问道："你休息之前，看了什么书？"那学生想来是整晚都偷懒没学习，被问了个措手不及，只能随便说了一本。范仲淹当即取来那本书，用书中的知识考问那学生，那学生自然回答不上来。于是，范仲淹责罚了他。

范仲淹知道，教育这些年轻的学生，光凭训诫是不够的，于是，他事事以身作则，用自己的勤奋、恭顺、严谨，为学生们树立榜样。每当范仲淹出题目让学生作文章时，他都要自己先写一篇作为试验，以便了解题目的难易程度，思考应当采用的立意，并将之作为供学生们参考的范文。久而久之，学生们对范仲淹又敬又畏，他成了书院中的"金牌讲师"。很多其他地方的学生听说了范仲淹的大名，都从四面八方赶来，聚集到应天府书院来求学，应天府书院也一跃成为"宋时天下四书院"之首。正可谓："由是四方从学者辐辏。其后宋人以文学有声名

作品

WORKS

西溪见牡丹

阳和不择地，
海角亦逢春。
忆得上林色，
相看如故人。

酬滕子京同年

谢家风雅若为酬，
散吏方耽海上游。
疏懒几忘传笔梦，
寂寥仍有负薪忧。
欲歌兰雪归真隐，
敢向簪轩竞急流。
如共茂先瞻气象，
莫言神物在南州。

寄林处士

片心高与月徘徊，
岂为千钟下钓台。
犹笑白云多事在，
等闲为雨出山来。

于场屋、朝廷者，多其所教也。"[1]

范仲淹也十分惜才，对于有志于学却家境贫寒的学子，他会尽己所能地提供帮助。他在应天府书院掌学期间，有一位孙姓秀才连续两年前来谒见求助，范仲淹都慷慨解囊，为他提供资金支持。经过交谈，范仲淹得知孙秀才家中穷困，并有一个老母亲需要赡养。范仲淹看过孙秀才的文章，很欣赏他的才华，为了让孙秀才能安心读书，不再因奔波生计而荒废学业，范仲淹便在书院中为他谋了个差事，每月付给他定量的薪水，这让孙秀才大喜过望。就这样，孙秀才留在了范仲淹身边，范仲淹教导他《春秋》，孙秀才感念范仲淹的恩情，于是愈加努力学习，甚至到了废寝忘食、不舍昼夜的地步。

一年后，范仲淹因工作调动离开应天府，孙秀才也随之辞去，返回家乡。之后的十年间，泰山脚下多了一位名叫孙明复的先生，为学生讲读《春秋》，颇受人们爱戴——这位孙明复先生，就是当年的孙秀才。

> 晏殊之于范仲淹是贵人，范仲淹之于孙秀才也是贵人，孙秀才又将所学所知，传授给更多的后来人，薪火相传。

范仲淹的善行，帮助了一位落魄的寒门学子，改写了孙秀才的一生；而他教导孙秀才的《春秋》之义，也经由泰山下的教习，传给了更多的学生，这确然是一段教育史上的佳话。前人授受、后人研习，中华文明正是在这样的过程中，代代相传。

前文说过，范仲淹能到应天府书院中掌管府学，是因为"贵人"晏殊的邀请，范仲淹将工作做得如此出色，自然也让晏殊对他愈加赞许。在书院掌学期间，范仲淹也曾多次上疏，向皇帝陈言民间利病、朝政得失，这也让他赢得了一些朝中大臣的好感，甚至当时的宰相王曾，都对他青睐有加。

恰在此时，朝中有个馆职空缺，需要招人填补，于是晏殊上状一封，向仁宗皇帝力荐范仲淹。就这样，范仲淹当上了秘阁校理，正式开始在京城任职了。

---

1 宋代司马光《涑水记闻》。

忧思不尽天家事

虽然只是一介小官，但范仲淹心系国家大事。为了维护君威，他主动投身至宋仁宗与刘太后的对峙局面中，却导致自己又一次离开了京城。

从地方官到京官，接下来便是仕途上的一段飞跃。事情本该如此。可范仲淹偏偏不走寻常路。

一切要从宋仁宗与刘太后的微妙关系说起。

刘太后名叫刘娥，出身寒微，却十分聪慧，深得仁宗的父亲——宋真宗赵恒的宠爱。真宗在位时，曾数度想立刘娥为皇后，却屡屡招致以寇准为首的大臣们的一致反对。大臣们的态度非常坚决：第一，刘娥没有显赫的家世，不适合当一国之母；第二，刘娥没有诞下皇子，这更让她缺少了一个争夺皇后之位的筹码。

聪明的刘娥知道，真宗给予的荣宠只是一时的，如果有朝一日这荣宠消失，那么自己的处境将十分危险，必须想个办法，稳住自己在朝中的地位。于是，她想了个"借腹生子"的方法，让自己的侍女李氏接受真宗临幸，生下皇子——这就是后来的宋仁宗赵祯。皇子降生后，刘娥便将孩子抱过来，对外宣称是自己的孩子，并让真宗的另一位宠妃杨氏代为抚养。皇子的降生，多少消解了大臣们的声讨，两年后，刘娥被册立为皇后。[2]

刘娥精明强干，不仅管理后宫之事井井有条，还能协助真宗批阅奏章、处理国事，这让真宗对她愈发倚重。赵祯十三岁那年，真宗久病不愈，弥留之际，他担心儿子过于年幼，无法治理国家，于是留下遗诏："尊皇后为皇太后，军国大事权取皇太后处置。"从此，刘皇后成了刘太后，也从幕后的"贤内助"变成了与小皇帝一起临朝听政的"大女主"，大宋的朝政大事，尽数握于她一人之手。

2　这段宫闱秘事，为后世的剧作家提供了灵感，我们所熟知的"狸猫换太子"的故事，便脱胎于这段历史。然而，这些故事往往将刘娥描绘为一个狡猾、贪婪的阴谋家。在剧作家们的笔下，刘娥拆散骨肉、迫害仁宗生母，更是在真相败露后狼狈自尽，可以说，是一个彻彻底底的反派人物。而刘娥的真正面目，也在后世的传说与演绎中，逐渐被蒙上了一层暧昧不明的面纱。

　　不过，我们需要知道一点：真宗把朝政大事托付给刘娥，是为了让她辅佐小皇帝，而不是为了让她夺取赵家江山的。按理说，等到仁宗长大成人，能够独当一面了，刘娥就应该把权力还给仁宗，让仁宗放开手脚去施展了吧？但问题就在于，她好像并不打算这么做。

　　说回范仲淹供职于秘阁的这一年。这一年，是仁宗天圣七年（1029），仁宗皇帝已经二十岁，具备了独立处理朝政的能力，但刘太后仍不打算还政，甚至隐隐有凌驾于皇权之上的意思。这年冬至，仁宗要率领文武百官向太后贺寿，范仲淹却觉得，这样的做法有损君王的颜面，不合礼法。于是他直接向仁宗皇帝上疏道："天子有事亲之道，无为臣之礼；有南面之位，无北面之仪。若奉亲于内，以行家人礼可也。今顾与百官同列，亏君体，损主威，不可为后世法。"大意是说，皇帝贵为天子，绝不能像臣子一样侍奉他人。太后是皇帝的亲人，用家人之礼相待是理所应当的；可如果皇帝率百官一同前去贺寿，岂不是奉太后为天下至尊，违背礼法、损害君威了吗？

　　奏章递上去之后，仁宗迟迟没有答复，却让晏殊大惊失色——毕竟，范仲淹这个"愣头青"可是他亲自举荐到秘阁就职的呀！晏殊唯恐这封奏疏会招来皇帝、太后的不快，牵连己身，便把范仲淹叫过来，诘问他为什么要做出这种轻率之举，有没有考虑过会牵连别人。面对晏殊惊惧下的指责，范仲淹没有惊慌失措，而是正色道："您举荐了我，我每时每刻都兢兢业业，唯恐自己做得不称职，让您这位知己蒙羞。没想到今天，反而是我的忠诚、直率得罪了您！"晏殊听后，哑口无言。

范仲淹和晏殊，的确是两种不同的人。晏殊以"神童"之名入仕，年纪轻轻便官居要职，但做起事来需从多方考量，难免瞻前顾后；范仲淹却不管那么多，他看重的，永远只有道理和公义，为了追求心中的正义，即使得罪权贵也无怨无悔。他见一次上疏没有效果，便紧接着又上一封奏疏，请刘太后还政于仁宗。然而，这封奏疏也没有得到回复。或许，这样的沉默，本身就是一种回答。

晏殊也并不是逢迎之辈，但范仲淹更加刚直不阿一些，晏殊则会考虑用怎样的方法更容易达到目的。

或许是皇帝与太后的沉默、晏殊的为难触动了范仲淹，他不愿再留在京城，主动请求离京为官，很快便得到了批准。就这样，他获得了新的职务——河中府（今山西永济）通判。

使君应此凭栏干

▶ 出自范仲淹《寄润州庞籍》

随着刘太后去世、仁宗亲政，范仲淹迎来了职业生涯的转折点。仁宗希望，范仲淹能成为自己的亲信，为自己说话；但刚直的范仲淹，却无法成为皇帝的心腹。

虽然离开了京城，但范仲淹并没有就此"躺平"，而是仍然心系家国之事。在河中府的日子里，他仍像之前一样，用奏疏反映着上至朝堂、下至民间的种种问题，并提出自己的见解与解决方案。这些奏疏，逐渐让仁宗皇帝对他有了深刻的印象。

寄润州庞籍

北固高楼海气寒，
使君应此凭栏干。
春山雨后青无限，
借与淮南洗眼看。

又是几年过去，转眼就到了明道二年（1033）。这一年，范仲淹四十五岁，距他离开京城之日，已经度过了四年的光阴。这年春天，发生了一件大事：刘太后去世，仁宗亲政。

刚刚摆脱束缚、夺回大权的宋仁宗，迫不及待地做了两件事：一是裁抑恩荫制度，抑制朝中"关系户"的滋生，清除现有的盘根错节的关系谱，此举引来"中外大悦"；二是起用一批真正有思想、有才学的大臣，其中就包括范仲淹。

刘太后去世时是三月，那时范仲淹正在陈州当通判；四月，仁宗便召范仲淹回京，命他任右司谏——这转折来得实在突然，仁宗起用人才的急切从中可见一斑。

刚一回朝，范仲淹便又展现了他的刚直本色。他听说刘太后在临终遗诰中说，要立杨太妃（即抚养仁宗长大的杨氏）为皇太后，参决国事，便立即向仁宗上疏直言："一个太后去世了，又要立另一个太后，天下人都要怀疑陛下您不能一天没有母后的协助了！"言辞辛辣直接，虽直切要害，但想必仁宗读来也难免汗颜。

不过，虽然范仲淹对刘太后的摄政行为很是不满，却并不对她盲目批判。太后在世时，满朝文武惧怕她的权威，不敢当面批判她；如今太后逝世，就有很多人跳出来，**斥责太后垂帘听政时的种种不是**。在轰轰烈烈的声讨声中，范仲淹却显得尤为冷静。他没有随波逐流地批判太后，而是客观地向仁宗陈述自己的判断："太后受遣于先帝，十余年来，一直保护、庇佑着陛下您。如今，我们应该掩盖、忽视掉她那些小错误，保全她身后的名声和美德。"仁宗听后，

他们之中的一些人，只是急于站队，讨好皇帝罢了。

无语

感慨不已，不日便依照范仲淹的说法，降诏群臣，让大家停止对太后的非议。

当年，范仲淹上疏请太后还政，是因为不满太后贪恋权势的做法；现在范仲淹为太后说话，是因为他觉得太后的一生功大于过，不该被肆无忌惮地诋毁。**他对太后的看法，不取决于她的身份、地位、党派，而取决于她做了什么、她做得是对是错。**这就是范仲淹，只凭道理说话的范仲淹。

他真的是公正地就事论事，在那个时代公开认可刘太后的功绩。

但是，和皇帝相处，怎么能过于讲道理呢？当皇帝愿意听取你的意见时，他会觉得你讲的道理是那么中听；但当你和皇帝意见相反时，你再和他讲道理，他就会觉得你格外可恶。仁宗刚刚亲政便提拔了范仲淹，显然有拿他当心腹的意思，自然希望范仲淹事事都站在自己这边。但才过了不到一年，范仲淹便用实际行动告诉他：自己只帮理，不帮亲，就算是皇帝，也不能例外。

事情开始于一场后宫争端。一天，后妃向氏（一作尚氏）用言语得罪了郭皇后，郭皇后怒不可遏，欲上前掌掴向氏，这一巴掌却扇到了上前调停的仁宗脸上。仁宗勃然大怒，便要废黜皇后。宰相吕夷简与郭皇后素有嫌隙，便见风使舵、煽风点火，劝仁宗废后。一时间，废后的事情闹得沸沸扬扬，知者甚广。范仲淹从大局出发，认为皇后不可废，且朝中应尽早平息争议，不要让天下人看了笑话；但仁宗主意已定，这皇后他是非要废黜不可。见状，范仲淹与中丞孔道辅一起，率领同样反对废后的一众大臣前往垂拱殿外，跪伏请奏，直言皇后不当废。

然而，这一举动并没有使仁宗回心转意，反而把范仲淹赔了进去。最后，郭皇后还是被废除了皇后名号，被迫"自愿"入道修行，特封净妃、玉京冲妙仙师，赐名清悟；而范仲淹和孔道辅呢，则落了个自作主张的罪过，也在吕夷简的"举报"下被贬谪出京。就这样，范仲淹被贬到了睦州（今杭州淳安）。

萧洒桐庐郡十绝（节选）

萧洒桐庐郡，乌龙山霭中。
使君无一事，心共白云空。
萧洒桐庐郡，开轩即解颜。
劳生一何幸，日日面青山。

游乌龙山寺

高岚指天近，远溜出山迟。
万事不到处，白云无尽时。
异花啼鸟乐，灵草隐人知。
信是栖真地，林僧半雪眉。

谪守睦州作

重父必重母，正邦先正家。
一心回主意，十口向天涯。
铜虎思犹厚，鲈鱼味复佳。
圣明何以报，殁齿愿无邪。

苏州十咏

有浪即山高，无风还练静。
秋宵谁与期，月华三万顷。

严子陵

严光，字子陵，东汉著名隐士，是东汉光武帝刘秀的好友兼同学。刘秀多次意图邀请严子陵出山，辅佐自己治理天下，但严子陵坚辞不受。这种高风亮节、不慕名利的精神，受到后世人们的广泛称颂。

心共白云空 范仲淹

▶ 出自范仲淹《萧洒桐庐郡十绝》

在睦州、苏州，范仲淹认真地履行地方官的职责，治理水患、发展教育，并于闲暇时间寄情山水，欣赏美丽的自然风光。

睦州别名桐庐郡，在从京师前往睦州的途中，范仲淹以诗寄意，写下了《出守桐庐道中十绝》，字句之中，满是对近来所经之事的喟叹、对高蹈隐居生活的向往：

君恩泰山重，尔命鸿毛轻。
一意惧千古，敢怀妻子荣？
……
素心爱云水，此日东南行。
笑解尘缨处，沧浪无限清。

不过，虽然受了贬谪的委屈，范仲淹在睦州的生活还算滋润。睦州地处分水江和富春江交汇之处，四面环山，山水错落，风光极为秀美。南朝文学家吴均的一封《与朱元思书》，曾一言道尽这里的风物之美："自富阳至桐庐一百许里，奇山异水，天下独绝。"

除自然风景外，睦州还十分富有人文底蕴，名满天下的严子陵钓台就坐落在这里。在这样一个人杰地灵的地方，范仲淹于公务之余，寄情山水，凭吊严陵，写下了不少描绘当地风光的诗文。

不久后，范仲淹又被调到了苏州。当时，苏州刚经历了一场连日的大雨，因为境内河湖众多，再加上降水量大，便导致了江湖泛滥，淹没良田。田地里的积水不退，农民们无法耕种，面临着农粮歉收的局面。范仲淹到达苏州后，考察了当地的地理环境，提出开浚昆山、常熟间的"五河"，将积水导流向太湖，再注入大海的治水方略，果然卓有成效。

范仲淹还在苏州建立了学堂。一开始，他在南园得了一块地，打算建一座私宅，在那里安居。他请来阴阳先生，占算这块地的吉凶，阴阳先生说："这块地好哇！如果要在这里安居，家里的孩子会接连当上公卿。"不料，范仲淹听后却说："与其我家自己享受富贵，不如让天下人都来这里读书。能当上公卿的人才层出不穷，才是真正的富贵绵长啊。"于是，他便在这里建起了学堂，并向皇帝上奏，请立苏州郡学。

这个义学至今仍有传承，现在为苏州景范中学，"景范"之名取景仰范仲淹之义。

开心

有人见状，啧啧道："建个学堂而已，用得着这么大一块地吗？"

而范仲淹只是笑着回答："我还怕将来觉得它不够大呢！"

宁鸣而死，不默而生

▶ 出自范仲淹《灵乌赋》

因为不满宰相吕夷简的所作所为，回京之后的范仲淹，很快被卷入了党羽纷争中。朝堂之上，他与吕夷简各执一词，争论不休，落得个再次被贬出京的下场。支持范仲淹、反对吕夷简的尹洙、欧阳修等人也受到牵连，被降职外放。这场风波，史称"景祐党争"。

因为范仲淹在各地的政绩十分突出，才离京不到两年时间，仁宗皇帝就又给他升了官，将他召回京师去了。不过，越接近政治核心，党羽纷争越是波诡云谲，经过之前的"废后风波"，宰相吕夷简对范仲淹已经有了很大意见，这次范仲淹回京，是仁宗想要用人之意，吕夷简心中却打着自己的算盘。为了让范仲淹被琐事牵绊、没时间再上疏议论别的事，他有意安排范仲淹知

开封府

北宋京都官吏行政、司法的衙署。

开封府，让他去处理堆积如山的官司去——当然，如果范仲淹能因工作繁杂而忙中出错，自己就有理由将他弹劾，这样就再好不过了。

不过，范仲淹并没能让吕夷简如愿。在高压的工作环境下，他仍展现了超强的个人能力，雷厉风行，决事如神，一时间，"京邑肃然称治"。当时，京城里甚至有歌谣唱道："朝廷无忧有范君，京师无事有希文"[3]。可见百姓对范仲淹的爱戴之深。

范仲淹以过硬的个人能力化解了这场危机，但他和吕夷简之间的摩擦还没有结束。过了几个月，二人又在迁都洛阳的看法上有所分歧，这让他们之间的矛盾再次恶化，也让范仲淹愈发不满吕夷简专横骄纵、把持朝政的作风。不久后，范仲淹将京官晋升情况绘制成一幅《百

3　范仲淹，字希文。

官图》进献给仁宗，暗指宰相培植党羽、任用亲信，以一己私欲左右朝廷用人。他还向仁宗皇帝进言，认为朝廷应该约束宰相的用人权限，规范用人制度，并劝皇帝亲自把控官吏的升迁等事宜。

范仲淹的一番操作，让吕夷简勃然大怒。他跑到皇帝面前，为自己辩白，并反手一通告状，把罪责推到了范仲淹身上。吕夷简说："范仲淹为人愚昧迂腐也就罢了，居然还越职言事！以他的层级，不去顾好自己手底下的活儿，管得着这些事吗？我看，真正荐引朋党、离间君臣，想要搅动朝堂的人是他自己吧！"

吕夷简的一席话，也让范仲淹气得不轻。他连上奏章为自己辩护，指责吕夷简的种种恶行。然而，因为言辞过于激烈，这些奏章没能动摇吕夷简的根基，反而引来了皇帝的不满，诏书令下，范仲淹被贬谪出京，发配为饶州（今江西省鄱阳县）知州。

吕夷简拜相多年，在朝中势力根深蒂固，朝臣们畏惧他的权威，以至于范仲淹被贬的消息传出时，人人噤若寒蝉，唯恐被范仲淹牵连；更有甚者，如谏官高若讷，为了讨宰相欢心，对范仲淹极尽诋毁讥笑之能事。只有极少数的正直官员，不忍看到忠臣落得如此下场，冒着被打为同党的风险，前去探望范仲淹，为他饯行。

集贤校理王质当时患病在家，听闻范仲淹被贬，毅然载酒而来，在都门前为范仲淹设宴饯别。有大臣听说了这件事，对王质说："你明明能以患病为由，不掺和这些事，为什么要自陷这些朋党之争呢？"王质回答道："范公是天下之贤者，我怎敢忘记？若能因此成为范公的朋党，那是我的幸运！"一席话令闻者感喟汗颜。

集贤校理余靖得知范仲淹贬官之事，率尔直言："陛下自从亲政以来，已经三次驱逐言事之人，这恐怕不是太平之政，请您速速收回成命吧！"一番话，非但没有劝服皇帝，反使余靖自己受到了牵连。他被判为范仲淹的同党，被贬谪出京，远走均州。

太子中允、馆阁校勘尹洙也站出来，直言："范仲淹于我，义兼师友。自从他获罪后，朝中之人每每议论，说我也是走了范仲淹的关系，被推荐上来的。现在范仲淹因勾结朋党而获罪，那么我当然也该随他一起被惩罚！况且余靖和范仲淹向来交情不深，尚且以朋党获罪，我怎么能独自苟且在这里，免于受

灵乌赋（节选）

彼希声之凤皇，亦见
讥于楚狂；彼不世之麒麟，
亦见伤于鲁人。凤岂以
讥而不灵，麟岂以伤而不
仁？故割而可卷，孰为神
兵；焚而可变，孰为英琼。
宁鸣而死，不默而生。

罚？"自然，尹洙也被划为范党，外放出京。

馆阁校勘欧阳修深知范仲淹为人，亦为他打抱不平。
他写了一篇《与高司谏书》，直刺那落井下石、不辨是非
的谏官高若讷。欧阳修在文中说："您在谏官那个位置上，
却不说谏官应该说的话，就应该早点儿离职……如今，
真正明辨是非、直言上谏的人都在等着被发落，您居然还
能有脸面去见士大夫们，在朝廷进进出出，自称谏官，那
是您不知道人间还有羞耻
事了！"于是，**欧阳修也**
因之获罪，被贬去夷陵
（今湖北宜昌）。

> 在权力中心，过于刚直
> 是很难长久的，所幸正
> 直忠义之辈很多，范仲淹
> 不是孤立无援。

在这些为范仲淹仗义执
言的人之中，有人家世普
通、有人出身寒门，大
家多是凭借自己的努力，才
在朝中有了立锥之地。朝堂
倾轧向来残酷，他们不会不
知道，得罪权贵会有怎样的下
场。若皇帝对范仲淹始终心存芥
蒂，若宰相今后执意与范仲淹为敌，那么作为"范党"的
他们，一生的仕途都会受到影响。但是，为了忠臣不平
白蒙受冤屈，为了心中的正义与公道，他们选择了站出
来，与范仲淹一起，站在权倾朝野的宰相的对立面。

范仲淹与吕夷简的这场争斗，影响、牵连甚广，史
称"景祐党争"。被贬饶州后，他的好友梅尧臣写了一篇
《灵乌赋》给他，劝他多学学报喜之鸟，那些与自己无关
的、说出来会招人唾骂的事，即使是真话，也少说为妙。
对此，范仲淹回以一篇同题《灵乌赋》，诗中有八个字，
力透纸背、振聋发聩："宁鸣而死，不默而生。"

就这样，刚回到京城不到一年时间，范仲淹又被贬

出了京。不过，他倒没有因此而自暴自弃，在饶州任上，他兴建郡学，发展教育，仍如从前一般实干、勤勉。数月后，诏令又下，命范仲淹移知润州（今江苏镇江）。润州比之饶州，距离朝堂中心——开封更近，经济发展也更好，这代表皇帝的态度已有所缓和。之后，范仲淹又移知越州（今浙江绍兴），在当地治理井泉，亦有政绩。

　　时间一晃便到了仁宗康定元年（1040），范仲淹五十二岁。这年正月，他仍任越州知州。日子本该这么平静地过下去，直到仁宗想通了、气消了，把他召回京城，再给他升个官当当。但是，仅仅几个月后，范仲淹的人生便迎来了一个新的转折点——李元昊来了。

长烟落日孤城闭 ┃范仲淹

▶ 出自范仲淹《渔家傲·秋思》

　　元昊称帝，西夏建国，大宋西北边境的战事一触即发。危急之际，仁宗皇帝派范仲淹前往战争前线，抵御西夏入侵。

　　李元昊是西北党项族的首领，丰姿伟貌、文韬武略，却性格凶恶，好猜忌，对中原王朝早有不臣之心。早在多年前，当李元昊的父亲李德明还在世时，元昊便劝父亲不要再臣服于宋朝，父亲回答道："我族三十年间所穿的锦缎绮罗，全是大宋天子的恩赐，不可辜负了这恩情呀！"元昊却说："既为英雄，当成就王图霸业，怎可看重这些锦缎绮罗呢？"

　　仁宗明道元年（1032），李德明去世，李元昊承袭父爵，自此开始厉兵秣马，准备建国称帝。

　　仁宗景祐元年（1034），李元昊开始率兵侵犯宋朝边境土地，仁宗下诏约束，仍没能止住元昊的野心。

　　仁宗宝元元年（1038），李元昊僭号称帝，建国号大夏（史称西夏）。次年，元昊派遣使臣前往宋朝，给宋仁宗上表，要求宋朝承认他建国称帝的合理合法性，并要宋朝承认他的皇帝称号。对此，宋朝当然不会有什么好脸色，不仅拒绝了元昊的要求，更下令削去他在宋朝的官爵、去除其属籍，并停止与西夏的一切贸易往来。自此，西夏与宋朝之间虚假和平的面具被撕破，元昊开始率军侵犯宋朝领土，于康定元年（1040）发动了三川口之战，大败宋军。随后，夏军集兵于延州（今陕西延安）城下，意图将延州收入囊中——消息传来，朝野震动。

边关告急，必得有坚忍善谋之士，才能力挽狂澜。危难之际，仁宗经当时的陕西安抚使韩琦举荐，想到了远在越州的范仲淹，便有意让他参略边庭之事，将他复官天章阁待制、知永兴军，后又改官为陕西都转运使。任上，范仲淹积极分析边关局势，并向仁宗上疏，谈论守边之计，这让仁宗对他的能力更加信任，便又将其擢升。这年八月，仁宗派范仲淹出任陕西安抚副使，兼知延州，到宋夏之战的最前线去，肩负起西北边疆的防卫大任。范仲淹欣然领命，与韩琦一起，总揽了河湟地区有关西夏的军事工作。

范仲淹到延州之前，延州的兵马一直奉行着一种落后且机械的战略：边路分马步军部署领兵一万人、兵马钤辖领兵五千人、兵马都监领兵三千人，与敌作战时，官位最低者先领兵出战。范仲淹来延州后，对此摇头叹气道："不去管敌人数量的多与少，而一味以官位大小决定出战顺序，这是吃败仗的打法啊！"于是，他重整兵马，更改旧制，将一万八千兵马重新分为六部，每部置一将领，领兵三千，分部教习，加强训练，根据敌人数量的多少而变换阵容、轮流作战，御敌效果果然大大提升，敌人再也不敢轻易来犯。当时，西夏军中甚至有人说："今小范老子腹中自有数万甲兵，不比大范老子可欺也。"小范老子指范仲淹，而大范老子是指在范仲淹之前镇守延州的范雍。范仲淹的才干、谋略之高，竟让敌人也为之赞叹。

刚到前线，就取得了战绩，范仲淹却不骄不躁，而是继续稳扎稳打，以求胜机。他在延州修筑了一座青涧城，开垦营田，作为军事基地，并修筑周边的废旧要塞，收容附近的流亡百姓、羌族旧民。要塞修复后，前来投奔的羌民竟多达数万户。他们的归顺，为延州城提供了更多筑城、开垦、耕种的劳动力，进一步加强了城防。

庆历元年（1041）正月，朝廷下诏，命陕西各路出兵，与元昊交锋。范仲淹认为不可，便上疏直言，分析道："正月天寒，不利于我方作战，应徐徐图之。再过几个月，到春深时节，气温渐暖，西夏军刚度过苦寒，马瘦人饥，我方却

修正齐备，这时作战，更容易取胜。况且，这时出兵，还能扰乱他们的耕作。"范仲淹的意见被皇帝采纳，于是，一场可能发生的伤亡得以避免。

范仲淹在西北边关度过了很长的一段时间，最先是在延州（今陕西建安一带），再到耀州（今陕西铜川一带），然后是庆州（今甘肃庆阳一带）。繁碌的军营工作是主色调，但他偶尔也会有感而发，写一写诗，赋一赋词。以前，每到一个地方，他都要留下一些诗文，描写当地的环境风物，记录下自己的感受。如今在边塞生活日久，那荒凉、萧瑟的边庭景象，每时每刻都在撩拨着他的思乡愁绪，让他夜不能寐。然而，即便再想返回家乡、再思念中原大地，他都无法抽身离去，因为他肩负着重要的使命——抗击西夏。

在一个秋日的黄昏，范仲淹独自立在延州城头，眺望那无边无际的秋色。周围群山层层环抱，将延州城衬托得孤独而又渺小，如同层峦叠嶂中的一座孤岛。一种悲慨之情从他心底升起，他开口吟道：

塞下秋来风景异，衡阳雁去无留意。四面边声连角起，千嶂里，长烟落日孤城闭。　　浊酒一杯家万里，燕然未勒归无计。羌管悠悠霜满地，人不寐，将军白发征夫泪。

渔家傲·秋思

塞下秋来风景异，衡阳雁去无留意。四面边声连角起，千嶂里，长烟落日孤城闭。　浊酒一杯家万里，燕然未勒归无计。羌管悠悠霜满地，人不寐，将军白发征夫泪。

"塞下秋来风景异"，是啊，边塞的风光，和中原当然是不同的，就连那空中的飞雁，也畏惧这里的苦寒，秋风一至，便振翅南飞，毫无留恋之意。侧耳远听，四下风吹劲草的声音、胡笳悲泣的声音、牧马嘶鸣的声音相互交鸣，它们伴着军营中的号角声响起，更显凄凉、肃杀。这是独属于边塞的声音，所以又被叫作"边声"。展目望去，只见长烟落日，一派萧瑟，而落日下紧闭城门的那座孤城，更显寂寥无依。就是这么一座小小的城，在西北边陲抵挡着西夏大军的入侵；而自己的使命，就是守住这座城。

饮一杯浊酒吧，尽管它销不了那浓重的乡愁。自己也想像东汉时期的窦宪那样，大破匈奴，登上那高高的燕然山，刻石勒功，荣归故乡；可西夏军还在城外虎视眈眈，战争还没有取得胜利，自己的归家之日也遥遥无期。入夜了，远方传来悠悠的羌笛声，那声音越过铺满秋霜的大地，回荡在每一位将士的耳畔。在这寂静的深夜，在这孤城之中，却无人入眠，只因他们都在思念故乡，却只能默然落泪。

不过，曙光很快就到来了。庆历二年（1042），李元昊再次率军攻宋，势如破竹，直逼渭州（今甘肃陇西东南）潘原一带，震惊关中。范仲淹带兵驰援潘原，西夏军队闻讯，竟掉头撤兵。对此，仁宗大喜道："吾固知仲淹可用！"

同年十一月，仁宗采纳范仲淹建议，恢复设置陕西路安抚、经略、招讨使，让范仲淹、韩琦、庞籍分领职事。范仲淹为将帅，"号令明白，爱抚士卒"，对于前来归附的各部羌人，都能诚恳接纳，且信任有加，西夏军队从不敢轻易侵犯他所统辖的地区。

庆历三年（1043），因为连年征战导致死伤惨重、国库亏空，西夏无力再与宋朝继续作战，李元昊也意识到，打败宋朝，是几乎不可能做到的事。于是，他开始放软态度，数度派遣大臣前往宋朝，表示愿意继续称臣。

宋夏之间剑拔弩张的态势终于有所缓和，范仲淹也终于完成了他在西北边陲的使命，被仁宗召回了京城，不日便被任命为参知政事（相当于副宰相）。与加官晋爵的荣宠相随而来的，是愈加重大的责任：外忧已暂时解除，但朝廷中的种种内患，还在等着范仲淹解决。

重返东京，厉行新政

北宋发展，种种弊端，不可不除。从边境回京的范仲淹，被宋仁宗任命为新政的中坚力量，开始着手推行新政。

"雕车竞驻于天街，宝马争驰于御路，金翠耀目，罗绮飘香。新声巧笑于柳陌花衢，按管调弦于茶坊酒肆。八荒争凑，万国咸通。集四海之珍奇，皆归市易；会寰区之异味，悉在庖厨。"这是孟元老对北宋都城——东京开封的描述。

大宋，她是如此繁华，如此瑰丽，以至于在她逝去千百年以后，今天的人们还在《东京梦华录》中寻章摘句，希望在那片语只言中捕捉她雍容曼妙的影子。很少有人意识到，在她那如梦似幻的表象下，却是千疮百孔、暗流涌动。

北宋建立后，为了维护中央集权，采取了一系列措施限制官员权力。为了防止官员一人独裁，"一职多官"的现象十分普遍。职位上的工作只有这么多，却安排了好几个人来干，这就造成了官员群体的庞大和冗余。何况，这么多人管同一摊事，有了成绩算谁的？出了问题又算谁的？需要决策的时候，听谁的？久而久之，官员行政效率愈发低下，"扯皮"事件不断，大家逐渐丧失了进取心，这便是北宋的"冗员"问题。

> 这就是大家都怕担责任，没人能说了算，也没人敢拍板。

为了有足量且稳定的兵力抵御游牧民族的入侵，北宋初年，废除了府兵制，改为募兵制。这样一来，养兵的费用大大增加，甚至达到国家全部赋税收入的十分之七八；同时，为了防止武将专权，军队中实行"更戍法"，使"兵无常帅，帅无常师"，大大削弱了军队的战斗力，大批军队在对外作战时无法发挥应有的威力，这是北宋的"冗兵"问题。

为了养官、养兵，朝廷开支巨大，甚至面临入不敷出的局面，偏偏统治者还不知节约，于是造成了"冗费"的问题。这种种问题，如同附骨之疽般消耗着北宋的国力，最终造成了积贫积弱的局面。外敌之所以敢于频频侵扰，与北宋军队的腐败、涣散脱不了干系。

"外患"的频频发生，使朝中一些有远见卓识的人们认识到了"内忧"的严重性，于是，以欧阳修、尹洙为代表的官员上疏请求改革，这终于引起了仁宗皇帝的重视。恰在此时，范仲淹在西北边境取得了战绩，仁宗皇帝认为范仲淹是堪当大用的人才，便提拔了他与富弼、韩琦，任他们为改革的中坚力量——这便是范仲淹返京后马上被任命为参知政事的原因。同时，欧阳修、余靖、王素和蔡襄也被擢升为谏官，委以重用。

范仲淹为官多年，早已看清朝堂时弊，他为仁宗打"预防针"，让仁宗不要过于心急："事情总有先后次序，改革弊患，让世间太平久安，不是一朝一夕能做到的事。"彼时，仁宗改革的心意已决，他一再反复督促范仲淹和富弼尽快为他出谋划策。于是，范仲淹与富弼列出十件改革要事，呈给仁宗，**十事分别如下：**

其一，明黜陟，即严明官吏升降。之前的官吏升迁，大多只凭熬年限，年限熬够了，就算政绩再一般，也能得到升迁。范仲淹主张提出新的考核标准，破格提拔有政绩的官员、贬黜无所作为的官员，如此赏罚分明，方能保证官员工作的积极性；

> 这十条确实切中要害，但是损害了很多当权者的利益，可以想见推行困难有多大。

其二，抑侥幸，即限制恩荫制度，防止"关系户"的滋生；

其三，精贡举，即改革科举考试，让科举考试不再只侧重于考生的遣词造句、死记硬背能力，转而重视阐述经典的能力，着重考核考生的思辨力与分析力，以遴选真正有才学、有谋略，能为国家发展出谋划策的考生；

其四，择官长，即加强官吏考察。地方长官管理一方，其任免、升降都需

格外谨慎。范仲淹提出，地方官的变动应该严格参考他们在岗位上的政绩、风评，避免无用之人尸位素餐；

其五，均公田，即通过分配职田的方式，防止贪污腐败；

其六，厚农桑，将农业生产与地方官员政绩挂钩，鼓励各地发展农业生产；

其七，修武备，即改革兵制。范仲淹主张，眼下养兵的费用过于巨大，对于国库而言是一种负累，不如恢复府兵制，让民丁主事耕种，用农隙时间训练，遇到战时便上场杀敌。如此，能大大缓解"冗兵"问题；

其八，减徭役，即轻徭薄赋。以往，人民承担的赋税、徭役过于繁重，这不仅降低了人们的生产生活质量，还容易引发阶级矛盾。如果能减少国家无意义的奢侈耗费，人民需要承担的赋税便能减少，人民生活便能得到提高；

其九，覃恩信，即保障福利措施落实到位。皇帝赐予百姓的恩典，如大赦天下、减免赋税等，必须施行于民，不可因官员的怠惰，让百姓享受不到恩惠；

其十，重命令，即朝廷有命，令出必行。从前，朝廷颁布的法令经常更改，久而久之，"上失其威，下受其弊"。范仲淹认为，今后颁布法令，必须在百官起请之后，由中书省、枢密院仔细审查、讨论，删去烦冗部分，最终定稿后，才可以施行。这样定下来的法令，一旦颁布，便不再更改、动摇，诏令一下，各级必须遵守，这样，朝廷的信用得到了保全，下面的人也不必再担心朝令夕改、影响执行。[4]

4　十事细节，可见范仲淹《答手诏条陈十事》。

这十条策略，涵盖了吏治、法治、兵制、民生等诸多方面，可谓是鞭辟入里。此时的仁宗，对范仲淹正处于极度信任的状态，一见这些建议，便悉数采用（只有"修武备"一条被朝中多数人反对，因此没有推行），随后发布诏令，将它们推行至全国。由此，轰轰烈烈的"庆历新政"开始了。

在推行新政方面，范仲淹毫不含糊。《五朝名臣言行录》记载，为了防止地方官员"吃空饷"，范仲淹亲自取来职官名册，见到不称职的官员，便将他的姓名一笔画掉。富弼见状，劝说道："你这一笔下去，背后就是一家人的痛哭流涕啊。"范仲淹回答道："一家人哭，总比一个地区的百姓哭要好！"由此可见其果敢决断、刚正不阿。

然而，改革一事，本已动摇了许多权贵阶层的特权，加上范仲淹本人的态度坚决、作风强硬，更是得罪了不少人。渐渐地，愈来愈多的大臣站在了反对新政的一边。在这些人之中，有被范仲淹断了升官之路的，有打算靠恩荫制度为亲戚朋友捞一些好处的，有吃着空饷安于现状的……他们联合起来，诋毁新政，并再次以"私结朋党"的罪名诽谤范仲淹。

又来了！宋代官场真喜欢用联合造谣来排除异己。

哼！

朝中非议如此众多，仁宗皇帝不可能听不到。庆历四年（1044）四月的一天，仁宗对范仲淹说起了朋党一事，意在考问他对于此事的态度。范仲淹直言不讳道："自古以来，邪道与正道同时在朝中共事，难免各自划为一党，这事是无法禁止的，关键看陛下您如何鉴别、辨明。如果君子们结为朋党，共同去做一些利国利民的事，这对国家而言，又有什么不好的呢？"范仲淹未必不知道，仁宗问他关于朋党的看法，是听到了朝中的风言风语；但他却并无避让，而是直言不讳地说出了心中最真实的看法——"诚使君子相朋为善，其于国家何害？"虽然从道理上来看，这话并没有错，但恐怕在仁宗眼里，这是范仲淹为朋党的辩护。自此，仁宗心中怀疑的种子愈加生根发芽，这为庆历新政的失败埋下了隐患。

庆历五年（1045），朝中对于新政的反对声愈发激烈，各项改革措施难以推进，仁宗受"朋党之说"影响，对范仲淹、富弼等人也是渐起疑心。身处风暴中心，范仲淹本人也是愈发不安，上表请求罢免参知政事，被允，出知邠（bīn）州（今陕西彬州）。继范仲淹之后，富弼、韩琦、杜衍等新政的骨干力量也被逐一贬谪出京，新政愈发难以为继。与此同时，新法被陆续废止，旧制逐渐恢复。**至此，庆历新政彻底失败。**

同年冬天，范仲淹以身体衰病为由，请求从邠州这一边境地区调离，获准，改知邓州（今河南邓州）。

这么大的国家，底盘大了，想改革好难。

先天下之忧而忧，后天下之乐而乐 | 范仲淹

▶ 出自范仲淹《岳阳楼记》

庆历新政失败后，范仲淹离开政治中心，心情郁郁难平。滕子京的一个请求，让范仲淹写下了千古名篇《岳阳楼记》，并借此一抒胸臆。

庆历六年（1046），范仲淹五十八岁，在邓州。远离了新政的风波，他紧绷的神经想来能够放松一些。邓州城外有一名胜，名曰"百花洲"；城上有一座亭子，名叫"览秀亭"，站在亭上，可以一览百花洲风光，水秀山清，令人一见忘忧。范仲淹十分喜爱这里的风光，便重修了览秀亭、创立了花洲书院；他本人也时时在此流连，与朋友们交游、酬答唱和，留下了许多诗词，《定风波·自前二府镇穰下营百花洲亲制》是其中代表之作：

> 罗绮满城春欲暮。百花洲上寻芳去。浦映芦花花映浦。无尽处。怳然身入桃源路。 莫怪山翁聊逸豫。功名得丧归时数。莺解新声蝶解舞。天赋与。争教我辈无欢绪。

这首词，上片写百花洲暮春时节的景色，繁花烂漫，碧水流长，如同桃源仙境。到了下篇，笔风一转，颇有一种低落的情绪，一句"争教我辈无欢绪"背

中元夜百花洲作

南阳太守清狂发，
未到中秋先赏月。
百花洲里夜忘归，
绿梧无声露光滑。
天学碧海吐明珠，
寒辉射空星斗疏。
西楼下看人间世，
莹然都在青玉壶。
从来酷暑不可避，
今夕凉生岂天意。
一笛吹销万里云，
主人高歌客大醉。
客醉起舞逐我歌，
弗舞弗歌如老何。

和李光化秋咏四首·夜

春色人皆醉，秋光独不眠。
君看明月下，何似落花前。

后，实际上是"无欢绪"的真实心境。我们多少能理解范仲淹的心绪，已近六十岁的他，刚刚经历了新政的挫败，从炙手可热的能臣，转而成为皇帝怀疑、忌惮的对象，这让他如何平复心情？唯有通过寄兴于山水之中、言情于笔墨之间，来纾解这种郁结的心绪。

也正是在这一年的秋天，范仲淹收到了一封来自远方故友滕宗谅的信。在信中，滕宗谅告诉他，在两年前被贬谪为巴陵郡太守之后，自己做了几个政绩工程，其中包括重修**岳阳楼**。滕子京还随信送来了一幅画，名为《洞庭晚秋图》，上面绘制的，正是洞庭一带的壮丽风光，岳阳楼、偃虹堤亦被描画于其上。滕子京希望，范仲淹能为岳阳楼和偃虹堤各写一篇"记"，在记录下二者历史、周边风物、修建缘起的同时，提升自己政绩工程的知名度，范仲淹应允。于是，一篇光耀千古的《岳阳楼记》横空出世。

> 岳阳楼始建于东汉，宋代、明代、清代均有损毁重建，历代都有修缮，现在仍为游览胜地！历代文人画家留下过很多岳阳楼图哦！

庆历四年春，滕子京谪守巴陵郡。越明年，政通人和，百废具兴。乃重修岳阳楼，增其旧制，刻唐贤今人诗赋于其上。属予作文以记之。

这是《岳阳楼记》那令人耳熟能详的开头。一上来，范仲淹便交代了重修岳阳楼的时间、地点、人物：庆历五年（即庆历四年的第二年）、巴陵郡、滕子京。为什么要在这个时间重修岳阳楼？因为这是一个百废俱兴的时间节点；为什么要写这篇文章？因为这是滕子京的请求——"属予作文以记之"。

背景铺垫好了，范仲淹却没有直接开始写岳阳楼本身，而是从岳阳楼周边的自然风光、山川形胜开始写起：

予观夫巴陵胜状，在洞庭一湖。衔远山，吞长江，浩浩汤汤，横无际涯，朝晖夕阴，气象万千。此则岳阳楼之大观也，前人之述备矣。然则北通巫峡，南极潇湘，迁客骚人，多会于此，览物之情，得无异乎？

洞庭湖的万顷波涛、湖上的朝暮气象，那壮观的景色，带给人无与伦比的震撼；但在范仲淹眼中，洞庭湖的特别，不仅在于它的景色，还在于它的地理位置——它向北直通巫峡，向南衔接潇水、湘江，这意味着，南来北往走水运航路的人，都会经过此地，那些贬谪的官员、游冶的诗人，都会在这里聚集，对着这烟波浩渺的洞庭之水，寄托自己的情思。

不同的人，对着同样的洞庭湖，会有不同的感受；而不同天气下的洞庭湖，在同一个人眼中，也会激起不同的心绪。在范仲淹笔下，阴天的洞庭湖，是阴冷晦暗的，此时登上岳阳楼，触目所及尽是萧条肃杀之景，难免会使人回想起贬官降职、背井离乡、受人讥谗等不愉快的经历，从而产生悲凉之情：

定风波·自前二府镇穰下营百花洲亲制

罗绮满城春欲暮。百花洲上寻芳去。浦映芦花花映浦。无尽处。恍然身入桃源路。　莫怪山翁聊逸豫。功名得丧归时数。莺解新声蝶解舞。天赋与。争教我辈无欢绪。

若夫淫雨霏霏，连月不开，阴风怒号，浊浪排空；日星隐曜，山岳潜形，商旅不行，樯倾楫摧，薄暮冥冥，虎啸猿啼。登斯楼也，则有去国怀乡，忧谗畏讥，满目萧然，感极而悲者矣。

而晴天登临岳阳楼，景象则完全不同。白天阳光明媚时，湖水与晴空相接，一片碧蓝，万顷无垠；晚上月亮升起时，湖面上的云烟都散去了，月光洒在静静的湖面上，浮动的波光跳跃着金色，月影倒映在水中，如同一块沉在水中的玉璧。有时，远处还会传来悠悠的渔歌，此情此景，则会让观者萌生另一种不同的心境：

《岳阳楼图》扇页，元代夏永作

至若春和景明，波澜不惊，上下天光，一碧万顷，沙鸥翔集，锦鳞游泳，岸芷汀兰，郁郁青青。而或长烟一空，皓月千里，浮光跃金，静影沉璧，渔歌互答，此乐何极！登斯楼也，则有心旷神怡，宠辱偕忘，把酒临风，其喜洋洋者矣。

因晴天而心旷神怡，因阴天而心情低落，这本是人之常情，即使是今天的我们，也难免被天气影响情绪。然而，在范仲淹眼中，这是心境不纯粹的表现。接下来，他写道：

嗟夫！予尝求古仁人之心，或异二者之为。何哉？不以物喜，不以己悲，居庙堂之高则忧其民，处江湖之远则忧其君。是进亦忧，退亦忧。然则何时而乐耶？其必曰"先天下之忧而忧，后天下之乐而乐"乎？

范仲淹认为，古代品德高尚的人，在面对阴天、晴天的时候，做出的反应与以上二者有所不同。究其原因，是因为真正的仁人志士，不会因为外物好坏、自己得失而或喜或悲。他们的内核，是稳定守恒的：高居朝堂之上时，他们担忧民间的百姓；远遁江湖之间时，他们心怀朝堂上的国君。如此，他们便一直处于忧虑之中，无论是进而做官，还是退而隐逸，他们会一直忧心着天下之事。如果你问他们，何时才能感到快乐？他们必定会说："在天下人忧愁之前忧愁，在天下人快乐之后快乐吧！"

在《岳阳楼记》的最后，范仲淹感叹道：

噫！微斯人，吾谁与归？

是啊，茫茫浮世，总是享乐者、躺平者、谄媚者居多，可范仲淹不愿做那样的人，即使他的固执、他的坚持会让他成为这世间的一个异类。如果没有那些古来的贤人，他能与谁同路呢？如果没有那些忧国忧民之士的存在，他又该向谁看齐，去遵循这独立于世俗的为人准则呢？

范仲淹没有虚言。他的确是用自己的一生，践行了"先天下之忧而忧，后天下之乐而乐"这句格言。昔日做微末小官时，他为着公理与正义，不惜涉足皇帝与太后的天家纷争，为了匡正朝堂制度，他敢于"以下犯上"，与宰相作对；当他一步步走上高官之位后，他始终关怀着民间百姓，他所推行的新政条令，很多是为了让人民过上更好的生活；如今，他离开京城，又回到了江湖之间，却始终无法忘怀天下与苍生。

范仲淹的人生，并不是完美的人生。历史的洪流没有眷顾他，他推行的新政以失败告终；他忠心辅佐的皇帝不全然信任他，数次入朝、数次外放，一颗忠直之心，终是被党羽之争所缚。但是，无论人生是起是落，都无法改变他的人格，如果时间能够倒流，他还是会做这样的人，还是会说那些直白却会惹来祸端的话；如果从一开始就知道改革失败的结局，他还是会在皇帝需要用人的时候挺身而出，还是会做那些对社稷有益、却会招致非议的事。这就是范仲淹的"范儿"，永远忧国忧民、无怨无悔、不屈不挠的"范儿"。

范仲淹生命的最后几年，在邓州、杭州、青州的任所上度过。皇祐四年（1052），仁宗调范仲淹知颍州。彼时，范仲淹已经积病日久，途经徐州时，不幸病重去世，享年六十四岁。仁宗得知此事，感喟不已，赠其谥号"文正"，以表彰其杰出的才华与出众的德行。

不过，对于范仲淹来说，这些虚名都不重要了。比起这些，或许他更看重人民对他的评价。

《宋史》记载，范仲淹在邠州、庆州为官时，颇得人民敬重，当时"邠、庆二州之民与属羌，皆画像立生祠事之"。他去世后，"羌酋数百人，哭之如父，斋三日而去"。

历史的残酷，在于它向来以成败论英雄。成王败寇，古来如此。

可范仲淹是一个特例。诚然，他的人生有许许多多的缺憾：他因与尹洙等人交好，被指私结朋党，一生都未能从党羽之争中挣脱开来；他主导的庆历新政以失败告终，这使他最终失去了群臣的支持、皇帝的信任，只能以近六十岁的高龄，远走江湖。

然而，除了那些污蔑他、诋毁他的政敌，没有人能否认，范仲淹是个真正的英雄。

黄庭坚说他："范文正公，当时文武第一人。"

元好问说他："文正范公，在布衣为名士，在州县为能吏，在边境为名将，其才其量其忠，一身而备数器。在朝廷，则孔子之所谓大臣者，求之千百年间，概不一二见，非但为一代宗臣而已。"

顾炎武说他："先朝亦复愁元昊，臣子何人似范公。"

我们该如何评判历史人物？在世俗成就、文学成就之外，范仲淹给了我们另一个维度，那就是本心。范仲淹的本心，是面对不平之事时的"宁鸣而死，不默而生"，是"先天下之忧而忧，后天下之乐而乐"的忧患意识，是"居庙堂之高则忧其民，处江湖之远则忧其君"的家国情怀。他是这么想的，也是这么做的，他以家国天下为所有行动的出发点，不为一己之利，不掺杂任何私情。庆历五年的那个冬天，范仲淹以衰朽之年自请出京，可向来严苛的史学家们，并未因此给予他不公的评判。所谓"精诚所至，金石为开"，一个人的真心，确实能使千年以降的人们为之动容吗？

范仲淹说："能。"

参考书目

李煜

[1]（宋）欧阳修．新五代史 [M]．北京：中华书局，1974.

[2]（宋）马令，陆游．南唐书 [M]．南京：南京出版社，2020.

[3] 夏承焘．唐宋词人年谱 [M]．杭州：浙江古籍出版社，2017.

[4] 余开元．梦里不知身是客——浅谈李煜人生经历与其词作关系 [J]．新纪实，2021.

[5] 王玲．李煜不同时期词作的艺术特色．文学教育（上）[J]，2022.9.

柳永

[6]（宋）柳永．乐章集校注 [M]．北京：中华书局，2015.

[7] 刘天文．柳永年谱稿．载于宋人年谱丛刊 [J]．成都：四川大学出版社，2023.

[8] 王水照．宋代文学通论 [M]．上海：复旦大学出版社，2022.

[9] 上海辞书出版社文学鉴赏辞典编纂中心．宋词鉴赏辞典 [M]．上海：上海辞书出版社，2023.

范仲淹

[10] 王水照．宋代文学通论 [M]．上海：复旦大学出版社，2022.

[11] 上海辞书出版社文学鉴赏辞典编纂中心．宋词鉴赏辞典 [M]．上海：上海辞书出版社，2023.

[12]（宋）楼钥．范文正公年谱．载于宋人年谱丛刊 [J]．成都：四川大学出版社，2023.

[13]（元）脱脱．宋史 [M]．北京：中华书局，1985.

主创团队｜合木弘文

姚烨

—

诗词山河主策划、插画师

哔哩哔哩 @ 合木烨仔

赵白

—

诗词山河主美、插画师

已出版图书《画画的小小旅行家》
《草草画猫》《草草画狗》。

辛玥

—

作家、作词人

　　本科就读于四川大学汉语言文学
系，后于美国纽约州立大学宾汉姆顿分
校取得文学硕士学位，并于加州大学伯
克利分校、圣母大学进行交换访学，研
究方向为东亚宗教与神话学。

在新作《宋词山河》即将上市之际，我们感到十分激动，也十分忐忑。三年前，我们的第一套书《唐诗山河》问世，获得了广大读者的喜爱，如何能够不辜负读者信任、在《唐诗山河》的基础上再做创新与升级，是我们编撰《宋词山河》的过程中思考最多的问题。

　　关于这套书，有一些要点，需要读者提前知晓：

　　第一，《宋词山河》并不只有宋词。王国维曾说："凡一代有一代之文学，楚之骚，汉之赋，六代之骈语，唐之诗，宋之词，元之曲，皆所谓一代之文学，而后世莫能继焉者也。"这几乎是所有研习过文学史的人都知道的一段话。宋词是宋代的代表文体，但这并不意味着盛行于宋代的文体只有"词"这一类。在宋代，诗与文的发展同样繁荣，甚至它们在文坛中的地位要高于诞生于歌筵酒宴之间的词。一些优秀的宋代文章，至今仍是中小学生重点学习的对象，如《岳阳楼记》《醉翁亭记》《前赤壁赋》等。本书中，对这些文章也进行了收录和解读，以让读者更为全面地了解宋代文学作品，并体会文人们的心路历程。

　　第二，《宋词山河》并不是商业化的流水线作品。在前作《唐诗山河》中，我们加入了一些较为高阶的知识点，以让这套书尽可能地完善、全面与专业——这也是《唐诗山河》有别于市面上其他青少年诗词读物的地方。《宋词山河》沿用了唐诗山河的整体风格，在定位与内容上做出了更为精细的调整：在阅读难度上，我们参考了中小学课外读物，对于学生来说，这样的难度既不会太过难懂，又具有一定的挑战性；在内容范围上，《宋词山河》涵盖了中小学重点诗文作品百余篇，以诗人经历、历史事件、文学知识作为串联，全景式地展现了两宋时期的文学脉络与社会风貌。书中的人设立绘、生动漫画、互动吐槽、精美饰图，将在帮助记忆的同时，进一步将读者带入那个风雅迷人的年代。

　　中华上下，万代千秋，留下的文学遗产数不尽、说不透、学不完。对于合木团队来说，创作的过程，实际上也是再次学习、再次认识这些历史人物的过程。在编写时，我们也时常会因兴奋而战栗，为那些荡气回肠的传说与故事、为那些骄傲不屈的人格、为那些光耀百世的皇皇著作。它们潜藏进历史的书页之间，亦化入了中华大地上的山川草木，为万里山河注入了无限的诗性与灵性。它们等待着与你的结识。

　　再次感谢南京师范大学钟振振教授、华中师范大学戴建业教授、纽约州立大学宾汉姆顿分校陈祖言教授、四川大学丁淑梅教授，你们从始至终的帮助，使《诗词山河》系列焕发了新的光彩。

　　另外，要再次感谢前人所做的研究。本书所涉及的参考文献众多，在撷英取华的过程中，我们无数次地感叹前人研究之广、之深。向这些学者致敬！

　　《宋词山河》历时两年半编著而成，虽夕惕若厉、终日乾乾，仍不免有错漏之处，望读者海涵。

合木弘文

2024.2

卷二　山河诗词　人间如梦

宋词山河

合木弘文　编著

江苏凤凰文艺出版社
JIANGSU PHOENIX LITERATURE AND
ART PUBLISHING

图书在版编目（CIP）数据

宋词山河 . 卷二，人间如梦 / 合木弘文编著 . — 南
京：江苏凤凰文艺出版社，2024.4
ISBN 978-7-5594-8261-7

Ⅰ . ①宋… Ⅱ . ①合… Ⅲ . ①诗人 – 生平事迹 – 中国
– 宋代②宋词 – 选集 Ⅳ . ① K825.6 ② I222.844

中国国家版本馆 CIP 数据核字 (2024) 第 009046 号

宋词山河 . 卷二 人间如梦

合木弘文 编著

出 版 人	张在健
统　　筹	姚 丽
责任编辑	朱雨芯　文芹芹
装帧设计	今亮後聲 HOPESOUND 2580590616@qq.com · 小九（原设计）
	徐芳芳（修改）
责任印制	杨 丹
出版发行	江苏凤凰文艺出版社
	南京市中央路 165 号，邮编：210009
网　　址	http：//www.jswenyi.com
印　　刷	苏州工业园区美柯乐制版印务有限责任公司
开　　本	889 毫米 × 1194 毫米 1/16
印　　张	27
字　　数	420 千字
版　　次	2024 年 4 月第 1 版
印　　次	2024 年 4 月第 1 次印刷
书　　号	ISBN 978-7-5594-8261-7
定　　价	199.00 元（全 4 册）

目录

001

晏殊

太平宰相，
富贵词人

他的词集名为《珠玉词》，他的人生、他的词，也正如冠上的珠玉一般，
不能做日常之用，却在生活中不可或缺；看似光芒内敛，而锦绣藏于中、
富贵寓于内。

017

欧阳修

清醒的醉翁

"四海文章伯，三朝社稷臣。"四十年中，他得到了令人艳羡的富贵荣
华，也获得了世人景仰的赫赫声名，但在那些虚假的光环之下，他只能
以年迈虚弱的身躯，孤独地坐视亲人、爱人、友人们离他远去。

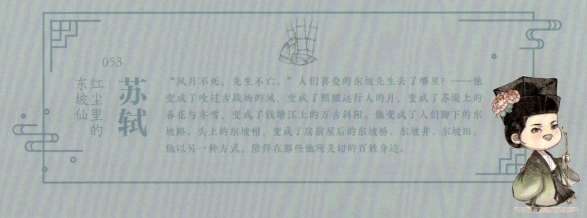

053

苏轼

红尘里的
东坡仙

"风月不死，先生不亡。"人们喜爱的东坡先生去了哪里？——他
变成了吹过古战场的风，变成了照耀远行人的月，变成了苏堤上的
春花与冬雪，变成了钱塘江上的万古斜阳。他变成了人们脚下的东
坡路，头上的东坡帽，变成了房前屋后的东坡桥、东坡井、东坡田，
他以另一种方式，陪伴在那些他所关切的百姓身边。

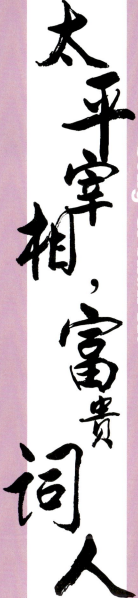

太平宰相，富贵词人

Song Ci Shan He

晏殊

晏殊
YAN SHU

晏殊（991—1055），字同叔，北宋政治家、文学家。

晏殊天生聪颖好学，才华出众，十五岁时即以神童召试，赐同进士出身，其后五十载，虽亦有沉浮，却始终官居要职，及至宰相之位。晏殊性格刚简，为人清廉简朴，虽为高官，却不喜奢侈浮华；能知人善用，乐于提拔人才，当世名臣如范仲淹、富弼、欧阳修，词人张先等，皆出其门。

文学方面，晏殊以词的成就最为突出，被称为"北宋倚声家初祖"，有《珠玉词》传世。其词风承袭自南唐冯延巳，婉转清丽，音韵谐和，内容多展现诗酒、闲居生活，其中蕴含伤春悲秋之感喟、人生无常之思考。

白釉花式带托盏

一生平顺的文人
最理想的人生

姓名：晏殊
字：同叔
世称：晏元献
故里：江西抚州
特长：教育、培养人才

一生平顺的文人
最理想的人生

富贵优游五十年

欧阳修

▶ 出自欧阳修《晏元献公挽辞三首》

　　从闻名乡里的"神童"到闻名天下的"晏相国"，晏殊拥有一个令人艳羡的人生。虽然为官的五十年间，也遇到过一些风浪，但是仍无损于晏殊"人生赢家"的主色调。

　　人们常说，"小时了了，大未必佳"，意思是年少时聪明的人，长大后未必会有大作为；人们又常把《伤仲永》的故事挂在嘴边，感叹所谓的"神童"长大后也可能泯然于众人。不过，在北宋，就有这样一个人，小时候是乡里神童，长大后是国家重臣，几十年来富贵优游、顺遂如意，这个人，就是晏殊。

　　宋太宗淳化二年（991），晏殊出生在抚州临川（今江西抚州临川区）。这个聪明的孩子从小就喜欢读书，七岁时便能写文章，在当地有"神童"之称。景德元年（1004），时任江南安抚使的张知白听说了他的名声，便将他以"神童"的名义推荐给了朝廷。真宗皇帝对这个年纪小小却才名卓著的少年很好奇，便于次年召晏殊与千余名进士共同参加殿试。

　　殿试之时，真宗仔细看去，只见在华丽威严的大殿之上，这年方十五岁的少年毫无惧色，从容提笔，很快便完成了试题，真宗不由得对其赞叹不已。就这样，晏殊以十五岁的年纪，获得了同进士出身，具备了走上官场的先决条件——他简直是天下读书人艳羡的对象。殿试后又过了两天，要进行诗、赋、论的复试，晏殊看过试题后，直言上奏："我自己学习时，曾经做过此题，请用其他题来测试我。"他的坦诚、直率更让真宗喜欢不已。很快，晏殊便被授予秘书省正字，并被允许在秘阁中读书。

十五岁就参加殿试，真是英雄出少年！

此后十几年，晏殊走着稳定的晋升之路，以能诗、擅文、严谨、靠谱在朝中闻名。到了三十岁时（对于别人来说，三十岁能考中进士，已经很不错了），晏殊已经官至翰林学士、太子左庶子，负责起草法令、辅佐太子（即后来的宋仁宗赵祯）。

此时，晏殊已经成为皇帝十分信任的重臣，真宗经常会询问他对朝中之事的看法。为了不外泄机密，每当有事想咨询晏殊时，真宗会将自己的问题写在方寸大的小纸条上，晏殊写好回答后，便将自己的建议与真宗的小纸条一起密封好，再上呈给真宗。他这种谨慎、缜密的做法让真宗十分欣赏，于是愈发倚重他。

皇上的小纸条，一张也不会泄露，都还给皇帝，这种下属很难不爱。

翰林院是天下文臣向往的圣地，文艺之风浓厚。供职于翰林院期间，晏殊经常会写些小诗，描绘宫闱内的景物，抒发自己的生活意趣："风回玉宇箫声远，日下琼林佩影间。待得年光遍天下，始教春色到人间。""绛河星斗夜阑干，禁署沈沈闭九关。上帝册书群玉府，仙人宫阙巨鳌山。凉蟾影度秋阴薄，促漏声来夜唱闲。拥鼻吟

同进士出身

贴士 TIPS

不是进士出身，而按照进士出身对待。晏殊以神童之名被举荐，直接参加殿试，走的不是寻常科举道路，因此不能算是常规的进士及第。

作品 WORKS

禁 苑

风回玉宇箫声远，
日下琼林佩影间。
待得年光遍天下，
始教春色到人间。

初秋宿直

绛河星斗夜阑干，
禁署沈沈闭九关。
上帝册书群玉府，
仙人宫阙巨鳌山。
凉蟾影度秋阴薄，
促漏声来夜唱闲。
拥鼻吟多欲愁绝，
严钟凄断树乌还。

多欲愁绝，严钟凄断树乌还。"这些诗，语言清丽隽永，展现着作者出众的才华。

宋真宗乾兴元年（1022）早春，真宗驾崩，仁宗即位，刘太后奉真宗遗诏，辅佐仁宗掌决军国大事。然而，太后听政，该如何听、在哪听、听谁说？朝中一时众说纷纭。当时，宰相丁谓、枢密使曹利用都想单独向太后上奏，通过左右太后的视听，达到把持朝政的目的。由于他们权势很大，朝中重臣没有人敢阻止他们。这时候，只有晏殊站了出来，说："群臣有想向太后上奏的，应当隔着帘子轮流向太后汇报，不能被太后看见是谁。"晏殊的建议，灵感来源于东汉邓太后垂帘听政的往事，一经提出，便得到了多数官员的赞同，最后，宰相王曾一拍板，定下了这件事。就这样，晏殊用自己的博学和智慧，解决了太后听政的难题，对稳定政局起到了重要作用。

就这样又过了几年，晏殊还和在真宗朝时一样，稳定地写诗作词、稳定地认真工作、稳定地升迁。然而，顺遂的生活过久了，偶尔也会有一些波折：在晏殊三十七岁那年，刘太后想任命心腹张耆为枢密使，时任枢密副使的晏殊认为此人不可用，坚决反对，这便惹恼了刘太后。再加上前一段时间，晏殊前往玉清宫时，因侍从来晚了，便一气之下用笏板撞掉了侍从的大牙——在有心人看来，这是极为失仪、不能控制自己情绪的表现，晏殊身为重臣却做出这种事，枉为百官的表率。于是，监察御史拿这事做文章，向皇帝上疏弹劾晏殊。最终，晏殊被罢去枢密副使一职，被贬谪出京，到宣州去做知州。几个月后，朝廷派晏殊改知应天府，结果，晏殊还真在应天府干了件惠及万民的好事：办教育，兴学校。

五代以来，政权频繁更替，朝政混乱。乱世之中，文化教育难以维系，学校屡屡遭到禁用、废止。正所谓："干戈兴，学校废，而礼义衰，风俗坠坏。"[1] 晏殊到应天府后，大力发展当地教育，振兴书院，并邀请文章大才范仲淹来书院中掌学。在晏殊的努力经营、范仲淹的不倦教习下，应天府书院名声大振，四面八方的学子都蜂拥前来求学，应天府书院也一跃成为"宋时天下四书院"之首。后世史学家谈及此事，往往评价道："自五代以来，天下学校废，兴学自殊始。"[2] 这段经历，也让晏殊更加赏识范仲淹，范仲淹日后到朝中做官，便有晏殊举荐的功劳。

晏殊惜才，范仲淹只是他援引过的众多人才中的一个。宋仁宗天圣八年（1030），晏殊受命主持礼部贡举，举欧阳修为第一。这当然与欧阳修本人的能力分不开，但晏殊能够慧眼识珠，赏识欧阳修的才华，这在宋初浮华文风盛行的年代，也十分难得。除范仲淹、欧阳修之外，孔道辅、王安石、韩琦等一众名臣也都曾受过晏殊的栽培和援引。

晏殊性格豪迈俊爽，在京城时，他就喜欢宴请宾客，大家一起饮酒作乐，达旦通宵。到应天府之后，晏殊不改之前的作风，在府上举办宴会，其间也发生过不少有趣的事。当时，晏殊幕下有两个人，一个叫王琪，一个叫张亢，王琪体型矮小清瘦，张亢身材高大肥胖。一次，在宴席上，王琪嘲笑张亢说："张亢触墙成八字。"牛有两个角，撞在墙上会形成类似"八"字的痕迹，这是在打趣张亢是头撞墙的壮牛；张亢也不甘示弱，反击道："王琪望月叫三声。"猿猴会

宋代文人当不能在朝有所为的时候，都注重教育，范仲淹也兴办义学。

嘿嘿

1　宋代欧阳修《新五代史》。

2　元代脱脱《宋史·晏殊传》。

对月啼鸣，张亢这句回击，是在嘲讽王琪是只望月的瘦猴。于是，一座宾客哈哈大笑。宋人生活趣味，从中可见一斑。

作为朝臣中的骨干力量，晏殊没有被冷落太久，在短暂的外放后，他又被调回京师，迎来步步升迁。到了明道元年（1032），四十二岁的晏殊已经官拜参知政事（副宰相），荣宠备至。

明道二年（1033），刘太后去世，宋仁宗得知自己的生母并非刘太后，而是李宸妃。宸妃去世时，晏殊曾为她作墓志文，里面说李宸妃只生过一个早夭的女儿。得知身世真相后的仁宗，认为晏殊有意欺瞒自己，便要追究晏殊的责任，宰相吕夷简从中求情，但晏殊仍被降职外放。

宝元元年（1038），晏殊又被召回京师，恰在此年，李元昊称帝，国号大夏，大宋西北边防告急。晏殊分析局势，屡次上书，为战事出谋划策。为了提高军队的战斗力，他提出了数个方略：撤销内臣监军，不用阵图强行命令诸将，使军队统帅能根据战场形势决定攻守策略；招募、训练弓箭手，以备战斗；变卖宫中积压的多余财务，资助边关军饷；追回被各司侵占的物资，充实国库。仁宗认为晏殊言之有理，便悉数采纳了这些建议，宋夏之战的局面，也因此得到缓和。

庆历三年（1043），五十三岁的晏殊在经历累次升迁之后，正式拜相，但仅仅不到两年，他便因谏臣弹劾而被罢相，出知颍州。细论弹劾原因，包括隐瞒仁宗身世真相、调动官兵修建自己私宅等。更有传言说，仁宗的八皇叔赵元俨得知晏殊拜相后，对仁宗说："此人名在图谶（chèn），胡为用之？"意指晏殊喜欢钻研《推背图》，不堪大用。这也动摇了仁宗继续任用晏殊为宰相的心思。

庆历五年（1045），晏殊在颍州，虽被贬官出京，但心态却颇为平和，不见怨怼，每日仍是饮酒赋诗、宴请宾客。他曾以惠山泉水煮茶，并赋诗道："稽山

晏殊曾为仁宗讲学，仁宗得知生母真相后如此生气，也可以说明他之前对有师生之谊的晏殊非常信任，难以接受他欺瞒自己。

茶圣陆羽评定无锡惠山泉水为天下第二泉。此后千年，来惠泉取水的人络绎不绝，元代时甚至要收税限流。泉水现在仍在，泉眼所在的小镇古朴秀丽，毗邻四大名园之一的"寄畅园"。

新茗绿如烟，静挈都蓝煮惠泉。未向人间杀风景，更持醪（láo）醑（xǔ）醉花前。"后来，晏殊又移知陈州、许州（今河南许昌），皆有政绩，陈州至今有"晏公庙"，便是陈州百姓为纪念晏殊所建。在各地就职期间，晏殊被复任为礼部、刑部尚书，之后又迁户部。六十岁那年，他以户部尚书、观文殿大学士的身份知永兴军，后又转拜兵部尚书，勋阶进至开府仪同三司、上柱国，封临淄公（食邑一万二千户，实封食邑三千七百户）。

　　至和元年（1054），六十四岁的晏殊因病回京医治，仁宗时常召见晏殊，仍以宰相的规格对待他。隔年正月，晏殊病况加重，仁宗担心他的健康，便令太医尽心医治，并欲前往他家中探望。晏殊听说此事，叹息着说："让皇帝担心我的病况，是我这臣子的行为失检啊！"随后，他便派人向仁宗传话，说自己很快就会痊愈，让仁宗不要担心。

　　有一天，病中的晏殊做了一个梦，梦中，自己骑着一匹白马，飞驰过一座长长的渡桥。忽然，渡桥断了，白马自顾自地奔逸而去，任凭自己与渡桥一同坠入水中。不久之后，晏殊便在家中病逝，享年六十五岁。仁宗听闻晏殊去世的消息，因未能见其最后一面而憾恨不已，以至罢朝两日，后赐晏殊谥号"元献"。

　　这就是晏殊"起起落起起"的一生。五十年仕宦路，从扬名乡里的神童到名满天下的"晏相国"，在他的人生中，虽然也遇到过一些波折，但是这些波折都不甚严重，并不影响他成为"人生赢家"。

　　他大体上算是个好人。在朝中，他针对太后临朝、宋夏之战等事积极建言献策，稳定朝堂局势；在地方，他体恤百姓，发展教育，兴办府学，让天下学子能更好地读书学习。更重要的是，他为大宋举荐了一批远见强干的人才，让朝堂面貌为之一振。

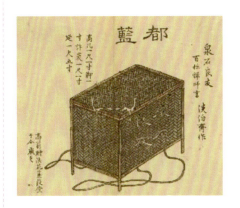

　　但晏殊不是完人。比起范仲淹、欧阳修等"宁鸣而死"的人物，晏殊的处世策略更偏向明哲保身，也因此被人诟病为政没有太大建树。昔年，范仲淹上疏劝刘太后还政，晏殊怕牵连己身，惊怒之下诘问范仲淹，却在听了范仲淹的一席话后，哑口无言；吕夷简曾对欧阳修极为不满，晏殊为了安抚吕夷简的情绪，在明知欧阳修人品本性的情况下，痛骂欧阳修的不是。像每个普通人一样，晏殊也有控制不住脾气的时候，他会因侍从晚到而勃然大怒，用笏板打掉对方的大牙；也会在盗贼闯入家中之时，用棍子将对方一顿毒打。

　　清代杨希闵《词轨》中说："家国盛时，每有此一种人，譬如冠玉弁（biàn）璏（huì），虽无用，亦不可少。……元献立朝虽无大建白，而清贫如寒士，又未尝为子弟求恩泽，一时贤士如范文正、欧阳文忠诸公皆出门下，择婿得富弼、杨察，其识鉴有过人者，亦不可谓非升平贤宰相也。"这是对晏殊的一生比较公正的评判。

3　冠玉弁璏：指发冠与帽子上的玉饰。

无可奈何花落去

▶ 出自晏殊《浣溪沙·一曲新词酒一杯》

晏殊的词，体现着他的人生观，处处打上了他的生活方式、处世态度的烙印。虽身处富贵，但他始终怀抱富贵浮云、人生无常的忧患意识，并将这种对生命哲学的观照刻录在了词中。

了解过晏殊的一生，才能更加了解晏殊的词。他这一生，大体上平安顺遂，他没有经历过李煜的亡国之恨，不像柳永一样终生沉沦下僚，也不曾如范仲淹一样，率军亲驻边关、抗击西夏。不同的人生轨迹，也注定了他的词风与前三者必然会有所不同。

晏殊自小聪颖好学、才华出众，他的词风受到南唐冯延巳的影响，呈现出清丽娴雅、俊秀飘逸的特点，文辞考究，却又饱含真情，一似浑然天成，具有独特韵味。刘熙载曾评价："冯延巳词，晏同叔得其俊，欧阳永叔得其深。"

晏殊的词，往往写于两种场景：要么是在歌舞升平的酒筵之间，做遣兴之用；要么是在小庭深院中闲庭信步之时，做抒情之用。因此，晏殊词中经常能见到明月、美酒、美人等与宴饮相关的意象，以及莺燕、花柳、池塘、院落等与庭院漫步相关的意象。晏殊将及时行乐的意趣、相思不断的深情、对于光阴易逝的思考寄托于这些意象之上，营造出一个个或清丽婉约，或缠绵悱恻的词境，让读者情不自禁地走入这词境之中。

真是让人羡慕！没有太大波澜的人生，这样的人生加上天生的才情，才能写出这样的词。

一曲新词酒一杯，去年天气旧亭台。夕阳西下几时回？ 无可奈何花落去，似曾相识燕归来。小园香径独徘徊。

这首《浣溪沙》，是晏殊最负盛名的词作之一，从词中所描述的场景来看，应写于一个暮春，词人在自家庭院中自斟自饮，一边听着新词，一边注视着这似曾相识的春景，感叹时光的流逝。晏殊喜饮酒、喜风雅，首句"一曲新词酒一杯"，交代了这位"太平宰相"闲来独处时的消遣方式。然而，这样的消遣，带给他的却不只是快乐和惬意，还有一种忧虑，因为他意识到了年华的流逝。"去年天气旧亭台"，仍是一样的暮春天气，仍是一样的亭台楼阁，只是沐浴在春风中、坐在楼台间的自己，已经不再是去年的自己了。一年的时间，足够发生很多事，步步为营的朝堂之路、错综复杂的人际关系、剑拔弩张的党羽纷争……作为大宋帝国的高官，他必须要谨慎小心，以保全自己不深陷泥潭，却又不能过于束手束脚，对国家社会没有大的建树。这林林总总的事情加在一起，他的心境也逐渐老迈，他知道，自己的青春就像西沉的太阳一样一去不返，但自己却对此毫无办法。

"无可奈何花落去，似曾相识燕归来"，这是本词中的一联名句。晏殊知道，日出日落、春去秋来皆不为人力所掌控，因此自己只能无奈地坐在暮春时节的夕阳下，看着繁花凋落。远远地，燕子飞来了，在这些年年相见的老朋友身上，词人感受到的不是重逢的喜悦，而是更深一重的惆怅，因为燕子是季节更替的使者，它们的出现，无疑是再次告诉他：花已尽，春已深，人至暮年，无可奈何。在整首词的最后，词人为我们留下了一个徘徊的影子，这看似普通的一句，实际上却是无比绝妙的收尾。人们通常于何时徘徊？必是在留恋眷顾某人

某事，或者是神思不属、思虑不宁的时候。古人诗词中常有"徘徊不忍去"之语，又有"徘徊复徘徊""揽衣起徘徊""可怜楼上月徘徊"等句，都是在表达眷恋或是忧虑的情绪。晏殊在小园香径中的徘徊，正是他忧愁情绪的外在显现。他忧愁于年光的转瞬即逝，忧愁于人事的不可久长，却没有任何解决的办法，于是只能在怅惘中独自感伤、独自思索、独自徘徊。这首词，以"无可奈何"的情绪一以贯之，周围的景物、词人的行动，都在反复强调着这种无奈。正是在不断的烘托、深化中，这种无奈的情绪才会显得尤为动人。

小阁重帘有燕过，晚花红片落庭莎。曲阑干影入凉波。　　一霎好风生翠幕，几回疏雨滴圆荷。酒醒人散得愁多。

这是晏殊的另一首《浣溪沙》，写于晚年移知许州期间，表达的也是怅惘之情。晏殊似乎很难消化离别时的情绪，无论是与自然之物的离别，还是与亲朋好友的离别，都会带给他无限惆怅的感受。这阕《浣溪沙》，前五句均是景物描写，笔调闲适，看似无悲无喜；然而到了末句，一句"酒醒人散得愁多"，却流露出了词人的满腹心事：再浓烈的美酒，也有酒醒的时候；再热闹的宴会，也有灯灭人散的时候。人生之事，可不就是这样吗？美好的事物从来短暂，这教人如何不生出忧愁来？

晏殊身份地位甚高，其为人却质朴低调，他的词中也体现了他本人的审美趣味，不含"镂金雕玉"之奢靡，却暗含雍容之气。宋代吴处厚《青箱杂记》记载过晏殊的作诗方略，说是每当晏殊吟咏富贵时，不说金玉锦绣，

你要写富贵，就不能只写富贵。

淡~定

浣溪沙·一曲新词酒一杯

一曲新词酒一杯，去年天气旧亭台。夕阳西下几时回？　　无可奈何花落去，似曾相识燕归来。小园香径独徘徊。

浣溪沙·小阁重帘有燕过

小阁重帘有燕过，晚花红片落庭莎。曲阑干影入凉波。　　一霎好风生翠幕，几回疏雨滴圆荷。酒醒人散得愁多。

而只着眼于"气象"，也就是我们现在常说的"氛围感"。他曾写过两联词，自己颇为得意，分别是"楼台侧畔杨花过，帘幕中间燕子飞""梨花院落溶溶月，柳絮池塘淡淡风"。高楼帘幕、梨花院落、柳絮池塘，都不是寻常百姓家中的景致，而词人那种静看风花雪月的闲适与悠然，更是流露着富贵闲人的处世态度。这首《浣溪沙》中"小阁重帘有燕过，晚花红片落庭莎。曲阑干影入凉波"几句，与上述两联有异曲同工之妙，都可作为晏殊词不着金玉却暗含富贵气象的代表作。

相思，也是晏殊词中常见的主题。他写相思之情，往往会和年华之叹结合到一起，通过往返的燕子、凋谢的花木等惯用的意象，展现对生命易逝、人生无常的思考，体现了他对生命哲学问题的独特观照。

> 槛菊愁烟兰泣露，罗幕轻寒，燕子双飞去。明月不谙离恨苦，斜光到晓穿朱户。　　昨夜西风凋碧树，独上高楼，望尽天涯路。欲寄彩笺兼尺素，山长水阔知何处！

这首《蝶恋花》，是晏殊伤离怀远词的代表作之一。上片是晏殊最擅长的环境氛围描写，他用雾中的秋菊、沾露的兰花、微寒空气中垂下的帘幕、飞去的燕子、空悬楼外的月亮，共同刻画了一个凄清迷离的寒夜。然而，在这凄长的秋夜中，词中的主人公[4]却是无眠的，因为只有整夜看着窗外的月亮，才会知道月光的移动轨迹，才能描绘出"斜光到晓穿朱户"的情景。

> 这样描绘月光的轨迹，确实很有画面感。枯坐发呆的人静静地盯着月光透过窗棂投进屋内，随着夜深月升又渐渐移出去，时间就流逝了。

这首词的上片，虽在凄清、宁静的氛围塑造上无可挑剔，但仍难跳出普通闺阁思妇诗的窠臼，与前人"明月照高楼，流光正徘徊"[5]的珠玉之语相比，难谈出色。然而到了下片，一阵西风横扫而过，令整首词的境界骤然拔高，主人公不再委顿于闺阁之中，而是登上高楼，置身于旷远渺茫的天地之间。其实，

………………………………

4　本词不是晏殊以本人视角所写，而是拟闺阁新妇的口吻而作。

5　三国时期曹植《七哀诗》。

思妇登楼，并非晏殊独创，早在唐代，便有"闺中少妇不知愁，春日凝妆上翠楼。忽见陌头杨柳色，悔教夫婿觅封侯。"[6] 这样的诗作，脍炙人口。但晏殊笔下的思妇登楼，登的是深秋之楼，是西风扫落叶的肃杀之楼。这一刻，闺中情思与时节变易、天地的苍茫百感交织在一起，令主人公的心境、读者的心境、词的整体词境都豁然开阔，使这首词在众多闺怨诗里愈显不拘一格，脱颖而出。

与同时代的很多人相比，晏殊的词没有太多开拓性，主要起到承上启下的作用，但他在自己擅长的题材、体裁与风格上做到了极致，为北宋词坛贡献了大量优秀的小令，也为今天的人们提供了无数可反复回味、品读的名句。他的词集名为《珠玉词》，他的人生、他的词，也正如冠上的珠玉一般，不能做日常之用，却在生活中不可或缺；看似光芒内敛，而锦绣藏于中、富贵寓于内。

太平宰相、富贵词人，晏殊为我们展示了一种不用锋芒毕露的活法。他那平步青云的一生固然令人羡慕，但正如他自己所预测的那样：浮生欢愉，从来短暂，荣华富贵，难有久长之时。

晏殊过世后二十年，他的坟墓为贼人所盗，墓内为数不多的金银珠宝被搜刮殆尽，他自己亦是尸骨无存；又过了几十年，他最小的儿子晏几道在困顿中离世，彼时的晏家，已经不复往日荣光。

人事变化如此迅速，譬如浮云，朝夕聚散。这一切，正像晏殊在《木兰花》词中所说：

> 燕鸿过后莺归去，细算浮生千万绪。长于春梦几多时？散似秋云无觅处。

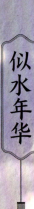

似水年华

看完晏殊的一生，可能有人会说：这也太平淡了，根本没什么意思嘛！

的确，不是每个人的人生都惊心动魄、高潮迭起。如果说范仲淹是激湍的急流、欧阳修是高崖下的山泉，那么晏殊则如同一泓秋水，娴雅静谧、波澜不惊。可正是这种平缓的人生经历，才造就了他"北宋倚声家初祖"的成就：由于身份地位较高，一生又没有经历过太大挫折，晏殊很少有如寻常失意士人一般放浪形骸的时候。他的词中，有一种"克制"之感：他写男女欢情时，不着墨于女色，而写主人公真挚的心理活动；写饮酒作乐时，不写纸醉金迷，而写富贵的气象。这便使得词这一文体突破了轻佻、冶艳的藩篱，转而步入典雅、庄重、雍容的领域，使其进一步向"士大夫之词"发展。

清代赵翼曾有诗云："国家不幸诗家幸，赋到沧桑句便工。"意思是曲折的人生经历会使诗人的内心境界得到升华，从而写出更好的诗来。可平淡如水的人生也有平淡如水的妙处，如若晏殊也过上颠沛流离的生活，那么宋词史上，就不会有雍容和缓、珠圆玉润的《珠玉词》了。

清醒的醉翁

Song Ci Shan He

欧阳修
OU YANG XIU

欧阳修（1007—1072），字永叔，号醉翁，晚号六一居士。北宋政治家、文学家、史学家。

欧阳修是北宋诗文革新运动的领袖，为文以韩愈为宗，以文章负一代盛名，名列"唐宋八大家"之一。王安石曾评价其为人与为文："如公器质之深厚，智识之高远，而辅学术之精微，故充于文章，见于议论，豪健俊伟，怪巧瑰琦。"

在宋词创作上，欧阳修深受五代十国时期著名词人冯延巳的影响，承南唐遗风，其词风或深婉含蓄，或清新流畅，内容多为酒席遣兴之作，晚年时结合人生经历，词中亦多有慨叹。与晏殊并称"晏欧"，"并为宋词传统流派开山始祖"[1]。

水彩定窑白釉孩儿枕

欧阳修

---

1 《宋代文学通论》。

門生満朝堂
明三朝元老

**门生满朝堂
的三朝元老**

特长	故里	号	字	姓名
写文、识才	绵州（今四川绵阳）	醉翁、六一居士	永叔	欧阳修

画地学书，初读韩愈 | 欧阳修

　　欧阳修的童年生活非常清贫，母亲用荻管当笔，教他读书写字。欧阳修聪颖好学，十岁时，便开始阅读韩愈的《昌黎先生集》。韩愈的文风与文学主张，影响了欧阳修的一生。

　　宋真宗景德四年（1007）六月二十一日，绵州（今四川绵阳）。

　　这一天，对于绵州军事推官欧阳观来说，是一个大喜的日子。五十六岁的他，终于和妻子迎来了他们的第一个孩子。他们给孩子取名为欧阳修。

　　然而，欧阳观没能给予儿子太多父爱。欧阳修四岁那年，欧阳观被调往泰州为官，不到一年便死在了任上。母亲郑氏没有办法，只好带着欧阳修投奔在随州（今湖北随县）做官的叔父欧阳晔，以求得到些许照拂。欧阳晔见孤儿寡母实在可怜，便收留了他们。就这样，母子俩在随州住了下来。

　　欧阳观一生为官清廉，身后没有留下太多家资，因此母子俩的生活十分清贫。郑氏出身书香门第，即便生活贫寒，仍然十分注重孩子的教育。欧阳修到了要念书的年纪，家里没有钱请教书先生，怎么办？郑氏就亲自上阵，教欧阳修识读。没有钱买纸和笔怎么办？郑氏就蹲下来，用荻杆当笔，在地上写写画画，教欧阳修写字——这就是后世所说"以荻画地""画地学书"的典故由来。

　　叔叔欧阳晔也对欧阳修影响颇深。欧阳晔在随州为官二十多年，为人正直、两袖清风，深受当地百姓爱戴，欧阳修从叔叔身上看到了做人的典范。闲暇时，欧阳晔也会教欧阳修读书。就这样，在母亲和叔叔的共同培养下，欧阳修成长为远近有名的"神童"。十岁时，他便能做出和成年人水平差不多的文章了。

　　随着年龄增长，欧阳修需要的阅读量越来越大。家中没有余钱可以买书，他便从别人家里借书，一笔一画地抄录下来。通过这种方式，他学习了不少名家的诗文，其中就包括韩愈的《昌黎先生集》。韩愈文风气势充沛，纵横捭阖，直读得欧阳修废寝忘食、手不释卷。他对韩愈文章的爱好、学习，大概就是从这个时候开始的。

崇政殿上试锋芒

　　与很多同时代的人相比，欧阳修的科举之路还算顺利。在前辈胥偃的提携下，二十四岁时，他顺利通过殿试，进士及第。

十七岁那年，欧阳修开始走上科举之路。在之前的篇章里，我们曾经提到过：宋朝的科举考试分为三级：一级是由各州举行的取解试（又称乡试、解试、州试），然后是礼部的省试，最后是最高级别的殿试。像古代的诸多学子一样，欧阳修要想在仕途上有一番成就，这条"过关斩将"的应试之路是非走不可的。

第一关，乡试。欧阳修虽然做出了一篇精彩文章，却因个别韵脚超出了官韵的规定范围，遗憾落第。经此挫折，欧阳修更加发奋图强，潜心诵读韩愈文章，终于在二十岁那年通过了随州乡试。

第二关，是礼部主持的进士科考试。为了赶赴考场，二十岁的欧阳修从随州启程，挥别了母亲、叔叔，前往都城汴京。然而，这一次考试，欧阳修也不幸落榜了。之后，欧阳修转头南下，携文章投谒了当时的汉阳知军——胥偃。胥偃一看到欧阳修的作品，就连连赞叹："这年轻人，以后定会扬名于世啊！"于是把欧阳修留在了身边。

不久后，胥偃因为公务原因，需要去汴京一趟，欧阳修随之前往。胥偃有心帮欧阳修在京城立足，于是在与故交们会面的时候，他会**特意介绍欧阳修给大家认识**："这是我最近新认识的年轻人，人品、才学都是一等一地好。你们看，不错吧！"就这样，欧阳修在京城逐渐有了名声，并结识了苏舜钦、尹洙等年龄相仿的朋友。

名声有了，考试成绩也不能落下。欧阳修到达汴京的第二年，即天圣七年（1029），在胥偃的保荐下，参加了国子监的考试，在广文馆试、国学解试中均拔得头筹。第三年，即天圣八年（1030）正月，欧阳修参加省试，

胥偃真给力，萍水相逢，真心赏识小欧阳！

哇~

贴士 TIPS

苏舜钦
字子美，庆历新政的支持者、北宋诗文革新运动的中坚力量。擅长诗词，与宋诗"开山祖师"梅尧臣合称"苏梅"。

尹洙
字师鲁，北宋诗文革新运动的中坚力量。

再次夺得第一名的好成绩，获得了进入第三关——殿试的资格。

二十四岁就省试一举夺魁，可太牛了！

啊！

欧阳修省试夺魁的那年春天，由仁宗皇帝主持的殿试在崇政殿召开。此时的欧阳修，经过长年累月的刻苦攻读，更在京师的游历中获得了自信与应试经验，于是厚积薄发、一击即中，成功进士及第。这一年，欧阳修才二十四岁。

逢君伊水畔，一见已开颜 | 欧阳修

▶ 出自欧阳修
《书怀感事寄梅圣俞》

进士及第后，欧阳修来到洛阳的西京留守府中，在钱惟演麾下发挥自己的才干。在这里，他结识了梅尧臣、张先、富弼等朋友。年轻的思想互相碰撞、启发，欧阳修与友人尹洙一道发起了"古文复兴"的号召，自己也逐渐成长为"北宋诗文革新运动"的领导者。

二十四岁及第，欧阳修堪称年少有为、春风得意。他的胸怀中有无数抱负等待施展，他已迫不及待地用自己的才学报效大宋江山。他的人生脚步片刻不停：殿试后两个月，他便被授予了西京（今河南洛阳）留守推官的职务，马不停蹄地前往洛阳赴任。

当时的西京留守长官，是以博学能文著称的钱惟演。钱惟演门第、名望甚高，喜欢提携后辈，广泛招揽天下文士入其幕府，因此，西京留守府内人才济济，名士众多。在风景如画、城郭繁荣的河洛之阳，欧阳修结识了府内的许多青年才俊，更是惊喜地与尹洙重逢了。大家志趣相投，又年龄相仿，交往起来格外愉

梅尧臣

字圣俞，北宋著名诗人。梅尧臣作诗，主张写实，反对西昆体，被誉为宋诗的"开山祖师"。与苏舜钦并称"苏梅"，又与欧阳修并称"欧梅"。

西昆体

诗体名，"宋初三体"之一。宋初杨亿、钱惟演、刘筠等人推崇李商隐辞藻华丽、好用僻典的诗风，便模仿其风格，相互唱和，有《西昆酬唱集》行世，"西昆体"由此得名。但他们过于注重诗歌的形式美，忽略了内容的重要性，因此多有语言晦涩难懂、内容贫乏空虚的作品，对北宋诗文的发展造成了不良影响。

宋初三体

指受白居易诗风影响形成的"白体诗"、受李商隐诗风影响而成的"西昆体"、受贾岛与姚合影响形成的"晚唐体"。

书怀感事寄梅圣俞（节选）

每忆少年日，
未知人事艰。
颠狂无所阂，
落魄去羁牵。
三月入洛阳，
春深花未残。
龙门翠郁郁，
伊水清潺潺。
逢君伊水畔，
一见已开颜。

快。《渑水燕谈录》中记载，欧阳修与尹洙、梅尧臣等几位名士结为"七友"，共同切磋文章道义、饮酒作乐。那段时间里，"七友"携手游览了洛中的许多名胜，"山水园庭、塔庙佳处，莫不游览"，少年意气，好不快活！

"七友"携手同游的日子，成了日后欧阳修最怀念的一段时光。几年以后，钱惟演被贬谪随州，"七友"也各奔东西，在写给梅尧臣的诗中，欧阳修还饱含深情地回忆起他们的初见："每忆少年日，未知人事艰。颠狂无所阂，落魄去羁牵。三月入洛阳，春深花未残。龙门翠郁郁，伊水清潺潺。逢君伊水畔，一见已开颜。"

少年意气最动人.

日嘻

西京留守推官的工作并不繁重，钱惟演又十分爱惜良才，有意不让欧阳修承担过于烦琐的事务，于是欧阳修得以潜心研究文章。他发现，自五代以来，以"西昆体"为代表的浮华、靡弱文风影响太广，以至于北宋发展至今，主流的文章风格始终较为卑弱，需要有一番大的变革，才能提振风气，为文坛带来新的面貌。如何变革呢？前人早已做出了表率，那就是韩愈倡导的"古文运动"。在韩愈所生活的中唐时期，也流行着一种华而不实的文风，这让韩愈十分看不过眼。于是，他从先秦时期的文章中汲取养分，认为文章不应受到声律、对偶的束缚，而应注重表达观点，做到言之有物。就此，古文运动兴起，韩愈本人也获得了"文起八代之衰"[2]的美名。

北宋文坛存在的弊病，与当初韩愈面临的问题是一样的。其实，在欧阳修之前，便有人注意到了宋初文风之陋，并提出过解决方案。宋初文人柳开、王禹

2　宋代苏轼《潮州韩文公庙碑》。

偁（chēng）等人首度提出"尊韩"主张，倡导写作具有宣扬教化功能、能够传道明心的古文；其后的范仲淹也曾提出改革文风、戒除浮靡的倡议，得到皇帝支持。他们彼此接力，使得"变革文风，尊崇古文"的呼声连绵不断，这便是"北宋诗文革新运动"的先声。

从个人层面来看，欧阳修从十岁开始读韩愈文章，对韩愈的作品、韩愈的文学主张仰慕已久；从宏观层面上看，前人柳开、王禹偁、范仲淹等人已开好先河，在上至皇庭、下至普通士人间铺垫好了古文复兴的前奏。欧阳修接过大旗，成为诗文革新运动的领袖，几乎是历史的必然。于是，在曾诞生过无数汉魏文章杰作的洛阳，年轻的欧阳修与友人尹洙一道，力主古文写作，引来天下士人的响应，文坛风气为之一变。

也就在这一时期，欧阳修迎娶了恩师胥偃的女儿。在欧阳修的应试道路上，胥偃提供了很多助力，这让欧阳修一直感怀于心。如今的欧阳修，左手是金榜题名，右手是洞房花烛，更因倡导诗文革新，在文坛中声名鹊起，一切看上去都是那么美好、那么光明。

延伸阅读

澭口得双鳜鱼怀永叔（节选）

梅尧臣

春风午桥上，
始迎欧阳公。
我仆跪双鳜，
言得石濑中。
持归奉慈姑，
欣咏殊未工。
是时四三友，
推尚以为雄。
于兹十九载，
存没复西东。

艳科

现代词学家胡云翼在《宋词研究》一书中提出"词为艳科"的观点。词最初诞生于歌筵酒宴之间，题材内容、写作风格上均与女性生活、男女情爱相关，呈现出香艳浮华的特点，在很长一段时间内，都为社会正统所排斥。一般认为，宋词发展至苏东坡，"词为艳科"的藩篱才被打破。

非非堂记（节选）

处身者不为外物眩晃而动，则其心静，心静则智识明，是是非非，无所施而不中。夫是是近乎谄，非非近乎讪，不幸而过，宁讪无谄。

决知足下非君子也 | 欧阳修

▶ 出自欧阳修
《与高司谏书》

西京任满，欧阳修步入京城官场。但很快，他便卷入了范仲淹与宰相吕夷简的斗争风波中。

欧阳修在洛阳度过了近三年时光，其间，他写下了很多篇文章，记录自己的见闻、想法。一次，他无意间听到两位园丁的对话，就此萌发了对"才与不才"的思考，写下了《伐树记》一文；河南府官署内建了一座"非非堂"，他写了一篇《非非堂记》，解释"非非堂"的命名原因，表达自己宁可批评指责，也不愿巴结奉承的处事原则；皇宫中起了大火，有宫殿被焚烧，为重修宫殿，朝廷下令砍伐竹林。欧阳修得知后，写下《伐竹记》来讽刺这件事。这些文章，都有影射现实、讽喻现实的作用，**与欧阳修的文学主张一致。**

欧阳修好像《大宋日报》记者，屡刺披露社会问题。

哈哈

对于宋代士人来说，文章具有言志、载道的功能，是文学体裁中地位最高的，其次是诗，再次是词。尤其是在北宋初期，词还无法跳出"艳科"的藩篱，始终游离在社会正统之外，即使是做到了以赋入词的柳永，也没能真正改变词的社会地位。对于欧阳修来说，写那些能道明心志的文章当然是他最关心的事，与朋友作诗酬答也是社交中必要的一环；他偶尔也会写一些词，但那些都是在酒宴上，为助兴而写的消遣之作，内容也无外乎劝酒、欣赏歌舞、劝人及时行乐之类。因此，这一时期的欧词，传世的并不多。

洛阳任期结束后，欧阳修回到汴京，经过翰林学士院[3]的考试，获得了宣德郎、馆阁校勘的职务，由此正式跻身正七品的行列。虽官阶仍然不高，但胜在工作清闲自在：馆阁校勘是史馆属官，平日的工作内容多为编撰、修缮典籍，这让欧阳修能够在发挥自身文字特长的同时，从典籍中汲取养分，拓宽自己的视野。

就是因为《洛阳牡丹记》，欧阳修被人们尊为四月牡丹花神。

嘿嘿

之后几年的生活，欧阳修过得平淡无奇：闲暇时候写点诗文，赠前辈、赠朋友，维系一下感情。像每一个心怀抱负的文人一样，他也有志于著书立说，著有《洛阳牡丹记》传记三篇，讲述洛阳牡丹的品种辨别、品名由来、相关风俗等，并与好友尹洙共同撰写《十国志》，叙写五代历史。无聊时，他还写信给朋友梅尧臣，吐槽在帝京生活的不顺心之处："我现在吃的、穿的都很窘迫，想去喝酒，也没有钱，真的太郁闷了……这可真不是什么好差事。"[4]

如果没有参与范仲淹与吕夷简的斗争，或许之后的很多年，欧阳修都将在这样平淡如水的生活中度过。

宋仁宗景祐三年（1036），范仲淹看不惯宰相吕夷简培植党羽、任用亲信的种种作为，便向仁宗皇帝进言，认为朝廷应该约束宰相的用人权限，规范用人制度，并劝皇帝亲自把控官吏的升迁等事宜。吕夷简受到指责，恼羞成怒，于是反唇相讥，说范仲淹是个愚昧迂腐的人，而且还"越职言事"——意思是说，这根本不是你范仲淹这个层级的人该管的事，你不去顾好自己的本职工作，而是纠集朋党，来插手上级们的工作，你是不是想离间皇帝与宰相之间的君臣关系啊？

范仲淹一世忠良，哪曾有过"离间君臣"的歪心思？遭此诬陷，他自然是愤怒无比，于是连上奏章，指责吕夷简居心叵测、阴险狡诈。然而，因为言辞过于激烈，这些奏章反而引来了皇帝的不满，诏书令下，范仲淹被贬谪出京，发配为饶州（今江西鄱阳）知州。他的同党们也都被一一揪出，张榜公示。这

---

3 《欧阳修历任职官名释》：翰林学士院是一个清要机构，掌制诰诏令撰述之事。地方官欲进京任文官，学士院考试必不可缺。这对欧阳修，不过形式而已。

4 宋代欧阳修《与梅圣俞》（其六）。

贴士 TIPS

太子中允

东汉始置该职，为太子属官。宋代太子中允作为官阶，转太常丞，特旨转秘书郎、著作郎、宗正丞。

些同党中，就包括欧阳修多年的好友、当时在朝中任太子中允的尹洙。范仲淹被贬的消息传出后，尹洙毅然进呈奏章，表示范仲淹对待自己如师如友，自己甘愿作为范仲淹的同党，和范仲淹一起被降官贬谪。

欧阳修知道这件事后，心中十分不平。的确，吕夷简为官多年，位高权重，也曾凭借自己的能力，为大宋做出过贡献，但如今的他，已经被权力腐化，结党营私、大搞权术，不加以约束，如何能正朝堂之风？范仲淹为国家的发展考虑，直言上谏，却反遭污蔑、贬谪，这怎能不让天下仁人志士心寒！

> 这是一场全体中正之士的集体反抗！

韩愈曾说："大凡物不得其平则鸣。草木之无声，风挠之鸣。一人之于言也亦然，有不得已者而后言。"欧阳修学习韩愈文章多年，自然明白韩愈所说"不平则鸣"的道理。如今他眼前便有不平之事，即使旁人多数因为惧怕吕夷简的势力而三缄其口，正直磊落如他，却又怎能保持沉默？恰在此时，他听到朝中一位叫作高若讷的谏官对范仲淹极尽诋毁讥笑之能事，不由得感到愤慨：针砭时弊，本来是谏官应该做的事，而这位高司谏不仅没有尽到谏官的责任，反而嘲笑直言上谏的大臣，岂不是荒谬至极？于是，他写了一篇《与高司谏书》，指责高若讷的种种言行。

在这篇犀利的文章中，欧阳修写道："我结合您的行为，分析您的为人，最后断定：您不是个君子。"[5]

他又写道："您在谏官那个位置上，却不说谏官应该说的话，就应该早点儿离职，不要妨害能够胜任这个职位

---

5 宋代欧阳修《与高司谏书》。

的其他人。"[6]

他还写道："如今，真正明辨是非、直言上谏的人都在等着被发落，您居然还能有脸面去见士大夫们，在朝廷进进出出，自称谏官，那是您不知道人间还有羞耻事了！"[7]

欧阳修的"报应"来得和这封信的言辞一样直接：他被认为是范仲淹同党，被贬谪出京，到夷陵县（今湖北宜昌）去当县尉。欧阳修懒得做多余的辩解，于是默然领命，从汴京渡口出发，乘舟往夷陵去了。

二月山城未见花 | 欧陽修

▶ 出自欧阳修《戏答元珍》

因为一篇《与高司谏书》，欧阳修被贬谪出京，出任夷陵县尉。在夷陵，他翻阅陈年公案，惊讶于当地的错案之多。这更让他下定决心：要谨慎勤勉、秉公直言，不让冤假错案的悲剧重现。

....

6　宋代欧阳修《与高司谏书》："足下在其位而不言，便当去之，无妨他人之堪其任者也。"

7　宋代欧阳修《与高司谏书》："昨日安道贬官，师鲁待罪，足下犹能以面目见士大夫，出入朝中称谏官，是足下不复知人间有羞耻事尔。"

从汴京到夷陵，是一段漫长曲折的路程。途中，欧阳修写信给尹洙："沿汴绝淮，泛大江，凡五千里，用一百一十程，才至荆南。"[8]

在这段贬谪的漫漫长旅中，欧阳修想了很多。范仲淹与他之间并无亲密的关系，此次因范仲淹而贬官，他的心里却没有一丝一毫的悔意。如今朝堂上的乌烟瘴气，权臣勾结党羽、一手遮天，正需要有见义勇为之人站出来，为家国社稷、谋士忠良说句公道话。

自汴京出发五个月后，欧阳修终于抵达了夷陵县，舟行江上，他眺望四周，见到一些茂盛的黄杨树生长在夷陵的山谷之间。这些黄杨树如此挺拔、美丽，却生长在这荒僻的地方，身负苍劲的枝节又有谁能欣赏，抱着孤高的心怀又有谁能赏识呢？这与自己的境地何其相似！于是他写了一篇《黄杨树子赋》，抒发自己的感慨。

夷陵县尉又是一个闲职。欧阳修初来乍到，人生地不熟，没有消遣时间的办法，便从官署架阁库中取出陈年公案来读。不读不要紧，一读之下，他才发现，这小小的一个县域内，竟然就发生过这么多冤假错案。把没有说成有，把对的说成错，桩桩件件，历历在目。偏远县城尚且如此，这天下这么大，不平之事岂不是更多？这件事让欧阳修对官场的黑暗有了更深刻的认知，但他并未因此决定明哲保身。他仰天发誓，今后处理政事，一定要加倍谨慎，不能让那种不辨是非曲直的旧事重演。

此后几年，日子还算平静。欧阳修在夷陵没有待太长时间，不到两年便被改任了其他官职，再加上访友、侍奉母亲等事宜，一直奔波在各地之间。他三十三岁那年，岳父胥偃去世。胥偃生前一直反对范仲淹的政治主张，欧阳修却始终为范仲淹说话，这让胥偃对欧阳修心生嫌隙，至死也没有与他和解。

宋仁宗康定元年（1040），欧阳修三十四岁。这一年，朝廷下令将他召回京师，继续担任馆阁校勘一职；但几乎是同一时间，范仲淹应诏出任陕西经略安

高层尚且党羽勾结排除异己，底层更是层层相护，普通人只能忍受冤假错案。还好夷陵县等到了欧阳修。

8 宋代欧阳修《与尹师鲁书》。

抚副使，希望能找到一个人才，到自己手下来当掌书记。范仲淹向熟识的上人们打探，谁是最能胜任这份工作的人。大家都回答：这份工作，非欧阳修不可，除他之外，还有谁的才华、人品能让众人都叹服呢？范仲淹听后大喜，连忙上疏皇帝，举荐欧阳修出任经略安抚司掌书记。

这本来是好事一桩，但欧阳修的反应却出乎所有人的意料。他说："我当时为范公说话，哪里是为了自己的利益？他被贬，我可以随着他一起被贬；他升官了，我不必和他一起升官。这是'同其退，不同其进'。"由此可见，欧阳修仗义执言，是为心中的那份公义，而不是为了拉帮结派、投机站队，其文人风骨，可见一斑。

之前范仲淹对太后刘娥的谏言和评价也是就事论事，不偏不倚，这就是宋代文人的风骨吧！

就这样，欧阳修拒绝了范仲淹的好意，回到汴京，继续当他那"不是什么好差事"的馆阁校勘了。

庆历新政历风波 ｜欧阳修

在外漂泊几年后，欧阳修又回到了京城。很快，轰轰烈烈的"庆历新政"开始了。欧阳修支持改革，以谏官的身份，以笔为刀，揭露军政问题，提供解决策略。但随着"庆历新政"的失败，革新派的骨干们被贬出京，欧阳修受到影响，再次被贬谪。

回到汴京，先前朝堂斗争带来的风波已经暂时平息。欧阳修的日子也过得舒心了一些，没过两年便迎来升迁，

黄杨树子赋（节选）

嗟乎！日薄云昏，烟霏露滴。负劲节以谁赏，抱孤心而谁识？

戏答元珍

春风疑不到天涯，
二月山城未见花。
残雪压枝犹有橘，
冻雷惊笋欲抽芽。
夜闻归雁生乡思，
病入新年感物华。
曾是洛阳花下客，
野芳虽晚不须嗟。

做了太常博士。他与京中官员交游、宴饮，宴酣之际，乐事居多，但也闹出过作诗惹恼晏殊的尴尬事。他的文名早已流传天下，于是也有后生带着自己的诗文作品，来京师拜谒他。欧阳修就像当年胥偃对待他一样，鼓励这些他认为有潜力的年轻人——这些人之中，就包括后来同列"唐宋八大家"的曾巩。

时间转眼就来到了庆历三年（1043），三十七岁的欧阳修被擢升为谏官，迁太常丞、知谏院。同年，吕夷简致仕，范仲淹回京，官拜参知政事（行使副宰相职能），在宋仁宗的支持下，与韩琦、富弼等人推出多项改革措施，力主澄清吏治、富国强兵、厉行法治，以调和阶级矛盾，维稳大宋江山——这就是轰轰烈烈的"庆历新政"。

欧阳修从政以来，亲眼见到过官场的黑暗、百姓生活的苦辛，便也投身到这次革新中，以手中的笔为武器，针对朝野时事，连番上疏，提出改革吏治、军事，力图做到谏官应尽的责任。仁宗皇帝也逐渐看到了欧阳修的人品与才学，开始对他委以重用，接连授予他龙图阁直学士、河北都转运按察使的官职，由此，欧阳修扶摇直上，真正是朝中的一个重要人物了。欧阳修离开汴京、赴河北都转运按察使任之际，仁宗对他说："你不会在那边待太久的，归期就在不久之后。有什么事想说，尽管上奏就是了，不要因为距离远近而感到约束。"[9]

到这里为止，欧阳修其实还挺顺利的。他年少成名，一路被人赏识，虽然外放过一阵，反而丰富了他对底层百姓的了解，三十七岁就能参与到国家高层的改革，真正可以匡扶社稷。

哇～

然而，北宋发展至今，积弊已久，其中种种盘根错节的问题，岂是能轻易动摇的？"庆历新政"各项改革措施的推进过程中，动摇了许多官员的利益，遇到了诸多阻力；再加上有人上疏举报范仲淹、欧阳修私结朋党，虽有尹洙竭力为二人辩说，但还是引来了仁宗皇帝的猜忌。最终，改革开始仅仅两年，"庆历新政"便以失败告终，范仲淹、韩琦、富弼等人或被罢官，或遭贬谪，被迫离开政治核心。

作为改革的支持者，欧阳修自然也被反对新政的保守党视为仇敌。他们以"张甥案"为由头，诬陷欧阳修与外甥女乱伦、非法占有别人家产，将欧阳修驱逐出京，贬为滁州（今安徽滁州）太守。政斗失败被贬谪已经是失意之事，更

9 《欧阳修文集》：仁宗面谕曰："不久当还，无为久居计。有事但言来，无以中外为限。"

何况被冠上这等罪名——这对秉性清白正直的欧阳修来说，当然是奇耻大辱。曾巩得知欧阳修的遭遇，也十分愤慨，他在写给欧阳修、蔡襄的《上欧蔡书》中写道："至于乘女子之隙，造非常之谤，而欲加之天下之大贤，不顾四方人议论，不畏天地鬼神之临己，公然欺诬，骇天下之耳目，令人感愤痛切，废食与寝，不知所为。噫！二公之不幸，实疾首蹙额之民之不幸也！"

> 果然越接近权力中心，越危险。

思考

庆历五年（1045）秋天，欧阳修从河北启程，乘舟赶赴滁州，当日君王"不久当还"的承诺，终是成了一句空话。此时的他，对官场政治失望至极，唯有在滁州的山川形胜中、与朋友的酬答唱和间找到些许慰藉。欧阳修向来喜欢喝酒，如今每日借酒消愁，他便给自己起了一个充满戏谑意味的名号：醉翁。的确，在如今的世道下，做一个潇洒的醉客，要比当一个清醒的言官自在多了。

滁州一带名胜颇多，尤其是城西南方向的群山，林木葱郁，山谷清幽，十分美丽。其中最幽深秀丽的山峰，名叫琅琊山。山中有一道泉水，从山间飞流而下，人称"酿泉"。欧阳修十分喜欢琅琊山中的景致，便用自己的名号为山中的一座亭子取名为"醉翁亭"。欧阳修还亲自为亭子作记——这就是举世闻名的《醉翁亭记》。

醉翁之意不在酒 | 欧阳修

▶ 出自欧阳修《醉翁亭记》

在滁州，欧阳修寄情山水、借酒消愁，写下了名垂千古的《醉翁亭记》。

啼鸟（节选）

花开鸟语辄自醉，
醉与花鸟为交朋。
花能嫣然顾我笑，
鸟劝我饮非无情。
身闲酒美惜光景，
惟恐鸟散花飘零。
可笑灵均楚泽畔，
离骚憔悴愁独醒。

环滁皆山也。其西南诸峰，林壑尤美，望之蔚然而深秀者，琅琊也。山行六七里，渐闻水声潺潺，而泻出于两峰之间者，酿泉也。峰回路转，有亭翼然临于泉上者，醉翁亭也。作亭者谁？山之僧智仙也。名之者谁？太守自谓也。太守与客来饮于此，饮少辄醉，而年又最高，故自号曰醉翁也。醉翁之意不在酒，在乎山水之间也。山水之乐，得之心而寓之酒也。……

这篇被选入部编版初中语文教材的《醉翁亭记》，应是令很多人难忘的名篇。透过这些优美的文字，我们仿佛能看到苍翠的琅琊山色、听到酿泉的淙淙水声。在泉水之上，高踞着醉翁亭，亭畔，欧阳修与他的宾客们推杯换盏、语笑喧阗。欧阳修在文中不无自嘲地写道："太守（指欧阳修自己）总是邀请客人到这里来饮酒，喝不了几杯就醉了；加上他年纪最大，便自号为'醉翁'。"但"醉翁"之"醉"，又岂是耽溺于酒色的"醉"？欧阳修自陈："醉翁的心思，其实从来不在酒上，而在那山光水色之中；游赏山水的乐趣，有感于心而寄托在酒上罢了。"

若夫日出而林霏开，云归而岩穴暝，晦明变化者，山间之朝暮也。野芳发而幽香，佳木秀而繁阴，风霜高洁，水落而石出者，山间之四时也。朝而往，暮而归，四时之景不同，而乐亦无穷也。

接下来，欧阳修又写道：琅琊山中的四季景色令人醉心，这是他喜欢在此流连的原因。太阳出来时，山林间的雾气会散开；烟云聚集时，山谷的洞穴变得幽暗，这样明暗变幻的景象，就是山中的清晨与傍晚。春天的时候，野花开放，散发出幽幽的香气；夏天，美丽的树木枝

贴士 TIPS

醉翁亭

醉翁亭所在的琅琊山至今仍是安徽滁州的风景名胜，自北宋始建后，因访亭游山人众，又逐渐增扩屋舍，形成"醉翁九景"。现今可见的"醉翁亭"乃是光绪年间，兵火毁去原建后重建。如今访琅琊山，仍可见苏轼手书《醉翁亭记》碑刻与各代摩崖石刻（辛弃疾也在此留下石刻）。

作品 WORKS

醉翁亭记（节选）

太守与客来饮于此，饮少辄醉，而年又最高，故自号曰醉翁也。醉翁之意不在酒，在乎山水之间也。山水之乐，得之心而寓之酒也。

画眉鸟

百啭千声随意移，
山花红紫树高低。
始知锁向金笼听，
不及林间自在啼。

叶繁茂，遮挡出一片浓荫；秋天，天高气爽，霜露洁白；到了冬天，水流减少，溪石露出，这便是山中四季的景色。清晨上山，傍晚的时候返回，四时的景色不同，感受到的快乐也是没有穷尽的。

在欧阳修眼里，比山间的景色更有趣的，是山中的游人们。滁州百姓也喜爱琅琊山的景色，因此经常携妻带子、呼朋唤友地来山中游玩。他们在欧阳修眼中，是可爱的、富有生活意趣的，欧阳修乐于邀请他们到他的酒宴上来：

> 至于负者歌于途，行者休于树，前者呼，后者应，伛偻提携，往来而不绝者，滁人游也。临溪而渔，溪深而鱼肥。酿泉为酒，泉香而酒洌；山肴野蔌，杂然而前陈者，太守宴也。宴酣之乐，非丝非竹，射者中，弈者胜，觥筹交错，起坐而喧哗者，众宾欢也。苍颜白发，颓然乎其间者，太守醉也。

这是多么热闹的一场欢宴啊！宴席上，摆着从溪水中钓来的鱼儿；宾客们喝的，是用酿泉之水酿成的甘洌美酒。山上的野味菜蔬，杂七杂八地摆放着，清香扑鼻。在这山野之中，没有丝竹来助兴，人们却有自己的方式来获得乐趣：有的投壶、有的下棋，弈棋输赢、推杯换盏之间，时不时传来一阵快乐的喧哗。众宾中间，有个人脸色苍老、头发花白，醺醺然地坐在那里——这是欧阳修本人喝醉的模样。

在文章最后，欧阳修这样写道：

> 已而夕阳在山，人影散乱，太守归而宾客从也。树林阴翳，鸣声上下，游人去而禽鸟乐也。然而禽鸟知山林之乐，而不知人之乐；人知从太守游而乐，而不知太守之乐其乐也。醉能同其乐，醒能述以文者，太守也。太守谓谁？庐陵欧阳修也。

"鸟兽只知道山林的乐趣，却不知道游人的乐趣；游人知道跟着太守游玩的乐趣，却不知道太守以他们的快乐为快乐。"从中可见欧阳修与民同乐的意趣。

但是，欧阳修并非全然地快乐，醉意只是他掩藏忧虑的伪装：他因仗义执言而被保守党抱团排挤，被诽谤、被诬陷，才不得不离开京城，淹留在滁州——这样的经历，换作任何人，或许都无法释怀，因此，从文章的字里行间，我们能感受到淡淡的感伤。写下《醉翁亭记》的时候，欧阳修才不到四十岁，但他文章里描述的自己，却是一个醉醺醺的老翁的形象。那一句"苍颜白发，颓然乎其间"，比起客观的描述，更像是在嘲笑自己的苍老与落魄。

认得醉翁语，山色有无中 | 苏轼

▶ 出自苏轼《水调歌头·黄州快哉亭赠张偓佺》

离开滁州后，欧阳修又接连在扬州、颍州等地任职。颍州的清幽山水与淳朴民风深深吸引了他，让他萌生了在此终老的想法。

欧阳修在滁州度过了三年时光。三年间，他实行宽简政治，发展生产，百姓在他的管理下，生活得安乐富足。在这期间，欧阳修多年的好友尹洙过世了，他怀着悲痛的心情，为尹洙写下了祭文与墓志铭。

庆历八年（1048），欧阳修四十二岁，迁知扬州。扬州富丽繁华，是江南地区的名城重镇，朝廷有重新起用欧阳修之心，才会派他前往扬州为官。欧阳修到了扬州之后，仍然是一副宽简的政治作风，没有特别突出的政绩，却因修建了一座建筑而被传为一段佳话。这座建筑，名唤"平山堂"。

平山堂位于扬州城的制高点"蜀冈"上，站在堂前，远眺江南群山，只见青山在下，一览无余，"平山"之名因此得来。叶梦得《避暑录话》中说："欧阳文忠公在扬州作平山堂，壮丽为淮南第一，上据蜀冈，下临江南数百里，真、润、金陵三州，隐隐若可见。"可见平山堂地势之高耸、气势之雄伟。

扬州月色自古闻名，有"月亮城"之美称，唐人徐凝的一句"天下三分明月夜，二分无赖是扬州"，更是让扬州成为天下人神

现在还能看到平山堂，就在扬州蜀冈大明寺里，不过清代的时候在战乱中被毁过，现存建筑是清同治年间重修的。

朝中措·送刘仲原甫出守维扬

平山阑槛倚晴空,山色有无中。手种堂前垂柳,别来几度春风?文章太守,挥毫万字,一饮千钟。行乐直须年少,尊前看取衰翁。

汉江临泛
王维

楚塞三湘接,荆门九派通。
江流天地外,山色有无中。
郡邑浮前浦,波澜动远空。
襄阳好风日,留醉与山翁。

水调歌头·黄州快哉亭赠张偓佺
苏轼

落日绣帘卷,亭下水连空。知君为我新作,窗户湿青红。长记平山堂上,欹枕江南烟雨,杳杳没孤鸿。认得醉翁语,山色有无中。 一千顷,都镜净,倒碧峰。忽然浪起,掀舞一叶白头翁。堪笑兰台公子,未解庄生天籁,刚道有雌雄。一点浩然气,千里快哉风。

往的赏月名城。在明月高悬的静夜里,欧阳修经常在平山堂前举行诗文酒会,邀宾客一起,在这地势高雄之处聆风赏月、吟诗作赋。今天的平山堂上,还留有很多匾额、楹联,记载着欧阳修与众宾客在这里集会的风雅往事:"晓起凭栏,六代青山都到眼;晚来对酒,二分明月正当头。"

欧阳修自己也十分喜欢这座平山堂,以至于离开扬州数年后,他仍在赠友的词中提到这座建筑,提到当年在堂前亲手种下的垂柳,追忆在平山堂携众宾彻夜宴乐的往事。词章末尾,他还劝朋友道:"光阴易逝,人生易老,要及时行乐,别等到老得酒杯都拿不动了,才想起来要享受啊!"

平山阑槛倚晴空。山色有无中。手种堂前垂柳,别来几度春风。 文章太守,挥毫万字,一饮千钟。行乐直须年少,尊前看取衰翁。

欧阳修写文章,或清新自然,或犀利老到,章句之间颇见胸中丘壑万千。其词风也受其文章风格的影响,糅合了他从政经历中独特的人生感悟,于是能够跳出传统词的婉约、旖旎,而颇有豪放疏宕的情怀,这首《朝中措·送刘仲原甫出守维扬》,就是欧词中豪迈风格的代表作。这首词中化用了王维《汉江临泛》中的名句:"江流天地外,山色有无中。"借唐人描绘荆楚风光的豪宕之笔,写江南佳丽地的朦胧山色,竟也贴切自然。其实,淮南的山,多以秀美明丽而著称,平山堂前的风光,与浩荡奔流的汉水相比,无疑会显得"内秀"许多。但这一句"山色有无中"的借用,便能让读者联想起王维原作"江流天地外"的雄浑开阔;当这种联想转嫁在词句所描绘的主体——平山堂之上,便于无形中增加了平山堂四周景观的气势，让平山堂在读者的脑海中，更加高大、巍峨、气势磅礴。

有趣的是，在欧阳修写下这阕《朝中措》之后的几十年后，他的得意门生、北宋另一大文豪苏轼也回忆起昔年在平山堂的见闻，在词中写道："长记平山堂上，欹枕江南烟雨，杳杳没孤鸿。认得醉翁语，'山色有无中'。"词中的"醉翁"，自然是指对他如师如友的前辈欧阳修，其意为：记得以前在平山堂上，斜倚着江南烟雨，看着远方孤雁遥遥地飞过，最后消失在雨雾朦胧中。直到此刻，**我才明白了欧阳先生"山色有无中"词中的韵味。**

后来苏轼为了纪念老师欧阳修，在平山堂北面又建了一座谷林堂。

有时候，文人之间的唱和并不拘泥于同一时代，一句"山色有无中"，见证了唐宋三位著名文人之间的传承，透过这寥寥五个字，我们仿佛看到了他们的"跨时空对话"。

但对于欧阳修来说，扬州并非完美的任所。扬州城作为江南重镇，经济价值、文化价值重大。欧阳修作为地方长官，每天有很多事务要处理，还得和官场上的各色人物交往、应酬，这让习惯了放旷生活的他很不适应。于是，在扬州待了不到一年，欧阳修便向上申请，希望能调到环境更为清幽的颍州任太守，很快便得到了批准。

颍州位于今天的安徽省阜阳市，山清水秀，民风淳朴，境内有一处知名胜景，为颍州西湖，在宋代时与杭州西湖齐名，时人并称为"杭颍"。欧阳修来到颍州之后，对这里的气候、山水、民风十分喜爱，甚至生出了想要终老于此的念头。他曾写诗赞叹颍州西湖的美景道："菡萏香清画舸浮，使君宁复忆扬州。都将二十四桥月，换

西湖戏作示同游者

菡萏香清画舸浮，
使君宁复忆扬州。
都将二十四桥月，
换得西湖十顷秋。

颍州西湖

现在的颍州西湖为安徽阜阳的AAAA级景区，可以参观游览，但古代建筑、文人题字等古迹，已在战乱中被毁，现在所能看到的景观为近年重建景观。

得西湖十顷秋。"[10] 其实，扬州的瘦西湖天下闻名，"二十四桥明月夜"无人不知、无人不晓，其名声比颍州西湖更胜一筹，为什么欧阳修更加钟情颍州西湖，而对扬州却不甚留恋呢？无非是因为扬州繁华而颍州清幽，让喜静的欧阳修更加自在罢了。

颍州的清静时光很快就过去了。又过了一年，朝廷又派欧阳修前往应天府（今河南商丘）任官。应天府是北宋"四京"之一，时人称之为"南京"，欧阳修出任地方长官，实际上是迎来了进一步的升迁。欧阳修在任上兢兢业业，被百姓称为"照天蜡烛"，意在赞美他的公正廉明如同照亮天空的烛光。但不久后，欧阳修的母亲郑氏就病逝了，欧阳修从小在母亲的教导下学习诗文，与母亲的感情之深，非同一般。悲恸之下，欧阳修回乡安葬了母亲，随后来到颍州，为母亲守丧。年光流转，日月飞逝，他在颍州这一守，便守到了四十八岁。

千年第一龙虎榜

回京后，欧阳修的才干得到皇帝的进一步认可，由此一步步成为朝廷的重要

---

10 宋代欧阳修《西湖戏作示同游者》。

角色。嘉祐二年（1057）的礼部贡举，让欧阳修得以借主考之机，扫除"太学体"的不正之风，更为国家网罗了一批优秀的青年才俊，缔造了"千年第一龙虎榜"的佳话。

至和元年（1054），欧阳修丁忧期满，被召回汴京，官复旧职。昔年他离开京师、出任河北都转运按察使时，尚且不到四十岁，如今再回来，已经年近半百、两鬓斑白了。

在京城的皇宫中，欧阳修觐见了宋仁宗。仁宗见他满面沧桑的样子，也很是感慨。其实，皇帝这次召欧阳修入京，已有重用他的意思，尽管朝中仍然有小人看欧阳修不顺眼，想通过低劣手段再次把他驱赶出京，但在一些正直大臣的劝说下，仁宗最终坚定了任用欧阳修的想法，欧阳修得以留在京城，参与《唐书》（即《新唐书》）的编撰。就此，欧阳修的职业生涯踏上了一个新的台阶。

编撰前朝史书，是个重任！

哇～

回京之后，欧阳修迎来了一系列的升迁，他在朝中的地位也愈加稳固，甚至有青云直上之势。权力愈大，意味着责任愈重，这让他更加认真地用手中的纸笔，行使上谏、规劝的职责，丝毫不敢懈怠。

身为朝廷官员，欧阳修深知青年人才对国家发展的重要性，因此每当遇到有才华的后辈，他都会尽力提携。仁宗嘉祐二年（1057），欧阳修被派遣担任礼部贡举的主考官，主持这年春天的省试。受命之际，仁宗亲自写下"文儒"两个字赐给他，表示对本次考试的重视，并希望欧阳修作为当世文章大儒，能够慧眼识珠，为朝廷选出有真才实学的人才。

当时，在文坛上盛行着一种文风，叫作"太学体"。这种文风兴起于曾任太学讲官的石介，他反对"西昆体"

石介

北宋学者、思想家、理学先驱，"泰山学派"创始人。

贴士

TIPS

的浮华奢靡，将其批判为"淫巧侈词"，认为做文章应该质朴一些才好——他的思想在太学生中广为流传，由此形成了"太学体"。其实，反对文字的过度雕琢，本是一个很好的初衷，但"太学体"的问题在于，它矫枉过正了。为了避开华丽的辞藻，太学生们纷纷选择使用生僻、拗口的字词；为了避免语句过于谐美，太学生们故意把文章写得险怪古奥、晦涩难懂，久而久之，大家不再重视文章内容，而是争相攀比谁的用语更加新奇——这无疑是从一个极端走向了另一个极端。

"太学体"在文坛上掀起了一阵不正之风，甚至引起太学之外的人纷纷效仿。身为古文的推崇者、"诗文革新运动"的领袖，欧阳修意识到，这种畸形的文体，与当初他们极力整治的"西昆体"一样，如果放任其流行，会使文坛风气败坏，引得后患无穷。于是，在这次考试中，他将用"太学体"写作的答卷纷纷黜落，而将文字晓畅、说理清晰、言之有物的答卷排在前列。

这一批次中，被录取的考生有苏轼、苏辙、曾巩、程颢、张载五人，在日后的几十年间，他们在北宋的政坛、文坛上成就卓著，如颗颗明珠般大放异彩。苏轼、苏辙、曾巩延续了欧阳修的文学主张，在欧阳修之后接过了诗文革新运动的大旗，与韩愈、柳宗元、王安石、欧阳修、苏洵一起，被后世尊为"唐宋八大家"；程颢和张载成为著名的思想家，对宋代哲学的奠基与发展起到了至关重要的作用。你可能记不得他们所主张的学说，但一定不会忘记历史课上讲过的"程朱理学"与"二程"，更不会忘记张载提出的"横渠四句"："为天地立心，为生民立命，为往圣继绝学，为万世开太平。"

这批考生真是人才济济，都是留名青史的人物！

呵呵！

包括上述五人在内，这一年，同榜及第的进士共有 388 人，他们中的多数人，在之后的二三十年里，都成了国家的栋梁之材。一方面，欧阳修本人，借这次知贡举的机会，矫正了"太学体"的流毒，巩固了古文复兴的成果。另一方面，因为任务完成得漂亮，仁宗皇帝再次看到了欧阳修的才干，便决定进一步对他委以重用。于是，各种功名利禄向欧阳修源源不断地涌来。

富贵浮云，俯仰流年二十春

▶ 出自欧阳修《采桑子·平生为爱西湖好》

　　虽然迎来了官位的节节攀升，但日益繁杂的工作内容、京城官场的纷乱喧嚣，让欧阳修感到身心俱疲。他多次上疏，以身体不好、能力平庸为由，乞求外放，却始终没有得到批准。

　　太多的荣宠，往往意味着过多的重担。随着官越做越大，要管理的事务越来越多，皇帝对他的期望值越来越高，欧阳修逐渐觉得力不能支了。此时的他已经五十多岁了，早几年患上的眼疾加剧，导致他连书上的字都看不清楚，看什么都像隔着一层云雾一般；眼疾还没能治愈，他就又患上了风眩病，时而感到眩晕。再加上他的故交好友多分散在外地，只有他一人独守京城，这让他感到十分寂寞。红尘扰扰的官场与渴望清静的心性之间逐渐产生了无法弥合的矛盾，随着工作压力的增加，欧阳修迫切地希望能离开京城，到一处山清水秀的地方做个闲散的地方官，让自己好好休息一下。他数次上疏申请外放，想让仁宗皇帝同意自己去外地就职，但以欧阳修的学识、人品、名望，朝中无人可替代，皇帝岂会这么轻易放他离开？

　　一方感到病痛疲倦，想要外放休养；一方想要重用人才，不肯放人——于是，一番拉锯战开始了：

　　嘉祐二年（1057），礼部试后，欧阳修以右谏议大夫之职，兼判尚书礼部侍郎、秘阁秘书省，后权判史馆、三班院。简单来说，就是身兼数职，负责多个朝廷中枢机构内涉及国家政令撰述、官吏任用举荐的工作，这让欧阳修感到分身乏术。因此在这一年，他上疏一封《乞洪州札子》，请求皇帝准许他去洪州任官。其中写道："我如今视力昏暗看不清东西，腿脚不好，走路都困难，右臂也时不时感到疼痛，一举一动都很费力。现在请求外放洪州，希望皇帝能够准许。虽然承蒙圣恩，很受优待，翰林院里又没有繁多的事务，但京城实在不是个能养病躺平的

> 当初你赶我走，现在又不让我离开，皇上的心思真难猜。

无语

地方。"[11]但他的请求并没有被准许。

嘉祐三年（1058），朝廷想让欧阳修兼任集贤殿侍读学士，欧阳修以所居官职太多，恐怕不能胜任为由，坚持拒绝。他在《辞侍读学士札子》中列举自己的职务道："微臣以愚蠢乖谬之身，愧在翰林院中供职，又充史职、太常礼仪、秘阁、秘书省、尚书礼部、刊修《唐书》……"所居职位之多、工作压力之大，可见一斑。同年，欧阳修又被授予龙图阁学士一职，知开封府。

嘉祐四年（1059），欧阳修再次上疏，希望能免去开封知府一职，出知洪州，没能得到批准。但因为他身体实在年迈衰弱，朝廷退计一步，将其改官为给事中，但仍然不能离开京城开封。欧阳修见愿望落空，便又连上两封奏疏，希望皇帝能改变心意，但没有任何作用。同年，他因彰著的文名，被任命为御试进士详定官，又加护军，赐勋位，这意味着进一步的加官晋爵；而也是同年，欧阳修又起了一个念头，想要出知南昌，以求闲居……

就这样，在一推一拉、一进一退之间，又是很多年过去了。从四品到三品，从三品到二品，欧阳修的位分越来越高，到了嘉祐六年（1061），欧阳修已经官

11　宋代欧阳修《乞洪州札子》："眼目昏暗，脚膝行步颇艰，右臂疼痛，举动费力。虽翰苑事无繁剧，圣恩曲赐优容，然非养病尸居之地。"

拜户部侍郎、参知政事（正是当年范仲淹任过的官职），进封开国公，真正是位高权重、荣宠备至。以士人的角度而言，欧阳修以清贫门第的出身，凭借真才实学一步一步走到高位，足以堪称"人生赢家"；然而从个人的角度来讲，这样高官厚禄、车尘马足的生活却不是欧阳修真正想要的。

一方面，他年事已高，身体愈发衰弱，拖着病体处理各项政务，对他而言是一种负担。在写给皇帝的奏疏里、写给朋友的书信中，他曾无数次描述自己的病况，可见的确是疾病缠身，急需调养。另一方面，官场充斥着尔虞我诈，欧阳修一介心性耿直的放旷人士，一个处世清醒而乐在山水的"醉翁"，久处其中，不免感到心力交瘁。据记载，欧阳修与宋祁合著《唐书》，按照先前的制度，书成之后，应署官职最高者，也就是欧阳修的名字。但欧阳修认为，宋祁为这部书的编撰付出了大量的心血，自己不能夺他的功劳，于是书成之后，二人名字皆在编撰者之列。宰相宋庠听说了这件事，感叹道："自古文人好相凌掩，此事前所未有也！"——可见，欧阳修这样的人，在官场中确实是一股清流，但在周围的浊水看来，这股清流反倒是可憎可恶的。

在京城的煎熬生活，前后持续了十年。在这期间，仁宗去世了，英宗即位，欧阳修随后被卷入"濮议"之争，因政见不同，惹怒了侍御史吕诲等人，招致来自吕诲的数度弹劾。欧阳修愈加厌倦官场，自请外放，当然又是不准。没过两年，英宗去世了，神宗即位，**受濮议之争的余波影响，欧阳修陷入了更加荒唐的丑闻中：**他被诬陷与儿媳私通。虽然经过神宗的调查，这桩传闻很快得以澄清，但欧阳修从此更加无心京城官场，坚决请求外调。终于，在历经两朝的漫长等待后，这个申请终于被新即位的神宗批准了。

> 造谣打舆论战那么早就有了啊！

治平四年（1067），欧阳修六十一岁。这一年，他终于辞去参知政事的职务，出知亳州，告别了京城的纷纷扰扰。回望在京城的这些年，花团锦簇之下，是数之不尽的苦恨与无奈。好在，从这一刻开始，他离开了京城这个华丽却冰冷的牢笼，向他所挂念的山水自然而去了。

犹似当年醉里声

▶ 出自欧阳修《采桑子·十年前是尊前客》

　　致仕后，欧阳修在颍州度过了晚年时光。在颍州西湖的水色山光之间，他用词笔写下了对自然的喜爱、对人生的思考。

　　欧阳修仕途的最后阶段，是在亳州、青州、蔡州（今河南汝南）任上度过的。其间，他数次抽空到颍州去，挑选土地、营造房屋，为退休之后的生活做准备。就在他一心准备致仕休养的时候，朝中突然又有传闻，说皇帝想任命欧阳修为宰相。欧阳修听闻，"六上章，坚辞不拜"，这让天下人再次赞叹欧阳公的不慕名利、高风亮节。

　　宋神宗熙宁四年（1071），六十五岁的欧阳修上疏请求致仕，终于获得批准，以观文殿学士、太子少师身份，正式退出政治舞台。从二十四岁步入官场，到六十五岁致仕退休，这危机四伏的官场之路，欧阳修走了四十多年。

　　流逝的光阴，将曾经斗志昂扬的青年变成了衰朽的老者，也一个个地带走了他身边重要的人。抚养他长大的母亲，与他琴瑟和鸣、相敬如宾的妻子，对他有知遇之恩的岳父，尹洙、苏舜钦、梅尧臣等一众至交好友……"四海文章伯，三朝社稷臣。"四十年中，他得到了令人艳羡的富贵荣华，也获得了世人景仰的赫赫声名，但在那些虚假的光环之下，他只能以年迈虚弱的身躯，孤独地坐视亲人、爱人、友人们离他远去。

　　所幸，颍州的山光水色，给予了这位疲惫的老人无尽的慰藉。欧阳修尤其喜欢泛舟在颍州西湖[12]之上，看两岸垂柳抚弄着湖面，看行云在湖中投下粼粼的倒影，看风里的飞絮落花飘过湖光与山色、飘过画舫与楼阁，消失在一片斜阳落照中。他往返过颍州那么多次，见过颍州西湖的春夏秋冬，它的每一个面貌、每一种风情，都让他心悦不已。于是，他将自己游览颍州西湖的经历写进了词中，用那些精巧、雅致的词句，记录下湖山的千面之美，也记录下自己的人生慨怀——这便是欧阳修《采桑子》十首的由来。

12　下文提及的"西湖"，均指颍州西湖。

采桑子十首·其三

　　画船载酒西湖好，急管繁弦。玉盏催传，稳泛平波任醉眠。　　行云却在行舟下，空水澄鲜。俯仰留连，疑是湖中别有天。

　　欧阳修以文章闻名天下，到了晚年，一组《采桑子》横空出世，将其多情与风流体现得淋漓尽致。这首词描述的是在颍州西湖中乘坐画船，饮酒游湖的乐趣：西湖美景本已令人赏心悦目，耳畔传来的阵阵丝竹乐音，更是令游人们兴致高涨。于是，在湖光山色的怀抱里、繁弦急管的乐声中，大家觥筹交错、开怀畅饮，不惜睡倒在船上，一醉方休。在醉后的欧阳修眼里，颍州西湖别有一番情趣：他坐在船边望向水里，只见白云朵朵，映在湖中，画舫驶过，竟如驶在白云之上。天空与湖水一片澄澈鲜明，这让年迈的醉翁止不住地上看下看：这清澈的湖水之下，怕不是藏着另一个天空哪！这首词语言清新活泼，想象新奇有趣，展现了欧阳修作为词人，善于写景抒情、富有想象力的一面。

作品

WORKS

其一

　　轻舟短棹西湖好，绿水逶迤。芳草长堤，隐隐笙歌处处随。　　无风水面琉璃滑，不觉船移。微动涟漪，惊起沙禽掠岸飞。

其二

　　春深雨过西湖好，百卉争妍。蝶乱蜂喧，晴日催花暖欲然。　　兰桡画舸悠悠去，疑是神仙。返照波间。水阔风高扬管弦。

其三

　　画船载酒西湖好，急管繁弦。玉盏催传，稳泛平波任醉眠。　　行云却在行舟下，空水澄鲜。俯仰留连，疑是湖中别有天。

其四

群芳过后西湖好，狼籍残红。飞絮濛濛。垂柳阑干尽日风。　　笙歌散尽游人去，始觉春空。垂下帘栊。双燕归来细雨中。

其五

何人解赏西湖好，佳景无时。飞盖相追。贪向花间醉玉卮。　　谁知闲凭阑干处，芳草斜晖。水远烟微。一点沧洲白鹭飞。

其六

清明上巳西湖好，满目繁华。争道谁家，绿柳朱轮走钿车。　　游人日暮相将去，醒醉喧哗。路转堤斜，直到城头总是花。

其七

荷花开后西湖好，载酒来时。不用旌旗，前后红幢绿盖随。　　画船撑入花深处，香泛金卮。烟雨微微，一片笙歌醉里归。

其八

天容水色西湖好，云物俱鲜。鸥鹭闲眠，应惯寻常听管弦。　　风清月白偏宜夜，一片琼田。谁羡骖鸾，人在舟中便是仙。

采桑子十首·其八

天容水色西湖好，云物俱鲜。鸥鹭闲眠，应惯寻常听管弦。　　风清月白偏宜夜，一片琼田。谁羡骖鸾，人在舟中便是仙。

　　这是欧阳修《采桑子》十首中的另外一首，描述的是与之前几首截然不同的景色。这是西湖的夜晚，风清月白，欧阳修泛舟在万顷波光之上，只见月光洒落在湖面，映得湖水剔透如玉，如同神话传说里的琼田。湖上栖息着一群群鸥鹭，它们悠闲地睡着，管弦声也不能惊扰它们。古人常说"鸥鹭忘机"，就是说人的心性淡泊，便能与鸥鸟、鹭鸟亲近，在白沙云天之间共同徜徉。欧阳修在词中提到鸥鹭，便是借"鸥鹭忘机"的典故，抒写自己坦荡的胸怀。这首词以"谁羡骖鸾，人在舟中便是仙"收尾，表达了作者圆融自在的心境：有这西湖相伴，谁还羡慕乘鸾飞天的仙人？此刻我人在舟中，不是仙人，更胜仙人！至此，我们可以放心地看到，颍州的山水，真的把欧阳修疗愈得很好，若非如此，他怎会发出这样舒心的慨叹？

采桑子十首·其十

平生为爱西湖好，来拥朱轮。富贵浮云，俯仰流年二十春。　　归来恰似辽东鹤，城郭人民。触目皆新，谁识当年旧主人？

　　这是《采桑子》十首中，最富岁月之感的一首。若说前九首重在写景，那么这一首的主要目的，就是抒情。这种情，不是风月浓情，不是儿女私情，甚至不单单是对西湖的喜爱之情——而是欧阳修作为一位迟暮老者，回顾自己曲折的一生时，产生的无限沧桑、感慨之情。二十年前，他久慕颍州西湖的美名，自请调任颍州，就此与这片土地结下深深的因缘。二十年过去，他从颍州太守一步步走到了朝廷二品大员，回首看看这一路的是非、荣辱、得失、功过，却只觉得一切都像梦一样虚幻，像浮云一样飘忽。

对于欧阳修来说，二十年过得是这么快，就好像在俯仰之间的工夫，年光就飞逝而去了。但对于脚下的这片土地来说，二十年是相当漫长的一段岁月。二十年，足以让颍州的面貌焕然一新，旧的建筑倒塌了，新的建筑盖起来了；新的一代人出生了、老的一辈人去世了，城镇已经不是当年的城镇，而生活在城中的人民，也不是当初的人民了，这让欧阳修茫茫然地生出一种陌生感。城郭人民变化如此，谁又会记得他这个二十年前的老太守呢？他想起那个广为人知的传说：有个叫作丁令威的人离家学仙，学成以后化作仙鹤飞回故土，却见千年已过，物是人非，故人死尽，城外坟冢累累，便盘旋高歌而去。两方境遇相较，何其相似！

十首之外，欧阳修另作三首《采桑子》。这三首不再聚焦于颍州风物之美，而是"均述身世之慨，是一组凄壮激越的慷慨悲歌"。[13] 其中一首写道：

> 十年前是尊前客，月白风清。忧患凋零，老去光阴速可惊。　　鬓华虽改心无改，试把金觥。旧曲重听，犹似当年醉里声。

虽然已经得偿所愿、归隐颍州，但是身体上的衰朽、同辈好友的逝去，是欧阳修无法释怀的心结。因此他会屡屡回忆起很多年前，当自己还身处壮年，知交如云，大家一起在樽前饮酒作乐的时候。他还记得朋友们的样貌，记得他们的声音和个性：富弼酒量极好，连续喝上一百杯

其九

残霞夕照西湖好，花坞苹汀，十顷波平，野岸无人舟自横。　　西南月上浮云散，轩槛凉生。莲芰香清。水面风来酒面醒。

其十

平生为爱西湖好，来拥朱轮。富贵浮云，俯仰流年二十春。　　归来恰似辽东鹤，城郭人民。触目皆新，谁识当年旧主人？

采桑子

十年前是尊前客，月白风清。忧患凋零。老去光阴速可惊。　　鬓华虽改心无改，试把金觥。旧曲重听。犹似当年醉里声。

13 《宋词鉴赏辞典》。

酒也不会脸红；尹洙性格坦荡磊落，喜欢谈论远古的传说和历史；张先头顶有点秃，在玩乐的时候经常摘下帽子；梅尧臣擅长吟诗，大家都戏称他为阆苑的神仙……可时间过得这么快，快得让人诧异：几乎只是一眨眼的工夫，他们就老了，有一些人，今生都再也见不到了。

欧阳修一生成就令其他人难以望其项背，但暮年回首，仍会怀念已经远去的时光。

思考

但欧阳修不愿就此消沉，于是到了词的下片，他来了个情绪上的转折，由忧患之音转为洒脱之音，豪迈地歌唱道："虽然我的两鬓已经花白了，但我的心没有变，仍是那个纵酒高歌的欧阳修！"酒酣之际，他重听旧曲，恍惚间又回到了当年——当朋友们还在，大家共饮美酒、共论文章的时候。

在为词一道，人们常将晏殊、欧阳修并称为"晏欧"，意指他们两人的词风有相近之处，都承袭了南唐余风，在词的体制和题材方面与花间词接近。不过，人的一生是处于不断变化之中的，随着年龄的增长，际遇、心境都会有所不同，在不同心境下产生的文学作品，其风格、内容自然也会有差异。晏殊一生平顺，他的词总是带着平静的清贵之气；而欧阳修宦海沉浮四十年，惯看人情冷暖、世事起落。他将胸中块垒吟入词中，"鬓华虽改心无改""犹似当年醉里声"等句，颇具豪迈气概，隐然有以后世苏辛为代表的"豪放派"之风。

熙宁五年（1072），夏秋之际，退居颍州刚满一年的欧阳修疾病加剧，他预感到自己时日无多，便嘱托韩琦为他作墓志铭。之后，他又写下绝句一首，诗中道："冷雨涨焦陂，人去陂寂寞。惟有霜前花，鲜鲜对高阁。"这是一代文坛泰斗欧阳修的绝笔诗。没过几日，他便在颍州私宅中安然离世，享年六十六岁。

贴士 TIPS

花间词

一种活跃在晚唐和五代的词派，因五代后蜀的赵崇祚所编《花间集》而得名。代表词人有温庭筠、韦庄等。

欧阳修去世后，又多次被朝廷加赠官爵，并获谥号"文忠"，由此，世人尊称其为"欧阳文忠公"，韩琦、王安石、曾巩、苏轼、苏辙等人纷纷撰写祭文，表达对他的崇敬与怀念。在《祭欧阳文忠公文》中，王安石写道："自公仕宦四十年，上下往复，感世路之崎岖；虽屯邅困踬，窜斥流离，而终不可掩者，以其公议之是非。既压复起，遂显于世；果敢之气，刚正之节，至晚而不衰。……功名成就，不居而去，其出处进退，又庶乎英魄灵气，不随异物腐散，而长在乎箕山之侧与颍水之湄。"这是对欧阳修的一生最好的注脚。

欧阳文忠公的一生，足以让人艳羡，他值得！

如今，在安徽省滁州市的琅琊山麓，醉翁亭依然矗立在那里。千载已过，它经历了数度坍圮、重修，却始终不曾湮没在岁月长河中。它更像是一个文化符号，用一种无言的方式，记叙着一位杰出的宋代士人刚正不阿的气节、纵情山水的放旷。偶尔会有游客在此停留，遥想着一千年前，一位白发的太守曾经坐在这里，用他那光耀千古的辞笔，写下一篇不朽的文章。

二十多岁时，年轻的欧阳修在洛阳度过了人生中最快乐的一段时光。自洛阳离开后一年，回忆起这段经历，他给好友梅尧臣寄去了一首诗，诗中记录了几位朋友的醉态，读来令人捧腹：

幕府足文士，相公方好贤。希深好风骨，迥出风尘间。

师鲁心磊落，高谈羲与轩。子渐口若讷，诵书坐千言。

彦国善饮酒，百盏颜未丹。几道事闲远，风流如谢安。

……

洛阳一别之后，这些人不再有齐聚在一起的机会，因此晚年的欧阳修，只能对着昔年的诗句回忆朋友们的风姿与容颜。正是因为这些诗句的流传，我们看到了历史人物鲜活的一面：威严的钱惟演也有亲切慈爱的时候；尹洙喜欢高声谈论伏羲和轩辕的故事；富弼喝酒从不上脸，喝上一百杯也不会脸红；张先头发稀疏，梅尧臣被戏称为"阆院仙人"。有些人，我们之前未曾听说过，但借由欧阳修的诗笔，他们也变得十分亲切。于是我们认识了风骨脱俗的谢绛、举手投足有六朝韵味的王几道，认识了经常骑着瘸腿老马的杨子聪，还有笔风霸气的孙长卿……

诗歌可以容纳成千上万种题材和内容，群像诗，是其中最鲜活、最富有生命力的一种。杜甫的《饮中八仙歌》，曾记录下长安酒徒潇洒风流的狂态，也定格了那个繁花灿烂的盛唐；欧阳修的这首《书怀感事寄梅圣俞》，亦是一幅精彩生动的群像图，它就像一颗晶莹的琥珀，凝固了北宋和平富庶的时光，留住了这群尚未品尝世间冷暖的年轻人最意气风发的样子。

——也是数十年后，老迈的欧阳修只身泛舟湖上时，最怀念的样子。

红尘中的东坡仙

Song Ci Shan He

苏轼

苏轼（1036—1101），字子瞻，号东坡居士，世称苏东坡、苏仙、坡仙，北宋官员、文学家、书法家，北宋中期文坛领袖，"唐宋八大家"之一。苏轼年少成名，二十二岁便进士及第，后于杭州、密州、徐州等地任官。随着新旧党争日益严峻，反对新法的苏轼受到波及，于"乌台诗案"后被贬至黄州。高太后执政期间，苏轼的政治处境有所好转，但随着高太后去世、宋哲宗亲政，旧党遭受巨大打击，苏轼也被贬至惠州、儋州，于北还途中病逝于常州，结束了曲折却灿烂的一生。

苏轼性情豁达，这样的性格特质在其诗词创作中屡有体现。他的诗题材广阔、清新豪健又富含哲理，风格独树一帜，与黄庭坚并称"苏黄"；他的词，词风豪迈磊落，自成一家，开豪放一派，与南宋辛弃疾并称"苏辛"。他所倡导的"以诗为词"的手法，推动了词体的变革，使词由"小道""诗余"上升为一种与诗具有同等内涵、价值的文体。苏轼亦长于文章，于文章一道，与欧阳修并称"欧苏"。近代学者蔡嵩云在《柯亭词论》中评价苏轼："东坡词，胸有万卷，笔无点尘。其阔大处，不在能作豪放语，而在其襟怀有涵盖一切气象。……东坡小令，清丽纡徐，雅人深致，另辟一境。设非胸襟高旷，焉能有此吐属。"

玉莲瓣形冠

1 苏轼出生于1036年12月19日，公历为1037年1月8日。

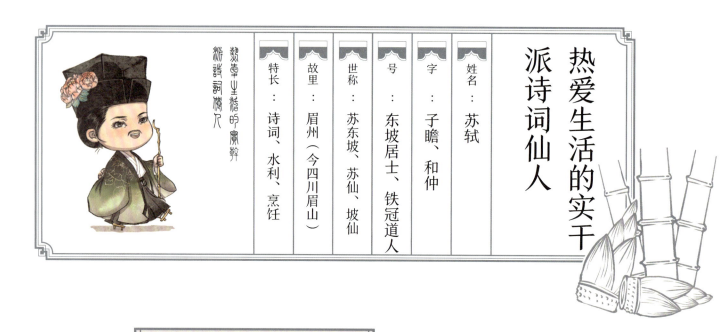

热爱生活的实干派诗词仙人

姓名	：苏轼
字	：子瞻、和仲
号	：东坡居士、铁冠道人
世称	：苏东坡、苏仙、坡仙
故里	：眉州（今四川眉山）
特长	：诗词、水利、烹饪

热爱生活的实干派诗词模尺

坐看花光照水光

▶ 出自苏轼《新葺小园二首（其一）》

　　苏轼的人生，拥有一个不平凡的开端。出生于书香门第的他，从小就和弟弟苏辙一起，接受父母的用心教育；二十二岁时，他随父亲苏洵出蜀，一举中第，得到文章巨擘欧阳修的嘉许；三十岁时，他又得到了英宗皇帝的垂青。

　　苏东坡是谁？

　　这可太好回答了。"大江东去""明月几时有"的吟咏者、《赤壁赋》的作者、宋代第一流的大文豪苏东坡，何人不知，何人不晓。

　　可这个问题同时又很难回答。因为你一旦开始深入了解苏东坡，就会发现他的人生实在太过丰富，这让他成了一个很难被界定的人。

　　关于苏东坡的精彩文字实在太多太多，我不敢指望这一篇文章可以道尽他的一生，只希望通过这些大致的叙述，能向读者们展示他精彩人生的一个缩影。

　　宋仁宗景祐三年（1036），苏轼诞生在眉州的一个士人家庭中。他的父亲苏洵，年轻时不喜诗书，四处任侠漫游，直到二十七岁时才开始发奋读书，立誓要考中进士。苏轼出生时，苏洵正处于闭门苦读的人生阶段。与"晚熟"的父亲相比，苏轼的母亲程氏就要靠谱得多：程氏是眉山大理寺丞的女儿，性情温和，知书达理。每当苏洵出门游学，程氏便肩负起教育孩子的职责，教导苏轼与弟弟苏辙读书。

在浓厚的家学氛围影响下，苏轼小小年纪便熟读史书，对于古今成败之事，他都能说出个大概来，并发表自己的一番见解。有一次，程氏教苏轼读东汉名士范滂的事迹时，叹息不已。苏轼那时才十岁，他问母亲道："我要是做范滂，母亲您会允许吗？"程氏回答道："你如果能做范滂，我难道不能做范滂的母亲吗？"这是在鼓励苏轼像范滂一样，当一个心怀社稷，能舍生取义的人。母亲的这番话，对苏轼产生了深远的影响，正直、勇毅的种子，在那时便已生根发芽。

又是十年倏忽即逝，苏轼一直在蜀中过着读书、游历的生活，一直到二十一岁那年。仁宗嘉祐元年（1056），苏轼与十九岁的弟弟苏辙一起，在父亲苏洵的带领下，离开蜀地，前往北宋京城——汴京，并于次年参加了科举考试。他们是幸运的，因为这一年的主考官，是北宋诗文革新运动的领袖——欧阳修。他们参加的这一次会试，产生了赫赫有名的"千年第一龙虎榜"。欧阳修不喜浮华文风，比起华美的辞藻，更看重作者的观点，因此他更青睐条理清晰、言之有物的答卷，而分析品评、论道说理，正是苏轼所擅长的。自然，苏轼顺利地考中了进士，弟弟苏辙也位列榜上。苏家两兄弟同时进士及第，父亲苏洵的文章也广受京中文人赞誉，"眉山三苏"的名号很快便响彻了京城。苏轼的文才，也由此被欧阳修、韩琦、富弼等一众京中"大咖"知晓。欧阳修更是评价苏轼："此人可谓善读书，善用书，他日文章必独步天下！"[2]

欧阳修真是有识人之才，这一榜出了好多留名青史的人物。

哇~

范滂

范滂以清正刚直闻名，因此获得了很多追随者，却被皇帝认为结党营私。为了不连累别人，范滂拜别母亲后从容赴死，年仅三十三岁。

千年第一龙虎榜

这一榜包括"唐宋八大家"之三——苏轼、苏辙、曾巩，程朱理学中的"二程"——程颢、程颐，理学中"关学"创始人——张载，王安石改革骨干——吕惠卿，与"眉山三苏"一争高下的"蓝田四吕"等。本书欧阳修篇中亦提及此次千年盛事。

2　宋代杨万里《诚斋诗话》。

　　正当"三苏"沐浴在名动京城的荣光之中时，却传来程氏在眉山家中去世的噩耗。突闻此事，父子三人心中皆是悲痛不已，连忙赶回家乡，为程氏操办后事。之后，苏轼在家乡度过了三年的守丧期。

　　母亲虽然去世了，但她的谆谆教诲一直留在苏轼的心里。在未来数十年的光阴里，他一直记得十岁时与母亲的那番对话，记得母亲对他的勉励：放心去做范滂吧，就算当一个正直的人会招致奸佞陷害，母亲也会永远支持你。

　　丁忧期过后，苏轼被授予河南府福昌县主簿一职。一年后，他受到欧阳修的举荐，参加制科考试，得第三等——自宋初以来，制策能入三等的，加上苏轼也只有两个人而已。之后，苏轼被授予大理评事、凤翔府签判之职，前往凤翔（今陕西宝鸡）就任。他在凤翔度过了三年的时光，其间，他游赏山水、吟诗赋文，日子过得很是逍遥。他还在凤翔修葺了一座小园，并写诗怡然自乐道："身闲酒美谁来劝，坐看花光照水光。"[3]

　　北宋治平二年（1065），苏轼在凤翔的任期已满，得以返回京城，判登闻鼓院。此时，仁宗已经去世，

制策三等可是比状元还金贵的，整个宋朝一共也就四个人，在苏轼前面那个人得的是"三次等"，苏轼是"三等"。

哈哈

3　宋代苏轼《新葺小园二首（其一）》。

时间来到英宗朝，当英宗皇帝还是藩王时，便听说过苏轼的才名，他即位后，便想仿照唐玄宗召李白待诏翰林院的往事，将苏轼也召入学士院。虽然在宰相韩琦的劝说下，英宗将苏轼的提拔放缓了一些，但他对苏轼才华的欣赏是毫不掺假的。

在这时的苏轼眼中，朝堂，是个威严却光明的地方。初入仕途的他，遇到的是爱惜人才的欧阳修，是对他青眼有加的宋英宗。欧阳修的推赏加上宋英宗的提拔，让他在文坛、在朝廷都是声名大噪。三十岁的苏轼，几乎没有做不成的事情：他来京城参加科举，初试身手便高中进士，甚至让"四海文章伯"欧阳修也感叹其才华；他参加制科考试，一出手便是"百年第一"的好成绩；他去凤翔当小吏，长官和同僚都拿他当个普通文人，他却用自己的能力让他们刮目相看；从凤翔回来后，他更是直接受到了顶头上司皇帝的垂青……他像一艘张满帆的船，志得意满地行驶在大宋帝国这条奔涌的巨大河流中。

可是，无情的噩耗很快接踵而至。苏轼返回汴京的这一年，他的妻子王弗去世了。王弗于苏轼十九岁时便与他成亲，婚后二人十分恩爱，她的骤然离世，给了苏轼很大的打击。之后不到一年，他的父亲苏洵也在京师病逝。悲痛之下，苏轼、苏辙两兄弟扶柩回到蜀中，遵从父亲遗愿将他与母亲合葬后，便又开始了长达三年的守孝期。

三年不长，但已足够发生一些事。当苏轼与苏辙在眉山过着守孝的平静生活时，在遥远的汴京城，英宗去世，神宗即位，"熙宁变法"的风波开始酝酿。苏轼没有料到，当守孝期结束返回朝中时，他即将面对的是一个与先前截然不同的朝堂。

祖宗不足法 苏轼

▶ 出自《宋史·王安石传》

随着"熙宁变法"的展开，朝中风波顿起。苏轼与欧阳修、富弼等前辈一起，站在了新法的对立面，这让他成了新党的眼中钉。

熙宁元年（1068），苏轼三十三岁。守孝期刚刚结束，他从眉山返回汴京。

此时，距离神宗即位已有一段时日，这位年轻的皇帝，已经敏锐地觉察到了北宋朝堂内外存在的种种危机。自北宋初年便存在的"三冗"问题迟迟得不到解决，使得国家积贫积弱的形势愈发严峻。仁宗朝时，范仲淹曾推行新政，却未能取得成功，存在于王朝内部的种种问题至今仍然存在，并且有愈演愈烈的趋势。

像宋仁宗一样，神宗皇帝也认为变法是解决问题的最优路径。他素来仰慕王安石的声名，便召他面圣，问之以改革方略，王安石一一作答。听罢王安石的看法，神宗十分激动，他预感到，王安石就是能助他治理国家、成就一番丰功伟绩的人。王安石见神宗对他礼遇至此，也很是感动，他下定决心，要辅佐新帝实现变革，让疲弊丛生的大宋在他们手中焕发新生。就这样，对时局的共同看法、对变革的共同期望让君臣二人成为知己，熙宁二年（1069），神宗任命王安石为参知政事，全力推动变法运动。随着执政班子的调整、新法的逐步出台，一场席卷北宋上下的改革开始了。

对于宋神宗和王安石来说，遇见彼此是一桩幸事。北宋积弊日久，要自上而下发起变革，不是一件容易的事。宋神宗需要一位意志坚定、雷厉风行的执行者，这样才能代替他

> 江山代有才人出，新的改革又开始了！

嘿嘿

将变法落到实处，而王安石就是那个最符合宋神宗需要的人。变法开始推行后，面对朝堂中的种种议论，王安石毫不畏惧，甚至斩钉截铁地说出了"三不足"的口号："天变不足畏，祖宗不足法，人言不足恤！"变革决心之坚定，令人闻之动容。

王安石真是充分预见了改革的阻力，祖宗之法也不能成为阻碍变法的说辞。

而从王安石的角度看，作为一个拥有雷霆手段、铁面无情的干将，他面临的最大问题是为了推行变法而得罪朝中权贵，从而祸及己身。宋神宗的大力支持，帮助他消除了这种隐患，让朝野上下都知道，变法的意志即是皇帝的意志，质疑推行变法的王安石，就是在质疑皇帝本人。在朝中人对王安石"变祖宗法度"的指责面前，宋神宗亲自为王安石"站台"，说："身为臣子，如果只能拿道德说事，却不能真正对国家有所作为，也是无济于事。"不仅如此，神宗还贬黜了一批质疑变法的官员，让王安石能够更加无所顾忌地大施拳脚。

神宗与王安石，如果能彻底变法，就是第二对秦孝公与商鞅。

宋神宗与王安石，是共谋大业的君臣，也是相互倚靠的盟友。正是因为他们的彼此信赖、彼此成就，才使得新法得以迅速地在全国范围内推行开来。然而，新法以消除弊患、富国强兵为目的，这个出发点固然积极，但在实施过程中，各种问题却接连不断地浮现出来。以新法中争议最大的《青苗法》为例，这项措施本是为了赈济农民、充实国库，但因制度缺陷、官员私心、执行不当等原因，在推行的过程中遇到一系列问题，反而使得民众的负担大大增加了。欧阳修、富弼等人都曾反对过青苗法，但这不仅毫无作用，还使他们自己失去了皇帝的信任。

大一统国家想要深刻改革是非常困难的，底盘大了难以垂直管控，每个阶层都有自己的小九九。

有意见分歧，就会有拉帮结派。随着变法持续推行，朝堂上逐渐形成了新党与旧党两个派别，神宗鼎力支持变法，对王安石言听计从，新党群臣自然也随之得到优待。这样的日子过久了，新党就难免害怕失去特权。为了防止神宗放弃对他们的支持，他们开始打压旧党人士，所有对变法提出异议的人，无论官大

官小，都要被他们惩治一番。受到欧阳修推赏、与欧阳修同样对变法持反对意见的苏轼，成了他们的目标。

时间一晃便到了熙宁四年（1071），此时距离变法推行已有两年。随着质疑声与种种执行问题的不断涌现，宋神宗也开始犹豫起来，对于新法的支持力度不像从前那么大了。王安石提出想要变更科举制度，神宗却质疑起了王安石的想法，于是让"两制三馆"官员共同讨论这件事。

> 新旧党派，其实都是为了国家，只是对改革的力度、具体措施有争议。

苏轼也参与了这次议论。他向神宗上疏说，改革科举制度没有必要，反而会伤害到国之根本，并条分缕析地给出了原因，神宗听后认为很有道理。第二天，神宗召见苏轼，询问当前治理朝政的得失，苏轼道："臣窃意陛下求治太急，听言太广，进人太锐，愿陛下安静以待物之来，然后应之。"[4] 神宗听后，有所顿悟，于是说："你说的这些话，我会仔细考虑的。"皇帝对苏轼的赏识，引来了变革派的警觉。王安石不满苏轼多言，便将苏轼安排到开封府当推官，希望用繁多的公务堵住苏轼的嘴，让他不要多话。可苏轼是一个在任何地方都能熠熠生辉的人，他在推官任上仍做得很好，"决断精敏，声闻益远"，这更加让变革派众人咬牙切齿。不仅如此，苏轼还针对上元买灯的社会现象，写了一封堪称精彩的奏疏，让皇帝再次听从了他的建议。

苏轼越出风头，王安石的党羽们就越是心中嫉恨。

贴士 TIPS

两制三馆
两制，即翰林学士与中书舍人；三馆，即昭文馆、史馆和集贤院（集贤殿书院）。

4　宋代苏辙《东坡先生墓志铭》。

气急败坏下，他们索性诬陷苏轼为官有过失，要朝廷施以惩处。得知此事后，苏轼没有辩解，而是主动申请调离京城，到外面去避避党争的锋芒。神宗准许了。

欲把西湖比西子 | 苏轼

▶ 出自苏轼《饮湖上初晴后雨》

从朝堂中心抽身而出后，苏轼来到了风景如画的杭州。面对杭城的万种风情时，他是潇洒的诗人；处理公务时，他是爱民如子、守护国威的"苏学士"。由此，他得到了杭州百姓的爱戴。

从京城离开后的苏轼，获得了一个新的身份：杭州通判。杭州可是好山好水好地方，西湖、孤山、钱塘江、灵隐寺，无处不是闻名天下的美景名胜。苏轼本身也是通透之人，仕途上的波折，几乎没有给他造成情绪上的负面影响，在风景优美、城郭富庶的杭州，他游山玩水、交友作诗，颇为潇洒。

他写孤山的幽静："天欲雪，云满湖，楼台明灭山有无。水清石出鱼可数，林深无人鸟相呼。"[5] 写钱塘江的壮阔与历史沧桑："君不见，钱塘湖，钱王壮观今已无。屋堆黄金斗量珠，运尽不劳折简呼。"[6] 写灵隐山的清傲孤绝："溪山处处皆可庐，最爱灵隐飞来孤。乔松百尺苍髯须，扰扰下笑柳与蒲。"写望湖楼的波光楼影："黑云翻墨未遮山，白雨跳珠乱入船。卷地风来忽吹散，望湖楼下水如天。"[7] 写西湖的潋滟风情："水光潋滟晴方好，山色空蒙雨亦奇。欲把西湖比西子，淡妆浓抹总相宜。"[8] 杭城风光，几乎被他用率真的诗笔写了个遍。

春天时，苏轼去古寺中赏牡丹花，归来时喝醉了，引得行人纷纷观看笑闹。他还因此作诗自嘲道：

5　宋代苏轼《腊日游孤山访惠勤惠思二僧》。

6　宋代苏轼《游灵隐寺，得来诗，复用前韵》。

7　宋代苏轼《六月二十七日望湖楼醉书五绝（其一）》。

8　宋代苏轼《饮湖上初晴后雨》。

六月二十七日望湖楼醉书五绝

（其一） 必背

黑云翻墨未遮山，
白雨跳珠乱入船。
卷地风来忽吹散，
望湖楼下水如天。

饮湖上初晴后雨 必背

水光潋滟晴方好，
山色空蒙雨亦奇。
欲把西湖比西子，
淡妆浓抹总相宜。

吉祥寺赏牡丹

人老簪花不自羞，
花应羞上老人头。
醉归扶路人应笑，
十里珠帘半上钩。

人老簪花不自羞，花应羞上老人头。

醉归扶路人应笑，十里珠帘半上钩。

这一年是熙宁五年（1072），苏轼才三十七岁，所谓"老人头"，不过是他拿自己打趣而已。昔时欧阳修被贬滁州，嘲讽自己"苍颜白发"，令人颇感凄凉；到了苏轼这儿，可能是诗句实在俏皮，情绪又实在活泼，非但让人不感觉心酸，反而觉得充满了天真意趣，格外洒脱可爱。苏轼的人格魅力，就这样透过诗句散发了出来。

我们永远不用担心苏轼会感到无聊，因为实在没事可做的时候，他还能做一件事：调笑弟弟苏辙。在杭州，他写了《戏子由》《嘲子由》等诗寄给苏辙，诗中道：

这兄弟俩感情真好。

堆几盍埃简，攻之如蠹虫。

谁知圣人意，不在古书中。

这是在嘲笑弟弟苏辙：你天天在那些故纸堆里钻研，就像个书虫一样，你知不知道，圣人们的真正道义，根本不在那些古书里呀！

当然，作为一个负责的地方官，苏轼在政事上也不敢怠慢。当时，因为青苗法、免役法等新法的推行，百姓生活负担加剧，苏轼便想方设法为大家提供便利，减轻压力。

对内，苏轼能够十分温柔地体恤百姓，而在外事的处理上，他会采取强硬、严肃的态度，让外邦人知晓大宋的国威。有高丽使者前来纳贡，途经杭州，苏轼作为地方长官，为他们提供招待。可在接触过程中，苏轼却发现，这些高丽使者表现得十分骄横无理，就连陪同他们前来的大宋外交使臣都仿佛高人一头，对地方官员颐指气使。苏轼见状，十分不满，便派人对那些外交大臣说道："高丽一个偏远小国，仰慕天朝的教化而来，理应表现得恭顺才对。如今居然蛮横成这样，这一定是你们从中教唆引导的。如果再不改正，我必要将这种情况上报给朝廷！"大臣们听后很害怕，于是态度立刻和缓了不少。

这还不算完。很快，苏轼又发现，高丽使臣递来的文书上面竟然不写宋朝年号，而是使用甲子纪年法。苏轼当即便将文书退回，并说："高丽已对大宋称臣，文书上却不用我朝年号，这样的文书，我不敢接受！"使者见苏轼态度强硬，只能赶紧把文书上的甲子纪年改成神宗的年号"熙宁"，如此，苏轼才放他们过关。

嘲 子 由

堆几盍埃简，
攻之如蠹虫。
谁知圣人意，
不在古书中。
曲尽弦犹在，
器成机见空。
妙哉斫轮手，
堂下笑桓公。

吉祥寺僧求阁名

过眼荣枯电与风，
久长那得似花红。
上人宴坐观空阁，
观色观空色即空。

苏轼与高丽使者的这一番交锋，令时人交口称颂。在杭州，无论是官吏还是百姓，都对这个慈爱又威严的长官又敬又爱，甚至他调任离开杭州后，都从不直呼他的姓名，而是尊称他为"学士"。不过，苏轼与杭州的缘分还没有结束，苏公堤的故事，要到好久之后再讲。

任何时候，祖国的尊严都不容侵犯！

哼！

老夫聊发少年狂

▶ 出自苏轼《江城子·密州出猎》

苏轼有志于改革词体，在密州时创作的《江城子·密州出猎》，是其豪放派词的代表作。

苏轼既喜欢写诗，也喜欢写词。他的词风如同诗风一样，天然、真诚，却又让人觉得巧妙至极。还在杭州任上时，有一次，他和"忘年交"张先一同泛舟于钱塘江之上，此时正是骤雨初晴，四下明净如洗，胭脂般的晚霞倒映在波光粼粼的江面上，远处飞来一双白鹭，更为这美景增添了一抹灵动与亮色。他们静静地欣赏着江上的景色，忽然，江面上传来了弹筝的声音。那声音凄凄切切，却不见弹筝人的身影，他们想，恐怕这样的乐曲是出自湘水女神那样的神灵。于是苏轼即成一阕《江城子》：

张先比苏轼大四十七岁，此时应该八十多岁了，是当时有名的婉约派词人。

啊！

凤凰山下雨初晴，水风清，晚霞明。一朵芙蕖，开过尚盈盈。何处飞来双白鹭，如有意，慕娉婷。　　忽闻江上弄哀筝，苦含情，遣谁听！烟敛云收，依约是湘灵。欲待曲终寻问取，人不见，数峰青。

在杭州与张先交往甚密的苏轼，当时的词风有些受张先的影响，而这样清雅富有韵致的词风，还不是苏轼最具代表性、最擅长的。杭州任期满后，苏轼前往密州（今山东诸城）做知州，到任后，苏轼仍尽己所能，为百姓做好事、做实事，还运用智谋解决了当地一桩悍卒作乱的案子，人们都很佩服他。不过，在密州时的苏轼，更令世人瞩目的，是其文学上的成就。

密州地处东鲁大地，景致、民风都与杭州大不相同。在杭州时，苏轼的闲暇时光大部分用在了游览湖光山色上；而在密州，他有了新的娱乐方式：打猎。苏轼是地方长官，他的出猎，与寻常猎户的打猎有所不同：他不是一个人行走在深山老林里追捕猎物，而是身后跟着一大队人马，真可谓派头十足。那个年代没有相机，可是没关系，苏轼出猎时的英姿、当时那热烈的气氛，都被他自己用笔记录了下来：

老夫聊发少年狂，左牵黄，右擎苍。锦帽貂裘，千骑卷平冈。为报倾城随太守，亲射虎，看孙郎。　酒酣胸胆尚开张，鬓微霜，又何妨！持节云中，何日遣冯唐？会挽雕弓如满月，西北望，射天狼。

江城子·凤凰山下雨初晴

凤凰山下雨初晴，水风清，晚霞明。一朵芙蕖，开过尚盈盈。何处飞来双白鹭，如有意，慕娉婷。　忽闻江上弄哀筝，苦含情，遣谁听！烟敛云收，依约是湘灵。欲待曲终寻问取，人不见，数峰青。

江城子·密州出猎 必背

老夫聊发少年狂，左牵黄，右擎苍。锦帽貂裘，千骑卷平冈。为报倾城随太守，亲射虎，看孙郎。　酒酣胸胆尚开张，鬓微霜，又何妨！持节云中，何日遣冯唐？会挽雕弓如满月，西北望，射天狼。

此时的苏轼已经四十岁，远不是一个少年了。可那又有什么关系？这并不影响他偶尔逗一下少年时的意气，像年轻人一样轻狂。他骑着骏马出猎，自己左手牵着黄狗、右臂擎着苍鹰，头戴锦帽、身着貂裘，身后是山呼海啸般的上千号人，他们策马奔腾过山岗，如同一阵席卷而过的疾风，声势浩大，气派极了。为了跟随他打猎，密州满城的壮士几乎都出动了，这让苏轼豪兴大发，于是他扬言：为了报答你们满城的人跟随我出猎的深情厚谊，就让我做点什么来回报你们吧——我要像孙权一样，亲自射杀猛虎，给大家看看！

苏轼刚到密州就是军政二合一的一把手（从五品），在岗一年多又涨薪、加封、授勋，许借紫（被特许穿紫色衣服，五品穿绯，三品以上穿紫），在地方上的威信可想而知。

可苏轼真正想要狩猎的，并不只是山林中的猛虎，他还有更大的志向。他知道，在遥远的西北边疆，西夏的兵马对大宋的广袤疆土虎视眈眈。苏轼想，皇帝什么时候能像西汉汉文帝派遣魏尚那样，让我去抗击匈奴呢？又什么时候能给我派遣一个冯唐过来，让他传达天子对我的信任呢？如果真能有那样的机会，就算是我年已老迈、鬓发霜白，我也会无怨无悔地为家国而驰骋疆场！我将挽起雕弓，将它拉满，让它像满月一样，朝着西北瞄望，射向侵犯我大宋边疆的西夏军队。

文臣此时并不文弱，君子六艺中有军事射箭技术，想收复燕云十六州的文臣，也大多熟读兵书。

苏轼这番话，虽是饮酒狩猎后的兴起之言，却并不是毫无根据的空话。以文臣出身在边疆立功，在苏轼之前已有先例，那就是曾主持庆历新政的范仲淹。仁宗年间，西夏进犯北宋领土，范仲淹奉命固守延州城，屡次退敌，赢得"腹中自有数万甲兵"的美誉；他在延州时所写的《渔家傲·秋思》一词，更是"变低沉婉转之调而为慷慨雄放之声，把有关国家、社会的重大问题反映到词里，可谓大手笔"[9]，开宋词豪放派先声。如今，苏轼也将这种醉卧沙场、横槊赋诗的豪情壮志写入词中，"把词中历来香艳软媚的儿女情，换成了报国立功、刚强壮武的英雄气"[10]，将词的内容、境界再次拔高，是对五代以来传统词风的又一次挑战，彰显着宋词在豪迈词人笔下完成的又一次

9 《宋词鉴赏辞典》。

10 《宋词鉴赏辞典》。

嬗变和转型。可以说，这首《江城子·密州出猎》，是苏轼身为豪放派词人的代表作，也是宋词发展史上的一座里程碑。

有趣的是，将词进行扩充转型这件事，苏轼并不是无意为之。他有个想象中的竞争对手：柳永。苏轼在密州带着人马"千骑卷平冈"时，柳永已经在潦倒落魄中死去二十多年了，无论是从生活年代还是人生经历来看，柳永和苏轼，都是完全不相干的人。可柳永偏偏有一点特质，让苏轼瞄上了他：他的词名很盛，凡是提起作词，没人能不提柳七郎的名字。苏轼是个性情中人，偏偏不喜欢那种吟风弄月的作词风格，他想改革宋词，乃至新创一种流派，使之能与柳永的婉约风格比肩。写下《江城子·密州出猎》后，苏轼自己也感到非常得意，他让东州壮士抵掌顿足地歌唱它，并让人吹笛击鼓作为伴奏，场面颇为壮观。后来，他还在给好友鲜于子骏的书信中写道："近却颇作小词，虽无柳七郎风味，亦自是一家。呵呵……"[11]

在密州时，苏轼也有伤心事。此时距离他的第一任妻子王弗去世已有十年，可对于她，苏轼始终无法忘怀。熙宁八年（1075）的正月二十日，寒风席卷过东鲁大地，苏轼在这一夜的睡梦中回到故乡，再次见到了王弗。梦醒后，他写下：

十年生死两茫茫，不思量，自难忘。千里孤坟，无处话凄凉。纵使相逢应不识，尘满面，鬓如霜。　　夜来幽梦忽还乡，小轩窗，正梳妆。相顾无言，惟有泪千行。料得年年肠断处，明月夜，短松冈。

这是一首无比悲怆的悼亡词。碧落黄泉，生死相隔，自王弗离去之后，人世间已过了十年之久，苏轼也苍老、憔悴了太多。他想：纵然二人真能再见，恐怕王弗也认不出他的模样。词到下阕，开始具体状写梦中情景，那场景无比哀婉真实，更使人读来断肠。梦境里，词人回到远在蜀地的故乡，回到那好久不曾踏入的家中，看到雕花精美的窗前，王弗就坐在那里，像从前一样地对镜梳

11　宋代苏轼《与鲜于子骏书》。

江城子·十年生死两茫茫

十年生死两茫茫，不思量，自难忘。千里孤坟，无处话凄凉。纵使相逢应不识，尘满面，鬓如霜。　夜来幽梦忽还乡，小轩窗，正梳妆。相顾无言，惟有泪千行。料得年年肠断处，明月夜，短松冈。

妆。苏轼踏入房间，他们看见了彼此，二人皆是泪水涟涟。可梦中的相会终究是短暂的，灯火摇曳的温暖故乡、美丽温柔、一如往昔的亡妻，转眼间便如烟云一般地消散了，徒留苏轼一人。他长叹：从前岁岁，今后年年，他的梦魂将一直徘徊在明月夜、短松冈，怀想逝去的爱人。这样的收尾，更让这首词虚实结合，委婉动人。

苏轼想念王弗，这千真万确，可他却一直在说"不"。在整首词的短短七十个字中，他连续表达了四次否定："不思量""无处话凄凉""应不识""相顾无言"。可他是真的什么都不怀念、什么都不愿说吗？并不是这样。联系上下文，我们便能揣摩苏轼的真实心境：你对我是如此重要，即便我没有刻意去想，你的影子还是在我心头萦绕，所以"不思量，自难忘"；你在巴山蜀水之间沉睡，而我在世间流落奔忙，我该在哪里怀念你？你的孤坟在千里之外，而你已不在世上的任何地方。所以，"千里孤坟，无处话凄凉"；你应该认不出我了，因为在你眼里，我应当还是三十岁时年轻气盛、风度翩翩的样子，所以"纵使相逢应不识";正是因为想诉说的太多,不知该从何说起,于是眼泪替我们诉说了一切,所以"相顾无言,惟有泪千行"。正是这许许多多的"无"与"不",勾勒出了千千万万的"有"与"是",让这有限的文本,容纳了无限的想象空间,令人在细细品味之后,更能感受到词人的刻骨伤悲与似海深情。

但愿人长久,千里共婵娟

▶ 出自苏轼《水调歌头·明月几时有》

在密州的一个中秋之夜,苏轼在超然台上与宾客欢饮,彻夜未眠。他想起许久未见的弟弟苏辙,感慨人世间的悲欢离合,写下了千古名作《水调歌头·明月几时有》。

苏轼重情,爱情与亲情,都是他生命中重要的部分。

他与弟弟苏辙之间的联系从未间断。此时,苏辙正在济南,苏轼来到密州后,兄弟之间的距离近了一些,两人仍然十分频繁地书信往来、诗词唱和。苏辙的第三子出生了,苏轼写了一首《虎儿》诗表示祝贺;暮春里,苏轼想借苏辙的《法界观》读一读,于是写诗与弟弟道:"凭君借取《法界观》,一洗人间万事非。"[12] 密州有一处北魏时建的土台,位于西北城墙上,苏轼觉得它是个登高远望的好地方,便将之扩建,并写信给苏辙,请弟弟为自己的新工程命名。弟弟了解哥哥洒脱的性格,便取用《老子》中"虽有荣观,燕处超然"的语句,将之命名为"超然台"。苏轼十分喜欢这个名字,高台建好后,他登台远眺,写下了《望江南·超然台作》,以"超然"为题眼,词中流露的,不仅有归乡的情思、超然物外的心志,更有兄弟二人的深挚感情。

是兄弟,也是知己!真好!

_____

12 宋代苏轼《和子由四首·送春》。

望江南·超然台作

春未老，风细柳斜斜。试上超然台上看，半壕春水一城花。烟雨暗千家。　寒食后，酒醒却咨嗟。休对故人思故国，且将新火试新茶。诗酒趁年华。

必背 水调歌头·中秋

丙辰中秋，欢饮达旦，大醉，作此篇，兼怀子由。

明月几时有？把酒问青天。不知天上宫阙，今夕是何年。我欲乘风归去，又恐琼楼玉宇，高处不胜寒。起舞弄清影，何似在人间。　转朱阁，低绮户，照无眠。不应有恨，何事长向别时圆？人有悲欢离合，月有阴晴圆缺，此事古难全。但愿人长久，千里共婵娟。

熙宁九年（1076）中秋之夜，苏轼在超然台上宴请宾客，"欢饮达旦，大醉"。他看着空中高悬的明月，想起了六载未见的弟弟子由，于是乘醉吟咏道：

明月几时有？把酒问青天。不知天上宫阙，今夕是何年。我欲乘风归去，又恐琼楼玉宇，高处不胜寒。起舞弄清影，何似在人间。　转朱阁，低绮户，照无眠。不应有恨，何事长向别时圆？人有悲欢离合，月有阴晴圆缺，此事古难全。但愿人长久，千里共婵娟。

在我们国家，谁不曾听过这首词，不曾在中秋之夜说出"但愿人长久，千里共婵娟"的心愿？即使无法将全词背熟，你可能也听过邓丽君"明月几时有，把酒问青天"的低吟浅唱。这首词，写尽了中秋，也写绝了中秋，以至于胡仔在《渔隐丛话后集》中说："中秋词，自东坡《水调歌头》一出，余词俱废。"——这绝非溢美之词。

那么，苏轼具体写了些什么呢？

"明月几时有？把酒问青天。"这如当头明月般的凌空一问，既是与皓月长空对话，又似是与古来先贤对话。屈原《天问》中曾叩问天地寿命之极、日月陈列之所。张若虚曾在春江之畔思索"江畔何人初见月，江月何年初照人"。诗仙李白曾把酒问月，醉吟"青天有月来几时？我今停杯一问之"。对于月亮与人事代谢的思索，从古至今未曾停止。苏轼的这一句开篇，未尝不是取自前人笔意，却自有一番疏宕气势，这正是郑文焯词评中所谓："发端从太白仙心脱化，顿成奇逸之笔。"而后，苏轼继续发问："不知天上宫阙，今夕是何年。"既不知道明月自何年而有，亦无从得知月中宫阙此时是哪一年、哪一月。从情绪上来讲，此句较上一句而言，好奇、赞叹与向往之情更为浓烈；而从逻辑上而言，两重设问递进合理，这让词人的发问显得格外真实可信，将向往之情渲染到了极致。接下来，苏轼说："我欲乘风归去，又恐琼楼玉宇，高处不胜寒。"他多想乘着这夜风归去，去到那九重天上的宫阙之中，可又怕那里的琼楼玉宇太过冷清，他受不了那高处的寒意呀！因此，最后他决定留在人间，这里虽不是万年不老的长生之所，却有着他钟爱的风花雪月、烟火红尘。他说："起舞弄清影，何似在人间。"

人间热闹、多情，可正因为这样多情，才会有离别时的忧心。此刻，词人正是被这样的忧心困扰着，才彻夜坐看月亮转过朱阁画檐，越过绮门绣户，照在满城无眠人的窗前，轻叹"转朱阁，低绮户，照无眠"。人间离合往往难测，不像天空中的月亮，能因时序变更而做有规律的推移。中秋之夜本是团圆的日子，可他知道，此时此刻，有很多人同他一样，不能与爱侣亲朋相聚。于是他发问："不应有恨，何事长向别时圆？"你这孤高的明月啊，"我"可曾惹怒了你，让你

怨恨了吗？不然的话，你为什么偏偏趁"我"与亲人离别的时候，在空中独自团圆？可是，他随即又想到，月亮与人，都不过是茫茫宇宙间的造物，就像人生合久必分，月亮也无法保持长圆，人与月的处境，其实并无不同，这正是"人有悲欢离合，月有阴晴圆缺，此事古难全"。可正因人生与月相每时每刻都处于变动中，才为饱受离别之苦的人带来了希望：缺月总有重圆的时候，就像分离的人总有再聚的一天。只要夜空上的明月还在、远方的亲人还在，月光就会把渴望重逢的心联结在一起，让全天下的离人，都能共沐在同一片光辉之中。于是，在全词最后，苏轼发出了由衷的祝愿："但愿人长久，千里共婵娟。"

一个"小玩意儿"，开启大格局.

在词这一文体刚刚诞生于酒筵歌席之间时，恐怕那时的人很难想象，有一天，这种被斥为"诗余"的文体，竟能装得下这么多的内容。这首《水调歌头》，容纳了对宇宙、对天地、对人生的思考，以及对渺小的人类与万古当空的明月之间异与同的追问求索。词中蕴含的情绪，亦是变化多姿、连绵不绝的，从好奇、向往、疑虑、喜悦，到忧愁、嗔怪、顿悟，最后转到对人间团圆的真挚祝愿，峰回路转却又一气呵成，营造出情韵兼胜、风华壮美的艺术之境，给予读者妙不可言的阅读感受，是苏词清雄旷达之作的典型代表。[13]

如果和苏轼这样的人物身处一个时代，而未得一见，确实会很遗憾.

苏轼自己也对这首词十分满意。之后某年的又一个中秋，苏东坡与客人游于镇江金山，只见天幕四垂、江流奔涌、月色如画，他们登上金山妙高峰峰顶，苏轼命歌者袁绹唱这阕《水调歌头》与客人听。袁绹歌罢，东坡在月下起舞，回首向众人道："此便是神仙矣！"

宋徽宗宣和年间，袁绹供职于宫中，权相蔡京之子蔡绦也常在宫中走动。一日相见，袁绹将这则神宗年间的往事讲述给蔡绦听，蔡绦感叹道："文章人物，诚千载一时，后世安所得乎？"此时，距离苏轼离世

13　苏轼的确对词中所包含的"信息量"有一定追求。他与门生秦观之间，曾发生过一则趣事：一天，苏轼问起秦观的新作，秦观吟诵道："小楼连苑横空，下窥绣毂雕鞍骤。"苏东坡敲打他道："你用了十三个字只写了一件事，那就是有个人骑着马从楼前经过。"这是在说秦观作词不够凝练，太浪费笔墨。从这件事上，也可以看出苏轼与秦观创作理念的不同。

已有十数年之久，但其文采风流，仍能引得后人倾慕。嗟叹之余，蔡绦将这件事记载在了《铁围山丛谈》中。

古今如梦，何曾梦觉 苏轼

▶ 出自苏轼《永遇乐·彭城夜宿燕子楼，梦盼盼，因作此词》

在徐州，面对汹涌而至的洪水，苏轼再次展现了非凡的智慧与决断力。洪水退去后，苏轼夜游徐州燕子楼，领悟了"古今如梦"的真谛。

熙宁十年（1077），苏轼移知徐州。他与弟弟苏辙相会于澶、濮之间，随后苏辙陪他一同前往徐州。相别七年的兄弟，终于重逢了。又是一年中秋佳节，这一次，苏轼不再有"不应有恨，何事长向别时圆"的感慨，因为他所思念的亲人就在身边。

可再美好的欢聚，也总有离别的时候。中秋过后，苏辙要前往南都（今河南淮阳）奔赴自己的仕途，临别时，他也写下一首《水调歌头》，送给苏轼：

与哥哥相比，弟弟的词风偏向清新峻拔。

离别一何久，七度过中秋。去年东武今夕，明月不胜愁。岂意彭城山下，同泛清河古汴，船上载凉州。鼓吹助清赏，鸿雁起汀洲。　坐中客，翠羽帔，紫绮裘。素娥无赖，西去曾不为人留。今夜清尊对客，明夜孤帆水驿，依旧照离忧。但恐同王粲，相对永登楼。

苏轼则写下一首诗：

暮云收尽溢清寒，银汉无声转玉盘。

此生此夜不长好，明月明年何处看。

水调歌头·徐州中秋

苏辙

离别一何久，七度过中秋。去年东武今夕，明月不胜愁。岂意彭城山下，同泛清河古汴，船上载凉州。鼓吹助清赏，鸿雁起汀洲。　坐中客，翠羽帔，紫绮裘。素娥无赖，西去曾不为人留。今夜清尊对客，明夜孤帆水驿，依旧照离忧。但恐同王粲，相对永登楼。

阳关曲·中秋夜

暮云收尽溢清寒，银汉无声转玉盘。此生此夜不长好，明月明年何处看。

与弟弟分别后不久，苏轼便迎来了新的挑战：徐州水患。原来，这年夏天雨水丰沛，七月份，黄河在澶州曹村决口，如今已要奔涌至徐州城下。眼见洪水来袭，百姓们十分惊慌，一些富裕的百姓甚至提前收拾好了家当，打算逃出城去避难。而苏轼没有丝毫惧色，他对百姓们大声说："富裕的百姓逃出城了，全城百姓的心志都会被动摇，到时候，谁还能和我一起守城？我在这里，水就绝不可能冲垮徐州城！"一时间，民心大定。

为了更加有效地防备水患，苏轼亲自跑到武卫营里，对士兵长官说："河水即将冲毁城墙，事态危急。你们虽然是禁军，不归我调度，但水患当前，还请你们为我出一点力！"士兵长官也很有情义，他听罢苏轼的陈述，立刻高声道："您身为太守，尚且能不避积水泥淖地为民奔走，我们这些小人，更应效命！"随后，他将士兵们都叫过来，让大家扛着铁锹等工具，穿着短衣、打着赤足，全到防洪工地去干活。军民同心协力，很快便修建起了一条

纵贯东南的长堤。这条堤坝将洪水拦在了城外，城中百姓见状，皆是欢欣鼓舞。

然而，天公不作美，连绵的雨水仍没有停歇的意思，被堤坝拦住的河水，水位仍在持续上涨，眼看就要没过堤坝。在这危急关头，苏轼在城墙上搭了一座草屋，日夜坚守于其中，观察洪水的动向，看见哪里有决堤的迹象，就命令官吏加固哪里。在苏轼有条不紊的指挥下，徐州城终于挺过了洪峰。十月五日，洪水渐退，徐州城得以保全，苏轼也因此得到了朝廷的嘉奖。为了防止徐州以后再遭水患，苏轼提出增筑故城，这个提议得到朝廷首肯。于是，为了加固城墙构造，同时也是为了纪念这次抗洪所取得的成绩，苏轼在徐州城的东门修建了一座高楼，用黄土涂抹墙壁，取"土实胜水"之意，并将其取名为"黄楼"。这是继超然台之后，苏东坡留给我们的又一个"足迹"。

黄楼落成，秦观和苏辙都写了《黄楼赋》庆祝。

解决了洪水问题后，苏轼又回归了劳逸结合的地方官生活。徐州气候湿润、风物可人，处理政务之余，他仍会在各处游山玩水，并写下大量的诗词，或为记叙日常，或为抒发感慨，或为与亲朋好友唱和。

徐州有一处名胜，名叫燕子楼，是唐朝贞元年间，武宁军节度使张愔镇守徐州时，为爱妾关盼盼建造的。关盼盼姿容绝丽，才貌双全，却出身寒微，起初流落于风尘之中，以色事人。张愔识得她的才华后，便将她纳入府中，二人之间既是伴侣，又是知音。后来，张愔病逝，归葬于北邙，关盼盼则独守燕子楼中，终生不嫁他人。两百余年后，一个月光脉脉的夜晚，苏轼夜宿徐州燕子楼，竟于梦中见到了盼盼。长梦醒来，夜还未尽，苏轼便独自漫步在小园之中，希望再次寻得梦中之人的身影，却因这清净、孤寂的小园夜景，勾起了对自己身世的感叹，于是写下：

燕子楼和黄楼都是当时徐州的五大名楼之一，历史上多次被摧毁和重建，现在的燕子楼是1985年重建的。

明月如霜，好风如水，清景无限。曲港

浣溪沙·簌簌衣巾落枣花

簌簌衣巾落枣花，村南村北响缲车，牛衣古柳卖黄瓜。　　酒困路长惟欲睡，日高人渴漫思茶，敲门试问野人家。

永遇乐·彭城夜宿燕子楼，梦盼盼，因作此词

明月如霜，好风如水，清景无限。曲港跳鱼，圆荷泻露，寂寞无人见。纮如三鼓，铿然一叶，黯黯梦云惊断。夜茫茫、重寻无处，觉来小园行遍。　　天涯倦客，山中归路，望断故园心眼。燕子楼空，佳人何在，空锁楼中燕。古今如梦，何曾梦觉，但有旧欢新怨。异时对、黄楼夜景，为余浩叹。

跳鱼，圆荷泻露，寂寞无人见。纮如三鼓，铿然一叶，黯黯梦云惊断。夜茫茫、重寻无处，觉来小园行遍。　　天涯倦客，山中归路，望断故园心眼。燕子楼空，佳人何在，空锁楼中燕。古今如梦，何曾梦觉，但有旧欢新怨。异时对、黄楼夜景，为余浩叹。

此时已是元丰元年（1078），苏轼四十三岁，距当日负气出京，已有七年。他是个天性豪放豁达的人，可这并不代表他不会有烦恼。他会对革新派的种种作为嗤之以鼻，会对朝堂上的阴暗感到愤怒不平，也会对自己流落天涯的境遇感到怅惘无奈。在这个明月如霜、好风如水的夜晚，当缱绻的梦云散去，他又跌落回无奈的现实，重新回到自己的人生角色中来：一个浪迹天涯的倦客，一个思念故乡的远游人。

可苏轼不愧是苏轼。别人想不到的事，他能想到；

别人想不通的事，他能想通。在佳人不再、徒有后人登临的燕子楼，他于倏忽之间参破了世间万物流转的规律：关盼盼已经逝去两百余年，燕子楼中不再有她曼妙的歌声，空有楼中之燕飞来飞去。而再过两百年呢？这楼中的燕子，这兀自屹立的小楼，此时在楼中伤怀往事的自己，又还会存在吗？——苏轼忽然明白了，其实所有发生在人世间的悲欢离合、喜怒哀乐，都不过是古往今来的一场大梦，关盼盼的情独守、自己的意难平，都是这场造化大梦的一部分。痴人溺于苦海，受尽"怨憎会、爱别离、求不得"等折磨，无非是被旧欢与新怨牵绊。今夜自己在燕子楼怀想关盼盼，百年后又将有人对着黄楼夜景怀念自己，古今更替，新旧相易，究竟什么是旧欢，什么又是新怨？它们都不过是时间长河中偶然泛起的一朵浪花，承载了不应有的执念罢了。

想通一切后，苏轼释然了。可无情的命运仿佛偏要和他开一个玩笑：既然你已经不再纠结于之前遇到的波折，那么就再安排一道难关给你吧！

苏轼因诗而出名，那么他也要因诗而获罪——这是命运写给他的判词。只不过，决定他命运的，并不是天意，而是在暗处磨刀霍霍的政敌。

中秋月寄子山三首（其一）

殷勤去年月，潋滟古城东。
憔悴去年人，卧病破窗中。
徘徊巧相觅，窈窕穿房栊。
月岂知我病，但见歌楼空。
抚枕三叹息，扶杖起相从。
天风不相哀，吹我落琼宫。
白露入肺肝，夜吟如秋虫。
坐令太白豪，化为东野穷。
余年知几何，佳月岂屡逢。
寒鱼亦不睡，竟夕相唼喁。

燕子楼三首（其一）
白居易

满窗明月满帘霜，
被冷灯残拂卧床。
燕子楼中霜月夜，
秋来只为一人长。

作品 WORKS

关联阅读

不必了吧！外放顺遂挺好的。

呜呜

与君世世为兄弟 | 苏轼

▶ 出自苏轼《予以事系御史台狱，狱吏稍见侵，自度不能堪，死狱中不得一别子由，故作二诗授狱卒梁成，以遗子由二首（其一）》

　　随着王安石的退隐，宋神宗走到台前，亲自主持变法工作。在前往湖州的途中，苏轼因在谢表中讽刺新法，而被视为叛逆。随即，新党翻出了苏轼过往写的诗词作品，将它们作为苏轼反对新法、反对朝廷的证据，将其下狱。这便是北宋年间最著名的一场文字狱——乌台诗案。

　　当苏轼于杭州、密州、徐州等地辗转时，他的政敌们过得怎么样呢？答案是：也不太平。由于新法推行操之过急、法条制定不当、新党内部风气败坏等，变法滋生了诸多的问题，就算王安石一党到处惩治反对新法的人，也堵不住天下悠悠众生之口。苏轼离开京城时，朝野内外反对新法的声音已是甚嚣尘上，甚至影响到了神宗的决策；苏轼走后，反对声仍未止息，而神宗对于新法的态度，也越来越迟疑，开始与王安石产生意见分歧。

这时新法已经实施了五年多，很多问题在实践中暴露了出来。

思考

　　熙宁七年（1074），时逢大旱，民不聊生。可即便如此，官吏们也丝毫不体恤百姓，而是逼着这些已经吃不饱、穿不暖的灾民偿还青苗法的本息，灾民被催逼到了几乎无法生存的地步。有个叫郑侠的人将灾民们的惨状画成了一幅《流民图》上奏给神宗，神宗反复观图，长叹数声，夜不能寐。这一天，他的内心终于产生了强烈的动摇：如果所谓的变法，会把百姓逼成这样，那么这场变法是不是从一开始就错了？翌日，神宗下令暂停征收青苗钱、免役钱，取消方田法、保甲法，万民欢呼。王安石见此情况，心知自己已经失去民心，更难以继续得到皇帝的支持，干脆自请罢去宰相之位。神宗没有挽留。这是对新党的一个重大打击。

郑侠和晏几道是好友，因为这件事，晏几道也被改革派众人攻讦。

唔

　　王安石离开前，为了不致让变法成果完全倾覆，便向神宗推举了新党成员吕惠卿担任参知政事。可吕惠卿是个心术不正之辈，比起为民谋利来说，他对自己手中的权力更感兴趣。这样的人，一旦尝过一人之下、万人之上的滋味，就再也不愿意放手了。王安石提携了他，可他怕王安石会再次回朝，抢了他来之不易的地位，竟暗中搞了一系列动作，陷害王安石及其家人。他的心计被王安石留下的另一心腹大臣韩绛看穿，于是韩绛奏请皇帝，希望神宗能再将王安石请回朝中，主持变法。对中止变法心有不甘的神宗同意了。

这人和苏轼同榜，但私欲过旺，这样的队友，竟还不如为人方正的政敌。

无语

熙宁八年（1075），王安石再次拜相，可就新法推动而言于事无补。失去了皇帝的全力支持，本就阻力重重的变法更加举步维艰。

王安石改革的时候，虽然位高权重，但感觉还不如苏轼在密州当地方官舒服。

嗯？

熙宁九年（1076），王安石对变法失去信心，多次请求罢相。也就是在这一年，他的长子病故，这让他本就郁结的内心更加哀痛。十月，他终于辞去宰相一职，退隐江宁。随着王安石淡出政治舞台，他制定的新法也陆续被废止。之后一年，苏轼始从密州移知徐州。

看到这里，你可能会说了：合着苏轼到徐州时，王安石已经垮台了呀！苏轼是守旧派大臣，王安石是新党领袖，王安石倒了，苏轼哪还有什么政敌呢？

可事情并没有那么简单。王安石虽然走了，可新党的那些投机派仍活跃在朝堂。当年朝野内外对新政的反对声一片，为了巩固自己的势力，王安石不管对方才学、人品如何，将声称支持变法的人通通划归入新党之中，这便导致新党中人的素质良莠不齐，虽然也有韩绛这样刚毅仁爱的正派人士，更多的却是吕惠卿这样的阴险小人。一群小人聚在一起，表面上是为国为民肝脑涂地，实际上是各谋其利，各怀鬼胎，将朝堂上搞得乌烟瘴气。

如果神宗就此收手，不再提变法的事，这些小人恐怕也再难翻出水花来。可神宗偏偏又对变法念念不忘，王安石走后，他干脆从幕后走到台前，亲自主持变法。这下，新党的腰杆又挺了起来：谁要是再反对变法，可就是真的和官家作对了！

宋神宗的"登台亮相"，让新党愈发骄奢跋扈，更给了新党贬抑政敌的由头。苏轼不幸成了下一个撞到枪口上的人。元丰二年（1079），苏轼调任湖州知州，此时神宗已经开始主持"元丰改制"。到湖州上任后，苏轼即依照公事惯例，写了一封《湖州谢上表》。所谓谢表，就是大臣写的感谢君王恩德的奏章。在宋代，有一定品级的官员初次到任、升迁时，都要向皇帝呈递谢表。按理说，这应是一篇歌颂皇帝英明、表示拳拳忠心的文字，可苏轼写的，却有几分别扭：

伏念臣性资顽鄙，名迹堙微。议论阔疏，文学浅陋。凡人必有一得，而臣独无寸长。荷先帝之误恩，擢置三馆；蒙陛下之过听，付以两州。……此盖伏遇皇帝陛下，天覆群生，海涵万族。用人不求其备，嘉善而矜不能。知其愚不适时，难以追陪新进；察其老不生事，或能牧养小民。……

这是在说，微臣真是天性愚钝、才学浅陋，别人都有长处，只有"我"苏轼，一点儿优点都没有。先帝对"我"这么好，真是看走了眼；陛下您让"我"管理这些地方，也是太瞧得上"我"了。您的胸怀实在是太博大了，用人从来

呵呵，朕如此重用这位大才子，他竟敢讽刺朕。

不求尽善尽美，您对能人报以嘉奖，对没什么能力的人也能有所包容。"我"实在是太愚钝了，以至于不合时宜，赶不上那些步步高升的新人啦；所以您看"我"年老又不会多生事端，就派"我"去管理民间百姓。……

如果苏轼真如自己所说，是一个文采鄙薄、智力低下的老臣也就罢了，可他偏偏是那个天纵英才、不畏强权的苏子瞻，天下谁人不知他的才名？于是，这一番话看起来就未免失了真心，反而像是反讽之言，就像故意嘲讽所谓的圣明之君其实没有那么圣明。再来，此时朝中新党正春风得意，苏轼就上书给皇帝，说他"用人不求其备，嘉善而矜不能"，这就让新党不能不多想了：你这是说谁"不备"，说谁"不能"呢？

其实，移知密州、徐州时，苏轼的谢表里也有类似反讽的文字，这是因为他心中的确有不平之气，他要将所思所想上达朝廷，表明立场与志向。但那时候，神宗还未到台前来，新党也没太注意到，所以没有掀起太大的风浪。可这次不一样了：在这个舆论敏感的时间节点，苏轼这一篇疑似话里有话的谢表，直接就把仇恨值拉到了最高点，新党大臣抓住每一个暗藏玄机的语句，指责苏轼反对新政、讥讽朝政，继而说他反对神宗的统治，更进一步说他想推翻大宋的国祚。一篇区区三百字的谢表是不足以支撑这么多条指控的，于是他们在苏轼的旧作里大翻特翻，终于被他们找出了一些足以给苏轼定罪的证据：

"岂是闻韶解忘味，迩来三月食无盐。"——这是在讽刺新法。

"重重叠叠上瑶台，几度呼童扫不开。"——这是在讽刺革新派上台。

"根到九泉无曲处，世间惟有蛰龙知。"——飞龙在天，这是常理，而苏轼竟说龙在九泉之下，这不是在诅咒大宋帝国的真龙天子吗？这简直是要谋反！

在这些诗中，有一些确实是抒发对新政的不满，但所谓叛国谋反，则是子虚乌有的事。可苏轼的政敌才不管那么多，他们将这些诗文条分缕析，呈递给皇帝，控诉苏轼的所作所为是多么出格。神宗皇帝推行新政，本就面临着重重阻力，苏轼的事情一出，他必得将其从严处置，以杀鸡儆猴——如果不这样做，今后敢于对新法提出异议的人必然会越来越多。于是，他下诏令御史台严审苏轼。御史台旁种了很多柏树，上面常常栖息着乌鸦，便被人们戏称为"乌台"；苏轼因诗开罪御

这是新党投机派反击的狂欢，苏轼久负盛名，是旧党的大靶子，谁能不踩一脚？

予以事系御史台狱，狱吏稍
见侵，自度不能堪，死狱中
不得一别子由，故作二诗授
狱卒梁成，以遗子由二首

其一

圣主如天万物春，
小臣愚暗自亡身。
百年未满先偿债，
十口无归更累人。
是处青山可埋骨，
他年夜雨独伤神。
与君世世为兄弟，
更结来生未了因。

其二

柏台霜气夜凄凄，
风动琅珰月向低。
梦绕云山心似鹿，
魂惊汤火命如鸡。
眼中犀角真吾子，
身后牛衣愧老妻。
百岁神游定何处？
桐乡知葬浙江西。

史台的这桩案子，便被称为"乌台诗案"。

就这样，苏轼被押送进京，关进了御史台监狱。在连番审讯下，苏轼终于无法承受，无奈认罪。他知道，自己被扣上的罪名太多、太重，就算最后被判死刑，也并不意外。更何况，一些狱卒对他动辄打骂，极尽侮辱之能事，甚至经常通宵审讯，折磨他的精神。他想，再这样下去，自己甚至有可能死在定罪之前。对于自己的境况，他并不埋怨什么，只是感到可惜，因为他恐怕再也不会有和弟弟子由告别的机会了。于是，他写了两首诗，让一个名叫梁成的好心狱卒转交给弟弟。其一道：

圣主如天万物春，小臣愚暗自亡身。
百年未满先偿债，十口无归更累人。
是处青山可埋骨，他年夜雨独伤神。
与君世世为兄弟，更结来生未了因。

他说，哪里都可以是我的埋骨之地，我对于这一点并不是十分在意。可我在意你的感受，恐怕很多年以后，当你想起我的时候，你会对着满窗夜雨独自伤神。我愿意与你生生世世结为兄弟，来生再续今生未尽的兄弟缘分吧！

苏轼的处境很凶险。由于他在文坛上的号召力，新党已将他视为洪水猛兽，必要除之而后快。同时，他们也视苏轼的下狱为一种机遇，能借机牵扯更多旧党人物下水。在经历了为时数月的调查后，一份名单被拟了出来：司马光、张方平、王诜、苏辙、黄庭坚……共计二十九人。他们都是朝中具有一定影响力、与苏轼有过书信往来的旧党官员，御史台以收藏讥讽文字为理由，意图将他们也一并治罪。为了避免夜长梦多，以御史中丞李定（此人是王安石的学生）、宰相王珪为首的几个新党大臣

一再催促神宗尽快下令处死苏轼，但神宗也有自己的考虑，迟迟不下决策。

有人要苏轼死，但幸好，也有人希望苏轼活。在这危急关头，很多人站出来为苏轼说话。

首先是苏轼的弟弟苏辙。为了帮兄长脱罪，他上书一封，自愿免官，以求换来苏轼的一线生机。他也因此被乌台诗案牵连，被贬去筠州（今江西高安），五年不得升调。

太皇太后曹氏当时已病重，但仍为了苏轼，向神宗求情："你的祖父仁宗皇帝在位的时候就说过，苏轼、苏辙两兄弟都有做宰相的天资，他发现的这两个人才，是为子孙们留下的财富。如今你要将苏轼处死，怎么对得起仁宗皇帝的一番心意啊！"

曹氏是仁宗的皇后，此时仁宗、英宗都已离世，她是皇宫里辈分最高的。

宰相吴充也劝诫皇帝放过苏轼，他对神宗说："连曹操那样一个生性多猜忌的人，都能容得下辱骂过自己的祢衡，陛下为什么就容不下小小一个苏轼呢？"

与此同时，一封奏折从钟山半山园递出，上书人是已

十二月二十八日，蒙恩责授检校水部员外郎黄州团练副使，复用前韵二首

百日归期恰及春，
余年乐事最关身。
出门便旋风吹面，
走马联翩鹊啐人。
却对酒杯疑是梦，
试拈诗笔已如神。
此灾何必深追咎，
窃禄从来岂有因。

平生文字为吾累，
此去声名不厌低。
塞上纵归他日马，
城东不斗少年鸡。
休官彭泽贫无酒，
隐几维摩病有妻。
堪笑睢阳老从事，
为余投檄向江西。

安置

贴士
TIPS

宋朝对犯罪官员的一种处分。即规定其在指定地区居住，并在一定程度上限制其行动。其处分轻于编管而重于居住。

经退出朝堂风云、归隐钟山的王安石。不过，这封奏折却并不是为了落井下石，而是为了给苏轼求情。纵然王安石曾是新党领袖，与苏轼政见相左，但当他得知苏轼可能命丧于这桩荒唐的"文字狱"时，秉性刚正的他，选择了站在苏轼那边。他在奏折中劝说神宗道："圣明之世，哪有杀文士的道理？"这是在劝神宗，您这样英明的皇帝，对待苏轼要从轻发落，不要轻取他的性命。

王安石是真君子，和苏轼虽有政见分歧，却不在此时踩他一脚，反而伸出援手。

哇～

在众人的劝解下，神宗的态度动摇了。恰在此时，他看到了苏轼在狱中所写的两首"绝笔诗"，被诗中"与君世世为兄弟，更结来生未了因"的真情与哀伤深深打动。最终，他不再听改革派们的煽风点火，决定将苏轼从轻发落，将他贬为水部员外郎、黄州（今湖北黄冈）团练副使，本州安置，不得签书公事。这意味着，苏轼不仅被剥夺了一切实际职责，还要接受黄州当地官员的监视。

当年十二月，在狱中被拘禁一百余天的苏轼终于被释放。走出御史台监狱大门的那一刻，他只觉得被囚禁的这段日子像是一场梦一样。在短短的一百多天里，自己由生及死，又由死还生，几乎像是过完了一生；这样的境遇，极为凶险，却也磨砺了他的心志，让他对人生之事有了更多体悟。出狱后，苏轼即写下两首新诗寄给因他而被贬官的苏辙，其中一首道：

却对酒杯疑是梦，试拈诗笔已如神。

经历了生死的洗礼，此时的苏轼，已经进入了"下笔如有神"的人生境界。从"却对酒杯疑是梦"的感慨中，已然能够见到"人间如梦，一樽还酹江月"这一旷古之叹的雏形。

此时，距离东坡居士遨游赤壁、写下旷世名作《念奴娇·赤壁怀古》与《赤壁赋》，还有不到三年。

惺惺相惜的政敌

姓名：王安石

字：介甫

号：半山

故里：抚州临川（今江西抚州）

特长：改革、诗词、散文

一蓑烟雨任平生 | 苏轼

▶ 出自苏轼《定风波·三月七日沙湖道中遇雨》

乌台诗案后，苏轼被贬谪到黄州。黄州地处偏僻，却是苏轼修炼心性、体悟人生的好地方。他开垦了东坡，修筑了雪堂，种植了瓜果蔬菜，研究起了美食的做法……随着身份向生活家、思考者转变，苏轼的人生，愈发有了深度和广度。

作品 WORKS

卜算子·黄州定慧院寓居作

缺月挂疏桐，漏断人初静。谁见幽人独往来，缥缈孤鸿影。惊起却回头，有恨无人省。拣尽寒枝不肯栖，寂寞沙洲冷。

元丰三年（1080）春天，苏轼抵达黄州。初到黄州的他，生活境况并不算好：黄州没有他的官邸，他只能寄住在一个叫作"定惠院"（苏轼词作中为"定慧院"）的僧院中，与僧人们一起过着清贫的生活。不久后，他又改住在临皋亭，清苦如旧。

苏轼要面临的，不只是生活上的落差，还有心理上的。如今，他只是一个无足轻重的小官，又刚刚获了罪，自然不会有人像在密州、徐州时那样对他前呼后拥。"去年花落在徐州，对月酣歌美清夜。今年黄州见花发，小院闭门风露下。"[14]这前后的巨大差异，即使豁达如苏轼，怕是也很难消解。他以"幽人"自居，写下小词：

乌台诗案闹那么大，能保命已经很不容易了。

淡定~

缺月挂疏桐，漏断人初静。谁见幽人独往来，缥缈孤鸿影。惊起却回头，有恨无人省。拣尽寒枝不肯栖，寂寞沙洲冷。

昔日率领"千骑卷平冈"的太守，如今成了月下独来独往的一介幽人，人生命运之曲折难测，何其令人感慨啊！

元丰四年（1081），苏轼仍然住在临皋亭，生活十分窘迫。恰有一位名叫马正卿的热心故人当时也在黄州，他同情苏轼的境遇，便帮助苏轼申请了一块荒废的土地，让苏轼一家得以躬耕为生。于是，这方小小的田地，成了苏轼在黄州的家园。他带着家人们开垦荒地、耕种作

14 宋代苏轼《次韵前篇》。

物，这曾经无人问津的荒地，竟逐渐有了桃花源般的模样。

眼见土地被开垦得有模有样，苏轼开始思考：给自己的新地盘起个什么名字好呢？也别太复杂，干脆返璞归真吧！因为这块土地位于黄州城东门外的小山坡，苏轼索性将其命名为"东坡"，并自号为"东坡居士"。回顾开垦东坡时的种种辛苦，苏轼百感交集：自打入仕以来，他就再也没干过这种体力活；可正因有了辛勤开垦的付出，他才终于在偏僻、陌生的黄州，拥有了属于自己和家人的小小"基地"。

生计来源有了，苏轼与家人终于能吃饱饭了，但他们的住房条件仍十分逼仄。元丰五年（1082），苏轼在东坡之畔建起了几座住房，这意味着他们终于不用挤在狭小的临皋亭，而能住在宽敞舒适的、属于自己的房屋里了。这些房屋筑成于大雪纷飞之日，故而苏轼将位于正中的主建筑命名为"雪堂"，并亲笔书写"东坡雪堂"四个字，悬挂在主建筑的房门之上。房屋建成后，苏轼亲自带上美酒，登门感谢那些在建造过程中施以援手的亲朋、邻居，大家也都为苏轼感

到高兴，大笑着与他举杯共饮。

　　在农耕时代，有土地，就意味着有了丰富的生活资源。苏轼的这方土地，前面有浚井，西侧有微泉，雪堂畔也被他种下了各种作物，茶、蔬菜、水果，应有尽有。而黄州本就是一个物产丰饶的地方，初到黄州时，苏轼便注意到：黄州临着长江，江中一定有肥美的鱼儿；城外的山上生长着茂密的竹林，这里一定盛产鲜嫩的竹笋。这一切的一切，都为苏轼提供了钻研美食的素材，也将苏轼的心绪从沮丧、失落中解放出来，转而聚焦于生活中细微的美好之中。

　　相传，我们爱吃的"东坡肉"就是苏轼在黄州期间钻研出来的。黄州盛产猪肉，就算是品质上好的猪肉，价格也非常低，因此苏轼经常买猪肉回来自己烹

苏轼最大的性格魅力就在这里了，虽然艰难，但仍热爱生活。

哈哈

饪。渐渐地，他形成了自己的一套烹饪经验：炖猪肉要先将锅洗净，放上少许的水，点燃柴木和杂草，用不冒火苗的虚火来煨炖，然后耐心地等待它慢慢熟透。在这个过程中千万不能心急，不要催它，等火候足了，猪肉自然会变得美味至极。他将炖肉心得写进了《猪肉颂》诗中，诗句纯朴天然又暗含哲理，从中可见苏轼的豁达心胸、生活趣味，使人读之不由一笑：

> 净洗铛，少著水，柴头罨烟焰不起。待他自熟莫催他，火候足时他自美。黄州好猪肉，价贱如泥土。贵者不肯吃，贫者不解煮，早晨起来打两碗，饱得自家君莫管。

黄州猪肉价贱，难称是什么珍馐佳肴、山珍海味，但苏轼喜欢它、宝贝它，于是家家户户司空见惯的猪肉，在苏轼手里成了流传千古的东坡肉。而在躬耕田亩、奔走灶前的经历中，苏轼也更加深刻地思考了外物与内心之间的关系。在写给朋友毕仲举的信中，他说："就算是粗茶淡饭，在非常饥饿的时候吃，它们的味道也与山珍海味差不多；而如果吃饱了，就算眼前堆满了美味的肉食，也会唯恐别人不将它们拿走。好与不好、喜欢与不喜欢，区别全在于自我的心态，又和外物有什么关系？"

人是复杂的动物，豁达并不意味着毫不纠结过往。我们不能强求刚经历了政治风波、险些命丧乌台的苏轼能够放下一切，转眼就成了没心没肺的乐天派——事实上，在他写下著名的《黄州寒食帖》的时候，虽东坡和雪堂已经开垦、营建完毕，可帖上诗文的字里行间，仍能看出诗人凄哀无助、担忧年华老去的愁绪。但是，在那样一个山穷水尽的境况下，苏轼已经做了他所能做到的极致：他没有终日沉浸在怨天尤人中，而是着眼于人生中美好的、

猪 肉 颂

净洗铛，少著水，柴头罨烟焰不起。待他自熟莫催他，火候足时他自美。黄州好猪肉，价贱如泥土。贵者不肯吃，贫者不解煮，早晨起来打两碗，饱得自家君莫管。

初 到 黄 州

自笑平生为口忙，
老来事业转荒唐。
长江绕郭知鱼美，
好竹连山觉笋香。
逐客不妨员外置，
诗人例作水曹郎。
只惭无补丝毫事，
尚费官家压酒囊。

黄州寒食帖
是苏轼行书的代表作，写于苏轼被贬黄州第三年的寒食节。那年春天，苦雨萧瑟，寒食冷灶，人又老病，青春与昔日的荣光，如春色一般，欲留难留。因为遣兴所作，一气呵成，书法本身与内容结合紧密，都体现出苏轼当时的惆怅冷寂心境。《黄州寒食帖》和王羲之《兰亭序》、颜真卿《祭侄文稿》，被并称为"天下三大行书"。

水龙吟·次韵章质夫杨花词

似花还似非花，也无人惜从教坠。抛家傍路，思量却是，无情有思。萦损柔肠，困酣娇眼，欲开还闭。梦随风万里，寻郎去处，又还被、莺呼起。　不恨此花飞尽，恨西园、落红难缀。晓来雨过，遗踪何在，一池萍碎。春色三分，二分尘土，一分流水。细看来，不是杨花，点点是离人泪。

寒食雨二首（其一）

自我来黄州，已过三寒食。年年欲惜春，春去不容惜。今年又苦雨，两月秋萧瑟。卧闻海棠花，泥污燕脂雪。暗中偷负去，夜半真有力。何殊病少年，病起头已白。

定风波·三月七日沙湖道中遇雨

莫听穿林打叶声，何妨吟啸且徐行。竹杖芒鞋轻胜马，谁怕？一蓑烟雨任平生。　料峭春风吹酒醒，微冷，山头斜照却相迎。回首向来萧瑟处，归去，也无风雨也无晴。

值得珍惜的一面。他告诉自己，龙肝凤胆虽好，可乡间地头的土猪肉也不差；当大官虽然有面子，可像自己这样，能从朝堂斗争中全身而退，还能活着享受这些美味，也已经十分幸运。

苏轼向来热爱生活，他喜欢人间之乐，喜欢饮酒诵诗、与友偕游，但过往的那些经验，都是他以"天之骄子"这一身份视角去体验的。而在黄州的耕田雪庐间，在散发着食物香气的炉灶间，天才苏轼终于能与自己和解，以更加释然、更加亲和的姿态，去拥抱烟火红尘中的千万种平凡意趣。这一刹那，文学明星、大宋官员苏轼完成了身份上的升格，他变成了生活家、思考者苏东坡，一个褪尽了铅华，却更具思想深度和人生广度的角色。

元丰五年（1082）春，那是苏轼在黄州经历的第三个春天。三月，他因公务前往沙湖，途中遇上了一场突如其来的春雨。带着雨具的侍从们都不在身边，于是与苏轼同行的人都很慌乱，狼狈地四处找地方躲雨。而苏轼却似对这雨浑然不觉，独自慢悠悠地走在道路中间，几分从容，几分超然。他将这段经历与彼时的所思所想写进了一阕《定风波》中，词中道：

莫听穿林打叶声，何妨吟啸且徐行。竹杖芒鞋轻胜马，谁怕？一蓑烟雨任平生。　料峭春风吹酒醒，微冷，山头斜照却相迎。回首向来萧瑟处，归去，也无风雨也无晴。

"一蓑烟雨任平生""也无风雨也无晴"，这是面对人生风雨，能够倚杖笑傲、泰然处之的淡定。当苏轼写下《定风波》的这一刻，无论是风雨还是阴晴，在他看来都已是外物，不能影响他的心绪。他亦立下了坚定的人生信念：今后，他将秉着这样的心性一直走下去，不畏坎坪，亦不惧成败。

四个月后的一个夜晚，苏轼与友人于赤壁泛舟，在月光下的一叶扁舟上，他将自己的人生哲学进行了进一步的阐述与抒发。他已不在乎荣辱悲欢，但那晚他留下的文字，则注定会使他名留青史。在那个明月如水的壬戌之秋，荡尽风烟的赤壁矶终于遇到了声震文坛的大文豪苏东坡，而我们则终于有幸得见这篇旷古绝今的《赤壁赋》。

风月不死，先生不亡

▶ 出自吴楚材、吴调侯《古文观止》

在黄州时，苏轼与友人泛舟游览赤壁，围绕"人生与天地、须臾与永恒、死亡与永生"的主题展开了对话。由此，苏轼写下了不朽的名篇《赤壁赋》[15]。

壬戌之秋，七月既望，苏子与客泛舟游于赤壁之下。清风徐来，水波不兴。举酒属客，诵明月之诗，歌窈窕之章。少焉，月出于东山之上，徘徊于斗牛之间。白露横江，水光接天。纵一苇之所如，凌万顷之茫然。浩浩乎如冯虚御风，而不知其所止；飘飘乎如遗世独立，羽化而登仙。

在那之后的一千年里，所有人都会记得那个夜晚——七月十六日，元丰五年（1082）的秋天。夜幕降临后，起初，一切都很静。无言的月光照在静静的水面，荡尽所有烽火、兵甲与云烟的长江江面上，只有茫茫的雾气在夜色中横陈。苏轼与友人们坐在一叶小舟上，看着

---

15 苏轼在黄州时，作有《赤壁赋》《后赤壁赋》。因《后赤壁赋》的存在，《赤壁赋》也被称为《前赤壁赋》。本文中主要分析的是《前赤壁赋》。

江城子

陶渊明以正月五日游斜川，临流班坐，顾瞻南阜，爱曾城之独秀，乃作斜川诗，至今使人想见其处。元丰壬戌之春，余躬耕于东坡，筑雪堂居之。南挹四望亭之后丘，西控北山之微泉，慨然而叹，此亦斜川之游也。乃作长短句，以《江城子》歌之。

梦中了了醉中醒，只渊明，是前生。走遍人间，依旧却躬耕。昨夜东坡春雨足，乌鹊喜，报新晴。　雪堂西畔暗泉鸣，北山倾，小溪横。南望亭丘，孤秀耸曾城。都是斜川当日境，吾老矣，寄余龄。

浣溪沙·游蕲水清泉寺，寺临兰溪，溪水西流

山下兰芽短浸溪，松间沙路净无泥，萧萧暮雨子规啼。　谁道人生无再少？门前流水尚能西，休将白发唱黄鸡。

东山之上高悬的月亮，吟诵着《诗经》中的《月出》之章："月出皎兮，佼人僚兮。舒窈纠兮，劳心悄兮。"他们的声音不大，念的诗也悠远宁静，因此并没有惊扰这静谧的夜。他们划船荡过万顷水波，恍惚之中，仿佛在仙境里遨游。

于是饮酒乐甚，扣舷而歌之。歌曰："桂棹兮兰桨，击空明兮溯流光。渺渺兮予怀，望美人兮天一方。"客有吹洞箫者，倚歌而和之。其声呜呜然，如怨如慕，如泣如诉，余音袅袅，不绝如缕。舞幽壑之潜蛟，泣孤舟之嫠妇。

后来，他们饮了一些酒，于是舟中的气氛开始活跃起来，宁寂的夜里，开始充斥着鲜活的声音。苏轼喝得有点醉，诗兴大发，他倚在船边，一边敲打着船舷，一边高声歌唱，唱的正是此时众人泛舟的情景。他所唱的这段词（"桂棹兮兰桨……"），从形式和内容上都明显借鉴了《楚辞》，与屈原《九歌·湘君》中的"桂棹兮兰枻"有着显而易见的承继关系。或许是受到《楚辞》叙事传统的影响，苏轼的这段词中，也提到了一位远在天边的美人。苏轼或许无意感伤，可听者有意，于是一位客人便伴着歌声吹起了洞箫，那箫声呜咽不绝，既像哀怨，又像思慕，既像啜泣，也像倾诉。舟中人的情绪都被这箫声感染，于是气氛由欢乐转向了悲伤。苏轼也被这凄婉的箫声影响，情绪开始低落起来。

苏子愀然，正襟危坐而问客曰："何为其然也？"客曰："'月明星稀，乌鹊南飞'，此非曹孟德之诗乎？西望夏口，东望武昌，山川相缪，郁乎苍苍，此非孟德之困于周郎者乎？方其破荆州，下江陵，顺流而东也，舳舻千里，旌旗蔽空，酾酒临江，横槊赋诗，固一世之雄也，而今安在哉？况吾与子渔樵于江渚之上，侣鱼虾而友麋鹿，驾一叶之扁舟，举匏尊以相属。寄蜉蝣于天地，渺沧海之一粟。哀吾生之须臾，羡长江之无穷。挟飞仙以遨游，抱明月而长终。知不可乎骤得，托遗响于悲风。"

苏轼问那客人，为什么要吹奏如此哀怨的箫声。那客人回答：当年曹孟德水师攻破荆州，从江陵沿江而下，战船在江面上绵延千里，旌旗相连，遮天蔽日。那时的曹操意气风发，对着滚滚江水饮酒赋诗，一世豪杰，气魄若此！可

这位曾高吟"月明星稀，乌鹊南飞"的魏武帝，如今却在哪里呢？

　　风流云散乃是历史之定数，英雄豪杰终将眠于丘冢，这是人世间的第一重悲哀。可紧接着，客人又指出了第二重悲哀：既然曹操那样的英雄人物都将随波而逝，那么未曾成就功名霸业的我们呢？千载之下，我们又将如何？今日我们在这长江上泛舟，以鱼虾为侣，以麋鹿为友，渺小得就像天地间的蜉蝣、沧海中的一粒米粟。我们的生命是如此短暂，与无尽东流的长江相比，就好像一刹那那么短。我也想和仙人携手在世间遨游，与天上万古不灭的明月一样，永存于世间啊！可那又怎么能做到呢？于是我只能将这种憾恨寄托在箫声之中，任它消散在秋风当中。

　　这一段落，极美又极哀。月明星稀的清气、曹孟德的豪气、举酒相属的浩气、挟仙遨游的仙气，在这短短一段之内交融为一体，体现了中国古代文人独有的审美意趣和精神境界。可它同时又极为凄哀，因为它讨论的，是数千年来人们不断探讨、却始终无解的命题：人要如何与时间的洪流相抗。古往今来，世上涌现过那么多的英雄，他们攻破了城池、荡平了天下、赢得了万民的称颂，可从来没有一个人能战胜时间。所有的君王、国士、英雄、美人，所有文人墨客、平民布衣、贩夫走卒，都只是天地间匆匆的过客，当他们走过短短数十载的人生之路时，时间终将赐予他们平等的死亡。"天地一逆旅，同悲万古尘"，这是万古同哭的悲哀，当想到死亡是生来便注定的结局，谁又能感到释然？

可苏轼可以。且看他如何展开辩论：

　　苏子曰："客亦知夫水与月乎？逝者如斯，而未尝往也；盈虚者如彼，而卒莫消长也。盖将自其变者而观之，则天地曾不能以一瞬；自其不变者而观之，则物与我皆无尽也，而又何羡乎！且夫天地之间，物各有主，苟非吾之所有，虽一毫而莫取。惟江上之清风，与山间之明月，耳得之而为声，目遇之而成色，取之无禁，用之不竭，是造物者之无尽藏也，而吾与子之所共适。"

他说，你也看到这水与月了吧？时间就像这江水，从来没有真正逝去；人生的起落就好像这月亮，实际上并没有增减。如果你纠结于人事易变，那么从变化的角度来看，天地万物也每时每刻都处于变化之中，没有一瞬是停止的，又何谈天地永恒？而从不变的角度来看，万物与我们都是永恒的，又有什么可羡慕的？——这番见解，其实脱胎于庄子的思想。庄子认为，万物本质相同，因此不必纠结于物我之别。苏轼的人生哲学深受其影响，于是当所有人都在哀叹人生苦短，遗憾不能与天地同寿时，他却说：人与天地，是一样的。如果你说人生短暂，那么天地的寿命也同样短暂；如果你说天地永恒，那么此刻天地之中的我们，也是永恒的。宇宙与人生，从变与不变的本质上来说都一样，何须为此纠结烦恼？

接下来，他又继续宽慰友人：天地之间，万物各有其主，不属于你的，你不要强求，不如专心享受那些你所能拥有的东西。你看这江上的清风、山间的明月，你听见它们的时候，它们就成了你耳中的音律，你看见它们的时候，它们就成了你眼中的形色。它们是取之不尽、用之不竭的，是自然造化给予我们的无尽宝藏啊！我们何不放下心来，共同去享受它们呢？

听到苏轼的回答，先前忧心忡忡的友人终于高兴地笑了。此刻，他不再纠结，或许正如苏轼所说，天地之永恒本就是一个伪命题，何必将它挂在心上？于是，他们重新倒满酒，互相谈笑着，直到酒喝完了、菜肴吃完了，所有人都累了，相互枕着睡着了。不知不觉间，东方曙色初动，天色将白。这便是《赤壁赋》篇末所描述的场景：

> 客喜而笑，洗盏更酌。肴核既尽，杯盘狼籍。相与枕藉乎舟中，不知东方之既白。

这篇《赤壁赋》，是苏轼高绝文采与深邃哲思的巧妙结合。通篇一气呵成，是哲理、诗情、画意的完美统一，自行世以来，感染了无数读者。清人吴楚材、吴调侯读罢《赤壁赋》，在著作《古文观止》中说："欲写受用现前无边风月，却借吹洞箫者发出一段悲感，然后痛陈其胸前一片空阔，了悟风月不死，先生不亡也。"可谓《赤壁赋》的绝妙注脚。

一点浩然气，千里快哉风 | 苏轼

▶ 出自苏轼《水调歌头·黄州快哉亭赠张偓佺》

　　豁达可爱的苏东坡，在黄州留下了许多故事。他在赤壁古战场怀想周郎；在用一首词闹得满城风雨时蒙头大睡；在失眠的夜晚拉上友人月下漫步；在快哉亭里挥毫泼墨、把酒临风……黄州的经历，让苏轼的精神境界、文学造诣上升到了新的高度。

　　《赤壁赋》并不是那晚产生的唯一杰作，《念奴娇·赤壁怀古》也写于此行之中：

> 一晚上写出两个流传千古的名篇！这就是神仙和我的差距吗？

　　　　大江东去，浪淘尽，千古风流人物。故垒西边，人道是，三国周郎赤壁。乱石穿空，惊涛拍岸，卷起千堆雪。江山如画，一时多少豪杰。　　遥想公瑾当年，小乔初嫁了，雄姿英发。羽扇纶巾，谈笑间，樯橹灰飞烟灭。故国神游，多情应笑我，早生华发。人间如梦，一尊还酹江月。

　　这首词，是苏轼豪放词中最广为人知的一首。很多年后的一天，苏轼问幕士："我的词和柳七比起来怎么样？"幕士回答："柳郎中词，只好合十七八女孩儿，执红牙板，歌'杨柳岸晓风残月'。学士词，须关西大汉，执铁板，唱'大江东去'。"可见，这"大江东去"，已经成了苏轼风格的代名词。

　　说回词作内容本身。《念奴娇·赤壁怀古》与《赤壁赋》共同脱胎于壬戌之秋的那次游冶之中，叙写角度却与《赤壁赋》有所不同。在《赤壁赋》中，苏轼友人的慨叹主要围绕曹操这位"横槊赋诗"的枭雄展开，而《念奴娇·赤壁怀古》中，苏轼描述的主角，却是在赤壁之战中大放异彩的东吴将领——周瑜。当年周瑜火烧赤壁，江面之上烈火熊熊，何等惊心动魄；而他指挥作战时的英姿，却又如此从容潇洒。那真是一个英雄辈出的年代。

　　苏轼说："江山如画，一时多少豪杰。"那么在如此多的豪杰之中，为什么他偏偏要选周瑜来着墨呢？其中一个原因就是，在周瑜身上，他看到了自己想要成为的样子。周瑜美姿容、精音律，多谋善断，人称"周郎"，是三国时期数一数二的风流人物；但最令苏轼向往的，是他能够得到东吴君主的全心信赖，是他能在那样年轻的时候，就能领兵作战、大破敌军。

四十七岁的苏轼，仍没忘记"会挽雕弓如满月，西北望、射天狼"的志向，面对内忧外患的大宋，他仍想为家国贡献自己的力量。可当赤壁之战的幻象从眼前消失，他又回归到无奈的现实之中，又成了那个已成戴罪之身的黄州团练副使。他只能苦笑：看看自己的样子吧，都已经长出白头发了，和意气风发的周公瑾哪里相像？最终，他只有宽慰自己：人间种种，还如一梦，公瑾与东坡，百年之后并无不同。不如就用手里的这杯酒，敬一敬江上的明月，暂且与这明月清风相伴遨游吧。

苏轼在黄州还留下了许多有趣的故事：

有一天，他约了朋友在东坡饮酒，大醉后回家，看门的童子却已经睡熟，任凭他如何敲门，都没有人应答。于是，他与朋友们乘醉走到长江边，看着波涛滚滚的大江，沉思着这半生的际遇。他想：人生在世，汲汲营营，到底是为了追求什么？倒不如乘一叶小舟，从此远遁江海，逃离世俗的好。于是，他脱口而出一阕《临江仙》，唱与众客听：

　　夜饮东坡醒复醉，归来仿佛三更。家童鼻息已雷鸣。敲门都不应，倚杖听江声。　　长恨此身非我有，何时忘却营营？夜阑风静縠纹平。小舟从此逝，江海寄余生。

歌毕，大家挥手道别，各自散去。第二天，随着朋

念奴娇·赤壁怀古

　　大江东去，浪淘尽，千古风流人物。故垒西边，人道是，三国周郎赤壁。乱石穿空，惊涛拍岸，卷起千堆雪。江山如画，一时多少豪杰。　　遥想公瑾当年，小乔初嫁了，雄姿英发。羽扇纶巾，谈笑间，樯橹灰飞烟灭。故国神游，多情应笑我，早生华发。人间如梦，一尊还酹江月。

临江仙·夜归临皋

　　夜饮东坡醒复醉，归来仿佛三更。家童鼻息已雷鸣。敲门都不应，倚杖听江声。　　长恨此身非我有，何时忘却营营？夜阑风静縠纹平。小舟从此逝，江海寄余生。

友们的讲述，这首词在当地流传开了。令人哭笑不得的是，与词句共同流传的，还有苏轼"逃跑""自杀"的传言。有人信誓旦旦地说，看到苏轼把官袍、官帽挂在了江边的树上，自己乘着小舟，长啸而去了；更有人说，苏轼应是追求心中的理想不成，愤然投水自尽了。无论哪种说法，传到当地长官耳中都很可怕：要知道，苏轼是遭朝廷贬谪下来的罪人，州里有义务看管好他，如果他失踪了，自己如何向朝廷交代呀！惊慌之下，他连忙派人前往苏轼家中查看，却见苏轼躺在床上，鼾声如雷，还没起床呢。见此情形，州长官心中也是好气又好笑：这放荡不羁的苏东坡啊，可知自己乘醉吟出的一首小词，竟引出这般满城风雨吗？

从"小舟从此逝"到"苏轼已逝"，只需要一夜。

嘿嘿

　　还有一件轶事，发生在元丰六年（1083）的深秋。这天晚上，苏轼宽衣解带正准备睡觉，忽然看到窗外月色正好，便起了夜游的兴致。秉烛夜游，本是一桩风雅之事，没有好友相伴怎么能尽兴？于是，苏轼信步走到城内的承天寺，寻找好友张怀民。让他高兴的是，张怀民也没有入睡，于是他们两人一起在月下的庭院里散步。之后，苏轼写下一篇题为《记承天寺夜游》的小文，记录这一晚的闲适美好：

元丰六年十月十二日夜，解衣欲睡，月色入户，欣然起行。念无与为乐者，遂至承天寺寻张怀民。怀民亦未寝，相与步于中庭。庭下如积水空明，水中藻、荇交横，盖竹柏影也。何夜无月？何处无竹柏？但少闲人如吾两人者耳。

生活中本不缺少美丽的景致，只是世人沉迷于功名利禄，很难有心发现它们的美。在文章最后，苏轼感叹：哪个夜晚没有月亮？哪个地方没有青竹和翠柏？只是没有像我们两个这样的闲人，能够在良夜里欣赏它们罢了。

近来，这篇文章又有了很高的话题度。有人说，张怀民当时没准已经睡着了，他是从睡梦中被苏轼硬生生拽起来的——所谓的"月下二闲人"，其实是大文豪苏轼与他的受气包朋友。然而，历史上真实的张怀民，是不是一个呼呼大睡的憨人呢？并不是。

苏轼找张怀民，为什么要去承天寺？这个信息告诉我们，张怀民在黄州没有家舍，也没有属于自己的官邸，他是借住在承天寺的，就像苏轼当年借住在定惠院一样。而考察他的人生轨迹，我们会发现，他与苏轼的遭遇十分相似——他也是因反对新法，被贬谪来到黄州的。只不过，他来的时间比苏轼要晚四年。

初来黄州时的孤独、失落、不安，苏轼都体会过。他知道，初来乍到的张怀民，心中一定也有同样的情绪。苏轼曾在深夜里忧愁难眠，他想，今日的张怀民，大概也经历着同样的痛苦。深夜邀张怀民漫步，与其说是无聊时的消遣，更像是一种陪伴与宽慰：那句"但少闲人如吾两人者耳"，苏轼是说给自己听的，也是说给张怀民听的。他在说：不要再将那些不愉快挂在心上啦，没有功名挂身，没有公务操劳，我们就这样做两个闲人，能在月下从容地漫步，也很好啊！

满庭芳·蜗角虚名

蜗角虚名，蝇头微利，算来着甚干忙。事皆前定，谁弱又谁强。且趁闲身未老，须放我、些子疏狂。百年里，浑教是醉，三万六千场。　思量、能几许？忧愁风雨，一半相妨。又何须抵死，说短论长。幸对清风皓月，苔茵展、云幕高张。江南好，千钟美酒，一曲《满庭芳》。

水调歌头·黄州快哉亭赠张偓佺

落日绣帘卷,亭下水连空。知君为我新作,窗户湿青红。长记平山堂上,欹枕江南烟雨,杳杳没孤鸿。认得醉翁语,山色有无中。　一千顷,都镜净,倒碧峰。忽然浪起,掀舞一叶白头翁。堪笑兰台公子,未解庄生天籁,刚道有雌雄。一点浩然气,千里快哉风。

过江夜行武昌山闻黄州鼓角

清风弄水月衔山,
幽人夜度吴王岘。
黄州鼓角亦多情,
送我南来不辞远。
江南又闻出塞曲,
半杂江声作悲健。
谁言万方声一概,
鼍愤龙愁为余变。
我记江边枯柳树,
未死相逢真识面。
他年一叶溯江来,
还吹此曲相迎饯。

苏轼与张怀民的友情一直延续了下去。后来,张怀民在黄州建造了一座小亭,小亭临江,位置绝妙,于亭中眺望,可览千里长江之胜景。张怀民请苏轼为小亭命名,苏轼知晓怀民心中块垒已消,于是洒脱一笑,将之命名为"快哉亭",借以彰显亭主人的豪迈气度。他还即兴赋词一首,赠与张怀民和他的快哉亭:

快哉亭此后几经兴废,现在的快哉亭是1989年在原址重建的,并且扩建成了快哉亭公园。

落日绣帘卷,亭下水连空。知君为我新作,窗户湿青红。长记平山堂上,欹枕江南烟雨,杳杳没孤鸿。认得醉翁语,山色有无中。　一千顷,都镜净,倒碧峰。忽然浪起,掀舞一叶白头翁。堪笑兰台公子,未解庄生天籁,刚道有雌雄。一点浩然气,千里快哉风。

"一点浩然气,千里快哉风",这是苏轼推崇的人生境界,也是苏轼自身的写照。孟子曾说:"我善养吾浩然之气",苏轼深以为然,故而他心中充塞着的,也是这样的"浩然之气"。正因有这一腔坦然正气,才能在面对危机、低谷时保持一颗不为外物影响的坚定内心,才能在任何时刻,都好似乘着"千里快哉风"一般地快意潇洒。

美丽的黄州,各处都留下过苏轼的身影。他在东坡的田亩之间感受生命的鲜活,在赤壁矶下的滔滔江声中悟道,在承天寺的月光里疗愈自己与友人的心灵……从一开始的"寂寞沙洲冷",到后来的"千里快哉风",在黄州的数年时光,让他的心志发生了脱胎换骨的变化,也让他的精神境界、文学造诣再次上升了一个高度。

不过，这里并不是苏轼能够终老的地方。元丰七年（1084），随着一封调令从京城发出，苏轼终将离开这座偏僻却迷人的小城。是时候与东坡、雪堂、赤壁矶和快哉亭道别了。

只缘身在此山中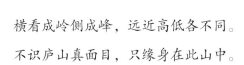

▶ 出自苏轼《题西林壁》

在庐山游览时，苏轼写下了《题西林壁》。在江宁与王安石的晤面，更令他明白了多角度看待人与事的道理。宋哲宗即位后，高太后临朝，旧党迎来了新生，苏轼却因直言上谏，主动放弃了乘风直上的机会。

离开黄州后，苏轼要前往的下一站是汝州（今河南汝州），仍是去做团练副使。可见，神宗对他的态度并没有起色。在奔赴汝州的途中，他路过九江，在庐山一带游玩了一番，并写下了一首颇具哲理的诗：

现在庐山仍有西林寺，但这是在古寺坍圮后重建的，苏轼题过诗的那面墙早已不在。

横看成岭侧成峰，远近高低各不同。

不识庐山真面目，只缘身在此山中。

从九江离开后，他又经过江宁，在此与王安石晤面。此时，王安石已退居钟山多年，苏轼也已远离政治中心，昔日针锋相对的两人，终于能够坐下来，心平气和地谈论学术与文章。苏轼对王安石讲述他新近悟到的"精、神、动、静"之理，王安石对此赞不绝口；王安石谈及苏轼诗作《雪后书北台壁》，谈论起其中所用的典故，苏轼频频点头，称赞王安石博学。苏轼还不失时机地向王安石提及，自己门下有一个叫作秦观的年轻人，文才十分了得，只是多年苦读始终考不中进士。他将秦观的诗文呈给王

北台就是超然台，这是苏轼在密州时，在超然台观雪时题的诗。

题西林壁 必背

横看成岭侧成峰，
远近高低各不同。
不识庐山真面目，
只缘身在此山中。

次荆公韵四绝

骑驴渺渺入荒陂，
想见先生未病时。
劝我试求三亩宅，
从公已觉十年迟。

安石看，王安石亦十分赏识。隔年，秦观果然中举，背后想来也有苏轼、王安石两位文坛巨人推举的功劳。

就这样，苏轼与王安石论文赋诗，在金陵度过了一段相当愉快的时光。他们甚至相约，待苏轼致仕后，也要卜居钟山，与王安石比邻而居。在与王安石的唱和诗中，苏轼说：

骑驴渺渺入荒陂，想见先生未病时。

劝我试求三亩宅，从公已觉十年迟。

当年在朝堂上，他们视彼此为政敌，互相觉得对方无比碍眼，恨不得一辈子看不见对方才好。可当二人远离权斗，放下偏见，真正了解过对方之后，他们才发现：原来他们骨子里都一样，都想为家国、为社稷谋求更好的未来，只是选择的方式有所不同。这恰恰印证了苏轼诗中的道理："不识庐山真面目，只缘身在此山中。"到了分别时，曾经相看两厌的两人又开始感伤，觉得相聚的时间实在是太短。苏轼想，如果他们了解对方的时机能再早上十年，该有多好！只可惜政见、立场阻碍了他们的交游，他们的和解，来得太晚了。

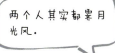

挥别王安石，苏轼继续赶赴汝州。可是很快，他随身所带的盘缠用尽了，余下的路费并不能支持一家人前行。于是，苏轼上书请求朝廷允许他在常州停留，得到批准。

就在苏轼准备在常州定居一阵时，朝中又起了变故：元丰八年（1085），神宗皇帝驾崩，宋哲宗赵煦即位，高太后临朝听政。彼时的赵煦不过十岁，还未具备统治一个强大帝国的能力，因此当时的军政大权，实际上是把控在高太后手里。与宋神宗不同，高太后坚决反对变法，她执政后不久，便起用了旧党领袖司马光，令其着手推动新法废除事宜。

高太后临朝，新党成员纷纷失势被贬谪，旧党终于有了翻身的机会。在高太后的推动下，先前因反对新法而被贬谪的苏轼、苏辙、范纯仁等人再次得到起用，纷纷被调回京中任职。苏轼回京后，便迎来了连续升迁，从礼部郎官一路直升为翰林学士，并担任小皇帝的侍读，可见高太后对他的赏识与重视。

可是，派系斗争、权力倾轧，永远是无穷无尽的。在旧党内部，也存在着各种各样的分歧。渐渐地，旧党内部划分成了三个派别，一派以洛阳人程颐为首，被称为"洛党"；一派以北方人物集团为首，被称为"朔党"；还有一派以蜀人苏轼为首，被称为"蜀党"。三党之间在政治、学术观念上有所冲突，苏轼、程颐更是互相看不顺眼：苏轼觉得程颐太古板，程颐觉得苏轼过于不拘小节，两人对于礼法、理学的看法可谓大相径庭。于是，"洛党"和"蜀党"之间的矛盾格外剧烈，时常发生互相诋毁、互相攻击之事。这便为苏轼在朝中的处境埋下了祸根。

偏偏苏轼还是个直言上谏、丝毫不怕得罪别人的人。神宗年间推行新法时，他看到新法的种种弊端，多次上书陈述新法的不当之处；如今高太后执政，司马光上台后，不由分说便将新法的所有条令全部推翻，苏轼认为，这种做法也十分

不妥。于是他毅然站了出来，向朝廷建议适当保留新法中的合理部分，并率先反对司马光废除新法中"免役法"的行为。又有一次，在为小皇帝讲学时，苏轼由祖宗《宝训》谈到如今的时事，历数当今存在的赏罚不明、军事不振等问题，对旧党执政后的种种腐败现象进行了揭露与抨击，引来了朝中一干人等的记恨。

权力场中，最难公正，真正就事论事，一心为公，才是风骨。

这下可好，本来能在高太后的荫庇下坐享旧党福利的苏轼，愣是把自己变成了所有人的"公敌"：他替新法说话，可新党并不会因此而感谢、接纳他；他抨击了旧党上台后的不当作为，又与风头正劲的"洛党"屡屡交恶，因此旧党中也难有他的容身之地。

苏轼渐渐察觉到了自身处境的险恶，而京师风云的诡谲，也让他愈发不快乐。宋哲宗元祐四年（1089），五十四岁的苏轼屡次上书，自请外调，终于得到回应：朝廷命他出知杭州。于是十五载春秋过后，苏轼再次回到了那片"淡妆浓抹总相宜"的湖山之间，与他喜爱的西湖、孤山、灵隐寺重逢了。

有情风万里卷潮来 | 苏轼

▶ 出自苏轼《八声甘州·寄参寥子》

出知杭州时，苏轼办医馆、修水利，为百姓做了许多实事。他走后，人们将他主持修建的长堤命名为"苏公堤"，以纪念他在杭州期间的作为。苏轼用真心感动了杭州的百姓，用诗句装点了杭州的湖山，这些人与这座城，将永远记得他。

回到杭州，苏轼满心都是欢喜与雀跃。在抵达杭州后所写的谢表中，他说："江山故国，所至如归；父老遗民，与臣相问。"他看到，这片秀丽的湖山、这座繁荣的城邦，仍是熟悉的样子，让他不由生出归乡一般的亲切感；更让他惊喜的是，杭州的一些父老乡亲竟还记得他，一见到他回来，便纷纷与他攀谈，询问近来的境况。

　　十五年前在杭州时，苏轼曾智斗高丽使节，保全了大宋的威仪，也曾协助当时的太守陈襄疏浚六井，解决城中居民吃水的难题。如今再返杭州，他仍不改一心为民、亲力亲为的作风，又为杭州百姓做了很多好事：

　　杭州遭遇大旱，饥荒、瘟疫并生，苏轼向朝廷上书，请求减少本地上供米粮的数量，以此减轻百姓负担；同时，他向下调整米价，让人们都能吃得起粮食。他还做了很多米粥和汤药，让官吏、医师们到各街各坊中去，一边分发米粥，一边治病救人，很多人的性命因此得到保全。他又集中多余的公款，连同自己囊中的金银一起，建起了一座病坊，专门为百姓们看病，供给钱粮。这座病坊一直运作了很多很多年。

　　杭州水系交错，河湖众多，如何与水相处，是这座城市的生存之本。苏轼着力解决的，就是诸多与水有关的问题。

　　首先是维护水井。杭州近海，水泉咸苦，并不适合饮用，直到唐时，刺史李泌主持开凿六座水井，引清甜的西湖之水入井，这才解决了杭州居民饮水的难题。但水井容易发生淤塞，需要不断疏浚，这样才能保障日常使用。十五年前，老太守陈襄曾主持清理六井，可它们后来又被淤泥堵塞；苏轼出任太守后，重新疏浚、修缮六井，又在北郊军队驻地新开凿了两口水井，让人们再次享用到了甘洌、清澈的井水。

　　苏轼还主持疏浚了运河。杭州原本有两条运河，一条叫作茅山河，通着钱塘江；另一条叫盐桥河，自西湖而起，穿城而过。两条河在城北相接。钱塘江与东海相连，海潮时常裹挟着泥沙倒灌入江，再流入茅山河之中，致使河道经常淤塞，连带盐桥河的水质也受到污染。在苏轼到来之前，当地官府也曾组织过疏浚运河，可一来方法不对，二来总有官吏以权谋私，结果无法根治祸患不说，反而劳民伤财，让运河附近的居民叫苦不迭。

苏轼在水利上真有一手！

苏轼上任后，马上着手解决运河之患：他高效调集了千余名兵士，又采取以工代赈的方式，发动了数千名民工，大家齐心协力，很快便将两条运河彻底疏通。苏轼还在两河交汇之处修建了一座堰闸，将易受海潮污染的茅山河与盐桥河分隔开来，让穿城而过的盐桥河保持清澈洁净，成为百姓们稳定的用水来源。工程竣工后，杭州百姓欢欣鼓舞，都为运河问题得到彻底解决而感到由衷高兴。

看到百姓们快乐的样子，苏轼也高兴地笑了。可他随即又想到，还有另一

个关于"水"的问题没解决，那就是疏浚西湖。在人们印象里，西湖似乎永远是碧波荡漾的样子，以至于他们忽略了：西湖，也是需要治理、维护的。苏轼到任时，西湖的情况已经岌岌可危：由于多年疏于清理，已经有将近一半的湖面被淤泥填塞，上面长满了葑草。如果任由湖面萎缩，那么当地的居民饮水、运河通航和农田灌溉势必都要受到影响。着手疏浚西湖，已是刻不容缓了。

说干就干，这是苏轼的行事风格。很快，他便调集人力，开始进行铲除淤泥、清理葑草的工作。可西湖中的淤泥如此之多，将它们清理出来之后，又该堆放在哪里呢？苏轼环顾湖面，有了一个好主意。原来，西湖南北距离三十里，没有能直线通行的方法，行人要从湖的南端前往北端，只能绕湖而行，走上一整天都到不了目的地。苏轼想，如果能将挖出的淤泥筑成一道纵贯南北的长堤，既让这些淤泥有了用处，又方便了行人往来，岂不是一举两得？

经过苏轼与杭州军民的共同努力，数月后，曾饱受淤塞之苦的西湖，焕发了崭新的面貌：湖上的葑草不见了，万顷碧波在微风中荡漾，是那样清澈，那样明媚；湖面上新起了一座长堤，它静静地伏在浩渺的湖水之上，如一条出水的长龙一般，气势非凡。堤上建有六座石桥，名为映波、锁澜、望山、压堤、东浦、跨虹，为长堤增添了一抹婉约色彩。人们在堤上种满了绿柳与芙蓉花，每到春暖花开时，堤上花团锦簇，远远望去，如一幅绚烂的图画。后来，人们感念苏轼的种种作为，于是将他主持修建的长堤命名为"苏公堤"，与白居易的"白公堤"相映成趣。南宋时，"苏堤春晓"被列为"西湖十景"之首，苏轼的名字，与西湖的无边风月一起，被世人传诵至今。

苏轼在杭州仅待了一年多，但这短暂的一段时光，

八声甘州·寄参寥子

有情风万里卷潮来，无情送潮归。问钱塘江上，西兴浦口，几度斜晖？不用思量今古，俯仰昔人非。谁似东坡老，白首忘机。记取西湖西畔，正春山好处，空翠烟霏。算诗人相得，如我与君稀。约他年、东还海道，愿谢公雅志莫相违。西州路，不应回首，为我沾衣。

木兰花令·次马中玉韵

知君仙骨无寒暑，千载相逢犹旦暮。故将别语恼佳人，欲看梨花枝上雨。落花已逐回风去，花本无心莺自诉。明朝归路下塘西，不见莺啼花落处。

苏公堤

董嗣杲

青红一线界沙堤，
日日香风逐马蹄。
三月桃花无浪起，
六桥柳色有莺啼。
官亭飞盖春相接，
酒舍收旗晚自迷。
游子岂知坡老意，
两山长拥夕阳西。

已足够精彩、足以不朽。苏轼留在了杭州的城市记忆里，而杭州，也深深烙印在了苏轼的心里。在一次次的操劳奔走中，在一个个工程的策划实施中，他与当地的百姓、兵士、劳工结下了深深的情谊。他从不以高高在上的长官自居，如果要他自己定义的话，他更愿意说自己是百姓的守护者、同行者，是来帮助他们解决问题的好朋友。他为杭州贡献了智慧与心血，而杭州百姓则报以信任、爱戴和真诚的笑容。与他们相处的日子里，苏轼从他们身上感受着温暖，感受着生命的活力——那是在冰冷的京城感受不到的东西。

离开杭州前，苏轼写词寄予好友参寥子，词中屡屡提及杭州风物，钱塘江上的夕阳、西湖畔的烟雨，都让他无比眷恋：

有情风万里卷潮来，无情送潮归。问钱塘江上，西兴浦口，几度斜晖？不用思量今古，俯仰昔人非。谁似东坡老，白首忘机。记取西湖西畔，正春山好处，空翠烟霏。算诗人相得，如我与君稀。约他年、东还海道，愿谢公雅志莫相违。西州路，不应回首，为我沾衣。

这既是对好友、对杭州的道别，也是对未来重逢的期许。"谢公雅志相违"，讲的是东晋谢安东山再起后，念念不忘归隐之志，却病死于西州城门，终究未能实现归隐的心愿。苏轼是在借这一典故，对朋友参寥子说：我一定不会和谢安一样，让老朋友为我痛哭于西州门下。待到他年，我会如约归来，退隐湖山，与你相见。

此心安处是吾乡 苏轼

▶ 出自苏轼《定风波·南海归，赠王定国侍人寓娘》

宋哲宗掌权后，大力贬抑旧党，苏轼愈发无法在朝中容身。五十九岁时，他流落到了惠州。多年的仕途波折，让他能够淡看人生风雨，他以"此心安处是吾乡"为处世原则，在惠州过着从容、乐观的生活。

岁月不居，离开杭州后，苏轼继续奔波在茫茫命途之上。他被召回朝中，可很快便引发了新一轮的攻讦，为了规避祸患，他再次请求外调，出为颍州知州。不久后，他又改知扬州，在这些地方，他治水患、擒盗贼，为百姓做了不少实事。

可朝堂风波仍未停歇，新旧党派之争很快又迎来了新的变局。元祐八年（1093），高太后去世，十八岁的宋哲宗赵煦正式接掌军政大权。彼时的赵煦，已不是那个在苏轼指导下认真读书的孩童，这位成长于高太后的阴影之下、被群臣冷落忽视的年轻皇帝，已经养成了极端、孤戾的性格，他对高太后及旧党群臣深恶痛绝，甚至高太后死后，他都要暗中唾骂其"老奸擅国"。高太后反对变法，在她死后，宋哲宗偏偏就要逆着她来：他要将高太后赏识的旧党人全部驱逐出京，将屡遭太后排挤的新党人召回来，成为他的心腹。他要恢复变法，让天下人看看，谁才是大宋江山的主人。

久在朝中的苏轼，十分明白"一朝天子一朝臣"的道理。高太后去世后不久，他便再次上书自请外放，到定州去做了知州。苏轼希望能在激荡的政局中明哲保身，可初掌大权的哲宗、死灰复燃的新党却不打算放过他。在他们的连环施威下，苏轼被一贬再贬，最终以宁远军节度副使安置惠州（今广东惠州）。惠州地处岭南，在当时被认为是蛮荒之地，北宋建立以来，有不杀文臣的惯例，将臣子贬谪去岭南，已是最为严重的惩罚之一。苏轼被贬去惠州，足以见得哲宗皇帝对旧党群臣的切齿之恨。

此时的弟弟苏辙，也被哲宗一贬再贬。

哲宗绍圣元年（1094），苏轼动身前往岭南。考其

行香子·述怀

清夜无尘。月色如银。酒斟时、须满十分。浮名浮利，虚苦劳神。叹隙中驹，石中火，梦中身。　　虽抱文章，开口谁亲？且陶陶、乐尽天真。几时归去，作个闲人。对一张琴，一壶酒，一溪云。

过大庾岭

一念失垢污，
身心洞清净。
浩然天地间，
惟我独也正。
今日岭上行，
身世永相忘。
仙人拊我顶，
结发授长生。

舟行至清远县，见顾秀才，极谈惠州风物之美

到处聚观香案吏，
此邦宜著玉堂仙。
江云漠漠桂花湿，
海雨翛翛荔子然。
闻道黄柑常抵鹊，
不容朱橘更论钱。
恰从神武来弘景，
便向罗浮觅稚川。

心迹，却是从容淡定，不见怨怼之色。早在先前，他便有"谁似东坡老，白首忘机""浮名浮利，虚苦劳神"的词句，词中透露的，是他淡看尘世、高出世俗之意。苏轼早就预料到自己如今的遭遇，又已萌生退隐之心，因此当风浪真正来临时，他能以一颗淡然的心接受残酷的现实。或许在此时的苏轼眼里，朝廷的态度、官位的升降，都不如过好眼前的生活重要，他更关心的是：惠州是个怎样的地方，有没有好吃的东西啊？

那一年的秋天，苏轼翻越大庾岭，正式进入岭南境内。途经清远（今广东清远）时，他遇到一位姓顾的秀才，便问顾秀才：惠州当地的风土民情怎么样？苏轼本以为，对方会答以"瘴疠""蛮夷"一类的话，可谁料，秀才一开口，便是发自内心的赞美。顾秀才说：惠州真是个民风淳朴的地方啊，人们都有着虔诚的信仰，处处都有人在香案前参拜；那里的风景也很美，即使是白玉堂上的仙人，也会忍不住在这里定居。那里靠着江水，江上云雾茫茫，江边的桂花凝结着露珠；那里濒临大海，海上雨水纷纷，沾湿了岸旁的荔枝，让这些可爱的果实更显得色红如火。那里还生长着很多黄柑与朱橘，在那里吃这些水果，简直不需要钱……一番话，听得苏轼开怀大笑，挥别顾秀才后，他当即写下了一首诗，记录这次愉快的交谈：

　　到处聚观香案吏，此邦宜著玉堂仙。

　　江云漠漠桂花湿，海雨翛翛荔子然。

　　闻道黄柑常抵鹊，不容朱橘更论钱。

　　恰从神武来弘景，便向罗浮觅稚川。

当苏轼真正到达惠州后，那里的风物民情也没有让他失望。听说名动天下的苏东坡要来，惠州父老互相搀

扶着、簇拥着，出城来迎接他。苏轼感动不已，他想：这哪像是个陌生的地方，简直温暖得像我曾来过一样！

苏轼在惠州时，仍然颇有政绩，惠州百姓对他十分爱戴。而他在惠州时最令人钦佩的，则是那种将洒脱、淡泊贯彻到底的风度。

元祐年间，当苏轼还在京中时，曾与一位名叫王巩的友人相会。王巩曾跟着苏轼学写文章，苏轼横遭乌台诗案之祸时，王巩受到牵连，被贬谪到了岭南地区的宾州（今广西宾阳），其家中歌儿柔奴随之前往。高太后执政后，王巩与柔奴得以北归，在汴京与苏轼重逢，苏轼即成一阕《定风波》赠予二人，夸赞他们的不屈精神：

> 常美人间琢玉郎，天应乞与点酥娘。尽道清歌传皓齿，风起，雪飞炎海变清凉。　万里归来颜愈少，微笑，笑时犹带岭梅香。试问岭南应不好，却道，此心安处是吾乡。

定风波·南海归，赠王定国侍人寓娘

> 常美人间琢玉郎，天应乞与点酥娘。尽道清歌传皓齿，风起，雪飞炎海变清凉。　万里归来颜愈少，微笑，笑时犹带岭梅香。试问岭南应不好，却道，此心安处是吾乡。

作品
WORKS

食荔枝二首，并引（其二）

罗浮山下四时春，
卢橘杨梅次第新。
日啖荔枝三百颗，
不辞长作岭南人。

苏轼是在对王巩说：真羡慕你这个多情的"琢玉郎"啊，上天赐予你一个灵心绣口的"点酥娘"，也就是你身边这位不离不弃的柔奴。他又转而对柔奴说：从岭南万里归来，怎么你看起来却愈发年少、容光焕发了呢？想必是内心踏实、舒畅的缘故吧！你是与大庾岭上的梅花一般风骨清绝的女子，我问你岭南的风物是否恶劣，你却回答我说："此心安处，便是吾乡。"

好一句"**此心安处是吾乡**"！这几个字，由柔奴绣口道出，又被东坡妙笔写入词中，从此成了天下传诵的格言。人生在世，如飘忽独行的一叶扁舟，何必分什么他乡与故乡？只要是能令人心安的地方，便将其认作故乡又何妨！

柔奴这句话，其实很质朴，苏轼写进词里，却又妙又点睛，细嚼有味道。

写下这首《定风波》之时，苏轼仍是备受高太后青睐的朝中重臣，因此在旁人看来，这"此心安处是吾乡"的体悟，多少带些隔岸观火的意味。可多年之后，当苏轼也被一纸诏书贬去岭南，他终究是用实际行动证明了，他苏东坡就是能做到这样洒脱淡泊，这样随遇而安。

岭南暑热难耐，他却说这里的荔枝实在是太好吃了，如果能天天吃到这样美味的荔枝，他不介意一直在这里待下去，做个彻头彻尾的岭南人：

罗浮山下四时春，卢橘杨梅次第新。

日啖荔枝三百颗，不辞长作岭南人。

常人被贬谪到这样偏僻的地方，难免忧思缠绵，只怕是连觉都睡不着。而苏轼呢，不仅吃得好、睡得香，还能有闲情写诗调侃说，我正在这里美滋滋地睡觉呢，还

请道人们敲钟的时候轻一些，不要吵醒我哟：

> 白头萧散满霜风，小阁藤床寄病容。
>
> 报道先生春睡美，道人轻打五更钟。

惠州盛产水果，这让苏轼欣喜；但在肉食方面，可就不尽如人意了。但这没关系，因为苏轼有自己的解决办法。买不到大块羊肉，他就买来羊脊骨，剔脊骨间的碎肉来吃，为此，他又发明了一套烹饪方法，还特意写信给弟弟苏辙"炫耀"：

这是大宋版羊蝎子。

哈哈

> 骨间亦有微肉，熟煮热漉出。不乘热出，则抱水不干。渍酒中，点薄盐炙微燋食之。终日抉剔，得铢两于肯綮之间，意甚喜之，如食蟹螯。

可是，苏轼越是对恶劣处境不在乎，那些想打击他的人就越是恼羞成怒。他们想：你苏轼不是自命甚高吗？被贬到岭南了、什么都不是了，你应该痛哭流涕才对呀？他们觉得，这一定是对苏轼的惩罚还不够的缘故。他们开始筹划将苏轼贬去更苦、更远的地方，如果贬谪岭南不能使苏轼屈服，那么干脆将他驱逐出陆地，赶到沧海之南。

纵 笔

> 白头萧散满霜风，
> 小阁藤床寄病容。
> 报道先生春睡美，
> 道人轻打五更钟。

雨中花慢·嫩脸羞蛾

> 嫩脸羞蛾，因甚化作行云，却返巫阳。但有寒灯孤枕，皓月空床。长记当初，乍谐云雨，便学鸾凰。又岂料、正好三春桃李，一夜风霜。　丹青如画，无言无笑，看了漫结愁肠。襟袖上，犹存残黛，渐减余香。一自醉中忘了，奈何酒后思量。算应负你，枕前珠泪，万点千行。

连雨江涨二首（其一）

> 越井冈头云出山，
> 牂牁江上水如天。
> 床床避漏幽人屋，
> 浦浦移家蜑子船。
> 龙卷鱼虾并雨落，
> 人随鸡犬上墙眠。
> 只应楼下平阶水，
> 长记先生过岭年。

别海南黎民表

我本儋耳人，寄生西蜀州。
忽然跨海去，譬如事远游。
平生生死梦，三者无劣优。
知君不再见，欲去且少留。

知君仙骨无寒暑，千载相逢犹旦暮

爌軾

▶ 出自苏轼《木兰花令·次马中玉韵》

　　苏轼在惠州怡然自得的态度，让新党恼羞成怒。诏书令下，苏轼被贬谪到了碧海之南的儋州。苏轼将中原地区的生产生活经验传授给儋州百姓，并在这里种下了教育的种子，而他自己也将儋州视为另一个故乡。六十六岁时，苏轼死于北还途中。政敌的污蔑，无法歪曲人们心中苏轼的形象。在他去世后，人们还将吟诵着他的诗篇，永远怀念他。

　　绍圣四年（1097），朝廷将苏轼贬为琼州别驾，安置昌化军（今海南儋州），命其即刻前往儋州。若说贬谪岭南已是严重的惩罚，那么被贬去海南岛，则是破天荒的极罚，其性质之恶劣，不亚于流放。

那年炎夏，六十二岁的苏轼在苏辙的谪所——雷州（今广东雷州）与弟弟告别后，携幼子南下渡海。当时正逢连日风雨，渡海之行凶险万分，可坐在随风浪起起伏伏的船中，苏轼的心境，却是一派淡然。他所效忠的朝廷降给他至为严厉的处罚，而他却回以一颗淡定包容的心，将他的真诚与博爱施予百姓，在偏僻荒凉的儋州，种下了一颗颗希望的种子。

他在儋州兴办学堂、教书育人，让这个被视为"非人所居"的地方，从此有了文脉的传承；他亲自采摘、配制草药，治疗当地百姓的疟疾，让人们免受这种病痛的侵扰；他教百姓们开垦荒地、种植作物，让他们能吃饱穿暖，再也不用以狩猎为生……儋州百姓爱戴他，与他相处得亲密无间，而他也将儋州视作心安之所，将它作为自己的另一个故乡。

三年后，哲宗去世，徽宗即位，大赦天下，苏轼也迎来内迁，移官至廉州（今广西廉州镇）。他从儋州离开时，前来相送的百姓摩肩接踵、络绎不绝，他们都舍不得苏轼离开。苏轼在送别诗中动情地写道："我本儋耳人，寄生西蜀州。忽然跨海去，譬如事远游。"这是在说：我本就是一个海南人啊，只是偶然降生在了西蜀州，此去渡海北上，不是返回家乡，而是从故乡出发，乘舟远游……

苏轼北还时，又是一个夏天，青空碧海仍是那样澄澈，与来时所见一般无二。在北上的客舟中，苏轼见到了令他永生难忘的景象。他看见，密布的乌云终于散开了，月色与星光洒在海面上，那样迷人，那样多情。那一刻，他仿佛成了"乘桴浮于海"的孔夫子，又好像听见了轩辕黄帝在洞庭湖边奏乐的声音。在广阔的天幕之下，无垠的沧波之上，他忘却了所有的尘世杂想，只是静静地坐在那里，与天地万物、古今圣贤遥遥神交。他说："九死南荒吾不恨，兹游奇绝冠平生。"

西江月·黄州中秋

世事一场大梦，人生几度秋凉？夜来风叶已鸣廊。看取眉头鬓上。　酒贱常愁客少，月明多被云妨。中秋谁与共孤光，把盏凄然北望。

六月二十日夜渡海

参横斗转欲三更，
苦雨终风也解晴。
云散月明谁点缀？
天容海色本澄清。
空余鲁叟乘桴意，
粗识轩辕奏乐声。
九死南荒吾不恨，
兹游奇绝冠平生。

过海得子由书

经过废来久，
有弟忽相求。
门外三竿日，
江关一叶秋。
萧疏悲白发，
漫浪散穷愁。
世事江声外，
吾生幸且休。

他不怨恨命运，也不怨恨政敌。如果他一辈子安安稳稳地待在京中，那么他永远不能拥有这般奇绝的经历，永远无法成为今天这个嬉笑怒骂、快意人生的苏东坡。上天赐予他举世无俦的灵心慧眼，如果不曾见过神州各处的风花雪月，他的人生该多么无趣、寂寞；如果他不曾在贬谪期间写下那些旷世奇作，我国的文学史上，又将消去多少颜色！

苏轼最终没能回到京城，在北上还朝的途中，因病死于常州。而在他身后，旧党并未因哲宗驾崩而迎来春天。他们被扣上了新的名号——"元祐奸党"，在投机派领袖、权相蔡京的运作下，司马光、苏轼、苏辙等人的名字被刻在《元祐党籍碑》上，昭示于皇城端礼门外，向天下人昭告着他们的"罪行"。

可苏轼会在意这些吗？他不会。他早已不再惧怕污蔑与迫害，更何况何为忠、何为奸，其中的分辨，从不是仅凭一家之言。政敌说他是奸党，但在朝堂之外的万里河山，他所踏过的每一寸土地，都是无声的怀念与辩白。

超然台上明月高悬，每到中秋之夜，总有人吟诵"千里共婵娟"，他曾醉饮吟啸过的密州，不会忘记他；赤壁矶下江水滔滔，往来者莫不知晓"大江东去"，他曾躬耕结庐过的黄州，不会忘记他；六桥烟柳年年如旧，苏公堤上繁花

盛放，他曾精诚效力过的杭州，不会忘记他；罗浮山下四时流转，碧海之南书声琅琅，他曾抚须笑看的惠州、儋州，不会忘记他。

"风月不死，先生不亡。"人们喜爱的东坡先生去了哪里？——他变成了吹过古战场的风，变成了照耀远行人的月，变成了苏堤上的春花与冬雪，变成了钱塘江上的万古斜阳。他变成了人们脚下的东坡路、头上的东坡帽，变成了房前屋后的东坡桥、东坡井、东坡田，他以另一种方式，陪伴在那些他所关切的百姓身边。

很多年前，他曾在写给弟弟的诗中说："人生到处知何似，应似飞鸿踏雪泥。泥上偶然留指爪，鸿飞那复计东西。"是言人生之漂泊不定、匆匆无常。可当他真正以惊鸿之姿飘然而去时，他留给人间的，是比那寥寥几个"雪泥鸿爪"更丰富、更深刻的东西。"坡仙"离开了，可他又好像处处都在。他来过人间一趟，人间将永远流传着他的传说。

和子由渑池怀旧

人生到处知何似，
应似飞鸿踏雪泥。
泥上偶然留指爪，
鸿飞那复计东西。
老僧已死成新塔，
坏壁无由见旧题。
往日崎岖还记否，
路长人困蹇驴嘶。

自题金山画像

心似已灰之木，
身如不系之舟。
问汝平生功业，
黄州惠州儋州。

吟啸徐行

你还记得，第一次读苏轼是在什么时候吗？

我至今记得，二十多年前，在小学二年级的一节语文课上，我紧张地攥着红色的《中华古诗文读本》，向老师背诵着《记承天寺夜游》。背着背着，我的紧张情绪被文章中优美的语句化解了，我仿佛进入了苏轼笔下那个静谧的秋夜之中。"何夜无月？何处无竹柏？但少闲人如吾两人者耳。"那大概是我第一次声情并茂地吟诵一篇古文，而非机械性地背诵——而开启这一切的，是苏东坡文字的魔力。

十五年前，我上初中，不经意间读到苏轼的《蝶恋花》："花褪残红青杏小。燕子飞时，绿水人家绕。枝上柳绵吹又少，天涯何处无芳草。墙里秋千墙外道。墙外行人，墙里佳人笑。笑渐不闻声渐悄，多情却被无情恼。"在那个青春的年纪里读到这首青春洋溢的小词，是多么美好的事。

十年前的一个雨天，我在川大的古代文学课堂上昏昏欲睡时，忽然听教授讲道："天涯倦客，山中归路，望断故园心眼。燕子楼空，佳人何在，空锁楼中燕。古今如梦，何曾梦觉，但有旧欢新怨。"何其惊艳。刹那间，我睡意全无。

七年前，我在美国读研，临近中秋，很想家。我翻开手边的诗词译本，余光瞥到"Tower of the Swallows"——燕子楼，正是那首《永遇乐·彭城夜宿燕子楼》的英译版。在他乡的夜晚与一首钟爱的词重逢（尤其是当它被翻译成另一种语言时），这种感觉相当奇妙。我反刍着"旧欢新怨"中蕴含的哲理，又想着这首词会带给异国读者怎样的感受，在阅读和遐想中，我度过了那个难熬的夜晚。

苏轼的作品，贯穿了他的一生，也串联起了我们的人生。如今，当我用那些熟悉的诗词与文章编织出苏东坡的生平，存储在它们之中的记忆仿佛活过来一样，让我回想起了人生中的那么多个时刻。这些作品就像东坡本人一样，永远通透从容、永远善解人意，总会有那么一刻，在某个特定的人生节点，你看到他的词，就仿佛它们是你自己的心声，替你说出了那些想说却说不出的话。

人生已多风雨，何不在东坡词的陪伴下，吟啸且徐行？我想，这是苏轼词千年长青的魅力所在。

南宋行在

宋代因袭旧制，称皇帝行幸所至地为"行在"。宋高宗赵构建炎元年（1127）在南京即位后，为避金兵进攻，以巡幸为名，先后流亡至扬州、平江府（今江苏苏州）、杭州、建康府（今江苏南京）、绍兴府（今浙江绍兴）等地，均以"行在"名之。其间，建炎三年（1129）二月驻跸杭州时，诏以为行宫。七月，升杭州为临安府。绍兴八年（1138），正式以临安府为都城，仍称为"行在"。

参考资料

《中国大百科全书（第一版）》，词条：北宋四京与南宋行在（本段为原文）。

宰相、副宰相：

五代至宋神宗以前，在三省（中书、门下、尚书）之外，另设中书内省于禁中，作为宰相的办事机构，谓政事堂，又称中书门下。以"同中书门下平章事"为宰相，"参知政事"为副宰相。宋神宗元年改制后，恢复三省制，以尚书左、右仆射为宰相，分兼门下、中书侍郎之职。至孝宗时，改左、右仆射为左、右丞相，统领中书省，尚书省只领六部，奉命执行政务而已，废门下省。宋沿五代，设枢密院为最高军事机关，其长官枢密使、副使与参知政事均称执政官，与宰相同为宰职。

知州：

宋代官名。宋太祖赵匡胤建立北宋之后，为加强中央集权，防止唐五代时期藩镇割据的局面重演，规定诸州刺史直接向朝廷奏报和接受诏令，节度使不得干预除所驻州之外（所谓支郡）的政务。后来，逐步派遣京官（文臣）接替刺史管理州务，称"权知某州州军事"，简称知州。宋太宗年间，尽罢天下节镇所领支郡，从此全国诸州直辖于中央。在口头语或文学作品中，知州也被称为"太守"。

通判：

宋代官名。宋初，为制衡各地权势过大的藩镇，乃派朝臣通判府、州的军事，和地方主官共同管理政事或职掌兵民狱讼，但实际上亦负有考察知府或知州忠贞程度的任务。地位略次于知州，但握有连署州府公事和监察官吏的实权，号称监州。

正文所涉常见官职

参考资料

《中国大百科全书（第一版）》，词条：府、州、军、监。

《中国大百科全书（第一版）》，词条：中国古代宰相制度。

《国语辞典》，词条：通判。

宋代行政区划

参考资料

《中国大百科全书
（第一版）》，词条：府、
州、军、监（有关"府"
的表述段为原文）。

宋代行政区划分为府、州、军、监。其中，"设府者体制较尊""州郡之名，莫重于府"。府有京府、次府之分，京府为首都或陪都所在地。

北宋四京

为了应对战争威胁，北宋于首都之外再设陪都。北宋共有四个都城：东京开封府、西京河南府、南京应天府和北京大名府。它们被称为"京府"，其余府皆为"次府"。

东京开封府：

宋初沿五代旧治，以开封府（今河南开封）为东京。开封是北宋的首都，是全国政治、经济和文化中心。在文学作品中，开封府也被称为"汴京""大梁""汴梁""汴州"，皆为俗称或古称。

西京河南府：

宋初沿五代旧治，以河南府（今河南洛阳）为西京。西京是陵寝所在地、重要的经济文化中心。

南京应天府：

宋太祖赵匡胤为后周归德军节度使时，藩镇所在地为宋州（今河南商丘）。宋真宗年间，以宋州为帝业肇基之地，升为应天府，后建应天府为南京。

北京大名府：

宋仁宗年间，为方便抗击契丹，经宰相吕夷简奏请，大名府（今河北大名）被建为陪都北京。

参考资料

《中国大百科全书
（第一版）》，词条：北
宋四京与南宋行在。

1 韦鸿胪
炙烤茶饼用的烘炉

2 木待制
炙茶后，将茶捣碎的茶臼

3 金法曹
捣碎后的碎茶，再用茶碾进一步碾细碎

4 石转运
将碾碎的细茶，磨成茶粉的小石磨

5 罗枢密
将磨成茶粉筛得均匀的罗筛

宋代茶事十二先生

　　唐代茶圣陆羽著《茶经》，明确出品茶的流程、礼仪。至宋代，茶文化已经从唐代的煎茶，发展成了点茶，茶事更成为文人、贵族阶层的雅趣。人们将茶事中会用到的十二种工具拟人成"十二先生"，根据它们的材质、功能配上雅称、姓名，甚至还有字号。

　　如"韦鸿胪"，鸿胪是烘炉的谐音，茶炉多围盖竹编，谐音韦姓。葫芦做的水瓢取胡姓，丝质的茶巾取司姓。转运、枢密、员外、提点、从事都是官职的简称，又正好与它们的功能相符。如汤提点，提点是宋代官职"提举点检"的简称，而汤瓶的用法正是提瓶点茶，谓其"提点"再合适不过。茶盏和盏托是搭配使用的，故而分别成为宝文与密阁宝文置于密阁内。

　　唐宋时期的茶不是如今常见的散茶，而是将茶做成小茶饼。宋代点茶时，先将茶饼微炙出香，可使茶饼更方便研磨，然后依次用茶臼、茶碾、茶磨，从粗到细研磨，直至茶饼成为茶粉，而后将茶粉过筛备用。宋代的茶盏多用黑色的建州窑，有经典的兔毫纹，色深壁厚更能保温。点茶时，先用汤瓶以温水将茶盏温热，而后取茶粉，注入温水，以茶筅调成均匀无结块的茶膏，再加水用茶筅击拂茶汤，反复进行这个过程，将茶汤从大泡泡打成绵密均匀、轻盈厚实的白色浮沫。因注水次数不同，宋代点茶分为三汤法、七汤法，即分别注入三次、七次水。七汤点茶法制出的茶汤味道更加浓郁，也更考验技术，宋徽宗所著的《大观茶论》中，详细记录了七汤点茶的过程。茶汤咬盏之后可以用清水或茶膏在茶汤上作画，即如笔墨在纸上写画，这就是"茶百戏"。文人雅士斗茶既比试茶汤成色口味，又比试茶百戏的艺术性。

★注：汤提点、陶宝文、竺副师三种工具并用，漆雕密阁、胡员外、司职方、宗从事为按需使用。

6 汤提点
点茶时注汤用的汤瓶

7 陶宝文
喝茶用的茶盏

8 竺副师
点茶时，用于击拂茶汤的茶筅

9 漆雕密阁
盛茶盏用的盏托

10 胡员外
量水用的水杓

11 宗从事
清茶用的茶帚

12 司职方
清洁茶具用的茶巾

诗人事件		金陵 出生、登基		汴京 被俘虏、去世	
年龄	1			40	42
年份对应	937年			976年	978年

宋太祖 960—976　　宋太宗 976—997

《破阵子·四十年来家国》
四十年来家国，三千里地山河。
凤阁龙楼连霄汉，玉树琼枝作烟萝。
几曾识干戈？

《浪淘沙·往事只堪哀》
金锁已沉埋，壮气蒿莱。
晚凉天净月华开。
想得玉楼瑶殿影，空照秦淮。

《相见欢·林花谢了春红》
林花谢了春红，太匆匆。
无奈朝来寒雨晚来风。
胭脂泪，相留醉，几时重。
自是人生长恨水长东。

《忆江南》
多少恨，昨夜梦魂中。
还似旧时游上苑，车如流水马如龙。
花月正春风。

《虞美人·春花秋月何时了》
春花秋月何时了，往事知多少？
小楼昨夜又东风，
故国不堪回首月明中。

汴京

起

金陵

《渔父》二首
一壶酒，一竿纶，
世上如侬有几人？

《玉楼春·晚妆初了明肌雪》
晚妆初了明肌雪，
归时休放烛花红。
待踏马蹄清夜月。

《菩萨蛮·花明月暗笼轻雾》

《菩萨蛮·蓬莱院闭天台女》

《渡中江望石城泣下》
江南江北旧家乡，
三十年来梦一场。

李煜行迹图

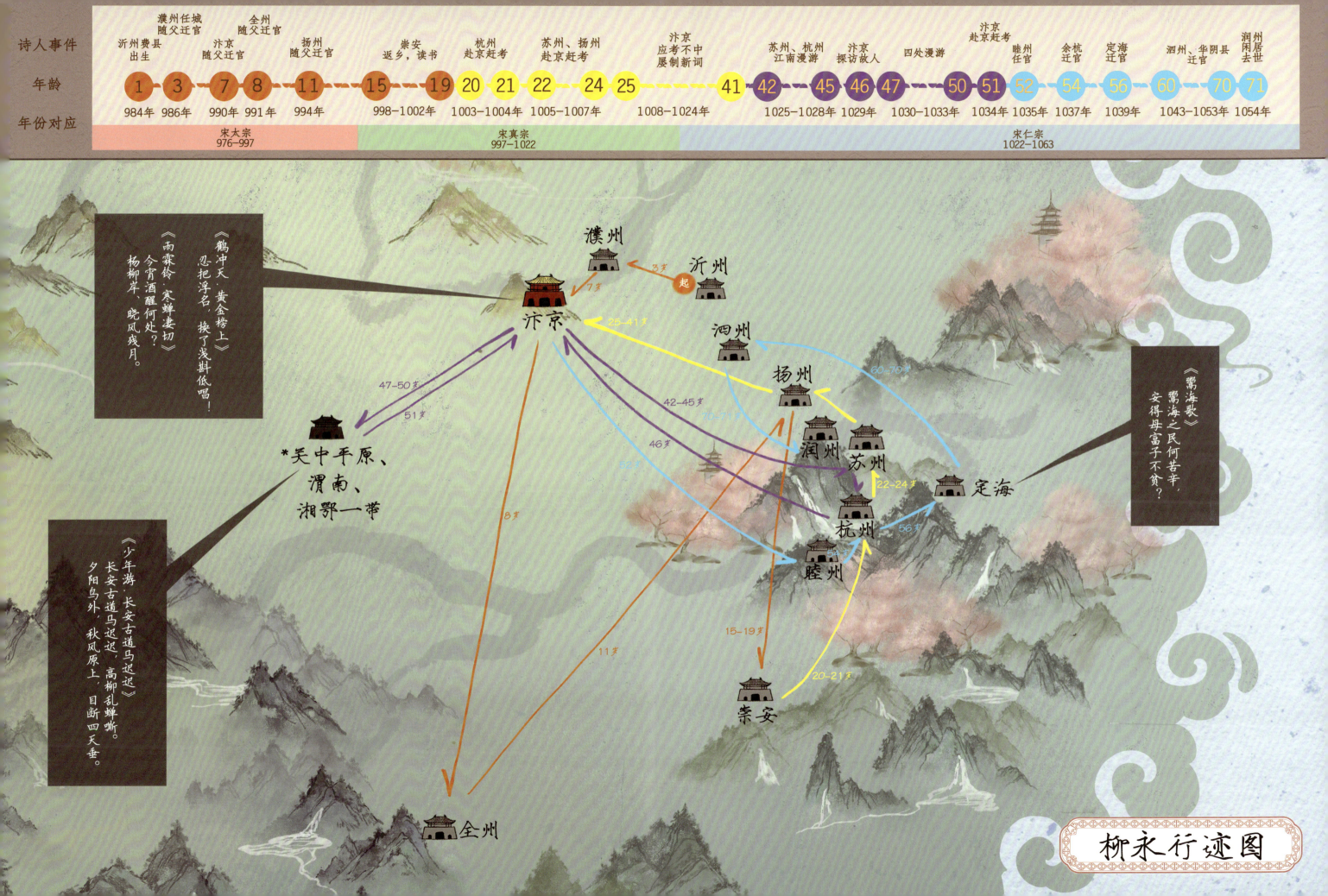

柳永行迹图

诗人事件	沂州费县出生	濮州任城随父迁官	汴京随父迁官	全州随父迁官	扬州随父迁官	崇安返乡,读书	杭州赴京赶考	苏州、扬州赴京赶考	汴京应考不中屡制新词	苏州、杭州江南漫游	汴京探访故人	四处漫游	汴京赴京赶考	睦州任官	余杭迁官	定海迁官	泗州、华阴县迁官	润州闲居去世
年龄	1 3	7 8	11	15 19	20 21	22 24	25	41	42	45 46 47	50 51	52 54	56	60 70 71				
年份对应	984年 986年	990年 991年	994年	998-1002年	1003-1004年	1005-1007年	1008-1024年		1025-1028年	1029年	1030-1033年	1034年	1035年 1037年	1039年	1043-1053年	1054年		
	宋太宗 976-997			宋真宗 997-1022				宋仁宗 1022-1063										

《鹤冲天·黄金榜上》忍把浮名,换了浅斟低唱!

《雨霖铃·寒蝉凄切》今宵酒醒何处?杨柳岸、晓风残月。

《少年游 长安古道马迟迟》长安古道马迟迟,高柳乱蝉嘶。夕阳鸟外,秋风原上,目断四天垂。

《鬻海歌》鬻海之民何苦辛,安得母富子不贫?

濮州　沂州(起)　汴京　泗州　扬州　润州　苏州　定海　杭州　睦州　崇安　全州

*关中平原、渭南、湘鄂一带

3岁　7岁　25-41岁　47-50岁　51岁　42-45岁　70-71岁　46岁　8岁　52岁　22-24岁　56岁　60-70岁　15-19岁　20-21岁　11岁

范仲淹行迹图

诗人事件 / 年龄 / 年份对应

诗人事件	年龄	年份对应	帝王
徐州出生	1	989年	宋太宗 976—997
苏州随母葬父	2	990年	宋太宗 976—997
苏州、安乡、青阳、淄州等地随继父前往各地	20	1008年	宋真宗 997—1022
邹平读书	21	1009年	宋真宗 997—1022
应天府读书应试	22	1010年	宋真宗 997—1022
	23	1011年	宋真宗 997—1022
广德军、亳州、泰州、开封做官，有晋升	27	1015年	宋真宗 997—1022
应天府为母丁忧	37	1025年	宋仁宗 1022—1063
掌教应天府书院	38	1026年	宋仁宗 1022—1063
开封供职秘阁	39	1027年	宋仁宗 1022—1063
	40	1028年	宋仁宗 1022—1063
河中府、陈州出任地方通判	41	1029年	宋仁宗 1022—1063
开封升职	43	1031年	宋仁宗 1022—1063
开封升职绘制《百官图》	45	1033年	宋仁宗 1022—1063
睦州贬谪苏州移官	46	1034年	宋仁宗 1022—1063
	47	1035年	宋仁宗 1022—1063
饶州、润州、越州贬谪外放	48	1036年	宋仁宗 1022—1063
开封复官，有擢升 延州	52	1040年	宋仁宗 1022—1063
延州、耀州、庆州戍边	53	1041年	宋仁宗 1022—1063
渭州带兵驰援	54	1042年	宋仁宗 1022—1063
开封还朝升职 任参知政事主持庆历新政	55	1043年	宋仁宗 1022—1063
邠州、邓州罢参知政事 出知邠州、邓州	57	1045年	宋仁宗 1022—1063
杭州、青州移官	—	—	宋仁宗 1022—1063
徐州病逝	64	1052年	宋仁宗 1022—1063

《渔家傲·秋思》
塞下秋来风景异，四面边声连角起。千嶂里，长烟落日孤城闭。
浊酒一杯家万里，燕然未勒归无计。羌管悠悠霜满地，人不寐，将军白发征夫泪。

《岳阳楼记》
不以物喜，不以己悲；居庙堂之高则忧其民，处江湖之远则忧其君。是进亦忧，退亦忧。然则何时而乐耶？其必曰：先天下之忧而忧，后天下之乐而乐乎。

《灵乌赋》
宁鸣而死，不默而生。

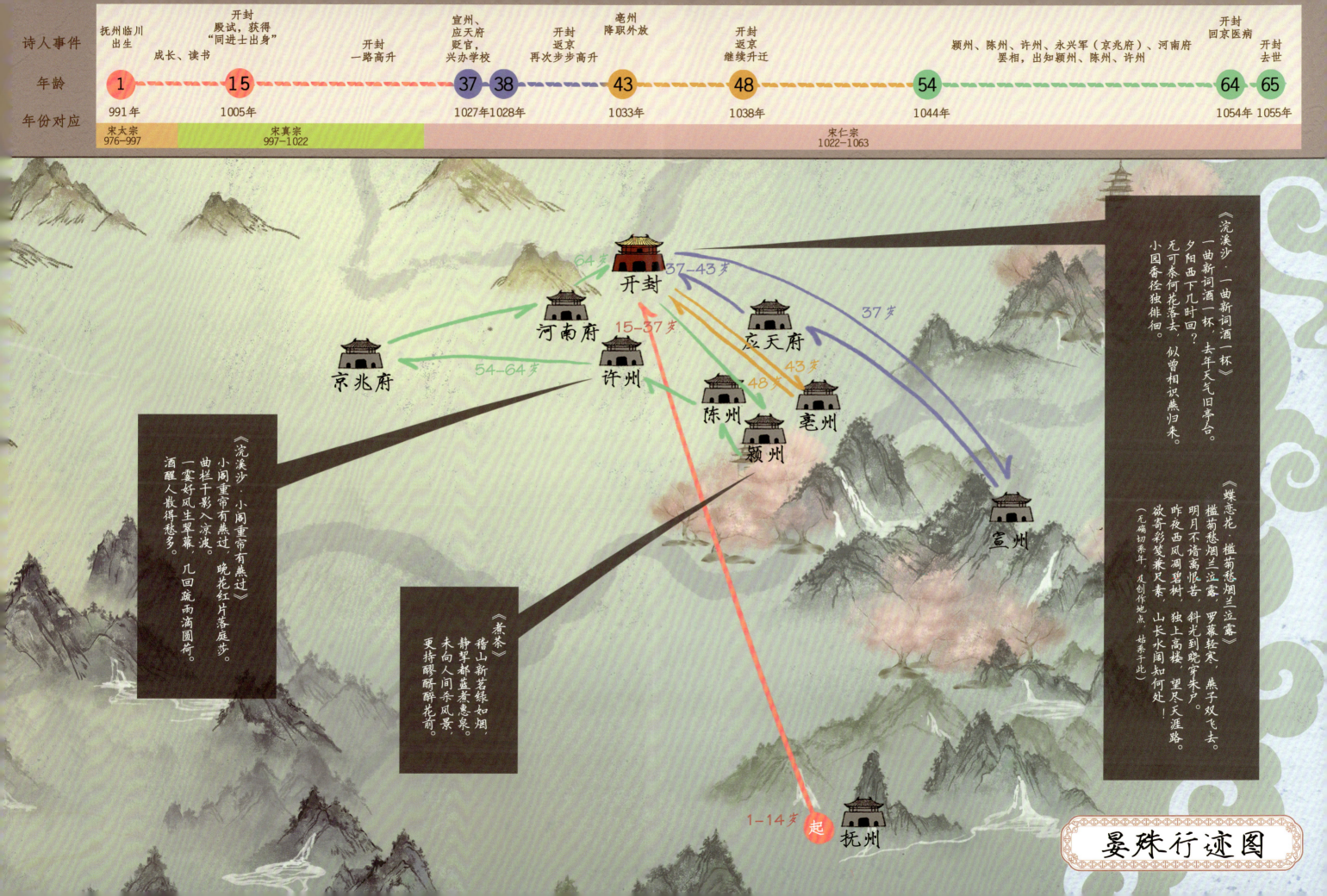

《浣溪沙·一曲新词酒一杯》

一曲新词酒一杯，去年天气旧亭台。
夕阳西下几时回？

无可奈何花落去，似曾相识燕归来。
小园香径独徘徊。

《蝶恋花·槛菊愁烟泣露》

槛菊愁烟泣露，罗幕轻寒，燕子双飞去。
明月不谙离恨苦，斜光到晓穿朱户。

昨夜西风凋碧树，独上高楼，望尽天涯路。
欲寄彩笺兼尺素，山长水阔知何处！

（无确切系年，及创作地点，姑系于此）

《浣溪沙·小阁重帘有燕过》

小阁重帘有燕过，晚花红片落庭莎。
曲栏干影入凉波。

一霎好风生翠幕，几回疏雨滴圆荷。
酒醒人散得愁多。

《煮茶》

稽山新茗绿如烟，静翠都蓝煮惠泉。
未向人间杀风景，更持醽醁醉花前。

开封　河南府　京兆府　许州　应天府　亳州　陈州　颖州　宣州　抚州

64岁　37-43岁　37岁　15-37岁　54-64岁　43岁　48岁　1-14岁 起

晏殊行迹图

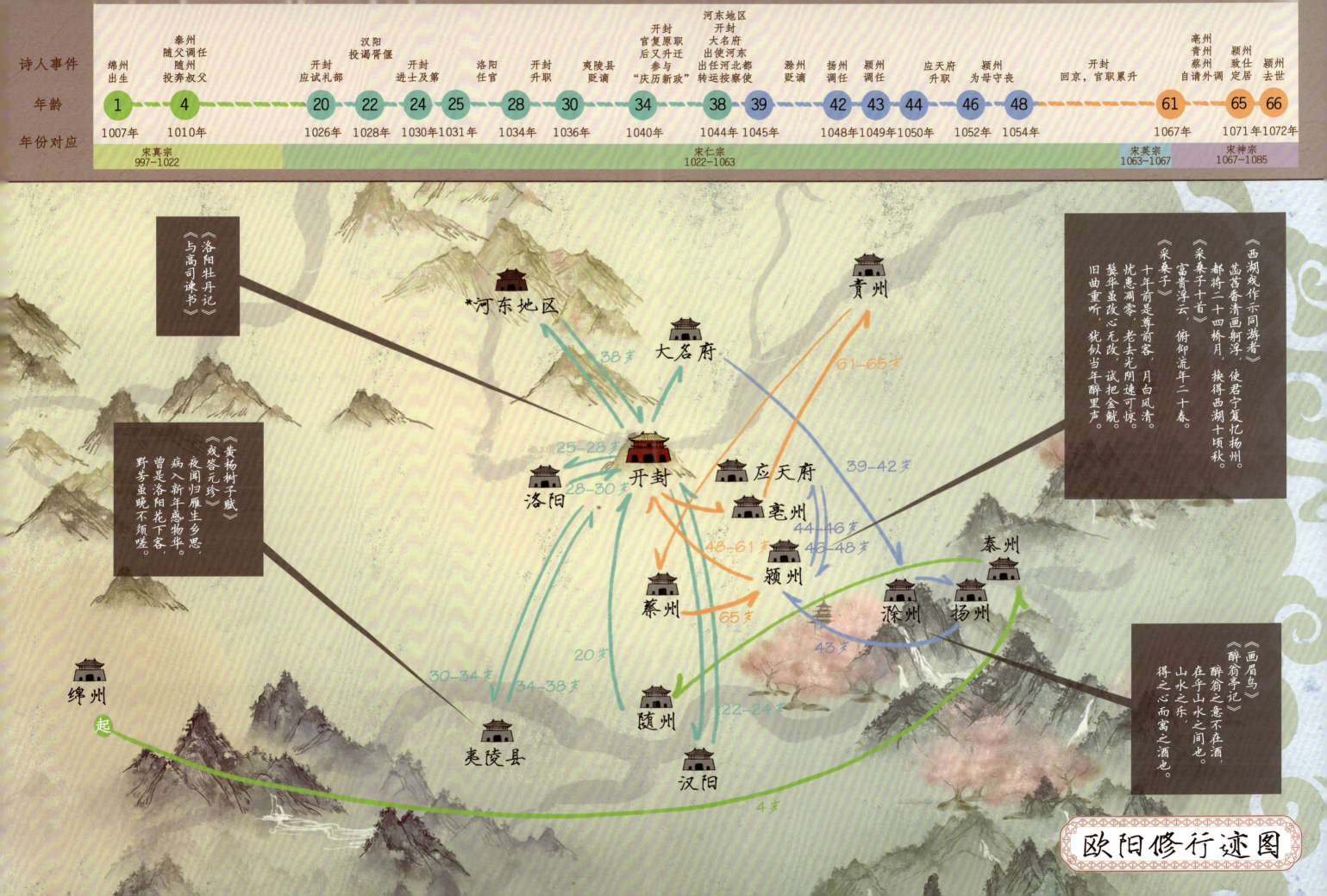

欧阳修行迹图

时间轴

诗人事件	绵州出生	泰州随父调任，随即投奔叔父	开封应试礼部	汉阳投谒胥偃	开封进士及第	洛阳任官	开封升职	夷陵县贬谪	开封官复原职后又升迁参与"庆历新政"	河东地区出使河东开封河北都转运按察使	滁州贬谪	扬州调任	颍州调任	应天府升职	颍州为母守丧	开封回京，官职累升	亳州青州蔡州自请外调	颍州致仕定居	颍州去世
年龄	1	4	20	22	24	25	28	30	34	38	39	42	43	44	46	48		61	65	66
年份对应	1007年	1010年	1026年	1028年	1030年	1031年	1034年	1036年	1040年	1044年	1045年	1048年	1049年	1050年	1052年	1054年		1067年	1071年	1072年

宋真宗 997-1022
宋仁宗 1022-1063
宋英宗 1063-1067
宋神宗 1067-1085

地图文字框

《洛阳牡丹记》《与高司谏书》

《黄杨树子赋》《戏答元珍》
夜闻归雁生乡思，病入新年感物华。曾是洛阳花下客，野芳虽晚不须嗟。

《西湖戏作示同游者》
菡萏香清画舸浮，使君宁复忆扬州。都将二十四桥月，换得西湖十顷秋。

《采桑子十首》
富贵浮云，俯仰流年二十春。

《采桑子》
十年前是尊前客，月白风清。忧患凋零，老去光阴速可惊。鬓华虽改心无改，试把金觥。旧曲重听，犹似当年醉里声。

《画眉鸟》《醉翁亭记》
醉翁之意不在酒，在乎山水之间也，山水之乐，得之心而寓之酒也。

地名与年龄标注

河东地区 38岁
大名府
青州 61-65岁
开封
洛阳 28-30岁
25-28岁
应天府
亳州 44-46岁
颍州 48-61岁 46-48岁 39-42岁
蔡州
泰州
滁州 43岁
扬州
绵州 起
30-34岁 34-38岁
夷陵县
随州 22-24岁
汉阳 20岁
65岁
4岁

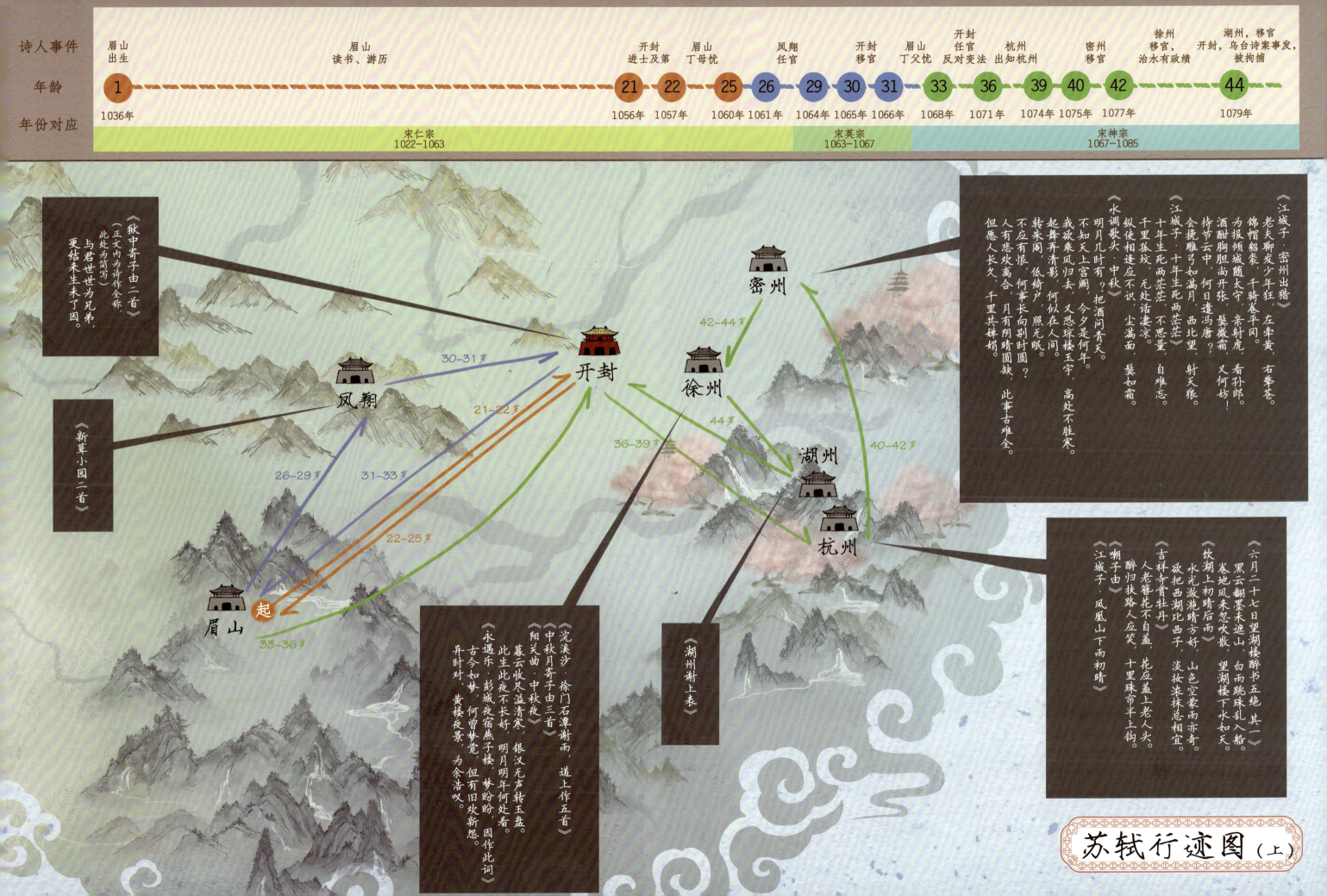

苏轼行迹图（上）

诗人事件 / 年龄 / 年份对应

- 眉山出生　1　1036年
- 眉山 读书、游历
- 开封 进士及第　21　1056年
- 眉山 丁母忧　22　1057年
- 凤翔 任官　25　1060年
- 开封 移官　26　1061年
- 开封移官　29　1064年
- 眉山 丁父忧　30　1065年
- 开封 任官 反对变法　31　1066年
- 眉山 丁父忧　33　1068年
- 杭州 出知杭州　36　1071年
- 密州 移官　39　1074年
- 徐州 移官，治水有政绩　40　1075年
- 开封，乌台诗案事发，被拘捕　42　1077年
- 湖州，移官　44　1079年

宋仁宗 1022-1063　宋英宗 1063-1067　宋神宗 1067-1085

《狱中寄子由二首》（正文内为诗作全称，此处为简写）
与君世世为兄弟，更结来生未了因。

《新茸小园二首》

《江城子·密州出猎》
老夫聊发少年狂，左牵黄，右擎苍。锦帽貂裘，千骑卷平冈。为报倾城随太守，亲射虎，看孙郎。
酒酣胸胆尚开张，鬓微霜，又何妨！持节云中，何日遣冯唐？会挽雕弓如满月，西北望，射天狼。

《江城子》
十年生死两茫茫，不思量，自难忘。千里孤坟，无处话凄凉。纵使相逢应不识，尘满面，鬓如霜。

《水调歌头·中秋》
明月几时有？把酒问青天。不知天上宫阙，今夕是何年。我欲乘风归去，又恐琼楼玉宇，高处不胜寒。起舞弄清影，何似在人间。
转朱阁，低绮户，照无眠。不应有恨，何事长向别时圆？人有悲欢离合，月有阴晴圆缺，此事古难全。但愿人长久，千里共婵娟。

《六月二十七日望湖楼醉书五绝 其一》
黑云翻墨未遮山，白雨跳珠乱入船。卷地风来忽吹散，望湖楼下水如天。

《饮湖上初晴后雨》
水光潋滟晴方好，山色空蒙雨亦奇。欲把西湖比西子，淡妆浓抹总相宜。

《吉祥寺赏牡丹》
人老簪花不自羞，花应羞上老人头。醉归扶路人应笑，十里珠帘半上钩。

《赠子由》
《江城子·凤凰山下雨初晴》

《浣溪沙·徐门石潭谢雨，道上作五首》
《中秋月寄子由三首》中秋月
《阳关曲·中秋月》
暮云收尽溢清寒，银汉无声转玉盘。此生此夜不长好，明月明年何处看。

《永遇乐·彭城夜宿燕子楼，梦盼盼，因作此词》
古今如梦，何曾梦觉，但有旧欢新怨。异时对、黄楼夜景，为余浩叹。

《湖州谢上表》

地图地名：眉山　起　凤翔　开封　密州　徐州　湖州　杭州

路线标注：21-22岁　22-25岁　26-29岁　30-31岁　31-33岁　33-36岁　36-39岁　40-42岁　42-44岁　44岁

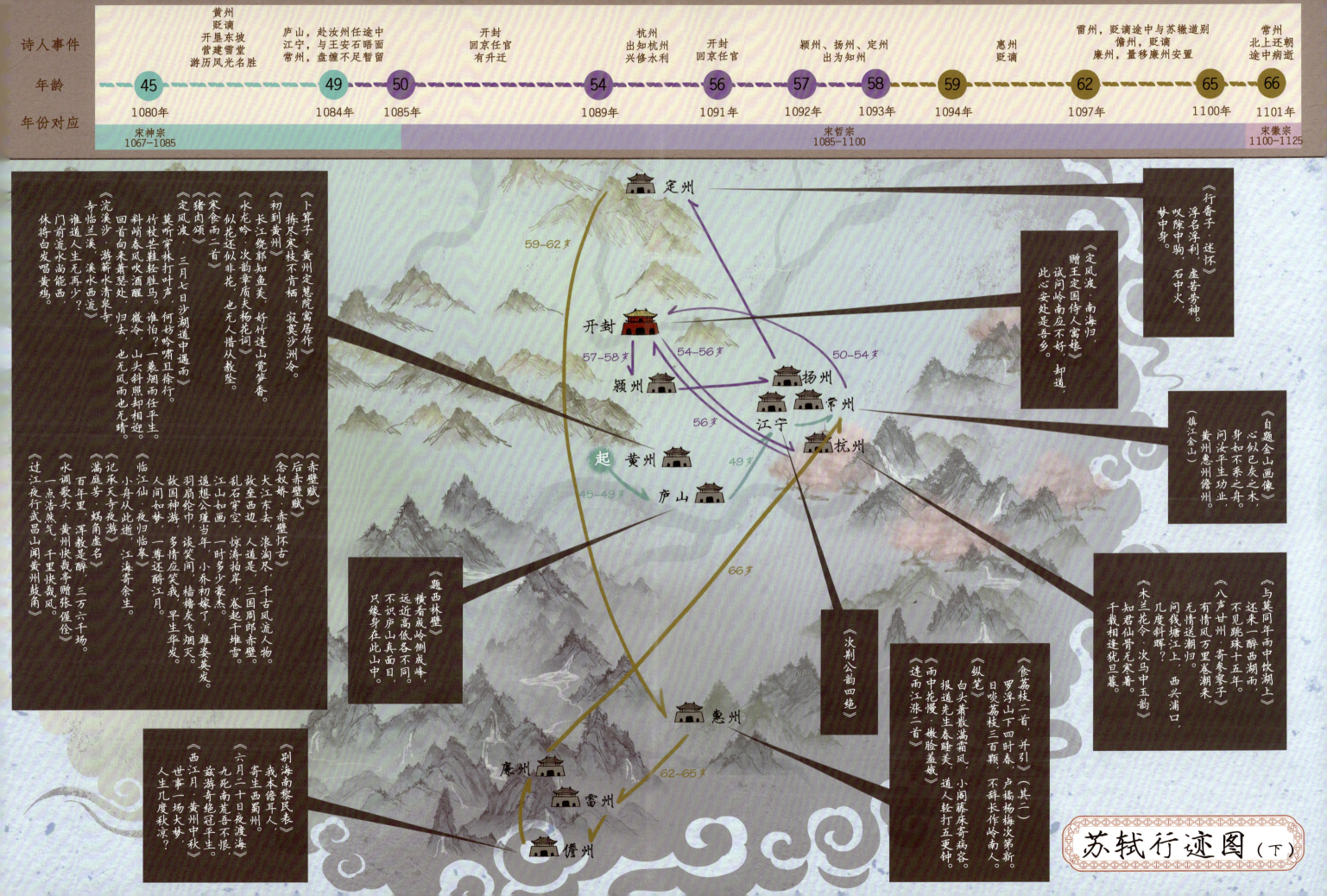

苏轼行迹图（下）

诗人事件 / 年龄 / 年份对应

- 黄州贬谪 开垦东坡 营建雪堂 游历风光名胜 — 45 — 1080年
- 庐山 江宁 常州，盘缠不足暂留 赴汝州任途中 与王安石晤面 — 49 — 1084年
- 50 — 1085年
- 开封 回京任官 有升迁 — 54 — 1089年
- 杭州 出知杭州 兴修水利 — 54
- 开封 回京任官 — 56 — 1091年
- 颍州、扬州、定州 出为知州 — 57 — 1092年
- 58 — 1093年
- 惠州贬谪 — 59 — 1094年
- 雷州，贬谪途中与苏辙道别 儋州，贬谪 廉州，量移廉州安置 — 62 — 1097年
- 65 — 1100年
- 常州 北上还朝 途中病逝 — 66 — 1101年

宋神宗 1067-1085　　宋哲宗 1085-1100　　宋徽宗 1100-1125

地点：定州、开封、颍州、扬州、常州、江宁、杭州、起黄州、庐山、惠州、廉州、雷州、儋州

45-49岁　49岁　50-54岁　54-56岁　56岁　57-58岁　59-62岁　62-65岁　66岁

晏几道行迹图

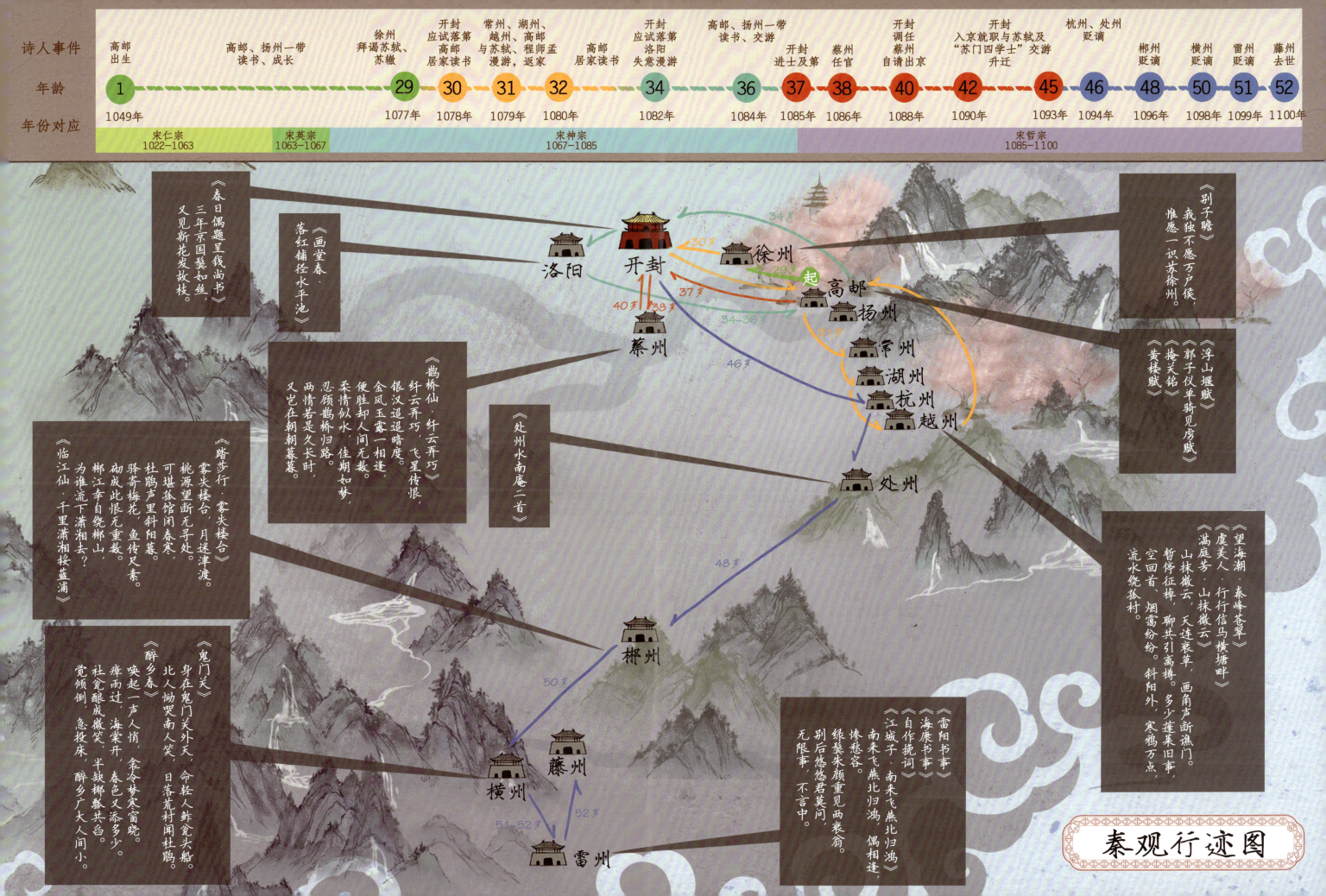

诗人事件	高邮出生	高邮、扬州一带读书、成长	徐州拜谒苏轼、苏辙	开封应试落第高邮居家读书	常州、湖州、越州、高邮与苏轼、程师孟漫游、返家	高邮居家读书	开封应试落第洛阳失意漫游	高邮、扬州一带读书、交游	开封进士及第	蔡州任官	开封调任蔡州自请出京	入京就职与苏轼及"苏门四学士"交游升迁	杭州、处州贬谪	郴州贬谪	横州贬谪	雷州贬谪	藤州去世
年龄	1			29	30	31	32	34	36	37	38	40	42	45	46	48	50	51	52
年份对应	1049年			1077年	1078年	1079年	1080年	1082年	1084年	1085年	1086年	1088年	1090年	1093年	1094年	1096年	1098年	1099年	1100年
	宋仁宗 1022—1063	宋英宗 1063—1067				宋神宗 1067—1085					宋哲宗 1085—1100						

《春日偶题呈钱尚书》
三年京国鬓如丝,
又见新花发故枝。

《画堂春·落红铺径水平池》

《鹊桥仙·纤云弄巧》
纤云弄巧,飞星传恨,
银汉迢迢暗度。
金风玉露一相逢,
便胜却人间无数。
柔情似水,佳期如梦,
忍顾鹊桥归路。
两情若是久长时,
又岂在朝朝暮暮。

《处州水南庵二首》

《踏莎行·雾失楼台》
雾失楼台,月迷津渡。
桃源望断无寻处。
可堪孤馆闭春寒,
杜鹃声里斜阳暮。
驿寄梅花,鱼传尺素。
砌成此恨无重数。
郴江幸自绕郴山,
为谁流下潇湘去?

《临江仙·千里潇湘挼蓝浦》

《鬼门关》
身在鬼门关外天,
北人随哭南人笑。
命轻人鲊瓮头船,
日落荒村闻杜鹃。

《醉乡春》
唤起一声人悄,
衾冷梦寒窗晓。
瘴雨过,春色又添多少。
社瓮酿成微笑,
半缺椰瓢共舀。
觉倾倒,
急投床,醉乡广大人间小。

《别子瞻》
我独不愿万户侯,
惟愿一识苏徐州。

《浮山堰赋》
郭子仪单骑见虏赋,
掩关铭,
黄楼赋。

《望海潮·梅英疏淡》
梅英疏淡,冰澌溶泄,
东风暗换年华。
金谷俊游,铜驼巷陌,
新晴细履平沙。
长记误随车。
正絮翻蝶舞,芳思交加。
柳下桃蹊,乱分春色到人家。
西园夜饮鸣笳。
有华灯碍月,飞盖妨花。
兰苑未空,行人渐老,
重来是事堪嗟。
烟暝酒旗斜。
但倚楼极目,时见栖鸦。
无奈归心,暗随流水到天涯。

《望海潮·秦峰苍翠》
秦峰苍翠,
耶溪潇洒,千岩万壑争流。
鸳瓦雉城,
谯门画戟,蓬莱燕阁三休。
天际识归舟。
泛五湖烟月,西子同游。
茂草台荒,苎萝村冷起闲愁。
何人览古凝眸。
怅朱颜易失,翠被难留。
梅市旧书,兰亭古墨,依稀风韵生秋。
狂客鉴湖头。
有百年台沼,终日夷犹。
最好金龟换酒,相与醉沧洲。

《自作挽词》

《江城子·南来飞燕北归鸿》
南来飞燕北归鸿,
偶相逢,惨愁容。
绿鬓朱颜重见两衰翁。
别后悠悠君莫问,
无限事,不言中。

秦观行迹图

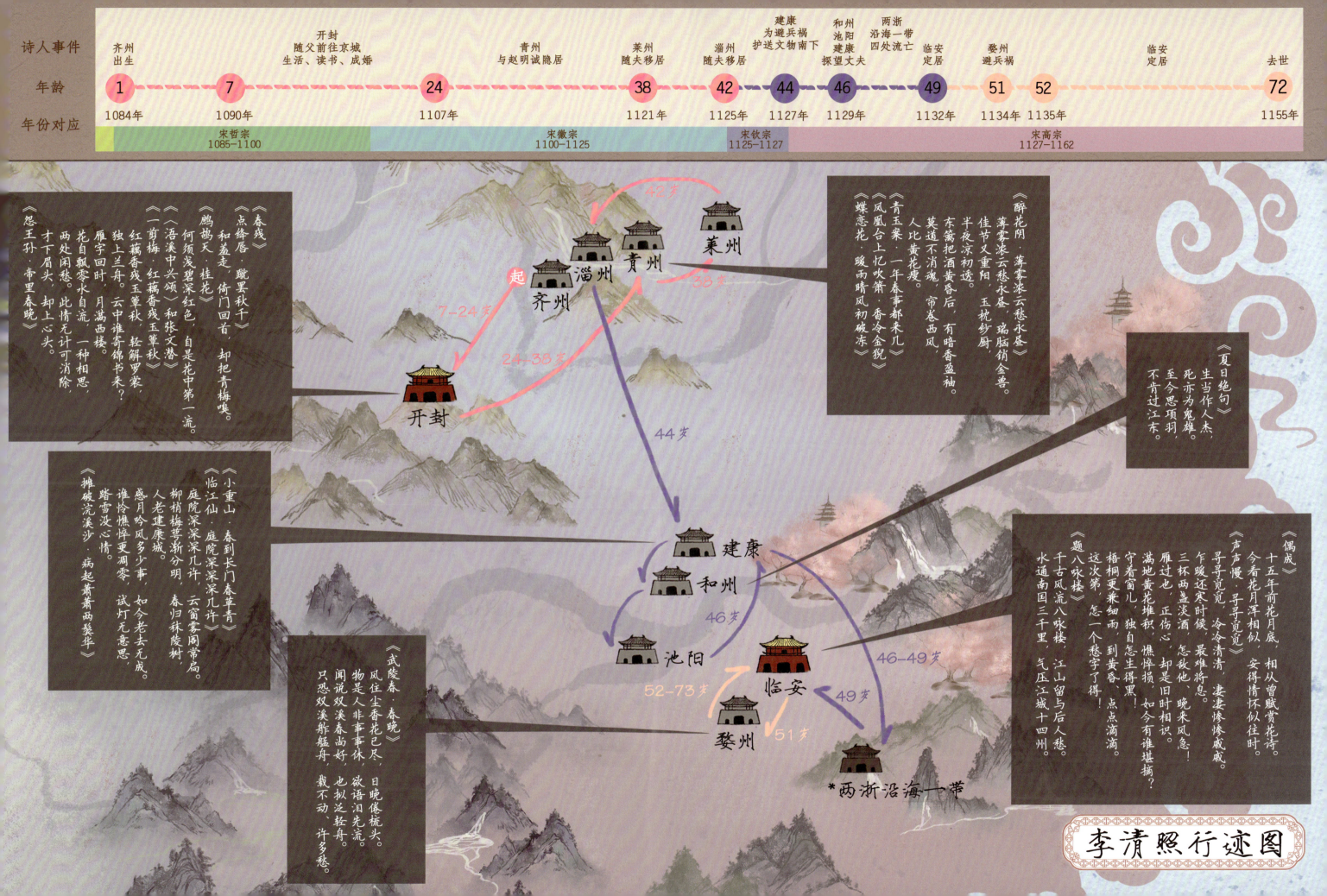

李清照行迹图

时间轴

诗人事件	齐州出生	开封 随父前往京城 生活、读书、成婚	青州 与赵明诚隐居	莱州 随夫移居	淄州 随夫移居	建康 为避兵祸 护送文物南下	和州 池阳 建康 探望丈夫	两浙沿海一带 四处流亡	临安定居	婺州 避兵祸	临安定居	去世
年龄	1	7	24	38	42	44	46	49	51	52		72
年份对应	1084年	1090年	1107年	1121年	1125年	1127年	1129年	1132年	1134年	1135年		1155年

宋哲宗 1085—1100 ｜ 宋徽宗 1100—1125 ｜ 宋钦宗 1125—1127 ｜ 宋高宗 1127—1162

地图标注

地名：莱州、青州、淄州、齐州、开封、建康、和州、池阳、临安、婺州、*两浙沿海一带

路线年龄标注：起、7-24岁、42岁、24-38岁、38岁、44岁、46岁、46-49岁、49岁、51岁、52-73岁

作品选录

《怨王孙》
帝里春晚

《春残》
《鹧鸪天·桂花》
何须浅碧深红色，
自是花中第一流。

《点绛唇》
蹴罢秋千，
起来慵整纤纤手。

《浯溪中兴颂和张文潜》
《一剪梅》
红藕香残玉簟秋，
轻解罗裳，
独上兰舟。

云中谁寄锦书来，
雁字回时，
月满西楼。

花自飘零水自流，
一种相思，
两处闲愁。
此情无计可消除，
才下眉头，
却上心头。

《小重山》
春到长门春草青，
江梅些子破，
未开匀。

《临江仙》
庭院深深深几许，
云窗雾阁春迟，
为谁憔悴损芳姿。
夜来清梦好，
应是发南枝。

《摊破浣溪沙·病起萧萧两鬓华》

《武陵春·春晚》
风住尘香花已尽，
日晚倦梳头。
物是人非事事休，
欲语泪先流。

闻说双溪春尚好，
也拟泛轻舟。
只恐双溪舴艋舟，
载不动、许多愁。

《醉花阴》
薄雾浓云愁永昼，
瑞脑销金兽。
佳节又重阳，
玉枕纱厨，
半夜凉初透。

东篱把酒黄昏后，
有暗香盈袖。
莫道不消魂，
帘卷西风，
人比黄花瘦。

《青玉案》
一年春事都来几

《凤凰台上忆吹箫》
香冷金猊

《蝶恋花》
暖雨晴风初破冻

《夏日绝句》
生当作人杰，
死亦为鬼雄。
至今思项羽，
不肯过江东。

《偶成》
十五年前花月底，
相从曾赋赏花诗。
今看花月浑相似，
安得情怀似往时。

《声声慢》
寻寻觅觅，
冷冷清清，
凄凄惨惨戚戚。
乍暖还寒时候，
最难将息。
三杯两盏淡酒，
怎敌他、晚来风急！
雁过也，
正伤心，
却是旧时相识。

满地黄花堆积，
憔悴损，
如今有谁堪摘？
守着窗儿，
独自怎生得黑？
梧桐更兼细雨，
到黄昏、点点滴滴。
这次第，
怎一个愁字了得！

《题八咏楼》
千古风流八咏楼，
江山留与后人愁。
水通南国三千里，
气压江城十四州。

1103年　1　相州汤阴　出生

宋徽宗
1100–1125

相州汤阴，学习兵法、武艺

1121年　19
1122年　20　真定，从军
1124年　22　平定军

宋钦宗
1125–1127

1126年　24　相州汤阴，遇兵乱，返乡
　　　　　　　相州，从军
1127年　25　大名府、滑州、曹州，参与抗金战斗
　　　　　　　应天府，上书劝战，被夺官
　　　　　　　大名府，投奔张所
　　　　　　　卫州一带，参与抗金，大败敌军
　　　　　　　开封，投奔宗泽
1128年　26　开封周边战场，参与抗金战斗，屡次大败敌军
1129年　27　建康，随杜充南下，率部与金人作战
　　　　　　　广德、溧阳、宜兴、镇江等地，整顿军队，收复失地
1130年　28　建康，夺回建康
　　　　　　　宜兴、广德、承州、泰州、饶州、洪州、江州、贺州、虔州等地，迎战金兵
　　　　　　　领兵作战，征讨叛将，受到提拔
1133年　31　杭州，召赴行在，高宗赐"精忠岳飞"锦旗
1134年　32　鄂州、襄州、郢州、邓州、唐州、信阳军、潭州、鼎州等地，收复襄阳六郡，平定荆楚匪寇
1136年　34　杭州，入朝觐见
　　　　　　　鄂州，返回驻地
　　　　　　　南下经江州，归葬母亲，守丧，但被朝廷喝止
　　　　　　　襄州、鄂州、江州等地，驻军，作战，不满议和，上奏乞求致仕
1138年　36
1139年　37　杭州，反对议和
　　　　　　　鄂州，驻军
1140年　38　北上中原战场，北伐收复失地
　　　　　　　郾城，大破金军
　　　　　　　开封城外朱仙镇，大破金军
　　　　　　　杭州，班师回朝
1141年　39　江西一带，庐州、舒州等地，抵御金人来犯
　　　　　　　杭州，入朝，晋升
1142年　40　杭州，被诬，冤死于大理寺中

宋高宗
1127–1162

《满江红·写怀》

怒发冲冠，凭阑处、潇潇雨歇。抬望眼，仰天长啸，壮怀激烈。三十功名尘与土，八千里路云和月。莫等闲、白了少年头，空悲切。

靖康耻，犹未雪。臣子恨，何时灭。驾长车、踏破贺兰山缺。壮志饥餐胡虏肉，笑谈渴饮匈奴血。待从头、收拾旧山河，朝天阙。

（地点不明）

《小重山》

欲将心事付瑶琴。知音少，弦断有谁听？

岳飞行迹图

真定　22岁　平定军　20岁　24岁　起　相州　大名府　24–25岁　卫州　滑州　曹州　开封　26岁　应天府　郾城　承州　秦州　38岁　唐州　邓州　建康　27岁　庐州　39岁　广德、溧阳、宜兴、镇江等地　襄州　信阳军　36–37岁　40岁　杭州　34岁　郢州　鄂州　32–34岁　34–36岁　江州　饶州　洪州　31岁　鼎州　潭州　虔州　28–31岁　贺州

陆游行迹图

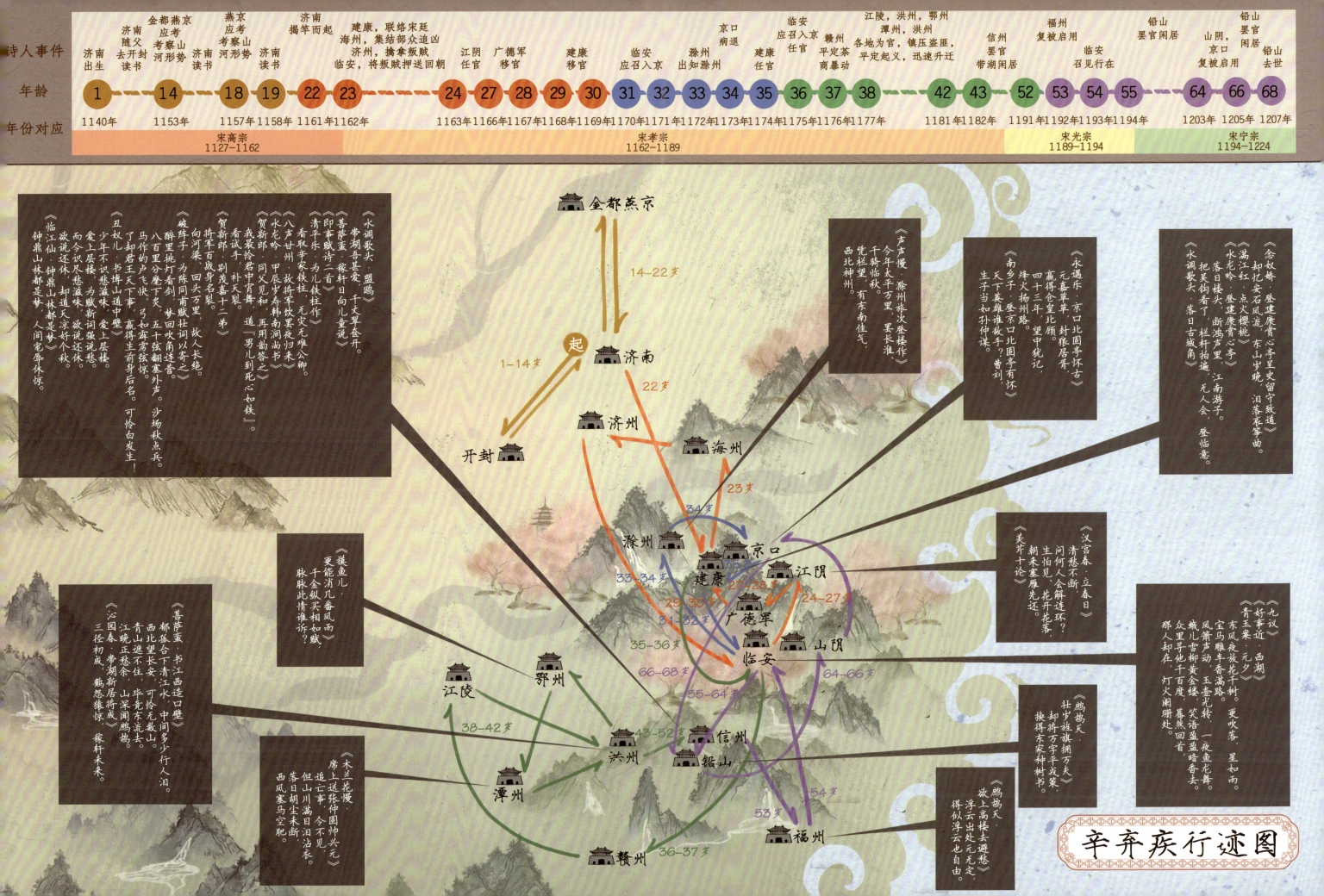

辛弃疾行迹图

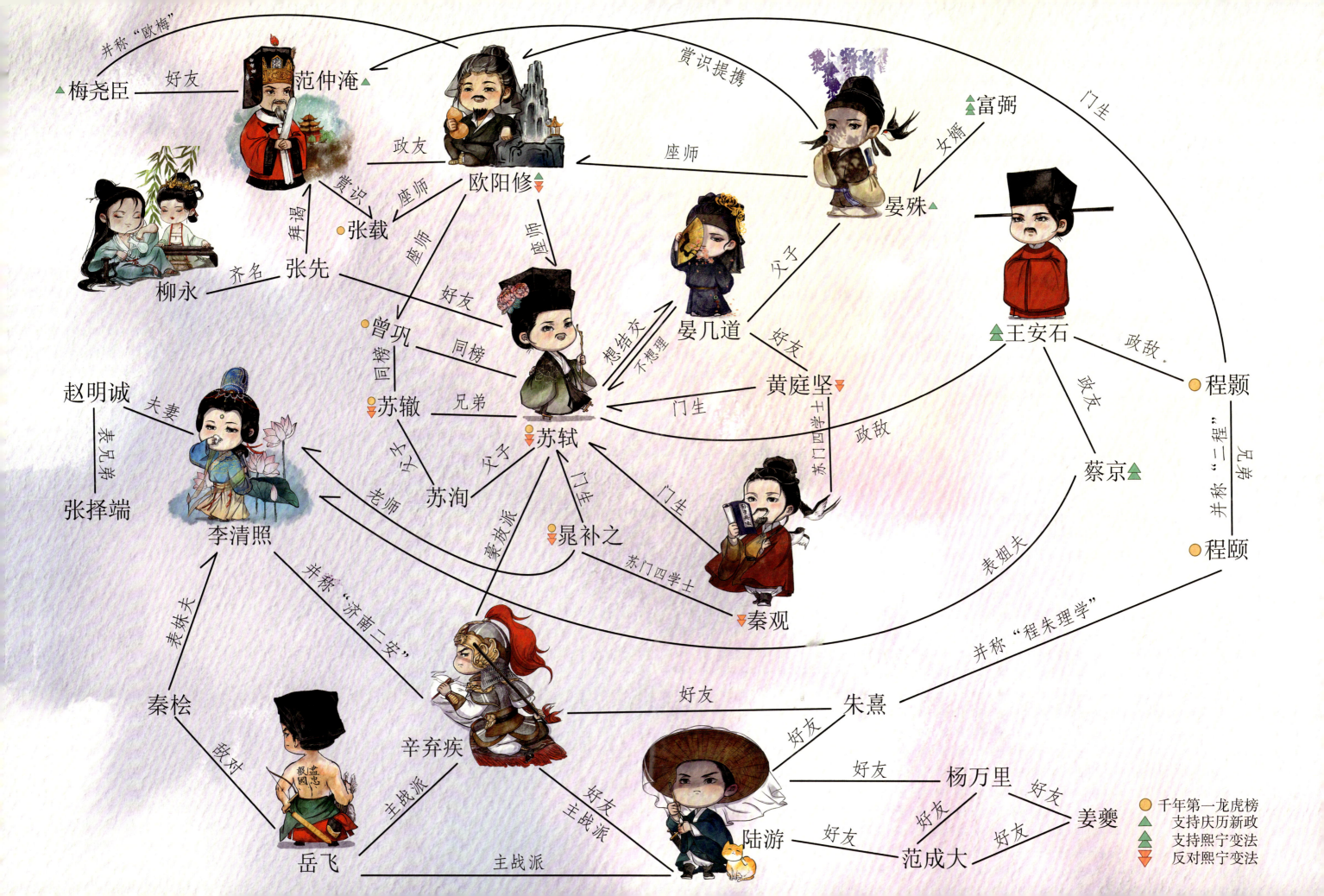

梅尧臣 —好友— 范仲淹▲

梅尧臣 并称"欧梅"

范仲淹 —政友— 欧阳修▲▼

欧阳修 赏识提携 富弼▲

欧阳修 座师 晏殊▲

富弼 女婿 晏殊

王安石 门生

柳永 —齐名— 张先

张先 贤识 张载●

张先 拜谒 范仲淹

欧阳修 座师 张载

欧阳修 座师 曾巩●

张先 好友 苏轼

曾巩 同榜 苏辙●▼

苏辙 兄弟 苏轼

苏洵 父子 苏轼

苏洵 父子 苏辙

苏轼 想结交 晏几道

晏几道 不想理 苏轼

晏几道 父子 晏殊

黄庭坚▼ 好友 苏轼

黄庭坚 门生 苏轼

苏门四学士

赵明诚 —夫妻— 李清照

张择端 表兄弟 赵明诚

李清照 老师 苏轼

晁补之▼ 门生 苏轼

秦观▼ 门生 苏轼

秦观 苏门四学士

王安石▲ —政敌— 程颢●

王安石 友 蔡京▲▲

蔡京 表姐夫 秦观

程颢 兄弟 程颐●

程颢 并称"二程"

李清照 并称"济南二安"辛弃疾

辛弃疾 豪放派 苏轼

秦桧 敌对 岳飞

岳飞 主战派 辛弃疾

辛弃疾 主战派

辛弃疾 好友 朱熹

朱熹 好友 陆游

朱熹 好友 杨万里

杨万里 好友 姜夔

姜夔 好友 范成大

范成大 好友 陆游

陆游 好友 范成大

程颐 并称"程朱理学" 朱熹

王安石 政敌 蔡京

图例：
● 千年第一龙虎榜
▲ 支持庆历新政
▲▲ 支持熙宁变法
▼▼ 反对熙宁变法

晏殊

[1]（宋）晏殊．珠玉词 [M]．南京：江苏凤凰文艺出版社，2019.

[2]（元）脱脱．宋史 [M]．北京：中华书局，1985.

[3] 唐红卫，李光翠，阳海燕．二晏年谱长编 [M]．天津：南开大学出版社，2016.

[4] 薛玉坤．晏殊年谱补正．载于古籍整理研究学刊 [J]，1996.04.

[5] 王水照．宋代文学通论 [M]．上海：复旦大学出版社，2022.

[6] 上海辞书出版社文学鉴赏辞典编纂中心．宋词鉴赏辞典 [M]．上海：上海辞书出版社，2023.

欧阳修

[7]（宋）欧阳修，胡可先，徐迈．欧阳修词校注 [M]．上海：上海古籍出版社，2015.

[8] 刘德清．欧阳修年谱．载于宋人年谱丛刊 [M]．成都：四川大学出版社，2023.

[9] 王水照．宋代文学通论 [M]．上海：复旦大学出版社，2022.

[10] 上海辞书出版社文学鉴赏辞典编纂中心．宋词鉴赏辞典 [M]．上海：上海辞书出版社，2023.

[11]（元）脱脱．宋史 [M]．北京：中华书局，1985.

苏轼

[12]（宋）苏轼，薛瑞生．东坡词编年笺证 [M]．西安：三秦出版社，1998.

[13]（宋）苏轼．东坡诗集 [M]．北京：中华书局，2016.

[14]（宋）苏辙．东坡先生墓志铭．载于东坡乐府笺 [M]．上海：上海古籍出版社，2016.

[15]（宋）王宗稷．东坡先生年谱．载于宋人年谱丛刊 [M]．成都：四川大学出版社，2023.

[16]（宋）施宿．东坡先生年谱．载于宋人年谱丛刊 [M]．成都：四川大学出版社，2023.

[17]（元）脱脱．宋史 [M]．北京：中华书局，1985.

[18] 莫砺锋．漫话东坡 [M]．南京：凤凰出版社，2023.

[19] 林语堂．苏东坡传 [M]．长沙：湖南文艺出版社，2018.

[20] 王水照．宋代文学通论 [M]．上海：复旦大学出版社，2022.

[21] 上海辞书出版社文学鉴赏辞典编纂中心．宋词鉴赏辞典 [M]．上海：上海辞书出版社，2023.

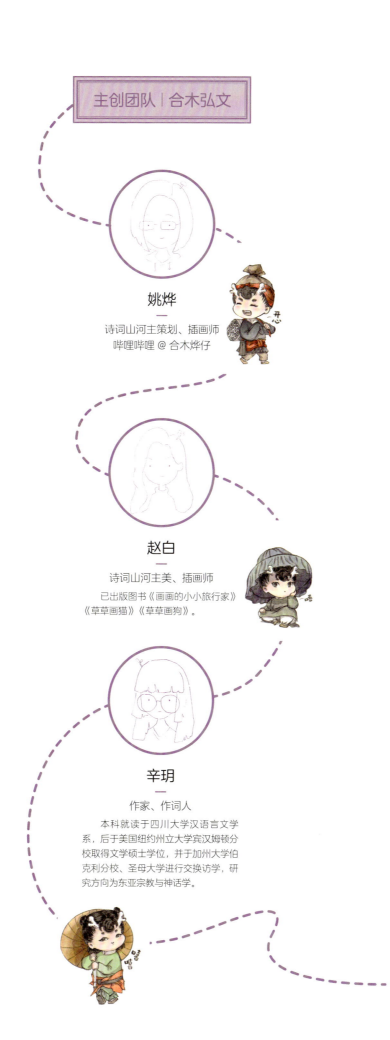

姚烨
—
诗词山河主策划、插画师
哔哩哔哩 @ 合木烨仔

赵白
—
诗词山河主美、插画师
已出版图书《画画的小小旅行家》
《草草画猫》《草草画狗》。

辛玥
—
作家、作词人
本科就读于四川大学汉语言文学
系，后于美国纽约州立大学宾汉姆顿分
校取得文学硕士学位，并于加州大学伯
克利分校、圣母大学进行交换访学，研
究方向为东亚宗教与神话学。

在新作《宋词山河》即将上市之际，我们感到十分激动，也十分忐忑。三年前，我们的第一套书《唐诗山河》问世，获得了广大读者的喜爱，如何能够不辜负读者信任、在《唐诗山河》的基础上再做创新与升级，是我们编撰《宋词山河》的过程中思考最多的问题。

关于这套书，有一些要点，需要读者提前知晓：

第一，《宋词山河》并不只有宋词。王国维曾说："凡一代有一代之文学，楚之骚，汉之赋，六代之骈语，唐之诗，宋之词，元之曲，皆所谓一代之文学，而后世莫能继焉者也。"这几乎是所有研习过文学史的人都知道的一段话。宋词是宋代的代表文体，但这并不意味着盛行于宋代的文体只有"词"这一类。在宋代，诗与文的发展同样繁荣，甚至它们在文坛中的地位要高于诞生于歌筵酒宴之间的词。一些优秀的宋代文章，至今仍是中小学生重点学习的对象，如《岳阳楼记》《醉翁亭记》《前赤壁赋》等。本书中，对这些文章也进行了收录和解读，以让读者更为全面地了解宋代文学作品，并体会文人们的心路历程。

第二，《宋词山河》并不是商业化的流水线作品。在前作《唐诗山河》中，我们加入了一些较为高阶的知识点，以让这套书尽可能地完善、全面与专业——这也是《唐诗山河》有别于市面上其他青少年诗词读物的地方。《宋词山河》沿用了唐诗山河的整体风格，在定位与内容上做出了更为精细的调整：在阅读难度上，我们参考了中小学课外读物，对于学生来说，这样的难度既不会太过难懂，又具有一定的挑战性；在内容范围上，《宋词山河》涵盖了中小学重点诗文作品百余篇，以诗人经历、历史事件、文学知识作为串联，全景式地展现了两宋时期的文学脉络与社会风貌。书中的人设立绘、生动漫画、互动吐槽、精美饰图，将在帮助记忆的同时，进一步将读者带入那个风雅迷人的年代。

中华上下，万代千秋，留下的文学遗产数不尽、说不透、学不完。对于合木团队来说，创作的过程，实际上也是再次学习、再次认识这些历史人物的过程。在编写时，我们也时常会因兴奋而战栗，为那些荡气回肠的传说与故事、为那些骄傲不屈的人格、为那些光耀百世的皇皇著作。它们潜藏进历史的书页之间，亦化入了中华大地上的山川草木，为万里山河注入了无限的诗性与灵性。它们等待着与你的结识。

再次感谢南京师范大学钟振振教授、华中师范大学戴建业教授、纽约州立大学宾汉姆顿分校陈祖言教授、四川大学丁淑梅教授，你们从始至终的帮助，使《诗词山河》系列焕发了新的光彩。

另外，要再次感谢前人所做的研究。本书所涉及的参考文献众多，在撷英取华的过程中，我们无数次地感叹前人研究之广、之深。向这些学者致敬！

《宋词山河》历时两年半编著而成，虽夕惕若厉、终日乾乾，仍不免有错漏之处，望读者海涵。

合木弘文

2024.2

卷三 歌尽桃花

宋词山河

合木弘文 编著

江苏凤凰文艺出版社
JIANGSU PHOENIX LITERATURE AND
ART PUBLISHING

图书在版编目（CIP）数据

宋词山河 . 卷三，歌尽桃花 / 合木弘文编著 . 一南京：江苏凤凰文艺出版社，2024.4
ISBN 978-7-5594-8261-7

Ⅰ . ①宋… Ⅱ . ①合… Ⅲ . ①诗人 – 生平事迹 – 中国 – 宋代②宋词 – 选集 Ⅳ . ① K825.6 ② I222.844

中国国家版本馆 CIP 数据核字 (2024) 第 009092 号

宋词山河 . 卷三 歌尽桃花

合木弘文 编著

出 版 人	张在健
统　筹	姚 丽
责任编辑	朱雨芯　文芹芹
装帧设计	今亮後聲 HOPESOUND 2380590616@qq.com ·小九（原设计）
	徐芳芳（修改）
责任印制	杨 丹
出版发行	江苏凤凰文艺出版社
	南京市中央路 165 号，邮编：210009
网　址	http://www.jswenyi.com
印　刷	苏州工业园区美柯乐制版印务有限责任公司
开　本	889 毫米 × 1194 毫米 1/16
印　张	27
字　数	420 千字
版　次	2024 年 4 月第 1 版
印　次	2024 年 4 月第 1 次印刷
书　号	ISBN 978-7-5594-8261-7
定　价	199.00 元（全 4 册）

目录

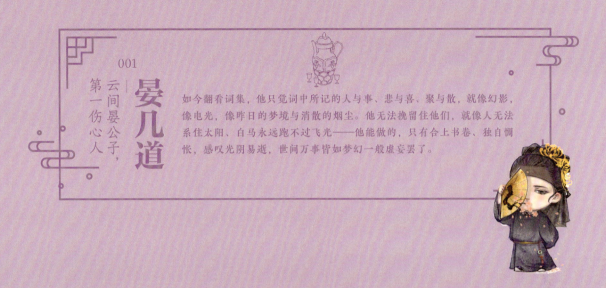

001

晏几道

云间晏公子，
第一伤心人

如今翻看词集，他只觉词中所记的人与事、悲与喜、聚与散，就像幻影，像电光，像昨日的梦境与消散的烟尘。他无法挽留住他们，就像人无法系住太阳、白马永远跑不过飞光——他能做的，只有合上书卷、独自惆怅，感叹光阴易逝，世间万事皆如梦幻一般虚妄罢了。

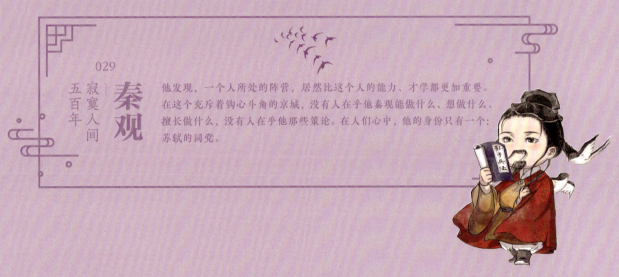

029

秦观

寂寞人间
五百年

他发现，一个人所处的阵营，居然比这个人的能力、才学都更加重要。在这个充斥着钩心斗角的京城，没有人在乎他秦观能做什么、想做什么、擅长做什么，没有人在乎那些策论。在人们心中，他的身份只有一个：苏轼的同党。

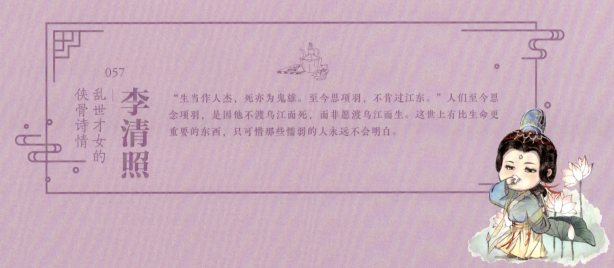

057

李清照

乱世才女的
侠骨诗情

"生当作人杰，死亦为鬼雄。至今思项羽，不肯过江东。"人们至今思念项羽，是因他不渡乌江而死，而非愿渡乌江而生。这世上有比生命更重要的东西，只可惜那些懦弱的人永远不会明白。

云间晏公子，第一伤心人

Song Ci Shan He

晏几道

晏几道
YAN JIDAO

晏几道（1038—1110），字叔原，号小山，北宋词人。

晏几道是宰相晏殊之子，虽出身名门，却不慕名利，少时纵情歌酒，不愿投身官场；中年以后踏上仕途，虽然落拓坎坷，却不愿依附权贵；为文亦自成一体，不肯为科举场上的便利而模仿时下文风。

作为宋词婉约词派的代表人物，晏几道的词风与其父晏殊近似，风格婉丽，擅写小令，但比起晏殊，晏几道的人生经历更为曲折、沧桑，其词"于高华之中，深寓悲凉"[1]，更富于打动人心的力量。近代词人夏敬观《映庵词评》中评价晏几道："叔原以贵人暮子，落拓一生，华屋山邱，身亲经历，哀丝豪竹，寓其微痛纤悲，宜其造诣又过于父。"

景德镇窑青白釉倒流壶

1　钟振振《宋词鉴赏词典·序言（一）》。

大宋『宝玉』重情义的富贵闲人

| 姓名：晏几道 | 字：叔原 | 号：小山 | 故里：汴京 | 特长：写词 |

大宋『宝玉』重情义的富贵闲尺

▶ 出自黄庭坚《自咸平至太康鞍马间得十小诗寄怀晏叔原并问王稚川行李鹅儿黄似酒对酒爱新鹅此他日醉时与叔原所咏因以为韵（其一）》

云间晏公子 | 黄庭坚

延伸阅读

自咸平至太康鞍马间得十小诗寄怀晏叔原并问王稚川行李鹅儿黄似酒对酒爱新鹅此他日醉时与叔原所咏因以为韵（其一）

黄庭坚

诗入鸡林市，
书邀道士鹅。
云间晏公子，
风月兴如何。

　　在努力上进的宋代词人群像里，晏几道是一个异类。上天给了他显赫的家世、出众的才华，他却不愿意像别人一样，走上千篇一律的官场路。在繁华的汴京，晏几道与好友饮酒作乐，就这样度过了青春时光。

　　说起晏几道，就不能不提他的父亲晏殊。

　　晏殊，北宋朝中重臣。晏几道出生时，正是仁宗宝元元年（1038），彼时，晏殊四十八岁，刚刚结束外放生涯，被召回京师委以重任，可谓是前途无限；晏几道六岁那年，晏殊拜相，在当时的朝堂上，真正是"一人之下，万人之上"。作为晏殊最小的儿子，晏几道自出生起，便享受着亲人的宠爱、家族的富贵荣华。

　　晏几道不仅门第甚高，才华也十分过人。当年，父亲晏殊曾以才学在家乡扬名，有"神童"之称。晏几道继承了父亲的文学天赋，从小便才思敏捷、擅长吟诗写

词。不过，纵然具备了走上官场的诸多条件，晏几道却迟迟没有参加科举考试的打算，这大概是他那清傲的性子使然。晏几道的心思，想想也能理解：他不喜欢走仕途，父亲攒下的家底儿也足够让他过逍遥自在的贵公子生活，何苦委屈自己，早早去走那功名之路呢？

好景不长。晏几道十八岁那年，晏殊去世，晏家失去了主心骨，晏几道失去了父亲。

家族的衰败，是一个长期的过程，因此在晏殊去世的几年之内，晏几道的生活还没有遭遇太大的危机；丁忧期结束后，晏几道便开始了饮酒作乐的生活。他在京中认识了沈廉叔、陈君龙两个朋友[2]，三人经常聚在一起，在沈、陈家中肆意宴饮。晏殊在世时，对晏几道的管束很严，再加上那时候晏几道年纪尚轻，很少有和朋友这样纵情歌酒的时候；晏殊去世后，再没有人能管教晏几道，于是他的风流天性逐渐得到释放，浮沉酒中，累日不断。

沈廉叔、陈君龙家有四位歌女，分别名为小莲、小鸿、小蘋、小云，她们的歌喉十分悦耳动听，擅长演唱美妙的歌曲来娱乐宾客。酒酣之时，晏几道就

2　关于晏几道结识沈廉叔、陈君龙及莲、鸿、蘋、云四女的时间，各个资料见解不同，且出入较大。此处用《二晏年谱长编》中说法。

木兰花·小颦若解愁春暮

小颦若解愁春暮。一笑留春春也住。晚红初减谢池花，新翠已遮琼苑路。　溅裙曲水曾相遇。挽断罗巾容易去。啼珠弹尽又成行，毕竟心情无会处。

木兰花·小莲未解论心素

小莲未解论心素。狂似钿筝弦底柱。脸边霞散酒初醒，眉上月残人欲去。　旧时家近章台住。尽日东风吹柳絮。生憎繁杏绿阴时，正碍粉墙偷眼觑。

会乘兴写下新词，然后交给歌女们演唱；三个好朋友就在旁边饮着酒，一边听曲，一边乘醉欢笑。这种欢宴上的歌词没有什么深意可言，所描述的内容无非是饮酒时的快乐。美丽的歌女也会成为晏几道的描写对象，风流倜傥的公子哥，当然乐于用自己的才情博得美人一笑。

他写小颦：

小颦若解愁春暮[3]。一笑留春春也住。晚红初减谢池花，新翠已遮琼苑路。　溅裙曲水曾相遇。挽断罗巾容易去。啼珠弹尽又成行，毕竟心情无会处。

他写小莲：

小莲未解论心素。狂似钿筝弦底柱。脸边霞散酒初醒，眉上月残人欲去。　旧时家近章台住。尽日东风吹柳絮。生憎繁杏绿阴时，正碍粉墙偷眼觑。

旁人写歌女，往往着眼于她们有"取悦感"的一面：或娇柔，或妩媚，或弱柳扶风，或含羞带怯。然而，晏几道笔下的小莲却是与众不同的，她的美，在于一种旺盛的生命力，在于一种不拘于尘俗的率真与轻狂。"小莲未解论心素"，是说小莲还不懂得谈心，不明白和人诉说衷肠；"狂似钿筝弦底柱"，是说她那种天真的狂态就像琴筝中传出的乐音一样热烈。与她那张扬的性格同样令人印象深刻的，是她那纯粹的美丽："脸边霞散酒初醒，眉上月残人欲去。"何等娇憨动人、醉态可掬！

"狂"字并非古诗词中的罕见字，但这一字常用于

3　根据统一的首句句式及词牌名、韵脚来看，这首与下面描绘小莲的词应同为一组，很可能是晏几道在与沈、陈二人饮酒作乐时，即兴为四位歌女逐一而作。且"颦""颦"音同。可互为假借，似是晏几道作此词时，将"颦"假借为"颦"，取忧愁蹙眉之意，以与后文"一笑留春"呼应。

"狂客""狂夫"中,如"狂客归舟逸兴多""老夫聊发少年狂"等,人皆能诵。而能用"狂"来形容歌女的,古来能有几个?可晏几道偏偏便这么写了,还写得如此明媚、如此可爱,**这一个"狂"字中,流露出的是无尽的钟情与宠溺**。"佯狂"的李白"世人皆欲杀",而"真狂"的小莲却被晏几道盛赞率真、貌美,原因无他,无非是世人嫉恨李白,而晏几道喜爱小莲罢了——正因为喜爱,所以她的狂态才不令人反感,反而使人怜爱。这阕词以短短几句的篇幅,将一个天真热烈、不善言谈,独擅以琵琶传情的歌女形象描绘得栩栩如生,令人读之亦心生喜爱。

宋人的"真狂",让人想起后来《红楼梦》里晴雯撕扇子的情节,也是这样的"狂"。

后来,晏几道结识了赴京赶考的黄庭坚,他们与另一位好友王肱一起,时常聚在一起饮酒,并成为终身好友。过了几年,黄庭坚进士及第,而晏几道却毫无进展。有人说,他仍保持着少时的避世心态,不愿参加科举考试;也有人说,他与黄庭坚等人一同参加了科举考试,却名落孙山。总之,日子就这么一天一天地过去,晏几道没有一官半职傍身,始终游离于世途正道之外,在宴饮中消磨时光。

玉楼春·采莲时候慵歌舞

采莲时候慵歌舞，永日闲从花里度。暗随蘋末晓风来，直待柳梢斜月去。　停桡共说江头路。临水楼台苏小住。细思巫峡梦回时，不减秦源肠断处。

鹧鸪天·守得莲开结伴游

守得莲开结伴游，约开萍叶上兰舟。来时浦口云随棹，采罢江边月满楼。　花不语，水空流，年年拚得为花愁。明朝万一西风动，争奈朱颜不耐秋。

蝶恋花·笑艳秋莲生绿浦

笑艳秋莲生绿浦。红脸青腰，旧识凌波女。照影弄妆娇欲语。西风岂是繁花主。　可恨良辰天不与。才过斜阳，又是黄昏雨。朝落暮开空自许。竟无人解知心苦。

晏几道最初开始饮酒作乐时，尚是仁宗朝；他与黄庭坚、王肱觥筹交错时，仁宗已经驾崩，英宗即位；直到英宗去世、神宗即位，晏几道仍然忙着饮酒、游乐，与歌女们交往。三十多岁时，晏几道在南湖一带游玩，偶遇了一位貌美的歌女，并为她写下多首曼妙动人的小令：

采莲时候慵歌舞，永日闲从花里度。暗随蘋末晓风来，直待柳梢斜月去。　停桡共说江头路。临水楼台苏小住。细思巫峡梦回时，不减秦源肠断处。

守得莲开结伴游，约开萍叶上兰舟。来时浦口云随棹，采罢江边月满楼。　花不语，水空流，年年拚得为花愁。明朝万一西风动，争奈朱颜不耐秋。

笑艳秋莲生绿浦。红脸青腰，旧识凌波女。照影弄妆娇欲语。西风岂是繁花主。　可恨良辰天不与。才过斜阳，又是黄昏雨。朝落暮开空自许。竟无人解知心苦。

在这些词中，莲花是反复出现的主题。可以想见，一定有某一个与莲花有关的瞬间，让词人念念不忘。或许他与词中的女子就是相识在一个莲花盛开的时节，在菡萏飘香的水中，那女子乘一叶兰舟，凌波而来，便从此将荷香与这段情事一起，印在了晏几道的心间。不过，他们在一起的时间并不长，很快，晏几道便离开南湖，返回京城去了。

主张繁华得几时

宋神宗熙宁变法期间，晏几道的好友郑侠面临着一道"恩义难两全"的难题。晏几道写了一首劝慰友人的小诗，不料却惹来了一场牢狱之灾。

宋神宗熙宁七年（1074），晏几道三十七岁。这年春天，他见庭院中春色正好，便写了一首吟咏春天的诗，寄给好友郑侠。诗是这么写的：

> 小白长红又满枝，
> 筑球场外独支颐。
> 春风自是人间客，
> 主张繁华得几时？

不料，这首小诗竟惹得晏几道被抓进了狱中。

这到底是怎么回事呢？一切要从"王安石变法"说起。

我们知道，北宋自建立以来便存在着种种内忧外患，冗员、冗兵、冗费的"三冗"问题迟迟得不到解决，导致北宋积贫积弱的形势愈发严峻。宋仁宗时期，范仲淹领导的"庆历新政"虽为朝堂上带来了一阵新风，但仅仅一年后便以失败告终，存在于王朝内部的弊病仍然没有得到根治。到了神宗朝时，各种积弊带来的问题愈发严重，这让朝野之间呼唤改革的声音愈来愈大。熙宁二年（1069），王安石在宋神宗的任命下官拜参知政事，以消除弊患、富国强兵为目的，发起变法，这便是"熙宁变法"，又称"王安石变法"。

然而，正如当年的庆历新政一样，王安石变法也遭遇了重重阻力。这一部分是因为保守派的强烈反对，另一部分是因为变法本身在策略的制定上、执行的方式上有一定纰漏。一个有问题的改革方略，在推行的过程中会导致更多问题的产生，于是，朝中一些大臣针对变法中的纰漏之处向皇帝上疏，希望能罢除新法，其中，就包括晏几道的好友——郑侠。

　　对于郑侠来说，王安石最初是伯乐，也是知己。郑侠二十多岁时，在江宁读书，时任江宁知府的王安石听说他才学出众，不仅当面给予他夸赞、鼓励，更派学生杨骥去陪伴他读书。后来，郑侠考中了进士，调任光州（今河南省潢川县）司法参军。郑侠秉性认真，他在光州查到什么悬而未决的狱案，都会把自己的处理方案传奏上去，每每都能得到王安石的同意。于是，郑侠愈发敬重王安石，认定了他是自己的知己。古人曾言："士为知己者死。"郑侠也下定决心，要终生追随王安石，向他尽忠。

　　可是后来，一场熙宁变法，让两人产生了分歧。郑侠与王安石的地位不同，王安石是高官，身在朝堂，而郑侠为基层官吏，身在江湖。相比高高在上的王

安石，郑侠能将百姓的忧苦看得更为真切，他看到，由于新法的颁布，百姓们反而过着更加艰难的生活。他屡次写信给王安石，陈述他的见闻，劝说王安石更改法条。王安石见郑侠竟然与自己作对，心中十分不悦，但仍因看重郑侠的才华，想要任用他。郑侠回绝了。

真正使王安石、郑侠决裂的，是熙宁七年（1074）的《流民图》事件。当时，已有连续几个月没有下雨，民间旱灾严重，人们几乎无法生存。东北地区的流民，扶老携幼地逃荒，道路都被堵塞了。可即便如此，官吏们还在逼着灾民们偿还青苗法所贷本息，灾民实在无可抵偿，甚至到了只能用家中的瓦片和木头来偿还债务的地步。郑侠看在眼里，急在心里：新法的推行，本是为了让国更富、民更强，可如今看来，它为何却让百姓更加痛苦？

郑侠知道，此时的王安石已经不会听自己的了，于是，他将自己看到的情形画成了一幅《流民图》，假称有紧急的机密事件上报，通过银台司将图卷与奏疏一并呈递给了皇帝。神宗皇帝看过《流民图》后，长叹数声，夜

贴士 TIPS

青苗法
王安石变法的措施之一，虽初衷是为了赈济农民、充实国库，但因制度缺陷、官员私心、执行不当等，在推行的过程中遇到一系列问题，反使民众负担增加。

银台司
宋代门下省所辖官署，掌管天下奏状案牍。

不能寐，翌日便下令暂停征收青苗钱、免役钱，取消方田法、保甲法，民间一片欢腾。王安石见状，知道新法再难推进，便自请罢相。

王安石为人正直，他知道《流民图》是变法中止的导火索，但他并不打算对郑侠做什么。不过，他的支持者们就不一样了——在王安石的支持者之中，有一些气量狭小的人，他们对郑侠深恶痛绝。一方面，他们劝说宋神宗，想要重启变法；另一方面，他们对阻挠变法的人实施打击报复。他们罗织了种种罪名，将郑侠下狱，与郑侠平日来往密切的人，也都被一并逮捕，晏几道便在

其中。

抓人不能没有证据，得想办法证明郑侠、晏几道之间的关系。于是，郑、晏二人平日里往来的书信、诗文都被搜了出来，晏几道写的那首诗，正好可以作为反对新法的证据：

> 小白长红又满枝，
> 筑球场外独支颐。
> 春风自是人间客，
> 主张繁华得几时？

表面上来看，这是一首描述春意盎然的诗。"小白长红"，是指小小的白花和大大的红花，代指春日里一切美丽的花木。有趣的是第二句，"筑球场外独支颐"。筑球，是宋时流行的一种体育运动，参与者分为两队，用杖击球或者用足踢球。这种两队对抗的游戏，影射着朝堂上的局面：变法派与保守派争执不休。而筑球场上的赛况再激烈，花朵们却只是在场外的枝头上静静地看着——一如诗人对党羽纷争的态度：置身事外，冷眼旁观。不仅如此，诗人还抒发了这样的感慨：春风不过是人间的过客，它所掌的繁花锦绣的局面，又能维持多久？——这明面上是写春风，实际是暗指变法派虽暂时得到皇帝信任，春风得

文采不错，放了吧！

走你！

意、煊赫一时，但他们一定得意不了多长时间。显然，晏几道是在用这首诗来迎合朋友郑侠的政治观点，并劝说郑侠不要太把朝堂争斗放在心上；且去学学那小白和长红，静静地坐观其变就好，总有一天，他们共同期待的结局会来临。

可想而知，这首诗让变法派大为光火。在将郑侠下狱后，晏几道也作为郑侠的“同伙”，被打入牢中。不过，在紧要关头，这首惹出祸端的诗竟又救了晏几道。原来，神宗在审查郑侠家中搜出的书信时，看到了这首诗，十分欣赏。他爱惜人才，不忍心这样有才华的人被埋没在狱中，便下令将晏几道释放。

后来，郑侠被贬去英州，晏几道继续留在京城，过着不问功名的生活。“赠诗风波”这件事过后，想必晏几道对朝堂之事的黑暗一面有了更多了解，因此他选择继续饮酒听曲，不愿踏入仕途半步。只是随着年华渐老、父亲留下的家资愈薄，这样逍遥的日子还能过多久呢？

五云深处彩旋来

晏幾道

▶ 出自晏几道《浣溪沙·铜虎分符领外台》

人到中年，在天子的赏识之下，晏几道“半推半就”地踏上了官场之路。习惯了享受鲜花与掌声的他，在仕途上仍会如此顺遂吗？

光阴流转，晏几道已经四十岁了。就在这一年，他的好友王肱去世，年仅三十五岁。过了两年，晏殊墓被盗。晏殊为人节俭，下葬时并未陪葬太多金玉珠宝，是为薄葬。盗墓贼们知道晏殊当过丞相，本来对他的墓抱有很高期待，却在费尽功夫之后只得到一堆破铜烂铁，不由得恼羞成怒。他们有气没处发，便拿晏殊本人出气，将他的尸骨砍成了碎片。曾经一起倾杯寻欢的朋友，壮志未酬便英年早逝；曾为百官之首的丞相，落得坟墓被盗、尸骨无存的下场，欢愉与悲恸、富贵与坟土之间，不过朝夕咫尺的距离，人生之无常，可见于此。

这段时间前后，晏几道仍在京城会友。宋神宗元丰三年（1080），晏几道的故友黄庭坚来到京城等候改官，其间与晏几道、王竑（hóng）一起聚会、唱和。

在黄庭坚当时所写的《同王稚川晏叔原饭寂照房》一诗中，能清晰地看见晏几道、王龡二人的风度气质：

> 雅雅王稚川，
>
> 易亲复难忘。
>
> 晏子与人交，
>
> 风义盛激昂。
>
> 两公盛才力，
>
> 宫锦丽文章。
>
> 鄙夫得秀句，
>
> 成诵更怀藏。

看着晏几道的生平故事，读着他的词，很容易产生一种错觉，认为他是个清高又带点忧郁的浪荡子，而黄庭坚的诗句，为我们展现了晏几道的另一面：有风度，重情义，气概豪迈，慷慨激昂。

家底儿吃完了……

但是，再潇洒豪迈，也要有饭吃。元丰五年（1082），四十五岁的晏几道终于从云端下凡，走上了世俗之路。

这年四月，正值神宗诞辰。此时，晏几道的词名已在京中盛传开来，神宗便宣晏几道前来作贺词。晏几道当即便作成一首《鹧鸪天》，引得龙颜大悦：

> 碧藕花开水殿凉。万年枝外转红阳。升平歌管随天仗，祥瑞封章满御床。　　金掌露，玉炉香。岁华方共圣恩长。皇州又奏圜扉静，十样宫眉捧寿觞。

许是因为赏识晏几道的才华，又念在晏几道的父亲晏殊曾为朝中重臣，神宗一开心，直接赏了晏几道一个小官，让他去监颖昌许田镇（今河南许昌许田镇）。就这样，从没中过第的晏几道，还是靠门荫走上了仕途，而他的心里，

作品 WORKS

鹧鸪天·碧藕花开水殿凉

碧藕花开水殿凉。万年枝外转红阳。升平歌管随天仗，祥瑞封章满御床。　金掌露，玉炉香。岁华方共圣恩长。皇州又奏圜扉静，十样宫眉捧寿觞。

浣溪沙·铜虎分符领外台

铜虎分符领外台。五云深处彩旌来。春随红旆过长淮。　千里袴襦添旧暖，万家桃李间新栽。使星回首是三台。

则半是无奈，半是开心。无奈是因为，逃避俗务这么久，却最终还是走上了这条道路，真是造化弄人；开心是因为，自己的才华得到了皇帝的赏识——虽然平时与朋友们饮酒时，颇有种看轻天下权贵的豪情，但这次夸自己的，可是皇帝啊！

晏几道到了许田镇后，一腔澎湃的激情犹在沸腾。在他看来，自己少时便以文采出众而广受赞誉，成年后虽不涉尘俗，却仍能以诗词成就扬名天下，如今更是得到了圣上的青睐，这般天纵英才，想来天下间没有见了不折腰的吧？

恰在此时，晏几道得知，颍昌当地长官韩维是父亲晏殊的门生。他心想：不如就用自己的才华“攻略”一下韩维，说不定今后仕途上，能得到他的援引呢？于是，他当即便写下一首《浣溪沙》，连同一些得意的旧作，献给韩维：

铜虎分符领外台。五云深处彩旌来。春随红旆过长淮。　千里袴襦添旧暖，万家桃李间新栽。使星回首是三台。

这是一首标准的奉承之作，歌颂韩维作为地方长官，上能受到朝廷重用，下能将民间治理得井井有条。晏几道满心以为，韩维看过他的词后，会念及与晏殊的师生情分，给自己一番礼遇，不料却等来了一盆冷水——韩维看过晏几道上呈的词卷后，很快便回信说："你的这些词我都看了，我认为你才情有余，德行却不足。希望你能捐弃那些多余的才情，用它们补全不足的德行，不要辜负我这个晏公门下老吏的期望！"

韩维为人正派，史家评价其人为："韩维风节素高，奸邪畏之。""器质方重，学亦醇正。"韩维既与晏家有渊源，很可能先前就听说过晏几道的为人。晏几道纵情花间、浮沉酒中的做派，想来不符合韩维的价值观，这让晏几道首先便被扣了个"印象分"。韩维本人也写作词章，风格以"古淡疏畅"著称，很少写作闺阁春怨的题材。晏几道的词，以情语居多，这大概让韩维更加觉得晏几道此人不务正业，没有为官者应有的端正品行，因此最终给出了"才有余而德不足"的评价。

韩维应是第一个在诗词领域给予晏几道"当头棒喝"的人。沉浸在白日梦中的晏几道此时才猛然惊醒，发觉世间之道并不好走，世上大门并非处处为自己敞开。

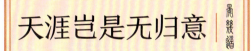 

天涯岂是无归意

▶ 出自晏几道《鹧鸪天·十里楼台倚翠微》

许田镇的平淡生活，让晏几道格外想念京城家乡。在这里，他写下多首诗词，寄托自己对故乡、故人的思念之情。

许田镇不大，与晏几道待惯了的汴京相比，这里的生活平淡且无聊。晏几道在这里待久了，刚上任时的热血，逐渐变成了不得志的隐忧、思归的乡愁。他将自己对故土的思念、对往昔宴乐生活的怀念写进了词中，聊以自娱：

催花雨小，著柳风柔，都似去年时候好。露红烟绿，尽有狂情斗春早。长安道。秋千影里，丝管声中，谁放艳阳轻过了。倦客登临，暗惜光阴恨

泛清波摘遍·催花雨小

催花雨小，著柳风柔，都似去年时候好。露红烟绿，尽有狂情斗春早。长安道。秋千影里，丝管声中，谁放艳阳轻过了。倦客登临，暗惜光阴恨多少。　　楚天渺。归思正如乱云，短梦未成芳草。空把吴霜鬓华，自悲清晓。帝城杳。双凤旧约渐虚，孤鸿后期难到。且趁朝花夜月，翠尊频倒。

少年游·西楼别后

西楼别后，风高露冷，无奈月分明。飞鸿影里，捣衣砧外，总是玉关情。　　王孙此际，山重水远，何处赋西征。金闺魂梦枉丁宁。寻尽短长亭。

多少。　　楚天渺。归思正如乱云，短梦未成芳草。空把吴霜鬓华，自悲清晓。帝城杳。双凤旧约渐虚，孤鸿后期难到。且趁朝花夜月，翠尊频倒。

他怀念帝京生活的绮丽繁华，一句"秋千影里，丝管声中"，尽是缱绻光景。他想念京城，更想念京城中的人，他不知道，自京城一别之后，那些与他相熟的佳人，如今过得如何。这种相思之情也被他写入了词中，像古来的很多词人一样，他也擅长模拟京中佳人的视角，抒写闺中别恨之切、登楼远望之叹：

西楼别后，风高露冷，无奈月分明。飞鸿影里，捣衣砧外，总是玉关情。　　王孙此际，山重水远，何处赋西征。金闺魂梦枉丁宁。寻尽短长亭。

有时候，他也会想起小莲、小鸿、小蘋、小云，想起当年他与沈廉叔、陈君龙痛饮笑闹之时，四位佳人就在旁边弹着曲子，款款唱出他的新词，意态妍美，极为动人。

这一时期，他也有词寄小云，道：

　　　　秋风不似春风好。一夜金英老。更谁来凭曲阑干。惟有雁边斜月、照关山。　　双星旧约年年在。笑尽人情改。有期无定是无期。说与小云新恨、也低眉。

句句柔情刻骨。

　　三年后，晏几道在许田镇行将任满，却一直没有接到调任通知，这让他惆怅不知前途在何方，更不知何时能够返回故乡。眼看又是百花盛开、杜鹃啼鸣的时节，他回忆故园春色，思乡之情也愈发深挚。两首《鹧鸪天》应是写于这个时候：

　　　　陌上濛濛残絮飞，杜鹃花里杜鹃啼。年年底事不归去，怨月愁烟长为谁。　　梅雨细，晓风微，倚楼人听欲沾衣。故园三度群花谢，曼倩天涯犹未归。

　　飘飞的柳絮与啼叫的杜鹃，都是暮春时节的常见意象。"陌上濛濛残絮飞"，既点出季节，也暗指词人的心绪如柳絮一般朦胧纷乱；杜鹃常在深夜里啼鸣，声音极为哀切，似是在说"不如归去"，"杜鹃花里杜鹃啼"，是对暮春场景的进一步勾勒，也反映出词人"不如归去"的哀婉心境。往下几句，"怨月愁烟""梅雨""晓风"都是极为朦胧凄哀的意象，词人通过对这种意象的反复运用，渲染出一个迷蒙、凄美的诗歌幻境，令人闻之断肠。最末两句，则是对这首词写作动机的直接诠释：在遥远的故乡，我那旧时的庭院里，花开花落已有三次，而我这漂泊的游子却仍淹留在他乡，不知何时能够返乡。

虞美人·秋风不似春风好

　　秋风不似春风好。一夜金英老。更谁来凭曲阑干。惟有雁边斜月、照关山。　　双星旧约年年在。笑尽人情改。有期无定是无期。说与小云新恨、也低眉。

鹧鸪天·陌上濛濛残絮飞

　　陌上濛濛残絮飞，杜鹃花里杜鹃啼。年年底事不归去，怨月愁烟长为谁。　　梅雨细，晓风微，倚楼人听欲沾衣。故园三度群花谢，曼倩天涯犹未归。

鹧鸪天·十里楼台倚翠微

十里楼台倚翠微。百花深处杜鹃啼。殷勤自与行人语，不似流莺取次飞。 惊梦觉，弄晴时。声声只道不如归。天涯岂是无归意，争奈归期未可期。

生查子·远山眉黛长

远山眉黛长，细柳腰肢袅。妆罢立春风，一笑千金少。 归去凤城时，说与青楼道。遍看颍川花，不似师师好。

十里楼台倚翠微。百花深处杜鹃啼。殷勤自与行人语，不似流莺取次飞。 惊梦觉，弄晴时。声声只道不如归。天涯岂是无归意，争奈归期未可期。

这首词的意境、情绪都与上一首相似，应是写于同一时间。在词人眼中，杜鹃是可爱的，它们的啼声就像在热切地与行人攀谈，不像那些黄莺，只顾随意地飞来飞去；但同时，它们又有些"可恨"，因为它们的啼声太殷勤了，以至于将词人从睡梦中惊醒了，又因这啼声听来像是"不如归去"，便又勾起了词人浓重的乡愁，令他心生愁闷。但纵是思乡，又有什么办法？自己岂是没有归家的心思，却奈何归家之日无法预料啊！

当年拚却醉颜红

▶ 出自晏几道《鹧鸪天·彩袖殷勤捧玉钟》

回到京城后，晏几道与沈廉叔、陈君龙享受了最后的欢聚。随着沈廉叔去世、陈君龙重病，曾在宅中饮酒作乐的三个好朋友，再也没有了重聚的机会。莲、鸿、蘋、云四位歌女也被遣散，带着昔日晏几道醉中所作的词章，辗转民间。

春天过去，夏天来了；到夏天快要结束的时候，晏几道终于等来了回乡的那天。

到了京城，晏几道又去见了沈廉叔、陈君龙两位老友，三人还是像当年一样，在宅第中喝酒、听曲，互相谈论这些年来的见闻。莲、鸿、蘋、云此时还在沈、陈二人府中，晏几道为她们写了不少新词，只是比起往昔的那些词作来说，这些新词里夹杂了更多叹惋与惆怅的情绪，以及对过往欢乐的怀念和追忆：

> 彩袖殷勤捧玉钟。当年拚却醉颜红。舞低杨柳楼心月，歌尽桃花扇底风。　　从别后，忆相逢。几回魂梦与君同。今宵剩把银釭照，犹恐相逢是梦中。

晏几道永远也忘不了与沈、陈二人度过的那些时光，他们初遇时，都还年轻，他们日日沉醉在奢靡的宴会中，以一种狂狷傲世的姿态，挥霍着白日与青春。他永远记得在那时的欢宴上，美丽的歌女捧着玉制的酒杯，殷勤地向他劝酒，而那时年少气盛的他，为了逞一时意气，甘愿喝下美人手中的每一杯酒，直到醉脸通红。他记得那时的月亮、那时的风，记得那些夜晚是如此快乐，直到月亮坠落、晚风初定，院落中的歌舞才恋恋不舍地结束。

可是在那之后，他与这相知的美人离别了。离别之后，他每每都会怀念起当年那美好的相逢，在无数次的梦中，他与她携手同游——如果不是思念之深，又怎会屡次梦见？许是离别太久，思念太深，而梦又太多，今日他们终于得以再次相逢，晏几道却只是拿起银灯，在灯光里细细端详对方的容颜，唯恐这次的相见仍然是在梦中。唐代杜甫经历兵乱后，与妻儿再次相见，有诗曾道"夜阑更秉烛，相对如梦寐"，将乱世中人们那种失而复得、又害怕得而复失的心境，骤然相见时那种似梦似真的情境描绘得淋漓尽致。晏几道"今宵剩把银釭照，犹恐相逢是

> 彩袖殷勤捧玉钟。当年拚却醉颜红。舞低杨柳楼心月，歌尽桃花扇底风。　　从别后，忆相逢。几回魂梦与君同。今宵剩把银釭照，犹恐相逢是梦中。

最是人间留不住，朱颜辞镜花辞树。

呜呜

临江仙·梦后楼台高锁

梦后楼台高锁，酒醒帘幕低垂。去年春恨却来时。落花人独立，微雨燕双飞。　记得小蘋初见，两重心字罗衣。琵琶弦上说相思。当时明月在，曾照彩云归。

愁倚阑令·凭江阁

凭江阁，看烟鸿。恨春浓。还有当年闻笛泪，洒东风。　时候草绿花红。斜阳外、远水溶溶。浑似阿莲双枕畔，画屏中。

采桑子·昭华凤管知名久

昭华凤管知名久，长闭帘栊。闻道春慵，方倚庭花晕脸红。　可怜金谷无人后，此会相逢。三弄临风，送得当筵玉盏空。

梦中"一句，词意脱胎于杜甫诗，风格却截然不同，二者一个婉转缠绵，一个沉郁悲凉，俱为传诵千载的佳作。清代陈廷焯《闲情集》中评价晏几道这首《鹧鸪天》道："仙乎丽矣。后半阕一片深情，低回往复，真不厌百回读也。言情之作，至斯已极。"这是对这首词至高的褒奖。

然而，这次重逢，是晏几道与沈廉叔、陈君龙，与莲、鸿、蘋、云四位歌女最后的欢乐时光。不久后，陈君龙患病卧床，沈廉叔去世，三人永远失去了聚在一起的机会。随着沈、陈二人突遭不幸，四位歌女也被遣散出府，流落民间。经历了这些之后，晏几道词中的惆怅、追思意味，更甚于从前：

　　梦后楼台高锁，酒醒帘幕低垂。去年春恨却来时。落花人独立，微雨燕双飞。　记得小蘋初见，两重心字罗衣。琵琶弦上说相思。当时明月在，曾照彩云归。

昔日洋溢着欢乐的楼台，如今人去楼空，清寂无比，这种孤寂感让晏几道难以忍受。又是一年春天，又是一番伤春的愁绪在暗中滋长。很多年前，晏几道的父亲晏殊曾写下"无可奈何花落去，似曾相识燕归来"的词句，表达春去秋来、时节更迭的无可奈何，如今晏几道取了与父亲同样的意象，一句"落花人独立，微雨燕双飞"，对仗极为工整巧妙，又在时节变易之叹中融入伤怀往事的无限情思，真可谓"名句千古，不能有二，所谓柔厚在此"[4]。

> 写下这句词的时候，他深深地懂得了父亲。

4　清代谭献《复堂词话》。

有很多次，他在自斟自饮中回忆起与四女的初见。他记得，当时的小蘋还很稚嫩，穿着绣有两重心字的衣衫，一副娇娇怯怯的模样。她弹着琵琶，诉说着心里的相思，在那年如梦似幻的月色之下，她就像一片彩云，飘然而来。可是他知道，他与小蘋再也没有相见的时候了。

去跃青骢马

▶ 出自晏几道《生查子·金鞭美少年》

进入人生暮年之际，晏几道决定将自己的作品结成集子，这就是秀气胜韵、深情动人的《小山词》。在自撰的序文中，晏几道回忆前事，感到光阴倥偬、前尘如梦。

此时，已是宋哲宗元祐年间，晏几道已经年过半百。古人寿促，五十多岁已算是人生暮年，晏几道觉得，是该给自己的作品结集的时候了。于是，他请好友范纯仁将自己这些年写下的词稿整理、辑录，并让另一好友黄庭坚为词集作序。范纯仁、黄庭坚欣然应允。

黄庭坚与晏几道相交二十余年，对他的为人了解颇深。他笔下的《小山词序》，是对晏几道性格、才华、人生准则的生动画像。他在序文中说：

范纯仁是范仲淹之子，曾经父辈们一起改革，儿子们也是至交好友。

哈哈

　　余尝论："叔原，固人英也；其痴亦自绝人。"爱叔原者，皆愠而问其目，曰："仕宦连蹇，而不能一傍贵人之门，是一痴也；论文自有体，而不肯一作新进士语，此又一痴也；费资千百万，家人寒饥，而面有孺子之色，此又一痴也；人百负之而不恨，己信人，终不疑其欺己，此又一痴也。"乃共以为然。

这段话翻译过来就是：我（黄庭坚）曾经说："晏叔原，是人中的英杰，他的痴也不同寻常。"喜爱叔原的人，都很生气，问我这样说的理由。我说："他仕途波折，而不依靠富贵之人，是一痴；文章自成体式，不肯为做官而模仿进士考试的文体，这又是一痴；花光千百万家资，家人饥寒交迫，他却面露傲慢之色，这又是一痴；别人多次辜负他，他却不恨人家，依旧信任别人，始终不加怀疑，这又是一痴。"于是大家都认为是这样。

晏几道其人的傲岸、清高、固执、真诚，尽见于其中。

晏几道自己也为词集写了一篇序，序中提到作词、结集的缘由，字字句句，都是对往昔的怀念。他写道：

> 叔原往者，浮沉酒中，病世之歌词不足以析酲解愠，试续南部诸贤绪余，作五、七字语，期以自娱。不独叙其所怀，兼写一时杯酒间见闻、所同游者意中事。

晏几道记得，最开始写作歌词，就是在与朋友们宴乐的时候。他觉得世上的歌词都太陈旧、太老套，不能消遣酒兴，更不能驱散忧愁。于是，他尝试延续前贤的余风，作了许多词，供自己与朋友娱乐。这些词，不仅仅是记叙自己的感怀，也写酒席间一时的见闻、与自己交游的朋友心中的事情。

> 始时，沈十二廉叔、陈十君龙家，有莲、鸿、蘋、云，品清讴娱客。每得一解，即以草授诸儿。吾三人持酒听之，为一笑乐。已而君龙疾废卧家，廉叔下世，昔之狂篇醉句遂与两家歌儿酒使俱流传于人间。自尔邮传滋多，积有串易。七月己巳，为高平公缀缉成编。

接下来，晏几道提到了与沈廉叔、陈君龙的过往，以及莲、鸿、蘋、云四位歌女。他应该的确很想念他们，并认为他们对他的诗词创作影响很深——因此即使故人已散，他仍要在凝聚了一生心血的《小山词》卷首提起他们。陈君龙重病、沈廉叔去世，两家的歌儿舞女被遣散出府，欢宴时的"狂篇醉句"随这些人一起流传民间，但在流传过程中有错漏之处，这便成了辑录《小山词》的重要原因。

　　追惟往昔过从饮酒之人，或垄木已长，或病不偶。考其篇中所记悲欢合离之事，如幻、如电、如昨梦前尘，但能掩卷怃然，感光阴之易迁，叹境缘之无实也。

　　这是整篇《序》中最优美、最深情，也最令人伤怀扼腕的一段话，亦是《序》的结尾。晏几道之所以写词，《小山词》之所以出世，都与宴饮、歌酒有关，曾与晏几道一同寻欢作乐的朋友们，都是这些词诞生的见证人。然而，年与日长、世易时移，数十年过去，晏几道蓦然回首，才发现在这漫长曲折的人生道路上，曾陪伴自己同行的人们已多数不在。往昔一起饮酒的人，有的已故去多年，坟墓上的树木都已经长得高高大大，每到春夏之时便枝叶繁茂、亭亭如盖；有的身患沉疴，只能在病床上度日，纵然还在人世，也无法像以前一样，时时与他相见、谈笑。这卷《小山词》，在世人看来是词作汇编，在晏几道本人看来，却是承载着过往岁月的一篇篇日志，记录了发生在他生命中的种种悲欢离合。如今翻看词集，他只觉词中所记的人与事、悲与喜、聚与散，就像幻影，像电光，像昨日的梦境与消散的烟尘。他无法挽留住他们，就像人无法系住太阳、白马永远跑不过飞光——他能做的，只有合上书卷、独自惆怅，感叹光阴易逝，世间万事皆如梦幻一般虚妄罢了。

有人认为，晏几道的一生，颇似《红楼梦》中的贾宝玉。他们二人，虽然一真实、一虚构，却同样出身富贵却不踏仕途、不慕名利，同样流连花丛而被叱为不务正形，同样才华出众能吟诗作赋。甚至他们人生的后半程也有相似之处，"陋室空堂，当年笏满床；衰草枯杨，曾为歌舞场"，书中的宝玉在贾府衰败后沦为乞丐，而书外的晏几道，虽不至于流落街头，却同样因家道中落而生活窘迫，因遍阅离合而发出近似"一切有为法，如梦幻泡影，如露亦如电"的空门之语。然而，正是因为这样的人生经历，他才能写出后期那些曲折跌宕、格外深情动人的词作。论世俗成就，他无法超过他的父亲；但他那些历经悲欢后写出的词句，却让他在词坛上的声望足以与父亲相抗。

后来，随着《小山词》的流传，晏几道词名再度大盛，但他仍是那副清高傲岸，不愿与外人交游的样子。苏轼听闻他的词名，想前来结识他，也被他谢绝了。

再后来，晏几道又有几番工作上的调动，却始终未能步入高官之列。到六十多岁时，他的生活已经颇为潦倒，在他当时所写的诗中可证这一点：

就这样吧，没什么好结识的。

淡~定

生计惟兹愜，搬拏岂惮劳。

造虽从假合，成不自埏陶。

阮杓非同调，颜瓢庶共操。

朝盛负余米，暮贮籍残糟。

幸免播同乞，终甘泽畔逃。

挑宜筇作杖，捧称葛为袍。

倘受桑间饷，何堪井上螬。

绰然徒自许，噱尔未应饕。

世久称原宪，人方逐子敖。

愿君同此器，珍重到霜毛。

　　宋徽宗大观四年（1110），七十三岁的晏几道在家中离世。

　　好在，因着《小山词》的流传，世人不太会知晓他晚年困顿的模样。

　　在人们眼中，他将永远是那个多情、傲岸、好饮酒、好填词的贵公子，就像他多年前在词中所描绘的那个少年形象一样：

　　　　金鞭美少年，去跃青骢马。牵系玉楼人，绣被春寒夜。

生查子·金鞭美少年

　　金鞭美少年，去跃青骢马。牵系玉楼人，绣被春寒夜。　消息未归来，寒食梨花谢。无处说相思，背面秋千下。

鹧鸪天·醉拍春衫惜旧香

　　醉拍春衫惜旧香。天将离恨恼疏狂。年年陌上生秋草，日日楼中到夕阳。　云渺渺，水茫茫。征人归路许多长。相思本是无凭语，莫向花笺费泪行。

小令尊前

人们常说"文如其人"，此话不假。一个人的文风，能够反映他的个人喜好、思考方式、性情缓急，可以说是心声的外在展现。在宋代，除了文风，对文体的偏好也能反映出一些东西。文章、诗、词，宋人对它们的地位和功能有着严明的划分，许多混迹官场的士人都着力写作文章或诗，如范仲淹、欧阳修；在后世以词而著称的秦观，生前也不以擅长写词为豪，在他所编的个人作品集《淮海闲居集》中，甚至没有将词纳入；南宋诗人陆游也曾说："风、雅、颂之后为骚、为赋、为曲、为引、为行、为谣、为歌，千余年后乃有倚声制辞起于唐之季世，则其变愈薄。"意在贬抑词的浅薄。

晏几道与他们不同。他不在乎世俗眼光，不追求加官晋爵，也无意为世人立下一个满腹经纶的士大夫形象；他沉迷歌酒、醉生梦死，便也喜欢诞生于歌筵酒席之间的词。词有长调、小令，擅写长调的柳永以赋入词，扩充了长调的抒写内容，也使长调完成了升格，而晏几道偏偏就更喜欢小巧玲珑的小令，这是他的性格以及人生意趣使然。千载之下，晏几道以"北宋词坛写小令第一人"而留名于世，可以说，晏几道选择了小令，而小令也回馈了晏几道。

寂寞人间五百年

Song Ci Shan He

秦观
QIN GUAN

秦观

秦观（1049—1100），字少游、太虚，号淮海居士，别号邗沟居士，世称淮海先生，北宋文学家，婉约派代表词人。

秦观才华横溢、性格俊迈，却因与苏轼交好，被卷入新旧党争之中，饱经颠沛流离而死，终生没有得到朝廷重用。"官不过正字，年不登下寿。间关忧患，横得骂诟。窜身瘴海，卒仆荒陋。"张耒《祭秦少游文》中所述，正是秦观悲惨一生的写照。令人钦佩的是，虽屡遭贬谪、身陷寒微，秦观仍能于逆境中求进，将自己的身世之感融入词中，使其词含情幽艳、凄婉动人，于北宋文坛中独树一帜，具有极高的文学艺术价值；秦观本人也因此被后世视为"正宗的婉约派第一流词人"。

宋钧窑月白釉出戟尊

壮志未酬的
党争小鱼虾

姓名：秦观	字：少游、太虚	号：淮海居士	别号：邗沟居士	故里：高邮（今江苏高邮）	特长：填词、写赋

壮志未酬的党争小鱼虾

韶华不为少年留 | 秦观

▶ 出自秦观《江城子·西城杨柳弄春柔》

　　年轻的秦观，才华横溢、意气风发。聪颖的天资、良好的家教让他早早便能写出十分出色的文章。为国效力，是他最大的心愿。

　　清末词学评论家冯煦曾说："淮海、小山，古之伤心人也。"小山，是指晏几道，而淮海，便是世称"淮海居士"的秦观。

　　晏几道的伤心，是"感光阴之易迁，叹境缘之无实"，是纵情歌酒的生活态度与尘世劳碌生活的不兼容，是出身侯门相府而不问仕途，希望在醉乡中独立于尘世，却最终只能坐视富贵荣华消散、酒朋诗侣远去。

　　而秦观的伤心，则是"雾失楼台，月迷津渡"，是渺小个人身陷宏大时代浪潮中的惶恐、茫然与无助，是一心报效国家，却身陷党争之中，不得不随波逐流，最后在漂泊羁旅中离世的无奈。

　　自少年时便喜欢读兵书的秦观，希望能以才智、谋略为家国做出贡献，凭借韬略文章在青史上留名。然而，历史却和他开了个巨大的玩笑：千年以后，提起秦观，人们首先想到的不是别的，正是那些被他视为雕虫小技的词，是"纤云弄巧，飞星传恨"的柔情蜜语，是"山抹微云，天连衰草"的缠绵婉丽。

　　可秦观，到底是怎样的一个人？

宋仁宗皇祐元年（1049），在扬州高邮，秦观出生。

还在襁褓之中的秦观，并不叫秦观。"秦观"这个名字，是在他长到五六岁的时候，父亲从太学游学归来后为他起的。那时尚且年幼的秦观还记得那天发生的事：从京城回来的父亲，眉飞色舞地为他和母亲讲述着太学中的各色人物，其中有一个叫王观的人，简直让父亲佩服得五体投地。"高才力学！"——父亲当时便是这样称赞王观的。父亲希望，自己的儿子也能像那京城中的王观一样，博闻强识，才华纵横，于是，从这一天起，秦观便叫了秦观。

这便是北宋"二观"的由来。

秦观没有辜负父亲的期待。十岁时，他便熟读诗书，对《孝经》《论语》《孟子》中的道理都能理解得很深刻。到了二十多岁时，他成为吴兴太守孙觉的幕僚，在孙觉的指导下，开始研究兵法，并写下了《郭子仪单骑见虏赋》。这篇文采斐然的文章，生动形象地描述了大唐名将郭子仪单枪匹马深入回纥军营的故事，将郭子仪那"气干霄而直上，身按辔以徐行"，令"露刃者胆丧，控弦者骨惊"的英雄气概抒写得淋漓尽致。透过这些激情澎湃的文字，我们可以想见，年轻的秦观是多么崇拜郭子仪这位大将。也许那时的秦观，也盼望着自己能为家国天下贡献力量，成为像郭子仪这样的大英雄。

秦观竟然崇拜武将。

嗯？

秦观有才华、有抱负，更有一颗体恤民众的心。在遍阅史书的过程中，他得知了浮山堰的故事。南北朝时期，梁武帝为了与北魏争夺寿阳，命二十万役卒在淮河上修建了一座拦河大坝，想用淮河之水倒灌寿阳城，逼城内的北魏军队弃城撤退。两年后，大坝建成，这就是浮山堰。浮山堰建成后，北魏军队果然十分惧怕洪水侵袭，很快便从寿阳城内撤出，驻扎在了城外的八公山上。然而，这座大坝彻底切断了淮河河道，上游的水无法泄出，于是水位越积越高。终于，在连日的大雨过后，浮山堰被冲塌了，积压已久的河水，呼啸着奔向下游的城镇、村舍和农田，受灾人数多达数十万人。

这则往事，引发了秦观深深的思考，他深深地同情故事中的军民。统治者一念之间，便有二十万人背上艰辛的劳役工作，其中很多人，在建造堤坝的过

程中便因伤病、劳苦而死；堤坝筑城，又违反了淮河奔流的自然之道，导致一朝堤坝溃决，下游数十万人失去生命——这滔天的洪水却并不是天灾，而是全然的人祸！于是，他挥笔写下《浮山堰赋》，既是为了一抒胸臆，也是为了警示后人，不要让浮山堰这样的悲剧再次上演。

此时，年轻的秦少游，已经将自己的才学、品德都修炼齐备，只等一个舞台，供他挥洒才华、施展报国之志。只不过，他何时才能登上那个舞台呢？

惟愿一识苏徐州

▶ 出自秦观《别子瞻》

在秦观的不懈努力下，他终于与文坛泰斗——苏轼结识了。"我独不愿万户侯，惟愿一识苏徐州"，是秦观向苏轼递上的"投名状"。

与苏轼的结识，是秦观人生中一个重要的节点。此后，他的荣辱与悲喜，都被系在了这个人的身上。

神宗熙宁七年（1074），秦观二十六岁。当时，苏轼在文坛上的声望很高，有"文宗"之名。秦观的上司孙觉是苏轼的好朋友，秦观经常从孙觉那儿听说苏轼的种种逸事，对他的为人与才学都极为仰慕，他迫切想要认识苏轼，见识一下这位文坛泰斗的风采。

终于，机会来了。一天，秦观听说苏轼要路过扬州，便提前跑到附近的一座寺庙里，仿照苏轼的风格，在墙壁上题了一首诗，并署上了苏轼的名字。过了一段时间，苏轼果然经过寺庙，看到墙壁上的诗，大为惊奇。到扬州时，苏轼见到朋友孙觉，孙觉想向苏轼推荐秦观，便将秦观过往写就的数百篇诗词给苏轼看。苏轼看后，对秦观的才气印象十分深刻。忽然，他想起寺中那首题壁诗，于是说道："当时在寺中题壁的，一定是此人了！"就这样，虽然未能成功谋面，但秦观与苏轼之间已然有了神交。

在那之后又过几年，苏轼任徐州知州，秦观前往拜谒，两人终于第一次见面。一番交谈过后，秦观对苏轼

别子瞻

人生异趣各有求，系风捕影只怀忧。我独不愿万户侯，惟愿一识苏徐州。徐州英伟非人力，世有高名擅区域。珠树三株诋可攀，玉海千寻真莫测。一昨秋风动远情，便忆鲈鱼访洞庭。芝兰不独庭中秀，松柏仍当雪后青。故人持节过乡县，教以东来偿所愿。天上麒麟昔漫闻，河东鸑鷟今才见。不将俗物碍天真，北斗已南能几人？八垲学士风标远，五马使君恩意新。黄尘冥冥日月换，中有盈虚亦何算？据龟食蛤暂相从，请结后期游汗漫。

先生此来，某愿引荐一位少年才俊。

可是前日寺壁所见题诗之人？

正是，正是他，秦观，秦少游！他仰慕先生风姿已久。

更添仰慕之情，并结识了苏轼的弟弟苏辙；苏轼也对这个正直、好学的年轻人充满了好感，连连勉励他继续进取，早日考取功名，为国效力。秦观十分感动，便效仿唐人李白的"生不用封万户侯，但愿一识韩荆州"，作"我独不愿万户侯，惟愿一识苏徐州"诗句，表达对苏轼的感激与景仰。

然而，科举之路并非一帆风顺。虽然得到了苏轼的鼓励，但秦观还是在初试中无奈落第。失意之下，秦观回到高邮，过上了闭门不出的生活。他将自己初试不第的沮丧、无奈写进了诗赋中，甚至"破罐子破摔"地宣布：自己从此以后就要隐居高邮，独自与满屋的书本度过余生，不再涉足这些世俗之事了（《掩关铭》）。他还写下了一篇《叹二鹤赋》，借叙写两只被豢养的仙鹤的命运，抒发人生在世应不受束缚、顺应自然的感想。

不过，秦观也不是完全"两耳不闻窗外事"。此时正是宋神宗元丰元年（1078），就在秦观闭门隐居的这段时期，苏轼在徐州的"黄楼"落成了。秦观闻讯，写了一篇《黄楼赋》，以表庆贺。

这"黄楼"是什么呢？原来，就在不久之前的熙宁十年（1077），苏轼刚刚出知徐州时，黄河决口，大水即将淹没城市。苏轼身为当地长官，指挥百姓修水备、防水患，有条不紊地准备着应对洪水的措施。黄河水奔涌至城下时，苏轼临危不惧，直言自己将与徐州城共存亡，由是，民心大定。洪水退去后，为了纪念这次抗洪行动，同时为了加固徐州城墙，苏轼在城池东门修建了一座高楼，用黄土涂抹墙壁，取"土实胜水"之意。这便是"黄楼"的由来。

秦观这篇《黄楼赋》，写得气度恢宏、文采斐然。开篇"惟黄楼之瑰玮兮，冠雉堞之左方。挟光景以横出兮，千云气而上征"几句，寥寥数笔，便将黄楼的高大宏伟描述得淋漓尽致；登楼而上，满目所见，是徐州城及周边的壮美景色："列千山而环峙兮，交二水而旁奔。冈陵奋其攫拿兮，溪谷效其吐吞。览形势之四塞兮，识诸雄之所存。"随后，秦观笔锋一转，写起了无情的洪水，与徐州官民精诚抗洪的事迹，对苏轼的才干、信念、品行进行了全方位的肯定，赞美敬佩之情溢于言表："繄大河之初决兮，狂流漫而稽天。御扶摇以东下兮，纷万马而争前。……将苦逸之有数兮，畴工拙之能为。覩哲人之知其故兮，蹈夷险而皆宜。"根据时间推测，秦观前往徐州时，黄楼应当还没有建成；而黄楼建成之后，秦观应已落第返乡，大概率未能有机会去黄楼实地一游，这篇《黄楼赋》很可能和范仲淹的《岳阳楼记》一样，是"想象之作"。但仅凭想象，便能将黄楼状写得如此精彩，足以见得秦观的才华横溢。

《黄楼赋》既成，苏轼大喜。他将《黄楼赋》看了好几遍，直夸秦观的才华堪比屈原、宋玉两位辞赋大家。苏轼的欣赏，多少治愈了沮丧中的秦观，至少，他不再像《掩关铭》中所写的那样，把自己关在高邮家里不出门了。

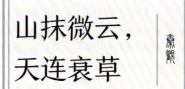

山抹微云,
天连衰草

▶ 出自秦观《满庭芳·山抹微云》

结束了落第后的失意宅居,秦观选择在山水之间放松心情。江南的秀美山水,陶冶了他的情操,激发了他心中的无限诗情。

元丰二年(1079),苏轼移知湖州,途经高邮,再次与秦观相会。为了与苏轼交游,也是为了放松自己的心情,秦观与苏轼同游了一段路程。他们一起乘船经过无锡,游览了无锡名胜——惠山,一边欣赏清新美丽的山色,一边吟诗唱和;他们还到了吴兴,共同游遍了当地的诸多寺院。几日后,秦观与苏轼在德清挥别,随后又前往越州游历。

越州古属吴越之地,山明水秀,风光旖旎。若耶溪畔西施浣纱的故事,更是为这片土地增添了几分多情色彩。在越州,秦观得到了太守程师孟的赏识,两人一起游览了当地许多名胜古迹,这大大激发了秦观心中的画意诗情,他一连写下了许多诗词,描绘自己眼中的越州山水、风物人情。不过,可能是仕途受挫的原因,这些词句中总带着淡淡的感伤。

他写苍翠的秦望山、潇洒的若耶溪,写人事变易的沧桑、凭栏怀古的怅然:

> 秦峰苍翠,耶溪潇洒,千岩万壑争流。鸳瓦雉城,谯门画戟,蓬莱燕阁三休。天际识归舟。泛五湖烟月,西子同游。茂草台荒,苎萝村冷起闲愁。 何人览古凝眸?怅朱颜易失,翠被难留。

望海潮·秦峰苍翠

秦峰苍翠,耶溪潇洒,千岩万壑争流。鸳瓦雉城,谯门画戟,蓬莱燕阁三休。天际识归舟。泛五湖烟月,西子同游。茂草台荒,苎萝村冷起闲愁。 何人览古凝眸?怅朱颜易失,翠被难留。梅市旧书,兰亭古墨,依稀风韵生秋。狂客鉴湖头。有百年台沼,终日夷犹。最好金龟换酒,相与醉沧洲。

梅市旧书，兰亭古墨，依稀风韵生秋。狂客鉴湖头。有百年台沼，终日夷犹。最好金龟换酒，相与醉沧洲。

他写无边无际的秋水、夕阳里的小舟、鸳鸯与舟上的美人：

行行信马横塘畔。烟水秋平岸。绿荷多少夕阳中。知为阿谁凝恨、背西风。红妆艇子来何处。荡桨偷相顾。鸳鸯惊起不无愁。柳外一双飞去、却回头。

在多情的吴越大地，秦观遇见了让自己心动的女子。从秦观为她所写的词来看，这位女子应是一位青楼歌女，拥有出众的才艺与容颜。才子佳人的相识总是一段佳话，但结局也往往令人伤感：才子总要去往其他地方求取仕途，而歌女却无法离开自己栖身的青楼。彼此分别，是一开始便已注定的结局。

词人多情，总在青楼得遇知音。

那年岁暮，寒风凄紧、烟霭迷蒙，秦观乘船离开越州，与心爱的女子，连同这段难忘的情事挥手告别。临别时，他吟道：

山抹微云，天连衰草，画角声断谯门。暂停征棹，聊共引离樽。多少蓬莱旧事，空回首、烟霭纷纷。斜阳外，寒鸦万点，流水绕孤村。消魂，当此际，香囊暗解，罗带轻分。谩赢得青楼，薄幸名存。此去何时见也？襟袖上、空惹啼痕。伤情处，高城望断，灯火已黄昏。

虞美人·行行信马横塘畔

行行信马横塘畔。烟水秋平岸。绿荷多少夕阳中。知为阿谁凝恨、背西风。红妆艇子来何处。荡桨偷相顾。鸳鸯惊起不无愁。柳外一双飞去、却回头。

满庭芳·山抹微云

山抹微云，天连衰草，画角声断谯门。暂停征棹，聊共引离樽。多少蓬莱旧事，空回首、烟霭纷纷。斜阳外，寒鸦万点，流水绕孤村。消魂，当此际，香囊暗解，罗带轻分。谩赢得青楼，薄幸名存。此去何时见也？襟袖上、空惹啼痕。伤情处，高城望断，灯火已黄昏。

这首词，"境超而情至，笔高而韵美"[1]，是秦观长调中的代表作。首句"山抹微云"，一个"抹"字，便描绘出无限凄清、迷离的意境，让连绵的远山、若有似无的云气浮现在读者眼前。接下来又是一串景物描写：衰草一望无际，一直延伸到天尽头；远处城头传来吹角的声音，昭示着黄昏的降临。词人与佳人告别，回首那些缠绵的情事，却见它们如同烟云雾霭一般，转瞬便消散而去。夕阳西下，一群寒鸦飞去，一湾流水缓缓地流过孤村。整首词的词境如同一幅流动的水墨长卷一般，动静相兼，浓淡相宜。

词的下片，直写离愁别恨。"谩赢得青楼，薄幸名存"一句，是借唐代杜牧"十年一觉扬州梦，赢得青楼薄幸名"的典故，亦似是秦观的自嘲：蓬莱旧事，已经随烟云而消散；眼前的美人，一别之后再也后会无期，到最后唯一留下的，竟是这"青楼薄幸名"了。词的最后，夜色渐起，华灯初上，告别的时刻终于来临，词人将主人公定格在了一个远望的姿态，以此作为整首词的收尾："伤情处，高城望断，灯火已黄昏。"伤情是无穷无尽的，而那远望，也将是无穷无尽的。直到高楼不见、黄昏落幕，词中的人们，还将一直彼此远望下去，只因离愁太深、相思太浓。

这首词语言纤美，情意深重，融儿女情长与身世之感为一体，是令后人极为称道的佳作。就连向来不欣赏艳情词的苏轼，也认为这首词写得非常好，还取其首句，戏称秦观为"山抹微云君"。

从越州离开后，秦观回到高邮，继续苦读。其间，他也结识了黄庭坚、李之仪等朋友，与他们的酬唱，为他的读书生活增添了一些乐趣。然而天不遂人愿，在两年后的科举考试中，秦观还是落第了。这次落第对他的打击非同小可，也为他的词作平添了许多愁绪。

落第后的秦观，前往洛阳游历，此时正是春天，人间各处春意融融。但是，在秦观的诗词中，却全然不见沉浸在春日中的喜悦，有的只是迷惘、伤感、憾恨之情：

蒙蒙晚雨暗回塘，远树依微不辨行。

---

1 《宋词鉴赏辞典》。

人物渐稀疏磬断，绿蒲丛底宿鸳鸯。

（《白马寺晚泊》）

落红铺径水平池，弄晴小雨霏霏。杏园憔悴杜鹃啼，无奈春归。　柳外画楼独上，凭栏手捻花枝。放花无语对斜晖，此恨谁知？

（《画堂春·落红铺径水平池》）

"放花无语对斜晖，此恨谁知？"是啊，这空负意气却报国无门的遗憾，究竟有谁能知？

三年京国鬓如丝

▶ 出自秦观《春日偶题呈钱尚书》

　　在苏轼、王安石的鼓励和帮助下，秦观终于进士及第。在京城，他与老朋友黄庭坚再次相逢，又结识了张耒、晁补之，时人将他们称为"苏门四学士"。这是秦观人生中的"黄金岁月"。

　　秦观是幸运的，因为他有苏轼。

　　苏轼听闻秦观两次落第，很为秦观感到可惜，他很想尽自己的一份力量，

水龙吟·小楼连苑横空

小楼连苑横空，下窥绣毂雕鞍骤。朱帘半卷，单衣初试，清明时候。破暖轻风，弄晴微雨，欲无还有。卖花声过尽、斜阳院落，红成阵，飞鸳甃。 玉珮丁东别后，怅佳期、参差难又。名缰利锁，天还知道，和天也瘦。花下重门，柳边深巷，不堪回首。念多情但有，当时皓月，向人依旧。

南歌子·玉漏迢迢尽

玉漏迢迢尽，银潢淡淡横。梦回宿酒未全醒，已被邻鸡催起怕天明。 臂上妆犹在，襟间泪尚盈。水边灯火渐人行，天外一钩残月带三星。

鹊桥仙·纤云弄巧

必背

纤云弄巧，飞星传恨，银汉迢迢暗度。金风玉露一相逢，便胜却人间无数。 柔情似水，佳期如梦，忍顾鹊桥归路。两情若是久长时，又岂在朝朝暮暮！

帮帮这个聪明又上进的年轻人。元丰七年（1084），苏轼因公事调动途经金陵，特意拜访了他的"老对头"王安石，不为别的，只为举荐秦观。王安石读罢苏轼递来的秦观诗文，也大为欣赏，甚至认为其清新俊逸之处，有六朝时期著名文人鲍照、谢灵运的风采。于是，两个在政治观念上南辕北辙、互不相让的朝中重臣，在这一刻破天荒地达成了共识：秦观很有才，有必要帮他一把。

得到苏轼、王安石两位"大咖"的肯定，秦观信心大振，于次年再次参加了科举考试。这一次，也许是得益于他自身才学的精进，又或许是因为苏轼、王安石二人的举荐，秦观终于进士及第，拿到了官场的入场券。然而，此时的秦观，已经不是那个写《郭子仪单骑见虏赋》的昂扬青年了。在科举考场中沉浮了数年，如今的秦观已经三十七岁，他不再有年轻时的锐气，也不再做着不切实际的英雄梦。他已经深深认识到，这世上的很多事，不是只靠修炼自己就能做到的，机缘、人脉，种种外在因素的影响与内在因素同样重要。考场如此，想必官场更是如此。

秦观的第一份工作，是在蔡州当学官。这时的他，还颇具风流：他与当地的营妓娄东玉、陶心儿交好，为她们写下了多首柔美婉约的词。有人认为，秦观那首著名的《鹊桥仙》，就是写于此时：

纤云弄巧，飞星传恨，银汉迢迢暗度。金风玉露一相逢，便胜却人间无数。 柔情似水，佳期如梦，忍顾鹊桥归路。两情若是久长时，又岂在朝朝暮暮！

然而很快，这种"柔情似水，佳期如梦"的生活就被打破了。原因很简单：秦观被卷入了党派纷争中。

　　始于熙宁二年（1069）的王安石变法引来了剧烈的派系斗争。根据对变法的不同态度，朝中分成了新、旧两党，新党（也被称为"元丰党人"）支持变法，代表人物有吕惠卿、章惇等人；旧党（也被称为"元祐党人"）则对变法持保留或反对意见，文彦博、吕公著、范纯仁、苏轼等，均属于旧党之列。秦观进士及第时，是元丰八年（1085），正是在这一年，宋神宗驾崩，年幼的太子赵煦即位，高太后临朝听政。高太后反对王安石变法，十分重用与她持相同意见的旧党人士，并将支持变法的新党人士纷纷贬出朝堂中心。作为旧党中的代表人物，苏轼自然得到了高太后的赏识，得益于这一层关系，秦观也蒙受了好处：由于苏轼的大力举荐，在蔡州当小官的秦观得以前往京中就职。

　　俗话说得好："有人的地方就有江湖。"派系斗争、权力倾轧，永远是无穷无尽的，在旧党内部也存在着各种各样的分歧。渐渐地，旧党内部划分出了三个派别，一派以程颐为首，程颐是河南洛阳人，因此这一派被称为"洛党"；一派以苏轼为首，苏轼是四川人，因此这一派被称为"蜀党"；还有一派，因核心人物均为北方人，便被称为"朔党"。三党之间在政治、学术观念上有所冲突，苏轼、程颐更是互相看不顺眼，于是"洛党"和"蜀党"之间的矛盾格外激烈，时常发生互相诋毁、互相攻击之事。秦观与苏轼交往甚密，自然无法从斗争中脱身：调往京城后不久，他便被"洛党"人士所忌恨，遭到恶意中伤。无奈之下，秦观称病离开京城，回到蔡州。后来，秦观被召到京师参加制科考试，通过后又得以留在京城供职，只过了一年就得到了升迁，但因为"洛党"的言语

中伤，他又被免掉了升任的职务，过去一年的努力全部作废。好在他并没有被贬谪出京，而是继续以低阶官员的身份留在京城。

经历了这一番波折，秦观的心中充满了无力感。他发现，一个人所处的阵营，居然比这个人的能力、才学都更加重要；在这个充斥着钩心斗角的京城，没有人在乎他秦观能做什么、想做什么、擅长做什么，没有人在乎他的那些策论——在人们心中，他的身份只有一个：苏轼的同党。

好在，与秦观站在相同阵营的人给了他心灵上的慰藉。苏轼在朝堂、文坛中影响力很大，门下名士众多，黄庭坚、张耒、晁补之等人便是其中代表。这几人中，黄庭坚擅长文章、诗词，书法功底深厚，诗风奇崛瘦硬，独树一帜；张耒以诗名著称，其诗风受唐人影响颇深，于文章一道亦有造诣；晁补之博闻强记，在诗、文、词方面均有突出天赋。元祐年间，三人与秦观同在京师，俱游苏轼门下，彼此意气相投、诗词唱和，"文采风流为一时冠"，时人称他们为"苏门四学士"。苏轼也十分满意自己门下的这个"四人天团"，他曾不无得意地在写给

晁补之后来成为李清照的老师，尤其在作词方面对李清照影响深远。

朋友的信中说："如黄庭坚鲁直、晁补之无咎、秦观太虚、张耒文潜之流，皆世未之知，而轼独先知之。"[2]——这就是在说，你看，我能在这四人扬名天下之前就识出他们的才干，我老苏的识人之明，还是不错的吧？苏轼门下，又有陈师道、李廌（zhì）两人，才学也十分出众，他们与"四学士"一起，又被称作"苏门六君子"。

那是秦观人生中最快乐的一段时光。虽然他被党羽纷争牵累，但苏轼、苏辙的极力推奖、"四学士""六君子"之间的交游唱和，让秦观感到无比自在。元祐八年（1093），秦观再次迎来了升职，成为国史院编修官，这让秦观更加春风得意。

那时的秦观还不知道，这一年的升迁、与师友之间的开怀畅饮、携手同游，便是他人生中最后的"黄金岁月"。随着高太后去世、宋哲宗亲政，朝堂局势又将迎来新的变化——旧党的春天，结束了。

春日偶题呈钱尚书

三年京国鬓如丝，
又见新花发故枝。
日典春衣非为酒，
家贫食粥已多时。

便做春江都是泪 ▶ 出自秦观《江城子·西城杨柳弄春柔》

随着哲宗亲政，新党得势，秦观与他的师友一起，开启了一贬再贬的坎坷人生。

元祐八年（1093）九月，高太后去世，十八岁的宋哲宗接掌了军国大事的统治权。长年以来生活在高太后阴影之下的哲宗皇帝，对朝堂之事有着自己的观点：在他眼中，高太后是个独断专权的长辈，从来不会考虑自己的想法；偏偏太后重用的那一伙旧党人有什么大事都先找高太

2 宋代苏轼《答李昭玘书》。

江城子·西城杨柳弄春柔

西城杨柳弄春柔，动离忧，泪难收。犹记多情曾为系归舟。碧野朱桥当日事，人不见，水空流。　韶华不为少年留，恨悠悠，几时休？飞絮落花时候一登楼。便做春江都是泪，流不尽，许多愁。

后汇报，很少请示自己——对于一国之君来说，没有比"被忽视"更让人感到羞辱的事了。高太后和旧党群臣的做法，深深地伤害了少年皇帝的自尊，于是一即位，他便决定驱逐旧党，扶植新党，重启变法。

作为旧党元老，苏轼知道，又一番政治风波要来临了。他自知与皇帝观念不合，于是自请外放，远赴定州。秦观与其他朝士送别了他。苏轼的预感是准确的，很快，留在京中的旧党人便纷纷遭到了贬官、罢职，其中，自然包括苏轼的得意门生秦观。宋哲宗绍圣元年（1094），秦观被认定为元祐旧党，被贬谪出京，出任杭州通判。

> 苏轼已经学会了预判，自己走，不用撵。
>
> 淡～定

这一年，是秦观人生的分水岭。从此刻开始，秦观的人生中再也没有了师友相从、春风得意的亮色，有的只是一而再、再而三的打击。这样的人生际遇，也转变了他的词风，使他过往笔下的柔婉之情，转化为悲凉、凄哀的沉痛之音。

秦观收到贬谪的消息时，正是那年的春天。东风渐暖，京城内外风景宜人，离开前，他重游了城中的许多故地，用词作抒发自己的离别之愁。他写道：

西城杨柳弄春柔，动离忧，泪难收。犹记多情曾为系归舟。碧野朱桥当日事，人不见，水空流。　韶华不为少年留，恨悠悠，几时休？飞絮落花时候一登楼。便做春江都是泪，流不尽，许多愁。

秦观喜欢京城吗？未见得。在他眼中，京城不过是一座囚笼，种种党羽纷争，如同笼中的猛兽互相撕咬，而胜负由谁裁定，却不是走兽们自己能够决定的。高高在上的皇权，无时无刻不在搅动着风云，朝臣如同统治者手中的棋子，是升迁，是贬官，是入京，是外放，都在统治者一念之间。然而，要离开这里时，秦观还是感到了不舍与留恋，不为别的，只是因为这座城市承载了他太多的回忆。

在这个杨柳弄晴的春日里，他走过烟水茫茫的渡口，想起之前某次自己乘船远行归来，曾有一位佳人在渡口相候，为他系上归来的小舟。那时也是一个春天，城外的绿野一望无际，碧水之上，一座朱红色的小桥，他与她在桥上携手，一同踏过明媚的阳春。如今故地重游，当日的佳人已经不在，只有那弯碧水仍在自顾自地流淌。可他又能怎样留住佳人、留住那段时光？须知，"韶华不为少年留"啊！

他在漫天的飞絮落花之中登上高楼，看着城池中的春景，看着城外流淌的春江，那连绵不断的江水，正如他无穷无尽的愁绪，他想起南唐李后主那句"问君能有几多愁？恰似一江春水向东流"，何其精妙！于是，秦观在后主原意上推陈出新，一句"便做春江都是泪，流不尽许多愁"自口中吟咏而出，其哀婉深情，不减后主之词，遂成后世传诵的名句。

竟然是化用的李煜这句，并在后主词意之上又翻出一层新意。

嗯？

可即便心中的愁思无尽，又能如何呢？在这满城飘絮的时节里，他要无奈地离开了。在汴京城外的渡口，秦观坐上了南下的小船，临行前，他最后望了望这座高大的城池，它是那样华丽、雄伟，却又是那样冰冷、不近人情。

这是秦观在北宋都城汴京的最后一天。那日之后，这位多情的词人、立志报国的文臣，再也没有了回到京城

望海潮·洛阳怀古

梅英疏淡，冰澌溶泄，东风暗换年华。金谷俊游，铜驼巷陌，新晴细履平沙。长记误随车。正絮翻蝶舞，芳思交加。柳下桃蹊，乱分春色到人家。　西园夜饮鸣笳，有华灯碍月，飞盖妨花。兰苑未空，行人渐老，重来是事堪嗟。烟暝酒旗斜。但倚楼极目，时见栖鸦。无奈归心，暗随流水到天涯。

风流子·东风吹碧草

东风吹碧草，年华换，行客老沧洲。见梅吐旧英，柳摇新绿；恼人春色，还上枝头。寸心乱，北随云黯黯，东逐水悠悠。斜日半山，暝烟两岸；数声横笛，一叶扁舟。　青门同携手，前欢记，浑似梦里扬州。谁念断肠南陌，回首西楼。算天长地久，有时有尽，奈何绵绵、此恨难休。拟待倩人说与，生怕人愁。

赴杭倅至汴上作

俯仰舻稜十载间，
肩舟江海得身闲。
平生孤负僧床睡，
准拟如今处处还。

满庭芳·晓色云开

晓色云开，春随人意，骤雨才过还晴。古台芳榭，飞燕蹴红英。舞困榆钱自落，秋千外、绿水桥平。东风里，朱门映柳，低按小秦筝。　　多情，行乐处，珠钿翠盖，玉辔红缨。渐酒空金榼，花困蓬瀛。豆蔻梢头旧恨，十年梦、屈指堪惊。凭阑久，疏烟淡日，寂寞下芜城。

千秋岁·水边沙外

水边沙外，城郭春寒退。花影乱，莺声碎。飘零疏酒盏，离别宽衣带。人不见，碧云暮合空相对。　　忆昔西池会，鹓鹭同飞盖。携手处，今谁在？日边清梦断，镜里朱颜改。春去也，飞红万点愁如海。

处州水南庵二首

其一

竹柏萧森溪水南，
道人为作小圆庵。
市区收罢鱼豚税，
来与弥陀共一龛。

其二

此身分付一蒲团，
静对萧萧玉数竿。
偶为老僧煎茗粥，
自携修绠汲清宽。

的机会。

南下的水路十分漫长，词人的心境也在这漫长而孤独的旅程中愈加孤寂、封闭。可得势的新党人并不打算就此放过他：他们又向皇帝上疏，说秦观作为苏轼的党羽，编修《神宗实录》的时候擅自增删，导致内容失实，应当立即处罚。哲宗应允，将秦观贬去处州（今浙江丽水），监酒税。当时，秦观还在赴杭州的路上，不得不改变航向，去往处州。这是对秦观心灵的又一次打击。

秦观到处州时，在栖霞寺莺花亭留下了《千秋岁》石刻，但现在的碑刻为清末重刻，亭子也是现代重新修复的了。

一路山水迢迢，秦观终于到达了处州。此时的他，忧愁、迷茫之情更甚往日。为了排解心中的愁绪，他寄情处州山水之间，希望美丽的自然风光能让自己一时忘忧。在处州，他留下了许多哀婉动人的词句：

水边沙外，城郭春寒退。花影乱，莺声碎。飘零疏酒盏，离别宽衣带。人不见，碧云暮合空相对。　　忆昔西池会，鹓鹭同飞盖。携手处，今谁在？日边清梦断，镜里朱颜改。春去也，飞红万点愁如海。

世事蹉跎，此时的秦观，急切地想要寻找一种心灵上的寄托。学佛，成了他纾解内心压力的方式。来到处州之前，在他的《赴杭倅至汴上作》诗中便已有了佛教思想的影子。来到处州后，在他笔下，更是愈来愈多地出现与"佛"有关的意象：

竹柏萧森溪水南，道人为作小圆庵。
市区收罢鱼豚税，来与弥陀共一龛。

此身分付一蒲团，静对萧萧玉数竿。

偶为老僧煎茗粥，自携修绠汲清宽。

　　这些诗句意境清静，似乎作者已放下俗念，能够对着一溪清水、一个蒲团，静坐忘机。处州有一座法海寺，闲暇之时，秦观经常到寺中修行，让佛法平静自己繁杂的心绪。但他做梦也想不到，普度众生的佛法，带给自己的不是彻底的解脱与释然，而是更加可怕的深渊。

　　原来，新党的打压，并没有因为秦观被贬到处州而停止。他们已经和当地官员打通关系，令其密切监视秦观的一举一动，秦观一有反常行为，就要当地官员马上向他们汇报。在当地"眼线"的监视下，秦观学佛的行为很快便被新党获悉，他们针对此事大做文章，以"写佛书"为罪名，向皇帝狠狠地告了秦观一状。哲宗皇帝自然不会对秦观这样的旧党小臣有什么怜惜，也根本不会给他辩解的机会，很快，秦观的处罚结果就出来了：削去所有官职、俸禄，贬往更加偏远、落后的郴州（今湖南郴州）。

一旦政治斗争失败，做什么都是错的！

为谁流下潇湘去

▶ 出自秦观《踏莎行·雾失楼台》

　　从杭州到处州、郴州，再到横州、雷州，秦观面临着一次比一次剧烈的打击。政治斗争的残酷，在他身上体现得淋漓尽致。

　　秦观到达郴州时，正值岁暮。潇湘一带的冬天，寒

题郴阳道中一古寺壁二绝

其一

门掩荒寒僧未归，

萧萧庭菊两三枝。

行人到此无肠断，

问尔黄花知不知？

其二

哀歌巫女隔祠丛，

饥鼠相追坏壁中。

北客念家浑不睡，

荒山一夜雨吹风。

临江仙·千里潇湘接蓝浦

千里潇湘接蓝浦，兰桡昔日曾经。月高风定露华清。微波澄不动，冷浸一天星。　独倚危樯情悄悄，遥闻妃瑟泠泠。新声含尽古今情。曲终人不见，江上数峰青。

如梦令·遥夜沉沉如水

遥夜沉沉如水，风紧驿亭深闭。梦破鼠窥灯，霜送晓寒侵被。　无寐，无寐，门外马嘶人起。

雾失楼台，月迷津
渡，桃源望断无寻处。
可堪孤馆闭春寒，杜鹃声
里斜阳暮。　驿寄梅花，
鱼传尺素，砌成此恨无
重数。郴江幸自绕郴山，
为谁流下潇湘去？

人间词话（节选）
王国维

有有我之境，有无我
之境。"泪眼问花花不语，
乱红飞过秋千去。""可
堪孤馆闭春寒，杜鹃声
里斜阳暮。"有我之境也。
"采菊东篱下，悠然见南
山。""寒波澹澹起，白鸟
悠悠下。"无我之境也。
有我之境，以我观物，故
物皆著我之色彩。无我
之境，以物观物，故不
知何者为我，何者为物。
古人为词，写有我之境者
为多，然未始不能写无我
之境，此在豪杰之士能自
树立耳。

冷而潮湿，熬过冬日的苦寒，转眼又是一个春天。此时
已是绍圣四年（1097），秦观四十九岁，从当日离开汴京
来算，已经度过了三个春秋。在这三个春秋、一千多个
日夜里，或许秦观也会反复地问自己：自己的未来将会如
何？皇帝会回心转意吗？他还有回到政治中心、为朝廷效
力的机会吗？可如今，这封远贬郴州的诏书彻底打碎了他
的幻想。就是在这样无助、迷茫、绝望的心境下，他写
下了这首无限悲切的《踏莎行》：

雾失楼台，月迷津渡，桃源望断无寻处。可堪
孤馆闭春寒，杜鹃声里斜阳暮。　驿寄梅花，鱼传
尺素，砌成此恨无重数。郴江幸自绕郴山，为谁流
下潇湘去？

暮色四合，亭台楼阁在暮霭与浓雾中隐藏了踪迹；
月色茫茫，渡口也消隐在渐起的夜色之中。在黯淡的天
光下，雾月的遮掩中，远方的桃花源更是了无踪迹可寻。
词人独居在郴州的客舍，只能独坐在微凉的春日晚风中，
孤独地听着斜阳下杜鹃的啼鸣。这番迷茫、凄凉的景象，
正是秦观此时心境的写照。古人乘舟行于水上，往往要
靠沿岸的风光、岸上的建筑来辨认当前的坐标，而此刻在
秦观心中，用来辨认方向的楼台被
浓雾掩藏了，能够停靠的港口在月
色中消失了，他的一颗愁心，便如
同一叶漂泊的小舟，不知道航向，也
看不到终点，只能一直漂流下去，永
远也靠不了岸。"雾失楼台，月迷津
渡"，是词人想象中的画面，带着一
种怅惘、茫然的情绪；而到了"可堪
孤馆闭春寒，杜鹃声里斜阳暮"二句，词

雾月、暮霭，都
让人觉得迷茫，
不知何去何从。

的内容由想象中的虚景转为了现实中的实景，情绪也骤然迸发，字句之间凄切至极，杜鹃凄切的啼鸣声与词人饱含血泪的心声交织在一起，令人动容。

词到了下片，由景转情，直抒胸臆。"驿寄梅花"，是用北魏陆凯"折梅逢驿使，寄与陇头人。江南无所有，聊赠一枝春"的典故；"鱼传尺素"，是指古人常常用鱼形的匣子传递书信，防止书信在旅途奔波中损坏，两句加起来，就指代了远方朋友送来的书信与问候。可在秦观看来，朋友的问候，非但不能宽慰他的心绪，反而使他更生愁怨。是啊，与他书信往来的友人，多数面临着和他同样的遭遇，谁又能宽解得了谁呢？书信一封封累积起来，字里行间沉淀的忧愁也越来越多，终于堆砌成了"无重数"的憾恨。词的最后，秦观即景抒情，向着滚滚奔流的郴江发出了慨叹：你这长流无尽的郴江之水啊，本是围绕着郴山流淌，多么自在幸福。你又是为了谁远离故土，直向潇湘而去呢？这是秦观对着有情山水的发问，也是他对自己的凄凉一问。自己的人生何尝不与这郴江一样，本想留在一方稳定、快活的天地中，却无奈要随波逐流、远下潇湘啊！

即便秦观的人生已经悲情若此，围绕着他的厄运却还没有结束。当年冬天，秦观再次接到诏令，朝廷要他编管横州（今广西横州）。横州位于今天的广西境内，在当时的年代，是极偏远、极落后的地方，可秦观无法反抗，只能领命启程。从秦观在横州留下的诗词来看，他也有尝试开解自己，用饮酒、作诗的方式，对抗那种被悲剧命运倾轧的无力感，"社瓮酿成微笑，半缺椰瓢共舀。觉倾倒，急投床，醉乡广大人间小"等词句中，隐然可见其师友苏东坡"微笑，笑时犹带岭梅香"的豁达。这一时期，他的好友、同为"苏门四学士"之一的晁补之也从自己的谪地——信州（属今江西上饶）过来，与秦观

编管 贴士 TIPS

宋代官吏得罪，谪放远方州郡，编入该地户籍，并由地方官吏加以管束，谓之"编管"。此等刑罚亦有用于一般罪犯者。

醉乡春·唤起一声人悄 作品 WORKS

唤起一声人悄，衾冷梦寒窗晓。瘴雨过，海棠开，春色又添多少。

社瓮酿成微笑，半缺椰瓢共舀。觉倾倒，急投床，醉乡广大人间小。

小聚。

可在这之后，却是更大的打击。秦观到达横州那年的秋天，朝廷下诏开除他的公职，令他终身不得录用；随后，秦观被移送雷州（今广东海康）编管。雷州位于今天中国大陆最南端的雷州半岛上，与海南岛隔海相望——除去苏轼被贬的儋州（今海南儋州）外，这几乎是古代官员能被贬谪的最偏远的地方了。

雷州和儋州，秦观和苏轼倒是不远，就是得划船相聚。

南来飞燕北归鸿

▶ 出自秦观《江城子·南来飞燕北归鸿》

秦观在颠沛流离的路途中，结束了他凄凉的一生。他死后，苏轼、黄庭坚等元祐党人继续遭到迫害，或死于跋涉之中，或卒于贫病之间。但他们的才华与人格，却永远让后世怀念。

雷州地处偏远，风物与中原截然不同，这一切都在提醒着秦观，他离家已经太远太远了。唯一能让他感到安慰的，是与苏轼重新取得了联系：此时的苏轼正在儋州，与秦观所在的雷州之间，只隔一道海峡，这让他们得以重通音讯。这期间，秦观写下《雷阳书事》《海康书事》《饮酒》等诗，记录他在这里的所见所闻：

> 一笛一腰鼓，鸣声甚悲凉。
> 借问此何为？居人朝送殇。
> 出郭披莽苍，磨刀向猪羊。
> 何须作佳事，鬼去百无殃。

他也会自嘲自己的境遇：

> 白发坐钩党，南迁海濒州。
> 灌园以糊口，身自杂苍头。

篱落秋暑中，碧花蔓牵牛。

谁知把锄人，旧日东陵侯？

　　正如他自己在诗中所说，这时的秦观，已是鬓生华发的老者，再也不复当年"对客挥毫秦少游"的风采[3]。隔年是元符三年（1100），一直打压旧党的宋哲宗驾崩，徽宗即位，向太后辅政。向太后并不支持变法，但她的手段并不像宋哲宗那样极端，她认为，无论是新党还是旧党，能为朝廷效力的臣子，就有可用价值。这让很多被远谪的元祐旧党人看到了希望的曙光。

　　然而，在转机来临之际，秦观已预感到自己时日无多。他效仿鲍照、陶渊明二人，自作挽词，而词中的哀绝凄切之情，更甚于鲍照、陶渊明。这首挽词，正是秦观这漂泊无定、接连受挫的一生最精准的描述。在挽词的自序中，秦观写道："昔鲍照、陶潜自作哀挽，其词哀。读予此章，乃知前作之未哀也。"

　　元符三年五月，朝廷下达赦令，许多旧党迁臣被调任到离京城更近的地方，苏轼也从儋州移官至廉州（今广西廉州镇）。渡海归来时，苏轼与秦观在海康相聚——这是他们自绍圣元年的连番贬谪后第一次相见。此时，秦观五十二岁，苏轼六十四岁，他们回忆起彼此的初见，那是在千里之外、风花烂漫的彭城。那时，苏轼是意气风发的"苏徐州"，秦观还是个求取仕途的青年，那时的他们，风华正茂，黑发红颜，谈笑间尽是指点江山的激昂，可如今，在昏黄的灯光下相对而坐的，却只有两个衰朽、愁苦的老翁。那一年的秦观，为了博得苏轼的青睐，效仿李白写下"我独不愿万户侯，惟愿一识苏徐州"，而苏轼也被秦观的才华、真诚所打动，不惜与昔日政敌联

3　宋代黄庭坚《病起荆江亭即事十首》（其八）。

雷阳书事三首

其二

一笛一腰鼓，
鸣声甚悲凉。
借问此何为？
居人朝送殇。
出郭披莽苍，
磨刀向猪羊。
何须作佳事，
鬼去百无殃。

海康书事十首

其一

白发坐钩党，
南迁海濒州。
灌园以糊口，
身自杂苍头。
篱落秋暑中，
碧花蔓牵牛。
谁知把锄人，
旧日东陵侯？

自作挽词

婴衅徙穷荒，
茹哀与世辞。
官来录我橐，
吏来验我尸。
藤束木皮棺，
槀葬路傍陂。
家乡在万里，
妻子天一涯。
孤魂不敢归，
惴惴犹在兹。
昔忝柱下史，
通籍黄金闺。
奇祸一朝作，
飘零至于斯。
弱孤未堪事，
返骨定何时？
修途缭山海，
岂免从阇维？
荼毒复荼毒，
彼苍那得知！
岁晏瘴江急，
鸟兽鸣声悲。
空濛寒雨零，
惨淡阴风吹。
殡宫生苍藓，
纸钱挂空枝。
无人设薄奠，
谁与饭黄缁？
亦无挽歌者，
空有挽歌辞。

手，将秦观推举入仕。可仕途太险、宦海太深，秦观这一生，因苏轼而起，又因苏轼而落，如果早知一入宦海是这样的结局，他们还会做出当年的选择吗？

秦观与苏轼并没能重聚太长时间，因为苏轼还要继续踏上前往任所的旅途。临别时，秦观作了一阕《江城子》赠与苏轼，词中道：

> 南来飞燕北归鸿，偶相逢，惨愁容。绿鬓朱颜重见两衰翁。别后悠悠君莫问，无限事，不言中。　　小槽春酒滴珠红，莫匆匆，满金钟。饮散落花流水各西东。后会不知何处是？烟浪远，暮云重。

他说，他和苏轼就像南来的飞燕、北去的归鸿，在这里得以短暂地相逢。可今宵饮罢，两人又要如落花流水一般，各奔东西。天高海阔、山遥路远，不知何时才能再聚了。然而，秦观真的不知道再见的时间吗？他可是早就写好了自己的挽词啊。写下"后会不知何处是"的时候，想必他心中已经知道这个问题的答案——他与苏轼之间，不会再有相逢的机会了。

七月，朝廷下诏，命秦观为宣德郎，放还衡州。途经藤州（今广西藤县）时，秦观中暑，向身旁人要水喝。家人连忙端来一碗水给他，他接过碗，却并未饮下，而是面带微笑地看着碗中的水，随后溘然长逝。死讯传到远方的苏轼耳中，那一刻，苏轼抛下了所有的豁达、淡然，情不自禁地号啕大哭。他说："少游已矣，虽万人何赎！"

逝者已矣，可党争仍在继续，生者仍要在世道中沉浮。过了一年，苏轼也在北归途中去世。又过一年，宋徽宗任用蔡京为相，以奉行新法为名，令其登记元祐旧党人的姓名，以司马光为首，苏轼、秦观、黄庭坚、晁补之、张耒等一百二十人皆名列其中。这些人被称为"元祐奸党"，名字被刻在石碑之上昭告天下，其后代子孙，不能在京师及近甸为官。

黄庭坚在不断地贬黜、获罪中度过了生命中的最后几年，于崇宁四年（1105）病逝。黄庭坚死后不久，针对元祐党人的禁令被废除，晁补之、张耒当时虽还在世，但受到党争影响，不可能再有受到重用的机会。

大观四年（1110），晁补之逝世。

政和四年（1114），"四学士"中的最后一位张耒在贫病与孤独中去世。至此，苏轼与"苏门四学士"全部谢幕。

世间朝代变幻如走马，五百年后，宋、元、明已相继灭亡，一位清朝诗人乘船夜泊在高邮南湖，听见夜雨轻叩着船舷，滴滴答答地如同一首孤寂的歌。诗人想起很多年前，在这片土地上，曾出过一位杰出的文人，自他离去后，世上再无那样的风流人物，人间文坛，已经寂寞了五百年之久。于是他挥笔写下一首诗：

寒雨秦邮夜泊船，南湖新涨水连天。

风流不见秦淮海，寂寞人间五百年。

江城子·南来飞燕北归鸿

作品 WORKS

南来飞燕北归鸿，偶相逢，惨愁容。绿鬓朱颜重见两衰翁。别后悠悠君莫问，无限事，不言中。小槽春酒滴珠红，莫匆匆，满金钟。饮散落花流水各西东。后会不知何处是？烟浪远，暮云重。

关联阅读

病起荆江即事十首（其八）
黄庭坚
闭门觅句陈无己，
对客挥毫秦少游。
正字不知温饱未？
西风吹泪古藤州。

高邮雨泊
王士禛
寒雨秦邮夜泊船，
南湖新涨水连天。
风流不见秦淮海，
寂寞人间五百年。

一诗成谶

　　秦观在处州时，曾做过一个美丽的梦。在梦里，他沿着小溪前行，目之所及尽是明媚的春光。醒来后，他久久回味着梦中所见，于是写下了《好事近·梦中作》一词，词中道："醉卧古藤阴下，了不知南北。"多年后，秦观途经藤州，在树阴之下含笑去世，《好事近》词中随意的一句，竟成了秦观一生的批语。人们将这种无意间预言了人生轨迹的诗词称为"诗谶"。

　　真的是这首词有特殊的预言功能吗？其实未必。在古代，一个文人一生要写下众多诗词，其中必然会囊括各种题材、各种意象，直接提及"老""病""死"的作品也不在少数。样本数量如此庞大，真能与诗人未来的人生经历相吻合，也不是小概率的事。

　　但人们仍然津津乐道于秦观与"诗谶"的故事，或许是因为，秦观的一生太过曲折，充满着许多不能自控的无奈，虽也有"金风玉露一相逢"的缱绻甜蜜，更多的却是"雾失楼台，月迷津渡"的惆怅惘然，仿佛冥冥之中，一切因缘际会早已注定。所谓诗谶，谶中所示的是身不由己，更是造化弄人。

乱世才女的侠骨诗情

Song Ci Shan He

李清照

李清照

LI QING ZHAO

李清照（1084-1155），号易安居士，宋代婉约派代表词人，有"千古第一才女"之称。

李清照早年生活较为优裕，其人颇有奇志，醉心于金石书画研究。与赵明诚结为伉俪后，两人志趣相投，度过了一段琴瑟和鸣的时光。金兵入侵中原、北宋覆灭后，李清照、赵明诚受到波及，不得不举家南下。此后数十年，李清照在经历了故乡兵祸、丈夫去世、收藏散失等种种苦痛后，在南宋首都——临安度过了余生。生前，她将倾注了夫妇共同心血的《金石录》校勘、整理完毕，为宋代金石学的发展做出了重要贡献。

北宋灭亡，各地战火燎原，李清照以一女子之身行走于乱世，其胆识、气魄均非寻常须眉可及，被认为"倜傥有丈夫气，乃闺阁中之苏辛"[1]，其词中既有对闺阁生活的描写，又有对国事的深刻关怀与议论，代表作《夏日绝句》一诗借项羽之往事，讽刺南宋统治者的懦弱，是今人耳熟能详的千古佳作。清代陈廷焯曾在《白雨斋词话》中评价："李易安风神气格，冠绝一时，直欲与白石老仙相鼓吹，妇人能词者，代有其人，未有如易安之空绝前后者。"

景德镇窑青白釉刻花注壶、温碗

---

1 清代沈曾植《菌阁琐谈》。

姓名：李清照

号：易安居士

故里：齐州章丘（今山东济南）

特长：填词、评词、喝酒、打马吊、金石收藏、编纂书籍

雅俗共赏、乱世难折的仙姝

自是花中第一流

▶ 出自李清照《鹧鸪天·桂花》

李清照生于官宦家庭，在良好的教育环境下长大的她，很早便崭露了文学方面的才华。

在北宋文坛，有"苏门四学士"，又有"苏门后四学士"。在"苏门后四学士"中，有一个叫作李格非的人，文风健迈凌厉，为人清正廉洁，很受苏轼赏识。不过，今天故事的主角并不是他，因为他的女儿于文学一途的光彩更胜于他，其才气之高，直让满城须眉都惊叹折服。这个惊才绝艳的女子，就是李清照。

宋神宗元丰七年（1084），李清照出生于济南。

七岁时，在京城做官的李格非将李清照接到身边抚养。李格非的原配、李清照的生母很早便已过世，将女儿接到京城后不久，李格非就续了弦，迎娶了高官王拱辰的孙女。王氏女知书达理、爱好文艺，与李格非感情很好，两人一起抚养李清照长大。

富裕的家境、浓厚的家学氛围，让李清照早早便接触到了诗词歌赋、经史子集，并很快学会了作诗词、写文章。十五岁

这个王拱辰不是欧阳修曾经的好朋友吗？后来还成了连襟。

呵呵！

时，她就能写出十分动人的绝句：

> 春残何事苦思乡，病里梳头恨最长。
> 梁燕语多终日在，蔷薇风细一帘香。

十六岁时，她已能作好词：

> 蹴罢秋千，起来慵整纤纤手。露浓花瘦，薄汗轻衣透。　　见客入来，袜刬金钗溜。和羞走，倚门回首，却把青梅嗅。

如果不是对生活有着真心的热爱，没有一双善于观察生活、发现美欣赏美的眼睛，如何能写出这样天真无邪、明快生动的文字？在这些充满灵性的词句背后，我们能看到少女词人那颗玲珑剔透的文心。不过，闺阁生活并不是李清照唯一钟意的题材，引经据典、托物言志，她也是手到擒来：

> 暗淡轻黄体性柔，情疏迹远只香留。何须浅碧深红色，自是花中第一流。　　梅定妒，菊应羞，画栏开处冠中秋。骚人可煞无情思，何事当年不见收。

这首《鹧鸪天》以"桂花"为题，通过吟咏桂花色彩的淡雅、香气的隽永，抒发词人对内在美、品格美的追求。"何须浅碧深红色，自是花中第一流"，用语老练、才思绝妙，隐然可见词人的桀骜风骨与傲然气度，历来被视作写桂花的名句。在词的末尾，她还与屈原来了个"平等对话"：您这伟大的文人竟是如此无情，《楚辞》中提及的花木有那么多，您为何不将桂花收入其中？谁能

春 残

春残何事苦思乡，
病里梳头恨最长。
梁燕语多终日在，
蔷薇风细一帘香。

点绛唇·蹴罢秋千

蹴罢秋千，起来慵整
纤纤手。露浓花瘦，薄
汗轻衣透。　　见客入来，
袜刬金钗溜。和羞走，
倚门回首，却把青梅嗅。

鹧鸪天·桂花

暗淡轻黄体性柔，情
疏迹远只香留。何须浅
碧深红色，自是花中第一
流。　　梅定妒，菊应羞，
画栏开处冠中秋。骚人可煞
无情思，何事当年不见收。

贴士 TIPS

中兴颂碑

中兴颂碑全称为大唐中兴颂碑，为唐代尚书水部员外郎元结撰写，由著名书法家颜真卿书写，刻于湖南永州浯溪的摩崖石刻，现在仍然保存于永州市祁阳县的浯溪公园内。石刻记录了安史之乱后唐代宗登基，收复二都，平定叛乱的功绩，是纪念平叛、颂扬君主的文章。

作品 WORKS

《浯溪中兴颂》诗和张文潜

其一

五十年功如电扫，华清花柳咸阳草，五坊供奉斗鸡儿，酒肉堆中不知老。胡兵忽自天上来，逆胡亦是奸雄才。勤政楼前走胡马，珠翠踏尽香尘埃。何为出战辄披靡？传置荔枝多马死。尧功舜德本如天，安用区区纪文字。著碑铭德真陋哉，乃令神鬼磨山崖。子仪光弼不自猜，天心悔祸人心开。夏商有鉴当深戒，简策汗青今具在。君不见当时张说最多机，虽生已被姚崇卖。

想到，这样气度不凡的词句，竟是出自一个十六岁的女孩儿之手！

北宋文坛，向来是士大夫的天下，李清照的出现，如同一朵散发着异香的奇花，为京城文坛添加了一抹特别的亮色。在父亲的引荐下，李清照结识了文坛上的各色人物，其中便有名列"苏门四学士"的晁补之和张耒。晁、张二人十分欣赏李清照的才华，都对她称誉有加。十七岁时，李清照读到张耒的《读中兴颂碑》诗，诗中对唐代安史之乱的议论，引发了她对历史的深刻思考。于是，她写了两首诗唱和，其一曰：

> 五十年功如电扫，华清花柳咸阳草，
>
> 五坊供奉斗鸡儿，酒肉堆中不知老。
>
> 胡兵忽自天上来，逆胡亦是奸雄才。
>
> 勤政楼前走胡马，珠翠踏尽香尘埃。
>
> 何为出战辄披靡？传置荔枝多马死。
>
> 尧功舜德本如天，安用区区纪文字。
>
> 著碑铭德真陋哉，乃令神鬼磨山崖。
>
> 子仪光弼不自猜，天心悔祸人心开。
>
> 夏商有鉴当深戒，简策汗青今具在。
>
> 君不见当时张说最多机，虽生已被姚崇卖。

这首诗，笔锋大开大阖，论述有理有据，在不过百多字的诗句里，她已从多个方面分析了大唐衰亡、天下大乱的原因。"何为出战辄披靡？传置荔枝多马死"一句，更是辛辣直言：统治者奢靡放荡的行为乃是导致唐朝衰败的重要成因。在诗篇末尾，李清照还充满深意地写道："夏商有鉴当深戒，简策汗青今具在。"这是在劝诫当朝统治者，不要重蹈前朝的覆辙。一个年纪轻轻的女孩儿，便能如此心怀国事，诗文风格又是如此成熟而富有气势，这再次让京城文坛为之叹服。

中兴颂本来是歌颂唐代宗平乱的功绩，李清照直接看穿本质，如果没有玄宗奢靡放纵，根本就不会有安史之乱，又何来代宗平乱之功呢？

哇～

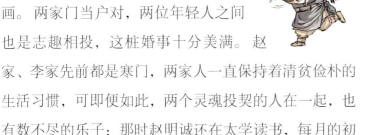

绣面芙蓉一笑开

本精题

▶ 出自李清照
《浣溪沙·闺情》

十八岁那年，李清照与赵明诚成婚。夫妻二人都有志于金石研究，爱好相投，度过了一段和美的时光。

时间一晃就到了宋徽宗建中靖国元年（1101），李清照十八岁了。这一年，她成婚了，新郎是当时吏部侍郎赵挺之的儿子、时年二十一岁的赵明诚。与李清照一样，赵明诚也爱好文艺，喜欢钻研金石书画。两家门当户对，两位年轻人之间也是志趣相投，这桩婚事十分美满。赵家、李家先前都是寒门，两家人一直保持着清贫俭朴的生活习惯，可即便如此，两个灵魂投契的人在一起，也有数不尽的乐子：那时赵明诚还在太学读书，每月的初

赵明诚的表兄是画了大名鼎鼎的《清明上河图》的张择端？这一大家子跨界文化人。

其二

君不见惊人废兴传天宝，中兴碑上今生草。不知负国有奸雄，但说成功尊国老。谁令妃子天上来，虢秦韩国皆天才，花桑羯鼓玉方响，春风不敢生尘埃。姓名谁复知安史，健儿猛将安眠死。去天尺五抱瓮峰，峰头凿出开元字。时移势去真可哀，奸人心丑深如崖。西蜀万里尚能反，南内一闭何时开？可怜孝德如天大，反使将军称好在。呜呼！奴辈乃不能道辅国用事张后尊，乃能念春荠长安作斤卖。

徐熙《牡丹图》

李清照与赵明诚当时想购买的那幅《牡丹图》已不得见，但可以通过现存的《玉堂富贵图》遥想一下徐熙的牡丹图。

《玉堂富贵图》（局部）

一、十五，赵明诚都要请假回家，他会先把衣服抵押在当铺里，换取一些铜钱，然后走进熙熙攘攘的大相国寺市场，购买中意的碑文。回家后，夫妇两人一起欣赏、品评这些"战利品"，倏忽之间，神思便已回到了遥远的古代，无忧无虑得仿佛生活在上古理想之世的先民。

两年后，赵明诚受门荫而入仕，虽然有了稳定的收入来源，但夫妇二人仍过着"饭蔬衣练"的清贫生活，原因无他，只是因为他们的精神世界已足够多彩。他们收集的碑文越来越多，可这仍不能使他们感到满足；为了找到真正稀有的文本，他们找到赵明诚父亲的一些朋友，借用他们掌管国家图书、编修史志的职务之便，借阅一些市面上难以找到的古文经传和竹简文字。这些平日里被束之高阁的"老古董"，在李清照和赵明诚眼里却是能带来快乐的无价之宝。他们将这些古文抄写下来，那种求知的无穷乐趣让他们愈发难以自拔。

不过，夫妇俩偶尔也会遇到一些挫折。有一次，一个人拿着一幅徐熙所画的《牡丹图》来找他们，要他们出二十万钱才肯卖。徐熙是五代时期南唐的杰出画家，被誉为"江南花鸟画派之祖"，他的真迹，李清照夫妇如何能不喜欢？不过，他们虽都是官宦子弟，可要凑够这么多钱，也不是容易的事。他们将画留在家中，把玩了两夜，实在找不到凑

大相国寺市场啥都有，好像现在的北京潘家园市场。

哈哈

徐熙的画作现在我们也能看到哦，《雪竹图》《豆花蜻蜓图》《玉堂富贵图》《梅花双鹤图》都有他独特的晕染风格，像在国画里融入了装饰画，既华美又立体。

开心

钱的办法，只好把画还给了卖家。事后，他们越想越觉得可惜，于是"夫妇相向惋怅者数日"，好几天都不能从失落的情绪里走出来。

那是李清照生命中最无忧无虑的一段时光。三十年后，她在孤独中写下《金石录后序》，字里行间尽是对这段年少伉俪生活的怀念。三十年的时光，足以让人忘记很多事，可对于李清照来说，那些看似平常的往事，都是那样刻骨铭心，以至于经历了王朝的倾覆、连年的颠沛流离之后，她还能将它们记得清清楚楚。从她留下的那些文字中，我们仿佛能看到繁华犹在的大宋，看到车马喧阗的汴京城，看到那春花秋月的年代里，这一对年轻夫妇无比舒展的笑颜。

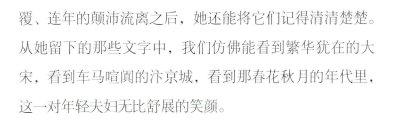

年少相遇，志趣相投，衣食无缺，亲族繁茂，那时是最理想的人生状态。

关联阅读

金石录后序（节选）

余建中辛巳，始归赵氏。时先君作礼部员外郎，丞相时作吏部侍郎。侯年二十一，在太学作学生。赵、李族寒，素贫俭。每朔望谒告出，质衣，取半千钱，步入相国寺，市碑文果实。归，相对展玩咀嚼，自谓葛天氏之民也。

浣溪沙·闺情

绣面芙蓉一笑开，斜飞宝鸭衬香腮，眼波才动被人猜。　一面风情深有韵，半笺娇恨寄幽怀，月移花影约重来。

减字木兰花·卖花担上

卖花担上，买得一枝春欲放。泪染轻匀，犹带彤霞晓露痕。　怕郎猜道，奴面不如花面好。云鬓斜簪，徒要教郎比并看。

如梦令·昨夜雨疏风骤

必背

昨夜雨疏风骤，浓睡不消残酒。试问卷帘人，却道海棠依旧。知否？知否？应是绿肥红瘦。

也就是在这个时期，李清照为世人留下了许多美丽的词。那时尚未经历太多悲苦的她，用长短句记录着生活中的幸福：

绣面芙蓉一笑开，斜飞宝鸭衬香腮，眼波才动被人猜。　一面风情深有韵，半笺娇恨寄幽怀，月移花影约重来。

这首写于新婚之际的词，将夫妻二人的浓情蜜意展现得淋漓尽致。"绣面芙蓉一笑开，斜飞宝鸭衬香腮"两句，话语流转之间极为灵动，风韵十足。"眼波才动被人猜"一句，更是将恋爱中男女的亲密互动描绘得生动万分。李清照对生活的体察、感受之细致，于词句之中尽数体现。

好灵动娇俏！

哇~

像所有文人墨客一样，李清照对季节的变换、时节的更替也有着敏锐的感知，伤春悲秋，也是她的词作里常见的主题。那首著名的《如梦令》，也是写于这个时候：

昨夜雨疏风骤，浓睡不消残酒。试问卷帘人，却道海棠依旧。知否？知否？应是绿肥红瘦。

古往今来，有许多文人描写过闺中生活，但多数是从男性视角出发进行想象。而李清照的作品，是对她日常生活的如实展现，因而格外真实、生动而富有感染力。这首《如梦令》为我们展示了宋代贵族女性的一个生活切片：在一个风雨过后的清晨，她从沉沉的睡梦中醒来，却还是感到不胜酒力，头沉沉的有点发昏。她想起昨夜的风雨，便担忧起庭院中的花木来，可酒醉让她无力起身，她亦不忍目睹落花凋零的惨状，于是试探地问那卷帘的侍女：我那些海棠花怎么样了？侍女向园中看了一看，回答：它们还和昨天一个样子，不曾凋谢呢！这回答让词人感到十分意外，她在心中暗自思量：你可知晓，这个时节应当是绿叶繁茂、红花凋零了呀！

就是这样一则生活琐事，一段生活中的寻常对话，被词人的妙笔经过艺术化的处理，便成了一首精致隽永的小令。更值得一提的是，繁花凋谢，本是诗词中常见的内容，而李清照犹能写出新意，"绿肥红瘦"四字一出，将长夏将至时绿意渐浓、春红渐谢的情景描绘得无比生动，却又能不落窠臼、清新脱俗，无怪乎《尧山堂外纪》中说："李易安又有《如梦令》，……当时文士莫不击节称赏，未有能道之者。"

花自飘零水自流 李清照

▶ 出自李清照《一剪梅·红藕香残玉簟秋》

朝堂上的政治斗争日益剧烈，李家被牵连其中。家中的变故、与丈夫的分别，这一切都让李清照感到不安。随着权臣蔡京与赵挺之的矛盾加深，赵家也成了政治斗争的牺牲品，李清照夫妇决定离开京城这个是非之地，到青州隐居。

欢愉的时光往往转瞬即逝。宋徽宗崇宁元年（1102），权臣蔡京任相，打压元祐党人。李清照之父李格非为"苏门后四学士"之一，被列入"元祐奸党"之列。蔡京在端礼门前立起一座"元祐党人碑"，上刻司马光、苏轼、苏辙、黄庭坚、秦观、李格非等人姓名，并昭告天下：石碑上所记之人，其本人及子孙后代，皆不可在京师及近甸为官。无奈之下，李格非只好离开京城，回到老家；李清照因与赵明诚成婚，暂且得以留在京城，但受到父亲遭遇的影响，她的心中也充满了不安。

赵明诚入仕后，有时因为公务、交游要离开京城，这样的离别也让李清照尝到了苦涩的滋味。春天的时候，寒食将近，梨花烂漫，素白的花瓣映衬着清冷的月色，让她感到格外孤寂难安。她写词道：

> 帝里春晚，重门深院；草绿阶前，暮天雁断。楼上远信谁传？恨绵绵。　多情自是多沾惹，难拼舍，又是寒食也。秋千巷陌，人静皎月初斜，浸梨花。

清秋时节，藕花开败，彻骨的凉意将竹席也浸得冷滑如玉。她想起远方的丈夫，于是提起罗裙，走上水边的一叶小舟。站在舟上，她仰头看着渺远的长天，盼望着从那白云深处，能飞来一只雁，为她带来远方征人的消息。就是在这样的背景下，一首《一剪梅》被创作而出：

> 红藕香残玉簟秋，轻解罗裳，独上兰舟。云中谁寄锦书来？雁字回时，月满西楼。　花自飘零水自流，一种相思，两处闲愁。此情无计可消除，才下眉头，却上心头。

这首词是李清照词中的代表作，被认为"香弱脆溜，自是正宗"[2]。词的上片写景，描绘的是词的写作情境。起句"红藕香残玉簟秋"，寥寥七字，已传递出深入骨髓的凉意与萧瑟感，这种萧瑟感既是季节更迭引起的，又是词人内心情绪的写照——心中萧瑟，眼中的景物也就萧瑟，这便是"以我观物，故物皆着我之色彩"[3]。接下来，"轻"解罗裳，"独"上兰舟，两个关键字的运用，令一个落寞孤独却又优雅自矜的女子形象跃然笔端，词人的遣词造句功底可见一斑。继续往下，词人向云中张望，期待有鸿雁传书，一直等到"雁字回时，月满西

2　明代茅暎《词的》。

3　清代王国维《人间词话》。

楼"，极写思念之切、等待之长。

　　词到下片，情感更浓。"花自飘零水自流"，是在表达一种无奈：人与人之间的聚散离合，与花的开败、水的流逝一样，是无法避免的。正因如此，词人只能接受与爱人天各一方的现状，任凭这令人肝肠寸断的相思同时煎熬着两个人的内心。她也不想满面愁容地度日，可她又有什么办法？要知道，这样的愁绪是无法消解的，就算将它赶下了眉头，它却又攀上了心头。能将无处不在的愁思进行如此具象化的描写，且语句结构如此工整、表现手法如此巧妙，这再次彰显了词人的杰出才华。

家中遭变，父亲获罪，丈夫外派，虽有才情，但是女子在朝政上是无力的，确实愁人。

——唔

怨王孙·帝里春晚

　　帝里春晚，重门深院；草绿阶前，暮天雁断。楼上远信谁传？恨绵绵。　　多情自是多沾惹，难拚舍，又是寒食也。秋千巷陌，人静皎月初斜，浸梨花。

一剪梅·红藕香残玉簟秋

必背

　　红藕香残玉簟秋，轻解罗裳，独上兰舟。云中谁寄锦书来？雁字回时，月满西楼。　　花自飘零水自流，一种相思，两处闲愁。此情无计可消除，才下眉头，却上心头。

随着时间的推移，发生在朝堂上的明争暗斗愈演愈烈，针对元祐党人的迫害仍在继续。徽宗崇宁三年（1104），朝廷下诏："尚书省勘会党人子弟，不问有官无官，并令在外居住，不得擅自到阙下。"李清照受到牵连，不得在京中继续立足。好在，这场危机最终解除了：崇宁五年（1106）早春，蔡京罢相，朝廷解除了对元祐党人的禁制，李格非得以重回京城，李清照也终于能与赵明诚团聚。在汴京宽敞优雅的丞相府邸中，夫妻二人继续过着琴瑟和鸣的生活。李清照有一首《庆清朝慢》，描写春日郊外踏青、展现京城承平气象，应是写于这个时间：

党争真是此一时彼一时，今朝制人者，明朝制于人。

淡定~

禁幄低张，彤阑巧护，就中独占残春。容华淡伫，绰约俱见天真。待得群花过后，一番风露晓妆新。妖娆艳态，妒风笑月，长殢东君。　　东城边，南陌上，正日烘池馆，竞走香轮。绮筵散日，谁人可继芳尘？更好明光宫殿，几枝先近日边匀，金尊倒，拼了尽烛，不管黄昏。

这一时一时变得可真快。

无语

好景不长。只过了一年不到的时间，徽宗重新起用了蔡京。随着蔡京复相，与他持有不同意见的官员又遭到了清算——只不过，这次蔡京针对的对象不是元祐党人，而是李清照的公公赵挺之。他们的恩怨始于崇宁四年（1105），那时，两人一同担任宰相，他们的政治观念、行事风格南辕北辙，难免互生嫌隙。赵挺之多次向皇帝上书，陈述蔡京的种种恶行，甚至说："为了不与蔡京这种人共事，我宁愿不当这个宰相！"蔡京得知后，气得发疯，从此对赵挺之深恶痛绝。此后两年间，两人此起彼落，先是赵挺之罢相，蔡京继续当宰相，然后是蔡京被罢，赵挺之复相，也算是印证了赵挺之当日"有他没我，有我没他"的话语。如今，蔡京再次坐上宰相之位，自然要找赵挺之这个老对头算算账。很快，在蔡京与徽宗皇帝的合力"运作"下，赵挺之于大观元年（1107）三月

致仕，彻底离开官场。**三天后，赵挺之病逝**，享年六十八岁。

赵挺之死后，蔡京更加无所顾忌，直欲将赵氏族人赶尽杀绝。他罗织罪名，扣在赵家人头上，并将他们拘捕入狱——这些人之中，当然也包括赵挺之的儿子赵明诚。因为没有实质性证据，很快，赵家人便被释放出狱，但赵明诚也因此被剥夺官位，很难再在京中生活下去。无奈之下，赵明诚携李清照回到赵家位于青州（今山东青州）的私宅，两人过起了隐居的生活。

赵挺之这棵大树一倒，赵家几乎被蔡京连根拔起了。

东篱把酒黄昏后 ｜李清照

▶ 出自李清照《醉花阴·薄雾浓云愁永昼》

青州十年，李清照与赵明诚过着神仙眷侣的生活，留下了"赌书消得泼茶香"的佳话。与此同时，他们的收藏成就与研究成果也在不断积累，他们用心血浇灌出了金石研究的巨作——《金石录》。

"后屏居乡里十年，仰取俯拾，衣食有余。连守两郡，竭其俸入，以事铅椠（qiàn）。每获一书，即同共勘校，整集签题。"在《金石录后序》里，李清照这样描述她与赵明诚在青州的生活，用语极恬淡，却饱含无限深情。

没错，蔡京当时一人之下，只手遮天，李清照夫妇还能在地方安居，衣食有余非常不错了。

在李清照看来，虽然被卷入政治风波，被迫离开了华美的都城，但她与赵明诚**皆能平安无事**，眼下还能一起过着田园牧歌的生活，也不失为一件幸事。在青州，她与赵明诚节衣缩食，摒除一切尘世杂念，将所有心思和资金都投入金石、字画和古玩的研究中。他们既是相依相伴的夫妻，又是相惜相知的知己。每得到一本书，他们就一起校勘，将它整理分类，题上书名；得到书

浣溪沙·谁念西风独自凉
纳兰性德

谁念西风独自凉，萧
萧黄叶闭疏窗。沉思往事
立残阳。　被酒莫惊春
睡重，赌书消得泼茶香。
当时只道是寻常。

醉花阴·薄雾浓云愁永昼
必背

薄雾浓云愁永昼，瑞
脑销金兽。佳节又重
阳，玉枕纱厨，半夜凉
初透。　东篱把酒黄昏
后，有暗香盈袖。莫道不
消魂，帘卷西风，人比黄
花瘦。

画和各种古玩，他们会反复把玩、鉴
赏，指出它们的瑕疵。他们对这样的
"游戏"乐此不疲，在与古物相处的快
乐里，感觉不到时光的流逝，每每要等
蜡烛烧完，长夜将尽，他们才意犹未
尽地去睡觉。

这种生活正是
文艺爱好者向
往的。

青州环境清幽，风景如画，李清
照取陶渊明《归去来兮辞》中的意
思，将他们的藏书室命名为"归来
堂"；又取《归去来兮辞》中"倚
南窗以寄傲，审容膝之易安"之
句，自号为**易安居士**。幽雅的
"归来堂"，也见证了李清照与赵明
诚的种种故事：每当吃完饭，夫
妻俩就会坐在归来堂上烹茶，指
着堆积的书籍，打赌说某一典故
出自哪本书、哪一卷上的第几页、
第几行，二人以是否说中来定胜负，
以此来决定饮茶的先后顺序。若是谁说中了，便会举着
杯子哈哈大笑，却往往一不小心把茶弄洒在衣襟上，最后
反而一口茶也喝不到。不过，他们从不会计较这些，因
为相处的快乐是如此真实，至于有没有喝到茶，又有什么
关系呢？

自号"易安"，可见李
清照内心对安稳、平淡
生活的渴望与追求。

不过，即使已经共同隐居，夫妻俩还是会面临短暂
的分离。赵明诚经常要出游访古，每到离别时，李清照
都会格外伤感。她只能通过写作长短句来纾解心头的
烦恼：

　　薄雾浓云愁永昼，瑞脑销金兽。佳节又重阳，
玉枕纱厨，半夜凉初透。　东篱把酒黄昏后，有暗
香盈袖。莫道不消魂，帘卷西风，人比黄花瘦。

这首《醉花阴》是李清照的又一首代表作。人在极端烦闷时，总会觉得日子格外漫长，开头一句"愁永昼"，便是精准地把握了人们的这一心理，令听者能够很快构建起与词人的共情。"瑞脑"是一种熏香，"金兽"是兽形的铜香炉，这一句"瑞脑销金兽"，表面是写精致优雅的生活环境，实际上是为了凸显词人百无聊赖的心境——因为爱人不在身边，漫漫长日不知如何度过，只能对着熏香焚烧后的袅袅青烟发呆。眼见又到了重阳时候，在这亲人团聚的佳节，丈夫却没有归来，这让她感到格外孤单，半夜醒来的时候，玉枕上、纱帐内满溢的都是秋日的寒气，这更让她怀念枕边人尚在身旁的感觉。

下片起始两句，接连用典。"东篱把酒"，是用陶渊明"采菊东篱下，悠然见南山"的典故，只是青州与南山虽同为隐逸之地，此刻李清照的心绪却不比陶渊明那般悠然。"暗香盈袖"，是用《古诗十九首》（庭中有奇树）中"攀条折其荣，将以遗所思。馨香盈怀袖，路远莫致之"的语意，表达对远游爱侣的挂念。可无论是把酒远望还是独立西风，都无法消解词人心中的思念之情，于是她干脆直抒胸臆："不要说这清秋时节不让人伤神，珠帘被西风卷起，而那帘幕内的人啊，要比东篱下的菊花更消瘦了！"相思之苦，竟能教人憔悴若此，使人听后，不能不萌生出怜惜之心。

这首词的出世，再次巩固了李清照在文学史上的地位。清代谭莹甚至认为，"绿肥红瘦"与"人比黄花瘦"两句，足以让李清照的词坛地位与李白的诗坛地位媲美："绿肥红瘦语嫣然，人比黄花更可怜。若并诗中论位置，易安居士李青莲。"这样的评价，固然带有主观色彩，但也足以见得李清照的才华

贴士
TIPS

《金石录》
中国最早的金石目录和研究专著之一，在金石研究上具有继往开来的意义，对史学、考据学、文献整理和金石书法的研究具有重要的参考价值。

之高。后来，民间还流传起了关于这首词的一则逸事，说是赵明诚看过这首《醉花阴》后，很是赞赏，又被勾起了胜负心，于是把自己关在家里三天，写了五十首词，将妻子的《醉花阴》混在自己的作品中，请朋友陆德夫评判哪首最佳。陆德夫将词细细品读一遍后说："只三句绝佳。"赵明诚问是哪三句，陆德夫慢声吟道："莫道不消魂，帘卷西风，人比黄花瘦。"赵明诚愕然，从此对妻子更加钦佩。

宋代从不缺乏擅长谈情说爱的词人，宋词里从来不缺少相思和爱意。但那些词人的爱太广博又太泛滥，一个风流的才子，一生中会邂逅很多美丽的歌女，他对她们的爱或许并不假，但并不唯一。李清照也擅写相思，她的爱与情思，与柳永、晏几道等人是不同的。她爱赵明诚，这份爱掺杂了对知己的珍惜，因此**格外真挚、隽永**。世人津津乐道于《醉花阴》的故事，乐于见到才华高绝的妻子与平庸丈夫（即使只是相对平庸）的戏码，但李清照从不看轻赵明诚，而是一直敬重着他、陪伴着

> 她词里的愁与思，都是他。

他，帮助他完成自己的梦想之作《金石录》。这是一种极为深刻且成熟的爱。《文心雕龙》中有言，"温柔在诵，故最附深衷矣"，李清照与赵明诚之间的爱情，大概就是这样的一种感觉。

李清照与丈夫在青州生活了十年。十年间，为了能有余钱购买书籍，他们就从吃穿住行里省下钱财，"食去重肉，衣去重采，首无明珠、翠羽之饰，室无涂金、刺绣之具"[5]，省下来的钱都用来买书。对于这样清贫的生活，

---

5 宋代李清照《金石录后序》。

他们始终乐在其中，因为他们都认为，收藏与研究的乐趣比声色犬马的肤浅快乐要好得多。渐渐地，他们收藏的书籍、金石越来越多，为了方便分类、查找，他们在归来堂中建起了书库，在书柜上编上号码，将归来堂变作了私人图书馆、博物馆。

十年过后，他们不再年轻，却都在不断的日就月将中成为更好的自己。赵明诚踏过许多山川，搜集了大量碑文、书画，大致完成了《金石录》的撰写；李清照在归来堂，日日醉心于文献的阅读整理与古代铭文的研究中，愈加博学、睿智，在《金石录》的写作过程中，她给予了丈夫极大的帮助。在一起的日子里，他们分享见解、彼此鼓励，快乐逍遥如同神仙眷侣一般。李清照希望，这样的日子能一直过下去，就算在这里老死，也心甘情愿。"甘心老是乡矣。"——她在《金石录后序》中这样写道。

自己节衣缩食，去做一件对中华文明传承、溯源意义重大、利在千秋的事，好伟大！

哇～

凤凰台上忆吹箫·香冷金猊

香冷金猊，被翻红浪。起来人未梳头。任宝奁闲掩，日上帘钩。　生怕闲愁暗恨，多少事欲说还休。今年瘦，非干病酒，不是悲秋。

明朝，这回去也，千万遍阳关，也则难留。念武陵春晚，云锁重楼。　记取楼前绿水，应念我终日凝眸。凝眸处，从今更数，一段新愁。

蝶恋花·暖雨晴风初破冻

暖雨晴风初破冻，柳眼梅腮，已觉春心动。酒意诗情谁与共？泪融残粉花钿重。　乍试夹衫金缕缝，山枕斜欹，枕损钗头凤。独抱浓愁无好梦，夜阑犹剪灯花弄。

至今思项羽，不肯过江东

李清照

▶ 出自李清照《夏日绝句》

金军的铁蹄踏碎了北宋的繁华梦境，国事、家事萦绕在李清照心头，令她日夜担忧。然而，无论是国中的君王，还是家中的丈夫，都让她感到失望。

收藏金石书画是极需要资金支持的爱好，若是长期没有收入，很难坚持下去。徽宗政和七年（1117），隐居十年后的赵明诚离开青州，求取仕途，与李清照度过了一段分居生活。宣和三年（1121），赵明诚得官，知莱州（今山东莱州）。将任所打点得当后，他便将李清照从青州接过来，夫妻团聚。公务闲暇之余，赵明诚又收集了一些石刻碑铭，李清照帮助赵明诚整理《金石录》手稿，二人仍像之前一样，醉心于金石研究的世界中。宣和七年（1125），赵明诚改官至淄州（今山东淄博淄川区），李清照随之前往。

可是，他们对未来的所有计划和憧憬，都随着金朝南下、北宋覆灭而化为了泡影。宋钦宗靖康元年（1126），金军在攻破北宋在北方的一系列防线之后，渡黄河而下，包围北宋首都汴京。当年闰十一月丙辰日（1127年1月9日），金军攻破汴京城，宋徽宗、宋钦宗二帝被俘获。靖康二年（1127），随着二帝被

要抓紧收拾，尤其这些金石书画收藏。

废，北宋灭亡，汴京也随之成为一座无主荒城。金军在城中大肆烧杀抢掠，洗劫奇珍异宝不计其数。攻灭北宋后，金军撤回北方，并将徽宗、钦宗与其他赵家宗室成员一并掳走。这便是历史上的"靖康之变"。

家国覆灭，不过转眼之间，听闻如此巨大的变故，李清照与赵明诚都怔住了。他们甚至来不及去担忧那遥远的京城的覆灭，因为他们很快便意识到，以他们那微薄的力量，怕是连自己的家都保不住了。北方已经不再安全，他们所在的齐鲁大地随时有被金人踏平的风险，与此同时，赵明诚的母亲在建康去世，夫妻二人商量，不如趁着南下奔丧，将一些藏品先运往南方妥善保存。

八百多年后，抗日战争时，也有一次保护国宝的文物大迁徙。他们在战火中拼死护住的是留给后人的"传承"的种子。

南下的运力有限，他们不得不将藏品筛了又筛。他们先去掉了重且大的书籍印本、重复的几幅藏画、一些没有款识的古器，又去掉书籍中的国子监刻本、画卷中的平平之作及古器中又重又大的几件，最后留下十五车金石书画，随他们一起南渡。他们护送着这十五车珍宝到达东海之畔的海州，雇船渡过淮河，又渡过长江，一路舟车劳顿后，才终于抵达建康。好不容易在建康安顿下来，

猝不及防的溃败，战争中的文物保护，个人之力实在微薄。

他们还惦念着青州的家——在那里，还存着他们十年隐居时搜集的书册与文玩，数量巨大，满满当当地占了十多间房屋。李清照本来打算，等来年开春了，再雇一些船载回青州的收藏，可再也没有那样的机会了。那年冬天，金人攻陷青州，李清照的归来堂在战火中被夷为平地，堂中珍玩也被尽数付之一炬，这让李清照感到刻骨铭心的痛楚。

在李清照夫妇为保护文物而奔波之时，时代的洪流也在滚滚向前。公元 1127 年，北宋灭亡后，残存的宋室宗族成员之一——康王赵构在应天府（今河南商丘）登基，重立宋朝，改元建炎，是为宋高宗。高宗即位后，曾起用李纲、宗泽等一批心智坚定、有勇有谋的大臣，筹划抗金复国，并任用岳飞等人为将领，在战场上与金兵相抗。然而，高宗生性懦弱，抗金的意志也并不坚定，金军再次意图南下进犯时，高宗唯恐像父亲、兄弟一样被金人掳走，竟想抛下文武百官，以"巡幸东南"的名义，逃到江南。李纲等人严词反对，高宗不仅不听，还对

这群"死心眼"的大臣心生厌憎，遂将李纲罢相。十月，当李清照在乱世中艰难南渡的时候，**高宗已经在奸臣的陪同下，向东南逃窜至扬州，在那里过上了歌舞升平的生活**，全然不顾烽火连天的中原大地、浴血奋战的忠臣官兵，以及避难离乡的大宋子民。

身为君王，享天下供养，却在国家最需要的时刻不战而逃，弃百姓于不顾，不但心无愧疚，还歌舞升平？

哼！

建炎二年（1128），金军再次大举南下，先前在李纲等人苦心经营下稍有起色的抗金部署被击溃，高宗在扬州听闻消息，打算南渡长江，继续逃亡。

建炎三年（1129），金朝挥师直向扬州。高宗恐惧于金人的威胁，仓皇渡江逃窜至建康、临安，并向金朝统帅完颜宗弼（兀术）求情，请他们放他一马，但金人丝毫不为所动，反而加强攻势，一举攻破长江天堑，占领建康，直奔临安而来。气势汹汹的金军吓破了高宗的胆，为了不被俘获，他只能继续南逃，一路经过越州、明州（今浙江宁波），发现在陆地上避无可避，于是决定坐船逃往海中，以逃离金人的追踪。**那年岁末，天寒地冻，高宗乘舟在海上漂泊了三个月之久，直到次年（1130）二月金兵北撤后，才敢在温州靠岸。**一国之君，面临敌寇侵袭时，竟抛下国祚与百姓，一味东躲西藏，如此狼狈不堪，虽免于被俘获的结局，却又有何尊严可言！宋高宗赵构，注定要与这场被称为"建炎南渡"的闹剧一起，被永远钉在历史的耻辱柱上。

真不愧是徽宗的好儿子，一脉相承的怯懦无能，自私自利！

愤怒

说回李清照。"建炎南渡"开始时，李清照与赵明诚已抵达建康。虽在乱世中得以苟全性命，但对故土的思念、对那些毁于战火中的奇珍异宝的痛惜，还是让李清照异常忧愁。这时的她已经四十五岁了，昔日名动开封的大宋第一才女、在青州"审容膝之易安"的女居士，如今也被岁月赋予了沧桑的心境。大宋的前途尚未分明，天地间轮回的四季却仍遵循着旧时轨迹，江上寒冰初化，春风如约而至，古老的建康城迎来了又一年的春天。但这样的春天，在李清照眼中却暗含着无限悲伤，因为它清楚地告诉她：时光在流逝，人在老去，流逝的时光将会把她带向何方？她不知道。年轻的时候，她读过欧阳修的词集，很喜欢其中"庭院深深深几许，杨柳堆烟，帘幕无重数"几句。如今故国已远，前朝旧臣也已风流

云散，再想起这些旧时的诗篇，感慨惘然更胜往昔。于是她借欧阳修笔意，自作《临江仙》，抒发去国怀乡、年华老去之愁：

> 庭院深深深几许，云窗雾阁常扃。柳梢梅萼渐分明，春归秣陵树，人老建康城。　　感月吟风多少事，如今老去无成。谁怜憔悴更凋零，试灯无意思，踏雪没心情。

对于国事，李清照也十分关心。因此，当她得知高宗为避金人追击，一意仓皇南逃时，心中十分不平。身为国家的统治者，当为家国天下、为黎民苍生挺身而出，怎可为了苟全性命，便狼狈逃窜，更罢免忠臣、任用奸邪？

但很快，另一件令她无比失望的事发生了：建炎三年（1129）春，守卫建康的御营统治官王亦谋反，有下属察觉此事，便将其汇报给了当时的江宁知府，也就是建康城的最高长官——赵明诚，可赵明诚听后却置之不理。一个夜晚，叛乱果然发生，赵明诚不顾熟睡中的城民，不顾城中的兵士与亲人，居然自己用绳子从城头逃跑了。最后，王亦的叛乱被早有准备的下属平息，赵明诚得知一切安全后，又偷偷溜回了建康城，只不过，一切再也无法恢复到之前的轨迹：在城中等待着他的，是朝廷罢免他的谕令，以及妻子冰冷的目光。李清照怎么也想不到，那个与她相濡以沫近三十载的人，那个曾与她在归来堂上烹茶、赌

小重山·春到长门春草青

春到长门春草青，红梅些子破，未开匀。碧云笼碾玉成尘，留晚梦，惊破一瓯春。　　花影压重门，疏帘铺淡月，好黄昏。二年三度负东君，归来也，著意过今春。

鹧鸪天·寒日萧萧上琐窗

寒日萧萧上锁窗，梧桐应恨夜来霜。酒阑更喜团茶苦，梦断偏宜瑞脑香。　　秋已尽，日犹长，仲宣怀远更凄凉。不如随分尊前醉，莫负东篱菊蕊黄。

临江仙·庭院深深深几许

重点

庭院深深深几许，云窗雾阁常扃。柳梢梅萼渐分明，春归秣陵树，人老建康城。　　感月吟风多少事，如今老去无成。谁怜憔悴更凋零，试灯无意思，踏雪没心情。

夏日绝句

必背

生当作人杰，
死亦为鬼雄。
至今思项羽，
不肯过江东。

书、笑闹的人，**竟会在危机来临时，抛下自己与满城百姓，独自逃跑。**在这一刻，她发现，面前这个懦弱的男人，竟是如此陌生。

赵明诚被罢官后，携妻子李清照离开建康城，计划移居到赣水之畔。途中，他们经过乌江，那是西楚霸王项羽自刎的地方。李清照怀古视今，更对南宋统治者的懦弱无能感到不满。当年项羽在垓下被几十万大军包围，仍率众奋起突围，战至乌江岸边，自知再无胜机，宁愿自刎而死，也不愿渡江逃生，"力拔山兮气盖世，时不利兮骓不逝。骓不逝兮可奈何，虞兮虞兮奈若何"的垓下高歌遂成千古绝唱。项羽虽身死，豪杰之气却长存于世间；真宗虽苟活，其懦弱狼狈却注定被后世耻笑。于是，李清照脱口吟出一首诗，既是对项王的悼念，又是对真宗等懦夫（或许其中也包含赵明诚）的讽刺：

> 生当作人杰，死亦为鬼雄。
> 至今思项羽，不肯过江东。

人们至今思念项羽，是因他宁愿自刎，也不愿渡乌江而逃生。这世上有比生命更重要的东西，只可惜那些懦弱的人永远不会明白。

长官弃城，这是可耻；丈夫弃妻，这是无情。人到中年，家国离乱，突然发现一起生活了几十年的伴侣令人失望到心寒，这是多么可悲的事。

病起萧萧两鬓华

▶ 出自李清照《摊破浣溪沙·病起萧萧两鬓华》

　　一则突如其来的任命通知，让李清照失去了丈夫；一场硝烟弥漫的战事，让李清照失去了前半生的珍藏。生命是一点点得到，又一点点失去的过程，李清照必须学会面对这件事，才能勇敢地走向下一个明天。

　　数月后，李清照、赵明诚到达池阳（今安徽贵池），当时已经入夏。随即赵明诚接到通知：皇帝任命他为湖州知州，要他上殿朝见。思忖之下，他决定让李清照先在池阳安顿下来，独自奉旨前去建康。李清照在河岸边的驿站送别了丈夫。

　　若干年后，李清照仍清楚地记得那天的情景：赵明诚穿着一身夏布衣裳，翻起前额上的头巾，坐在岸边，精神如虎，明亮的眼睛直向她看过来，与她告别。此时的李清照情绪很不好，便向赵明诚大喊："如果城中有危急情况，我该怎么办？"赵明诚挥手道："跟着人流走！万不得已的时候，先扔掉包裹箱笼，再扔掉衣服被褥，再不然是书册卷轴，实在不行，再扔掉古董。只是那些宗庙之器，抱着也好，背着也罢，必须随身携带，与自身共存亡，别忘了！"说罢，赵明诚便起身打马而去。

　　这是李清照最后一次见到赵明诚意气风发的样子。在长途奔袭的途中，赵明诚由于劳累过度，加上暑热入体，不幸染病，到达建康后，便患了疟疾。赵明诚在病榻上写信给李清照，说明自己的情况，李清照知道赵明诚性格急躁，为了让病尽快好起来，一定会服用带有寒性的药物——可这样不仅不能根治疾病，反而会使病情加重。担忧之下，李清照连夜从池阳出发，赶往建康，到达后得知赵明诚果然服用了大量凉药，疟疾加上痢疾，已是病入膏肓，无药可救。不久后，赵明诚便去世了，临终前除了一首绝笔诗外，没有给李清照留下任何嘱托。

　　这一年，是李清照和赵明诚在一起的第二十九年。诚然，他们之间不再有

6　据相关资料推测，当时真宗在建康。

新婚燕尔的浓情蜜意，她也十分不齿于赵明诚的怯懦行径，但她已经习惯了有赵明诚在身边的日子，失去这个人，就好像生命中重要的一部分被掏空了。安葬完丈夫，李清照大病一场，病好后，头上竟生出了白发。此时的她，满心只剩一片茫然，不知道自己能做什么、该做什么，终日只有躺在床上，看着窗外的风景，与枕畔的诗书为伴。在她当时写下的《摊破浣溪沙》中，有对这段日子的描述：

病起萧萧两鬓华，卧看残月上窗纱。豆蔻连梢煎熟水，莫分茶。　枕上诗书闲处好，门前风景雨来佳。终日向人多酝藉，木犀花。

可李清照不得不强打起精神，因为她还要保护自己的那些珍藏。随着时局逐渐危急，建康也不再安全，恰好赵明诚有亲戚在洪州（今江西南昌）做官，她便派了两个老管家，将建康家中的一些收藏沿长江水道运往洪州去贮存。然而，不久之后，洪州也陷于金人的铁蹄之下，李清照的那些书册、碑帖，全部失落于战火之中，"所谓连舻渡江之书，又散为云烟矣"。幸存的只剩一些李清照曾于病中把玩、放置在建康宅卧房内的书卷。这是李清照遭遇的又一重大打击。

山河破碎，风雨飘摇，李清照举目无亲，不知该去往哪里才好。无奈之下，她只好带上剩下的家当，投奔另一位亲戚。根据《金石录后序》的记载，那人是一位负责编辑皇帝诏令的官员，常伴皇帝左右，因此追踪皇帝的行迹成了李清照的首要任务。李清照听说皇帝一行人向台州方向行进，便赶往台州投奔，未见到皇帝的车马，却见到一片兵荒

7　宋代李清照《金石录后序》。

马乱的景象；她又往嵊州、睦州方向追去，再转至黄岩，途中实在无法负荷，便丢弃了一些衣被。她在黄岩雇船出海，继续追逐行进中的朝廷队伍，之后又辗转到温州、越州等地。在这漫长曲折的路途之中，**李清照所携带的文物又散失掉很大一部分。**

在越州，李清照寄住在当地居民钟氏家中。她将余下的文物藏在床榻之下，细心保管。然而，一天夜里，有盗贼来钟氏家中行窃，竟将李清照床下的藏物多数盗走。李清照伤心欲绝，连忙四处查找它们的下落，最后查出是邻人作案；她苦苦哀求邻人将物品归还，甚至愿意出重金赎回，却仅仅赎回十八轴书画，其余的收藏，任凭李清照如何哀求，邻人也不愿再拿出。后来，李清照才知道，那十八轴书画以外的收藏，已被其他主顾买去了。讽刺的是，无论是邻人还是主顾，都是根本不识货的人，那些跟随李清照辗转奔波、被李清照用心保管的珍宝，竟被人以极其低贱的价格买了去。这如何不让李清照感到心痛！

至此，李清照与赵明诚早年间所作的珍藏，已所剩无几。南下建康时，他们不得已抛弃了许多珍宝；青州兵祸，将归来堂中的全部文物付之一炬；赵明诚生前曾因沉迷金石而被诬告通金，李清照为消除朝廷疑心，计划将建康家中

战乱中辗转，不停迁徙，要凭个人之力保全文物实在太难了。

思考

我花钱收，可以吧？

这是我家祖传的，可不是你丢的，别乱攀扯。

所有的金石器物赠给朝廷，然而这批器物也在寄送过程中遗失掉了；再后来，沿长江运往洪州的大量书籍也消失在烟云波涛之中；李清照携余下文物在多地之间辗转流离，途中亦有亡佚，好不容易在越州得到片刻安稳，**却又横遭盗贼**——其间种种波折与辛酸，岂是言语所能形容？如今李清照手中只剩一两件残余零散、不成规模的书册，以及几个平平无奇的书帖而已，而她还像爱护自己的头脑与眼睛一样地爱惜着它们，何其令人心痛啊！

兵乱百姓不易，可在不易之世，有的人会绽放人性光辉，有的人却只会放大人性之恶。

对于李清照来说，生命就是一点点得到，又一点点失去的过程。无情的战火，带走了她的爱人，也带走了他们用前半生苦心经营的一切。但时间长河仍流淌不息，裹挟着无数浪花继续向前，李清照不得不整理好自己的心绪，迎接未知的未来。

物是人非事事休 | 李清照

▶ 出自李清照《武陵春·春晚》

在湖山秀美的临安，李清照度过了她的晚年。她为人们留下了《金石录》与无数动人的词，以及一段传奇的人生故事。

绍兴二年（1132），四十九岁的李清照追随高宗来到临安，在这里安了家。她与一个叫作张汝舟的男子成了婚，不料张汝舟本是为着李清照的丰厚收藏而来，他见李清照的财产所剩无几，便恼羞成怒，竟然对李清照漫骂不已，甚至施以暴力。李清照无法忍受，**便向官府告发了张汝舟的恶行**（其中还包括一些官场上贪赃枉法的行为），最终，张汝舟被削去官职，编管柳州，他与李清照的夫妻关系也就此被解除。

宋代女子想离婚，只有被休、和离（即丈夫同意）、义绝三种方式，且妻告夫要坐牢两年，如果遇人不淑，真的很麻烦。

无语

李清照是坚强的。历经颠沛流离、所嫁非人等种种磨难，她没有呼天抢地，也没有怨天尤人，而是始终维护着自己的尊严和人格。少女时，她曾写诗议论安史之乱；建炎南渡时，她写诗讽刺统治者的懦弱；如今，她还是那个心系天下、壮气不输男儿的李清照。绍兴三年（1133），朝廷派同签书枢密院事韩肖胄、工部尚书胡松年出使金朝，李清照闻之，写诗相赠。诗中说："子孙南渡今几年，飘流遂与流人伍。欲将血泪寄山河，去洒东山一抔土。"字里行间流露的是痛惜国难、期盼早日收复故土之意，言语之间可见其慷慨气魄。

偶尔，李清照也会想念赵明诚，想念远方的东鲁故乡。在硝烟还未四起、北宋还未覆灭的时候，他与它共同见证了她最美好的年华。她曾写诗悼念赵明诚道：

十五年前花月底，相从曾赋赏花诗。
今看花月浑相似，安得情怀似往时。

天接云清连晓雾，星河欲转千帆舞。仿佛梦魂归帝所，闻天语，殷勤问我归何处。　我报路长嗟日暮，学诗谩有惊人句。九万里风鹏正举。风休住，蓬舟吹取三山去！

绍兴四年（1134），李清照在临安家中闲坐时，无意间翻阅起了赵明诚留下的《金石录》手稿，一看之下，竟再也难以自拔。她回想起很多年以前，他们还在莱州时，赵明诚坐在静治堂上，认认真真地将这些手稿装订成册，为它们插上芸草做的书签，束上整整齐齐的丝带。她还记得那时候，每当夜深了，吏卒下班了，赵明诚就扑在他的《金石录》上，每夜都要校勘两卷、题跋一卷。在这两千卷书册中，有题跋的就有五百零二卷，透过这些文字，她好像看到了那五百零二个夜晚，赵明诚在灯下奋笔疾书的样子。如今再看这《金石录》上，他的笔迹还像新的一样，但其人却早已长眠黄泉之下，坟墓前的树木已经有两手合抱那么粗了。逝者如斯，李清照在人间的"故识"，竟只余这《金石录》而已！唏嘘之下，她写下了《金石录后序》，既是对自己半生的追忆，又是对人世浮沉的感喟。在序文末尾，她写道：

　　　　昔萧绎江陵陷没，不惜国亡，而毁裂书画；杨广江都倾覆，不悲身死，而复取图书。岂人性之所著，死生不能忘之欤？

　　这段话是说，从前，当江陵城陷落的时候，梁元帝萧绎不去痛惜国家的灭亡，而去焚毁自己珍藏的书画；隋炀帝杨广在江都遭到覆灭，不去悲哀自己将要殒命的结局，反而想把唐人载去的图书重新夺回来。难道人性之所专注的东西，能够逾越生死而念念不忘吗？

　　是啊，对于李清照来说，可不是如此吗？她以女子之身，于乱世中护送金石书画，不惧风霜雨雪、颠沛流离，可见在她心中，这些文物的保护与研究，正是比生命更重要的东西。继承、研究、发扬，对文明的存续而言是至关重要的步骤，正因有李清照这样的人存在，中华文明才能历数千载而流长。

　　后来，李清照为躲避兵祸，只身前往婺州（今浙江金华），感慨此生孤独、漂泊无依，于是写下《武陵春》一词：

> 说到这个，李煜也是在亡国之时，焚毁了自己的书画收藏。

　　　　风住尘香花已尽，日晚倦梳头。物是人非事事休，欲语泪先流。　　闻说双溪春尚好，也拟泛轻舟。只恐双溪舴艋舟，载不动许多愁。

词中所蕴含的沧桑、悲凉意味，与其早期词作形成鲜明对比。不久后，她又返回临安，在那里度过了余生的二十个春秋。

绍兴十三年（1143），六十岁的李清照完成了《金石录》全部的校勘整理，将其表进于朝，她与赵明诚的毕生夙愿得以达成。

绍兴十七年（1147），李清照在孤苦寂寞中写下《声声慢》一词，尽叙国破家亡后，晚年生活之寂寥：

原来这首词是李清照六十多岁时写的。经历了国破家亡、颠沛流离、收藏散佚，多少故人离去，只留下自己。曾经的故乡已成别国，至死未能再回去，确实"愁"。

啊！

> 寻寻觅觅，冷冷清清，凄凄惨惨戚戚。乍暖还寒时候，最难将息。三杯两盏淡酒，怎敌他、晚来风急！雁过也，正伤心，却是旧时相识。　满地黄花堆积，憔悴损，如今有谁堪摘？守着窗儿，独自怎生得黑！梧桐更兼细雨，到黄昏、点点滴滴。这次第，怎一个愁字了得！

这是"北宋第一才女"李清照留给世人的最后一幅肖像。"寻寻觅觅，冷冷清清，凄凄惨惨戚戚"，一连七组叠词的运用，赋予了词句韵律上的流动感，像极了她那辗转流离的一生。在晚年，她用登峰造极的文字技巧，向世人再次展现了她的高迈才学，也用词里说不尽、道不穷的哀愁，倾吐着这一生的潦倒与无奈。

绍兴二十五年（1155），七十二岁的李清照在临安逝世，至死也未能等到故土收复的那一天。不过，或许她与她热爱的文物们，已经在另一个世界相见了。

武陵春·春晚　必背

风住尘香花已尽，日晚倦梳头。物是人非事事休，欲语泪先流。　闻说双溪春尚好，也拟泛轻舟。只恐双溪舴艋舟，载不动、许多愁。

题八咏楼

千古风流八咏楼，
江山留与后人愁。
水通南国三千里，
气压江城十四州。

声声慢·寻寻觅觅

必背

寻寻觅觅，冷冷清清，凄凄惨惨戚戚。乍暖还寒时候，最难将息。三杯两盏淡酒，怎敌他、晚来风急！雁过也，正伤心，却是旧时相识。　满地黄花堆积，憔悴损，如今有谁堪摘？守着窗儿，独自怎生得黑！梧桐更兼细雨，到黄昏、点点滴滴。这次第，怎一个愁字了得！

花中第一流

和真实的李清照相比，我们想象中的"古典才女"形象未免有些单一。太多套路化的文学作品，将我们的想象固定在了高门深院里"看花满眼泪"的单薄身影上。而李清照用她的人生告诉后人，宋代的女子，可以活得这样"飒"。

李清照好饮酒，甚至会因过量饮酒，而"沉醉不知归路"，乃至一个人误入藕花深处去"争渡、争渡"，可谓不拘小节。这样来看，她非但不符合我们对传统大家闺秀的刻板印象，反而显得有点叛逆，又有点摩登。

李清照有种反叛精神。遇见委屈，她不会忍气吞声，必得直抒胸臆，或奋起反抗。士大夫常说的"不平则鸣"，在她身上也同样适用。金人侵占大宋领土，她便写诗抒发复国之志；南宋统治者懦弱无能，她便写诗批判君王行径；继夫粗鲁残暴地对待她，她毫不犹豫，直接向官府告发，请求和离。

李清照有一生钟爱的事业。她没有在婚姻生活中失去自我，她对金石研究、文学创作的热爱，也没有在嫁与赵明诚之后让位于家庭琐事。北宋灭亡、丈夫去世后，她只身一人在乱世中辗转，保护文物如同爱惜自己的生命——正是因为这份热爱、恒心与勇气，她才能以"擅学问，长诗文，精金石"的评价在宋史上千古留名。

我们喜爱李清照，不仅因为她那些妙笔天成的词句，更因为她这般潇洒倜傥的人生，让人看到了宋代女子生活的另一种面貌。但是，我们也应当看到，在宋代，能与李清照一般受到教育、与文坛人士有所往来的女子并不多，这是那个时代的局限性。从这一点来看，今天的我们，显然拥有更多、更好的机遇。

参考文献

晏几道

[1]（宋）晏殊，晏几道，张草纫. 二晏词笺注 [M]. 上海：上海古籍出版社，2008.

[2] 唐红卫，李光翠，阳海燕. 二晏年谱长编 [M]. 天津：南开大学出版社，2016.

[3] 王水照. 宋代文学通论 [M]. 上海：复旦大学出版社，2022.

[4] 上海辞书出版社文学鉴赏辞典编纂中心. 宋词鉴赏辞典 [M]. 上海：上海辞书出版社，2023.

秦观

[5]（宋）秦观，徐培均. 淮海集笺注 [M]. 上海：上海古籍出版社，1994.

[6]（宋）秦观，徐培均. 淮海居士长短句 [M]. 上海：上海古籍出版社，1985.

[7] 徐培均. 秦少游年谱长编 [M]. 北京：中华书局，2002.

[8] 史杰鹏. 秦观 [M]. 北京：五洲传播出版社，2006.

[9] 上海辞书出版社文学鉴赏辞典编纂中心. 宋词鉴赏辞典 [M]. 上海：上海辞书出版社，2023.

[10] 王水照. 宋代文学通论 [M]. 上海：复旦大学出版社，2022.

李清照

[11] 中华书局上海编辑所. 李清照集 [M]. 北京：中华书局，1962.

[12]（宋）李清照，徐培均. 李清照集笺注 [M]. 上海：上海古籍出版社，2018.

[13]（宋）李清照.《金石录》后序. 载于金石录校正 [M]. 北京：中华书局，2019.

[14] 王水照. 宋代文学通论 [M]. 上海：复旦大学出版社，2022.

[15] 上海辞书出版社文学鉴赏辞典编纂中心. 宋词鉴赏辞典 [M]. 上海：上海辞书出版社，2023.

姚烨

诗词山河主策划、插画师

哔哩哔哩 @ 合木烨仔

赵白

诗词山河主美、插画师

已出版图书《画画的小小旅行家》
《草草画猫》《草草画狗》。

辛玥

作家、作词人

本科就读于四川大学汉语言文学系，后于美国纽约州立大学宾汉姆顿分校取得文学硕士学位，并于加州大学伯克利分校、圣母大学进行交换访学，研究方向为东亚宗教与神话学。

在新作《宋词山河》即将上市之际，我们感到十分激动，也十分忐忑。三年前，我们的第一套书《唐诗山河》问世，获得了广大读者的喜爱，如何能够不辜负读者信任、在《唐诗山河》的基础上再做创新与升级，是我们编撰《宋词山河》的过程中思考最多的问题。

关于这套书，有一些要点，需要读者提前知晓：

第一，《宋词山河》并不只有宋词。王国维曾说："凡一代有一代之文学，楚之骚，汉之赋，六代之骈语，唐之诗，宋之词，元之曲，皆所谓一代之文学，而后世莫能继焉者也。"这几乎是所有研习过文学史的人都知道的一段话。宋词是宋代的代表文体，但这并不意味着盛行于宋代的文体只有"词"这一类。在宋代，诗与文的发展同样繁荣，甚至它们在文坛中的地位要高于诞生于歌筵酒宴之间的词。一些优秀的宋代文章，至今仍是中小学生重点学习的对象，如《岳阳楼记》《醉翁亭记》《前赤壁赋》等。本书中，对这些文章也进行了收录和解读，以让读者更为全面地了解宋代文学作品，并体会文人们的心路历程。

第二，《宋词山河》并不是商业化的流水线作品。在前作《唐诗山河》中，我们加入了一些较为高阶的知识点，以让这套书尽可能地完善、全面与专业——这也是《唐诗山河》有别于市面上其他青少年诗词读物的地方。《宋词山河》沿用了唐诗山河的整体风格，在定位与内容上做出了更为精细的调整：在阅读难度上，我们参考了中小学课外读物，对于学生来说，这样的难度既不会太过难懂，又具有一定的挑战性；在内容范围上，《宋词山河》涵盖了中小学重点诗文作品百余篇，以诗人经历、历史事件、文学知识作为串联，全景式地展现了两宋时期的文学脉络与社会风貌。书中的人设立绘、生动漫画、互动吐槽、精美饰图，将在帮助记忆的同时，进一步将读者带入那个风雅迷人的年代。

中华上下，万代千秋，留下的文学遗产数不尽、说不透、学不完。对于合木团队来说，创作的过程，实际上也是再次学习、再次认识这些历史人物的过程。在编写时，我们也时常会因兴奋而战栗，为那些荡气回肠的传说与故事、为那些骄傲不屈的人格、为那些光耀百世的皇皇著作。它们潜藏进历史的书页之间，亦化入了中华大地上的山川草木，为万里山河注入了无限的诗性与灵性。它们等待着与你的结识。

再次感谢南京师范大学钟振振教授、华中师范大学戴建业教授、纽约州立大学宾汉姆顿分校陈祖言教授、四川大学丁淑梅教授，你们从始至终的帮助，使《诗词山河》系列焕发了新的光彩。

另外，要再次感谢前人所做的研究。本书所涉及的参考文献众多，在撷英取华的过程中，我们无数次地感叹前人研究之广、之深。向这些学者致敬！

《宋词山河》历时两年半编著而成，虽夕惕若厉、终日乾乾，仍不免有错漏之处，望读者海涵。

合木弘文

2024.2

卷四 挑灯看剑

合木弘文 编著

江苏凤凰文艺出版社
JIANGSU PHOENIX LITERATURE AND
ART PUBLISHING

图书在版编目（CIP）数据

宋词山河 . 卷四，挑灯看剑 / 合木弘文编著 . — 南
京 : 江苏凤凰文艺出版社 , 2024.4 mg
　　ISBN 978-7-5594-8261-7

　　Ⅰ . ①宋… Ⅱ . ①合… Ⅲ . ①诗人 – 生平事迹 – 中国
– 宋代②宋词 – 选集 Ⅳ . ① K825.6 ② I222.844

中国国家版本馆 CIP 数据核字 (2024) 第 009091 号

宋词山河 . 卷四 挑灯看剑

合木弘文 编著

出 版 人	张在健
统　筹	姚 丽
责任编辑	朱雨芯　文芹芹
装帧设计	今亮後聲 HOPESOUND · 小九（原设计）2580590616@qq.com
	徐芳芳（修改）
责任印制	杨 丹
出版发行	江苏凤凰文艺出版社
	南京市中央路 165 号，邮编：210009
网　址	http://www.jswenyi.com
印　刷	苏州工业园区美柯乐制版印务有限责任公司
开　本	889 毫米 × 1194 毫米 1/16
印　张	27
字　数	420 千字
版　次	2024 年 4 月第 1 版
印　次	2024 年 4 月第 1 次印刷
书　号	ISBN 978-7-5594-8261-7
定　价	199.00 元（全 4 册）

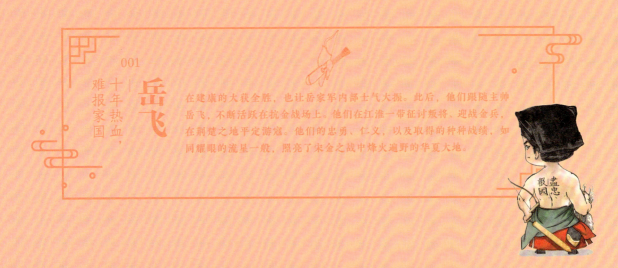

001

十年热血，难报家国

岳飞

在建康的大获全胜，也让岳家军内部士气大振。此后，他们跟随主帅岳飞，不断活跃在抗金战场上。他们在江淮一带征讨叛将、迎战金兵，在荆楚之地平定游寇。他们的忠勇、仁义，以及取得的种种战绩，如同耀眼的流星一般，照亮了宋金之战中烽火遍野的华夏大地。

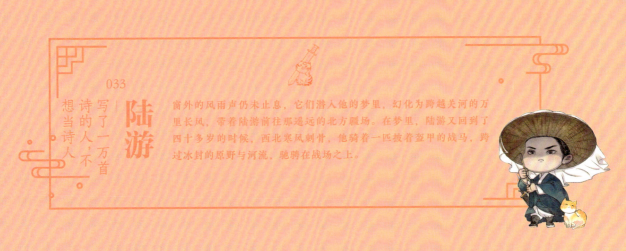

033

写了一万首诗的人，不想当诗人

陆游

窗外的风雨声仍未止息，它们潜入他的梦里，幻化为跨越关河的万里长风，带着陆游前往那遥远的北方疆场。在梦里，陆游又回到了四十多岁的时候，西北寒风刺骨，他骑着一匹披着盔甲的战马，跨过冰封的原野与河流，驰骋在战场之上。

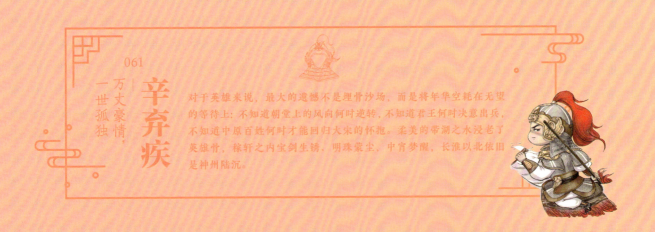

061

万丈豪情，一世孤独

辛弃疾

对于英雄来说，最大的遗憾不是埋骨沙场，而是将年华空耗在无望的等待上：不知道朝堂上的风向何时逆转，不知道君王何时决意出兵，不知道中原百姓何时才能回归大宋的怀抱。柔美的带湖之水浸老了英雄骨，稼轩之内宝剑生锈，明珠蒙尘，中宵梦醒，长淮以北依旧是神州陆沉。

十年热血，难报家国

Song Ci Shan He

岳飞

YUE FEI

岳飞

岳飞（1103—1142），字鹏举，南宋抗金名将、军事家、战略家、书法家、诗人，谥号武穆、忠武。岳飞自小习武，兵法、武艺出众，自二十岁起便活跃在抗金战场上，多次挫败金军，麾下"岳家军"成为南宋抗金的一股中坚力量。然而，由于宋高宗赵构与奸相秦桧一意求和，岳飞的北伐被迫中止于成功前夕。岳飞还朝后不久，主和派即罗织莫须有的罪名，将他下狱杀害。

岳飞虽身死，其家国情怀与抗争精神却流传至今，岳飞尽忠报国的故事激励着一代又一代仁人志士，他的军事才能与文学才华同样得到世人称颂。南宋政治家、文学家文天祥曾评价岳飞："岳先生，我宋之吕尚也。建功树绩，载在史册，千百世后，如见其生。至于笔法，若云鹤游天，群鸿戏海，尤足见干城之选，而兼文学之长，当吾世谁能及之！"

宋三足蟾蜍水盂

以热血酬家国的北望主战派

姓名	世称	字	谥号	故里	特长
岳飞	岳鄂王（追封爵位）	鹏举	武穆、忠武	相州汤阴（今河南汤阴）	弓箭、骑射、军阵、打仗

贴士
TIPS

宋人的画作中留下了很多骑射的形象，有宋人骑射，也有辽金胡服骑射，我们可以通过这些画作，看到当时的样貌。比如北宋著名画家李公麟的《西岳降灵图卷》中，就有宋人行猎骑射的样子。

《西岳降灵图卷》（局部）绢本

誓将七尺酬明圣

▶ 出自岳飞《题骤马冈》

岳飞从小学习兵法、武艺，少年时期便在家乡扬名。二十岁时，岳飞开始了从军生涯，由此开启了一段可歌可泣的沙场传奇。

北宋崇宁二年（1103），岳飞出生在相州汤阴（今河南汤阴）的一户农家。传说岳飞出生的时候，有一只像是天鹅的大鸟飞到他家屋顶，不住地啼叫，父母便将新生儿命名为"飞"，字"鹏举"，希望这个孩子能像大鹏鸟一样振翅高飞。

在汤阴的乡间，岳飞长大了。少年时，岳飞开始学习兵法及武艺，熟读《孙子兵法》《左传》。当时有个武术大师名叫周同，随其幕主常驻相州，岳飞便拜他为师，向他学习拉弓骑射的本领。

岳飞以骑射闻名，《宋史》记载他不到二十岁时就可以"引弓三百斤，腰弩八石"，同时代的画家刘松年还给岳飞的画像中特意配上了弓箭。

很快，岳飞便学会了左右开弓，武艺大大精进。但不幸的是，不久后，周同便因病去世，岳飞感念周同的授艺之恩，便于每个月的初一、十五，都去周同的墓前祭拜。父亲见此，感到十分欣慰，认为岳飞尽到了身为徒弟的"义"。他问岳飞："如果时代需要你，你会为国家大义而死吗？"后来，岳飞用自己的一生回答了父亲的这个问题。

岳飞二十岁时，真定宣抚使刘鞈（gé）招募"敢战士"，来对抗北方的辽国。岳飞闻讯前往，顺利通过了选拔，从此，岳飞开始了他的戎马生涯。

在军营之中，岳飞的才能很快就凸显出来：他凭借出众的谋略和作战能力，荡平了相州当地的一起匪患。后来，岳飞的父亲去世，守丧结束后的岳飞又前往河东路平定军（今山西平定）从军，在那里度过了数年时光。

靖康耻，犹未雪

▶ 出自岳飞《满江红·写怀》

金人南下攻宋，岳飞希望奔赴抗金前线，保卫国家。他担心家人在战火中无法保全自己，母亲为了让他放下担忧，便在他背上刺下了"尽忠报国"的字样，勉励他专心为国效力。

在岳飞长大成人的同时，天下局势也是风云变幻。在北方，辽国的统治者昏庸无道，对待周边的部族也是极尽轻慢侮辱之能事。有一次，辽国的天祚帝摆驾前往春州（今内蒙古宝石镇境内），命附近女真族的诸位酋长前来朝见，并让酋长们在宴席上为他跳舞。在几位酋长之中，就有后来的金朝开国皇帝——完颜阿骨打。完颜阿骨打心气很高，当即就拒绝了天祚帝的无理要求，并从此对辽国恨之入骨，于辽天庆四年（北宋政和四年，1114）正式起兵反辽，并于辽天庆五年（北宋政和五年，1115）称帝建国，国号大金。

金兵对辽国的进攻，削弱了辽的国力。北宋皇帝宋徽宗素闻女真族与辽国之间有嫌隙，便想与金人联手，将辽国铲除，以收复燕云十六州。重和元年（1118），北宋派遣使者渡渤海前往辽东，与金国协商共同伐辽，金国对此表现出了极大的兴趣，在那之后，两国频繁来往，谋划铲除辽国。宣和二年（1120），北宋再次遣使前往金国，并与金国签订了"海上之盟"，双方约定：灭辽后，宋朝将原先进贡给辽国的岁币转纳给金国，而金国要将长期被辽占领的燕云十六州归还大宋。

然而，与金国签订合约，无异于与虎谋皮。辽国被灭后，宋、金之间没有了辽国领土相隔，在边境问题上经常发生争执，金国亦开始对南方的广袤领土虎视眈眈；再者，金国并没有如约归还燕云十六州的全部失地，只归还了少部分被洗劫过的空城——这一切都显示着，金国并不是一个能与宋朝和平共处的友好"邻居"，当日签订"海上之盟"的盟友，终于撕下了憨厚的面具，摇身一变成为北宋最大的威胁。

公元1125年，金军发动灭宋之战，两路大军从山西、河北境内长驱直入中原腹地，兵临汴京城下。宋徽宗赵佶得知此事，惊恐万分，将皇位禅让给了二十六岁的太子赵桓，是为宋钦宗。宋钦宗任用大臣李纲死守汴京，但很快又转变念头，选择了求和。在开封城下，宋金双方签订了条约，其中规定，宋朝需向金朝输送人质、割让藩镇、供奉金银，让金朝占尽了好处。条约签订后，金军得意北撤，开封危机暂时解除。

不当皇帝就不用担责了，扔给儿子万事大吉。

无语

然而，由于条约内容过于严苛，宋钦宗又起了毁约的念头，这激怒了金人。公元1126年，金朝再次挥师南下，接连突破了北方的一系列防线之后，再次包围了汴京。宋钦宗命康王赵构为河北兵马大元帅，征召各路兵马以支援开封。

说回岳飞这边。公元1126年金军再度南下的时候，岳飞仍是平定军军营中的一个士兵。河东路一带被攻破后，岳飞凭借高强的武艺，从乱军之中突围，连夜往家乡的方向策马飞驰。途中，他见到了无数被战火吞噬的城镇、村庄，见到耀武扬威的金人、在金人铁蹄下辗转呻吟的大宋百姓，心中哀恸不已。此刻，他的心中翻涌着报国的热血，可有一件事，他却不能不顾及：若是他就此投身于战场之上，家乡的母亲和妻儿要怎么办？没有自己的保护，他们在乱世中要如何保全性命？

就这样，满怀着对金人的愤慨、对百姓的怜悯、对亲人的担忧，岳飞回到了汤阴，与阔别多年的母亲、妻儿团聚了。岳飞对亲人们说起宋金之间的战事、自己一路上的所见所闻，大家都是心惊不已。岳飞的母亲姚氏是一位明忠义、有气节的女子，她劝岳飞，既然学得了这一身兵法武艺，今后更应投身行伍，报效国家！岳飞向母亲说出了心中的顾虑，母亲却让他不必为此担心，自己一家的安危，怎能有大宋一国的安危重要？况且，覆巢之下无完卵，若是大宋就此灭亡，他们就算能一时之间苟全性命，又岂是长久之计？

"母亲"的角色对一个人的人生影响太深远了，岳母深明大义，这才有了岳武穆！

嘿嘿

看着母亲坚定的眼神，岳飞的心定下来了。为了能让岳飞毫无顾忌地离家从戎，母亲姚氏还在岳飞后背刺上了四个大字：尽忠报国[1]——这四个字，成为岳飞一生信奉的信条。此时大宋形势愈发危急，于是在短暂的重聚后，岳飞再次挥别了故土与亲人，打马向相州城而去。在那里，康王赵构建立了河北兵马大元帅府，正在募集各路兵马，准备

1 后演义为"精忠报国"。

《东京梦华录》

宋人孟元老所著的一本全方位记录北宋东京开封样貌的书。书中包含汴京城中各个阶层、各个生活方面的详细记录，从王公贵族到平民百姓，从建筑街道到风俗习惯、歌舞曲艺、婚丧风俗等，是了解大宋东京人生活的不二之选。

关联阅读

东京梦华录序（节选）

孟元老

渐次长立，正当辇毂之下。太平日久，人物繁阜。垂髫之童，但习鼓舞；斑白之老，不识干戈。时节相次，各有观赏：灯宵月夕，雪际花时，乞巧登高，教池游苑。举目则青楼画阁，绣户珠帘。雕车竞驻于天街，宝马争驰于御路，金翠耀目，罗绮飘香。新声巧笑于柳陌花衢，按管调弦于茶坊酒肆。八荒争凑，万国咸通，集四海之珍奇，皆归市易，会寰区之异味，悉在庖厨。花光满路，何限春游；箫鼓喧空，几家夜宴？伎巧则惊人耳目，侈奢则长人精神。

勤王。岳飞抵达相州后，即参与了数次小规模的战事，他运用自己的勇气与智慧，在战场上击杀了很多金兵，这也让他得到了当时的兵马副元帅——宗泽的赏识。宗泽常与岳飞探讨兵法战术，并将自己多年来在兵力部署、阵形调度上的心得授予岳飞。岳飞虽在经验、官位上与宗泽相差甚远，但他从不会因为这些就盲目附和宗泽的说法，而是屡屡大胆提出自己的想法。这让宗泽愈加欣赏他。

宗泽是超厉害的抗金名将，金人称他为"宗爷爷"，他传授给岳飞的这些兵法战术，能让岳飞快速成长！

哇～

然而，北宋大厦将倾，再加上各地将领人心不齐，凭宗泽、岳飞等人的力量，也无法改变金军攻破汴京城、徽宗与钦宗二帝被俘的结局。靖康二年（1127），金太宗完颜晟下诏，废徽宗、钦宗为庶人，并挟持二帝及后妃、宗室、重臣共计数千人北还，还掳走乐工巧匠、民夫劳力无数。此时汴京城城防已空，金军在城中大肆劫掠，将偌大的城池几乎洗劫一空，被掠走的法驾、卤簿、车辂、冠服、法物、礼器、祭器、乐器、文物、图书等物，满满当当地堆了上百驾马车。随金军北去的人们远望故乡，哭声震天，留下的遗民栖身于焦土和瓦砾之间，哀鸿遍地。古老的汴京城在哀号、恸哭、呻吟声之中战栗，《东京梦华录》中所描述的上国往事终于不复存在。这便是历史上的"靖康之变"。至此，北宋正式灭亡。

男儿立志扶王室

▶ 出自岳飞《寄东林慧海上人》

北宋灭亡，南宋建立，但新即位的宋高宗却是个平庸懦弱、用人失察的人。岳飞与其他主战派官员希望皇帝能够坐镇中原，指挥收复大计，但为了保全性命，高宗决定听从主和派意见，南下远离战争前线。岳飞因为上谏劝阻皇帝南迁，被免除了军职。

在金军俘虏赵家皇室北上的时候，康王赵构不在京城，因而逃过一劫。金军北还后，赵构在应天府（今河南商丘）登基，是为宋高宗，南宋建立。

可宋高宗是个什么样的人呢？清代康熙皇帝评价他："宋高宗以损名斋，自是清心寡欲之意，第当其时，正宜奋励有为，非仅淡泊挹谦可以恢复大业，即此一端观之，知其优游苟且而无振作之志矣。"乾隆皇帝评价他："当钦庙北去，社稷为墟，高宗入援，顺人心而即大位，非不正且大也。及即位之后，当卧薪尝胆，思报父兄之雠，而信用汪、黄，贬黜李纲，不复以河北、中原为念，岂非高宗庸懦、用人不察之过哉？"重点都落在了两个关键词上，其一，难当大事；其二，用人不察。

从高宗的性格来看，的确不是什么帝王之材。像他的父亲宋徽宗一样，赵构同样性格摇摆不定、贪生怕死。不仅如此，他还十分贪图享乐，喜欢美酒和美女。让这样一位君王来统筹抗金之事，真可以说是"强人所难"了。此时，朝中分为两派，一派是以李纲为代表的"主战派"，主张抗击金朝；另一派是以黄潜善、汪伯彦为代表的"主和派"，主张向金朝议和，能够偏安一隅。高宗即位后，任李纲为相，希望这位"学穷天人，忠贯金石"的老忠臣能"投袂而起"，拯救大宋于危亡之际。然而，这一任命却让"主和派"的官员感到不安，他们连上奏章，反对李纲任相。初时，面对这些反对意见，高宗尚且能不予理

"损斋"，取自《道德经》中"为学日益，为道日损"。追求的是日渐减少个人欲念，达到无为的境界。老爹和哥哥被抓了，国土丢了快一半，还想"无为"呢？

无语

会，李纲在高宗的默许下，着手整顿朝纲，并要求表彰抗金战争中的忠义之士，惩罚为金军效力的宋朝官员。李纲认为，只要举国上下同心，向着抗金的方向共同努力，一定能报亡国之仇。在李纲的感染下，高宗也热情高涨，甚至意气风发地说道："金人秋高气寒再来入寇，朕将亲督六军以援京城及河北、河东诸路，与之决战。"

可惜，高宗抗金的决心不足，再加上主和派官员的挑唆，很快，他和李纲之间便产生了意见分歧。李纲认为：皇帝作为一国之君，应当固守中原，以告诉天下人，大宋不会逃避，更不会放弃中原。然而，主和派却认为：中原地区离前线太近，太不安全，皇帝应该向东南方向去，以避开敌寇的侵袭。在这件事情上，高宗倒向了主和派的一方，并从此再也不听李纲的劝谏。

对于皇帝的南迁决策，岳飞也持反对意见。他知道，抗金已到了关键期，此时皇帝南迁，相当于默认了中原难保，必定会打击前线将士抗金的士气。于是，他不顾自己位卑言轻，将自己对宋金局势的分析、希望皇帝力主抗金的心声全部写了下来，然后将这洋洋洒洒的"千言书"上奏给皇帝。其中说：

　　陛下已登大宝，社稷有主，已足以伐敌之谋。而勤王御营之师日集，彼方谓吾素弱，宜乘其怠击之。黄潜善、汪伯彦辈不能承圣意恢复，奉车驾日益南，恐不足系中原之望。臣愿陛下乘敌穴未固，亲率六军北渡，则将士作气，中原可复。[2]

　　这里的大致意思是说，高宗已经登基为大宋的皇帝，国家有了君主，又具备了讨伐敌人的谋划，四面八方前来勤王的军队也日渐聚集，这些都为将来的胜利打下了良好的基础。从外部因素来看，金国刚刚打了胜仗，认为宋军向来软弱，正该趁他们轻敌怠惰的时机发起攻击，打他们个出其不意。向南奔逃并不足以维系中原军民复兴大宋的希望，皇帝最好能趁敌人还未彻底立足，亲自率领六军北渡黄河驱逐敌人，这样才能鼓舞将士们的士气，中原才有恢复的可能。

　　这样一番言辞恳切的话语，并没能打动高宗。此时他心意已决，反对他的人，无论是官高如李纲还是位卑如岳飞，都被他视为爱唱反调的死脑筋。很快，

2　宋代岳飞《南京上皇帝书略》。

岳飞便收到了高宗的批语，上面说："小臣越职，非所宜言。"随后，他便被剥夺军职，赶出军营。不久后，李纲也被扣上"杜绝言路，独擅朝政"的罪名，被高宗罢相。

臣子恨，何时灭

▶ 出自岳飞《满江红·写怀》

李纲、宗泽、张所，一个个忠臣志士愿为国家抛头颅洒热血，让中原地区不致沦落敌手，却换来或贬谪，或郁郁而终的结局。岳飞心知主战派面临的压力，但为了保全大宋江山，他选择继续在抗争的道路上前进下去。

皇帝的冷落、羞辱，没有动摇岳飞抗击金军的决心。虽然从官军中被除名，但他仍有别的去处，那就是各地的幕府。岳飞了解到，时任河北西路招抚使的张所素来主张固守中原、还都汴京，于是便一人一马，星夜疾驰到张所身处的北京（今河北大名），谒见张所。张所听罢岳飞对国事、军事的一番言论，大感惊奇，认定他并非寻常士兵，于是对他以礼相待，更将他破格提拔为招府司内的统制官。在张所麾下，岳飞的才能再次得到了发挥，很快，他便与名将王彦一起，被派去收复卫州（今河南新乡、鹤壁等地）一带。

可无论是李纲、张所还是岳飞，都只推算了兵法韬略，而没有算准朝堂上的人心。高宗想收拾山河、夺回失地吗？他当然想，但在他眼里，活着，是比什么都重要的事。汴京城破、父兄被俘带给他的阴影实在太大，他无论如何都不能让自己也陷入那样屈辱、危险的境地。与金人议和，虽然会让国体受损，但他赵构却能保住一条性命，继续当个偏安一隅的风流皇帝。正因如此，那些喊打喊杀的主战派就显得格外不合时宜了：天天嚷嚷着抗金，把金人惹恼了，不肯议和可怎么办？金人一怒之下再杀过来、把他抓走了怎么办？——高宗一边这样想着，一边更加信任主和派的黄潜善、汪伯彦，并授意黄、汪继续打击主战派官员。

张所成了这场政治斗争的下一个牺牲品。张所是李纲提拔上来的，又曾经弹劾过黄潜善，正是拿来"开刀"的最佳对象。于是，张所遭到贬谪，被发配岭南，最后死在了贬谪途中，他所统领的河北西路招抚司也被裁撤。

招抚司没了，在卫州执行任务的王彦、岳飞军队成了真正的孤军。金军实力十分强大，王彦选择保守作战，岳飞却展现出了出众的胆识与魄力，独自率领部下出战，一举攻占了新乡县。金军见宋军如此勇猛，都以为是宋军主力到了，根本想不到这只是一支孤军奋战的小分队——于是，金军赶紧调度四方兵力汇聚新乡县，准备与宋军决一死战。王彦、岳飞率领的七千兵士不敌人马众多的金军，在交锋的过程中被击溃。历经九死一生突围而出的岳飞，又在侯兆川遇到了敌人，他与剩余的部下勇猛作战，即使身负数十道伤也未曾胆怯，最终将敌人击退。退敌后，岳飞继续率军向北挺进，与金兵战于太行山，擒获金朝将领拓跋耶乌。过了几日，又有敌人出现，岳飞跨于马上，手持丈八铁枪，一骑直入乱军之中，直取敌军将领的性命。敌军见头领已死，纷纷溃逃，就这样，岳飞再次凭借大智大勇，取得了一场胜利。

王彦与岳飞观念不合，岳飞自认无法与他一同共事，

内部心不齐，都在内耗了。

岳飞真是太勇猛了！

于是在一番权衡之下，他选择前往开封，投奔自己的老上司——时任东京开封府留守的宗泽。宗泽爱惜岳飞的才干，并给予他施展的空间，岳飞亦不负宗泽的赏识，连战告捷，率领部下立下战功无数。宗泽本身就是一位出色的军事家，他坐镇开封府的这些时日，对内巩固防务，对外派兵作战，将开封打造成了一座抗金前线的坚强堡垒，金军虽觊觎这座曾经的北宋都城，但久攻不下，只能暗自饮恨；与此同时，他们也十分尊敬、害怕这位宋朝将领，将他称为"宗爷爷"。

可是，如此有志的一位名臣，面对宋高宗的昏聩懦弱，也只能落得一个失意的结局。宗泽如此苦心经营开封城防，目的之一就是让高宗安心还朝，让大宋天子站在都城的城头上振臂一呼，让天下万民都看到，中原已复，大宋再兴——当时的宗泽已近七十岁了，我们可以想见，当这位已近古稀之年的老臣站在开封的城楼上向下俯瞰，在他那饱经沧桑的内心深处，一定翻涌过这样的一幅光辉图景。但这并未动摇高宗南迁的决心，在他心中，对金人的恐惧，胜过重新入主汴京的荣耀十倍。愤懑无奈之下，宗泽接连上书二十余次，劝解高宗，言语

恳切道："老臣为陛下保护京城，从去年秋冬到今年春天，又是三个月了。陛下不早日回到京城，天下人无所仰戴啊！"可是，宗泽的建议却始终不被采纳。黄潜善、汪伯彦听说宗泽一再碰壁，都肆意嘲笑他，说他脑子有问题。

宋高宗建炎二年（1128），宗泽再次上书，称其麾下大军愿护送皇帝回京，之后大军将渡过黄河，北伐金朝。受到宗泽感化，高宗终于下诏"择日还京"，却对还京的时间以及宗泽奏章中所说的北伐大计只字不提。在连月的忧愤下，宗泽积劳成疾，很快便缠绵病榻。在病榻之上，他思及诸葛亮北伐旧事，怅然吟诵杜甫《蜀相》诗道："出师未捷身先死，长使英雄泪满襟！"翌日，风雨连天，白日里也晦暗得像深夜一般。宗泽在家中呼喊三声"过河"后，怀着无限悲愤离世，享年六十九岁。

太意难平了，至死未能渡河收复北地，甚至看不到君主想北伐的意图。

呜呜

宋高宗是不幸的，因为他的王座诞生于血与火的洗礼里、铁马与金戈的交锋中；但他又是幸运的，因为在那个烽火连天的时代，能有这样一群忠义勇武、鞠躬尽瘁的名臣，愿意为君王与社稷付出一切，以至披肝沥胆、呕心沥血。可他辜负了他们，宁愿偏安一隅的南宋朝廷也辜负了他们。

随着上一辈抗金名臣或去世，或贬谪，年轻的岳飞即将独自行走在抗金的漫漫长路上。他知道，只要他还在这条道路上走下去，朝廷的重压就迟早会落在他的头上。可他不会逃避，更不会停下前行的脚步，一切只因他背上的四个大字——尽忠报国。

壮志饥餐胡虏肉，笑谈渴饮匈奴血

▶ 出自岳飞《满江红·写怀》

对新上任的上司彻底失望后，岳飞决定亲自率领军队抗金。很快，岳飞与"岳家军"便因突出的战绩获得了朝廷的垂青、百姓的爱戴。在建康，岳飞大破金军，夺回了被敌军占领的城池，金军这才发现，南宋并不是他们可以随意玩弄的。

宗泽死后，杜充接替了他的位置，成了岳飞的新上司。岳飞仍留在东京留守府中，遵循宗泽的遗训，固守中原，抵抗金军的南下侵略，屡立战功。可是杜充此人，生性残忍却又贪生怕死，喜好功名却又缺少谋略，考虑问题从不以大局为重，因此当建炎三年（1129）金军逼近长江，早已远遁扬州的高宗打算再次南逃至建康时，杜充也起了追随高宗南去的想法。岳飞听闻此事，焦急不已，他以中原地区意义重大为由，劝说杜充三思。可在杜充心里，再重要的国土也不如自己的小命重要，追随圣驾意味着不用在前线打仗，这趟建康，他是非去不可了！

见状，岳飞再也无话可说，只好与这位怯懦的上司一起南下。他知道，这一去，恐怕再难回来了。果然，次年二月，开封便被金军攻占，这座曾经的宋都，金人曾数欲取之而不成的巍巍高城，终于被大宋拱手让出。

血压飙升了，宗泽死守，杜充拱手相让，以后要北伐更难了。

高宗到了建康，之后又跑到临安，可金军并不打算放过他。高宗跑到哪儿，金人就打到哪儿，他们的目的很明确：要将大宋这点儿残存势力除之而后快。高宗命杜充负责长江防务，防止金兵渡江，可杜充哪里是能胜任这一工作的人？就这样，金人的脚步一天天逼近，杜充却每日闭门不出，不做任何对敌部署。岳飞见状，心急如焚，数次苦劝杜充早做防备，这些话却全被杜充当作耳边风。正因如此，当金军真正杀过江来的时候，杜充只能命手下将领仓促应战。在激战中，将领们死的死、逃的逃，宋军很快便被金军击溃。岳飞率部众奋勇杀敌，却无法扭转大局，只好暂时撤退，驻扎在建康城外的钟山。此时的杜充，也不管前线将士的死活，而是自顾自地从建康逃跑了。

真是上行下效，有逃跑的皇帝，就有逃跑的臣子。

这件事让岳飞对杜充失望透顶。他决定不再追随这个无能的上司，而是亲率军队尾随在金军后方，伺机出击。此时在岳飞的部下中，对杜充、对宋朝统治者的意见甚嚣尘上，有人甚至觉得，反正自己就算是为国捐躯也无人在意，不如直接投降金朝算了。岳飞得知后，对大家慷慨陈词，并严厉地训斥了这种想要背叛的念头，终于稳定了军心。他还告诫士兵们，无论面临怎样艰难的境地，都不能劫掠百姓的财物，士兵们点头称是。后来，杜充向金国投降，许多将士闻讯大乱，趁乱劫掠百姓者不在少数。只有岳飞的这一支军队对百姓秋毫未犯，这让百姓们对岳飞充满了爱戴。

　　就这样，岳飞率领部下边走边战，屡屡获得胜绩。他们收复了早先被金军攻占的几个县城，又收降了各地的一些散兵游勇。一些之前投降金朝的中原士兵听说岳飞来了，纷纷奔走相告："这是岳爷爷的军队啊！"并争相前来归附。岳飞并不歧视他们，也不将他们视为异类，而是将他们与自己原先的部下一视同仁，这让归降的士兵们无比感动。日子一天天过去，岳飞在军民之中的威望越来越高，大家都说他用兵如神、爱民如子，是个不可多得的好将领。

我们守的，是自己的家园，谁在江北没有家族亲眷？

我们一时南渡，难道想到老也在这里，不能落叶归根？

建炎四年（1130），宋高宗赵构为躲避金军追击，泛舟浮于海上。金军在海上发动搜捕，却始终未能找到宋朝皇帝的下落，再加上此时金人已南下日久，物资匮乏，于是金军统帅完颜宗弼宣称"搜山检海已毕"，率部北撤。岳飞得知消息，率军在敌军北上的必经之地——常州展开了一场截击战，大胜。随后，他便接到了朝廷诏令，命他与当时的另一将领韩世忠联手，水陆并举进攻金军，夺回建康城。

那是一场被金人视为梦魇的战斗，也是无数岳家军引以为傲的战斗。在建康城南三十里的清水亭，岳飞与敌人酣战，金军大败，尸体倒伏遍野，竟有十五里之多。而后，岳飞在建康附近的牛头山上设下埋伏，入夜后，派一百个兵士身着黑衣混入敌人军营中进行突袭，金兵惊恐之下，开始互相攻击，死伤无数。完颜宗弼见状，想要放弃建康，直奔龙湾，以期向北渡江。岳飞率领数千名骑兵、步兵从牛头山上直冲而下，再次大破金军。在建康接连作战失利，幸存下来的金兵只能狼狈渡江，含恨放弃这座曾被他们收入囊中的城池。而岳飞仍不肯放过他们，他率军队在后追击，将来不及渡江的金兵全部斩杀。由此，建康收复。《金佗续编》中详细记载了这场建康之战的战果："取间道直捣建康，与金人战，大小数十合，皆大获，僵尸十余里，生致酋领若万户、千户者二十余人，及斩胡人秃发垂环者之首无虑三千人，夺铠、杖、旗、鼓以数万计。"

在杜充手中丢失的建康城，终于被将士们"抢"了回来。这场战役将金军一举撵至长江以北，使他们再也不敢轻易南下，对金军进行了沉重打击，对于宋朝来说具有十分重大的政治、军事意义。而金人也意识到，宋人并不是他们可以随意摆弄的，他们想要灭掉南宋、一统天下的计划，怕是无法完成得如此轻易。

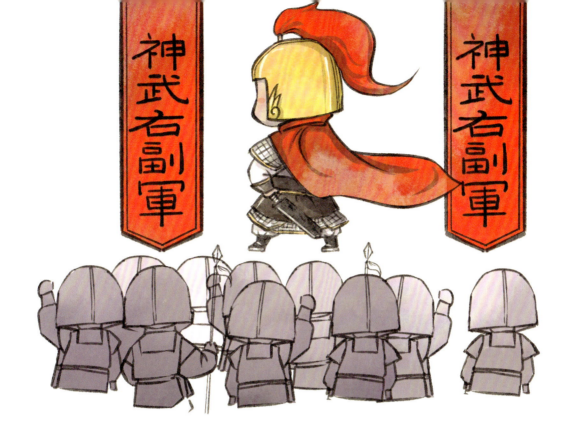

三十功名尘与土，
八千里路云和月

▶ 出自岳飞《满江红·写怀》

　　战功铸成丰碑，岳飞与岳家军将士们得到了朝廷的礼遇。在临安，高宗赐给岳飞亲笔书写的"精忠岳飞"的锦旗，这是对他至高无上的赞赏，也使得岳飞抗金的信心大振。于是，岳飞写下《满江红·写怀》一词，抒发报国豪情，并立下壮志："待从头、收拾旧山河，朝天阙。"

　　建康之战过后，二十八岁的岳飞名声大噪。他向皇帝上书，陈言建康城的战略地位，劝朝廷加派兵力，固守建康。这一次，他的一席话得到了皇帝的肯定。高宗赐给他铁铠、金带、鞍、马、镀金枪、百花袍等物，表示对他战功和忠心的嘉奖。

　　在建康的大获全胜，也让岳家军内部士气大振。此后，他们跟随主帅岳飞，不断活跃在抗金战场上。他们在江淮一带征讨叛将、迎战金兵，在荆楚之地平定游寇。他们的忠勇、仁义，以及他们取得的种种战绩，如同耀眼的星辰一般，

满江红·写怀 必背

怒发冲冠，凭阑处、潇潇雨歇。抬望眼，仰天长啸，壮怀激烈。三十功名尘与土，八千里路云和月。莫等闲、白了少年头，空悲切。　靖康耻，犹未雪。臣子恨，何时灭。驾长车，踏破贺兰山缺。壮志饥餐胡虏肉，笑谈渴饮匈奴血。待从头、收拾旧山河，朝天阙。

照亮了宋金之战中烽火遍野的华夏大地。

随着岳飞辗转的地方越来越多，岳家军的规模也在逐渐扩大。除了从开封时期就一直跟着岳飞的老部下以及先前提到的曾归降金军的汉人军士外，各地一些编属不明的官军、被岳飞击败的游寇也陆续加入岳家军的队伍中来。岳家军日渐成长为一支人员庞大、骁勇善战的队伍，被朝廷视为中兴宋室的骨干力量，屡次封赏。

宋高宗绍兴元年（1131），朝廷正式为岳家军授予军号，定名为"神武右副军"，任命岳飞为统制。同年，朝廷念及岳飞战功赫赫，便将岳家军的"神武右副军"升为"神武副军"，将岳飞升为都统制。岳飞欣然接受。绍兴三年（1133），高宗在临安接见岳飞，并赐他御笔亲书的"精忠岳飞"的锦旗；绍兴四年（1134），岳飞成功收复襄阳六郡，更是震惊了朝堂。连高宗皇帝都说："朕素来知晓岳飞治军有方，但不知他竟能破敌如此！"随后，便将岳飞再次提拔，任他为清远军节度使，统领一方。此时，岳飞不过三十二岁。

便是在这段时期，岳飞写下了《满江红·写怀》：

怒发冲冠，凭阑处、潇潇雨歇。抬望眼，仰天长啸，壮怀激烈。三十功名尘与土，八千里路云和月。莫等闲、白了少年头，空悲切。　靖康耻，犹未雪。臣子恨，何时灭。驾长车，踏破贺兰山缺。壮志饥餐胡虏肉，笑谈渴饮匈奴血。待从头、收拾旧山河，朝天阙。

这是大宋历史上最撼人心魄的一阕悲慨长歌。正是一场连雨初歇，词人在高楼上凭栏眺望，观其神色，却是怒目圆睁、怒发冲冠。他抬头望去，只见四下山河辽阔无边，于是仰天长声吟啸，胸中壮怀激烈。三十年来的功与名，在他眼中不过是微尘腐土；八千里路的辗转奔波，在他看来不过是浮云明月。他不在乎这些，只因胸中的壮志还没有实现。他告诫自己：不要虚度年华，不能等头发全白了，才发现毫无建树、暗自悲切。

词到下阕，更是激情澎湃，词人的一腔壮志豪情尽数喷薄而出。他为什么而怒发冲冠，又为什么而壮怀激烈？答案都在这里——靖康耻，犹未雪。臣子恨，何时灭。他忘不了靖康年间的那个寒冬，大雪纷飞，徽宗、钦宗二帝被金人俘虏北上，在他们身后，承载了北宋二百年繁华的汴京城在落雪中被燃烧。他忘不了那些主张抗金的前辈们，如今大敌未灭、故土未收，他们的憾恨，不知何时才有平息的一天。他多想驾着战车踏破贺兰山，直捣敌人巢穴，那时，他将与宋军弟兄大笑着嚼烂敌人的肉、喝尽敌人的血！他相信，这一天一定会到来，他要将沦陷敌手的旧日河山全部收复，再回到京师，朝见皇帝。

写下《满江红·写怀》时，岳飞是心怀希望的，虽然尚未北定，但军士士气渐壮，朝廷也为战绩振奋，宗泽所未见的希望，在岳飞手中燃起。

在战场上，岳飞是以一敌百、万夫莫开的名将，而当他将一腔英雄之气诉诸笔端，其文辞亦是浩然正气、千古无双的。当时的岳飞，已在抗金战场上积累了丰富的经验，他的声望、地位与日俱增，高宗皇帝亦对他赞赏有加，这让他感到自己更要肩负起这份责任，不辜负君王的信任、苍生的期望，因此他发出了"待从头、收拾旧山河，朝天阙"的豪言壮语，其中包含的一腔碧血、拳拳丹心，读来令人动容。

这首《满江红·写怀》，是岳飞留下的为数不多的词作，历代以来品评众多。其中，最具代表性的，莫过于清代陈廷焯在《白雨斋词话》中的评价："何等气概！何等志向！千载下读之，凛凛有生气焉。"

所谓"生气"，其实就是一首词在读者心中引发的共鸣。词人会逝去，朝代会灭亡，但词中传达的情感、志气，能于往后的千年万载之间，在无数后人心中激起无限回响。岳飞会死，他当然会死，在那个血与火的年代里，他的归宿不是在金戈铁马的沙场，就是在波诡云谲的朝堂，但只要这阕《满江红·写怀》还在，他的爱国之心、报国之志，他那誓要杀尽敌寇、收复河山的英雄气概就还在。它们会凝结在每一个字、每一句词当中，等待后世无穷尽的人们翻开书卷，与它们产生心灵的共振，从而获取拼搏与守护的信念。

这种信念，就是英雄岳飞留给后人的最重要的东西。

知音少、弦断有谁听

▶ 出自岳飞《小重山·昨夜寒蛩不住鸣》

求战还是求和？观念上的冲突，为将领与君王之间的关系埋下了祸端。宋高宗一心想与金人议和，甚至不惜丧权辱国，向金朝俯首称臣。这让岳飞感到失望。

山河未复，岳飞面前的征途还很漫长。然而，恰在此时，他的母亲去世了。岳飞悲痛至极，身体健康也受到影响，于是向朝廷上书，希望能早日回乡归葬母亲，并为母亲守丧三年。由于奔丧心切，岳飞没等到皇帝的回复就离开了军营，这便酿下了祸事：高宗得知岳飞擅离军营后，勃然大怒，勒令岳飞立刻回到前线去。岳飞常年在外领兵打仗，几乎从未向母亲尽过孝道，如今母亲已逝，便想多陪伴母亲一些时日，以弥补自己的不孝。宋高宗见岳飞拒不从命，愈加怒不可遏，连下诏书，催岳飞回军营。岳飞自知忠孝难两全，只得提前结束守丧，回到抗金前线。

> 虽然是人之常情，但这时候的宋廷本来就不清明，此时岳飞已经木秀于林，功高震主，忌惮的种子早已在高宗心里埋下。

啊！

这件事情之后，高宗对岳飞的态度有些捉摸不透起来。岳飞归来后，领导岳家军北伐伊洛，收复了多个州县，缴获粮草辎重若干，战绩十分可观。可高宗在听说此事后，只是阴阳怪气地对近臣说："岳飞打的这些胜仗，不乏修饰夸大的成分，你们应该与前线多通书信，仔细问清楚情况。不是朕吝啬不想给封赏啊，朕就是想

> 无能又多猜忌，这种领导真的很烦人。

哼！

知道，他到底做了哪些安排布置呢？"[3]

后来又有一次，高宗对岳飞说，将领刘光世遇事不明，朝廷想要剥夺他用兵的权力，他手下的五万人马将归岳飞所有。岳飞听后，激动不已，认为收复中原的胜算又大了一分。然而，朝中的另一个主战派领袖张浚（值得玩味的是，他曾十分欣赏、提携岳飞）、主和派的奸臣秦桧却不支持将这波人马拨给岳飞，理由是这会增加节度使的权力。高宗觉得他们说得有道理，毕竟武将专权可是大宋统治者第一忌惮的事，于是，允诺给岳飞的五万大军就这么成了空头支票。岳飞对此失望至极，让他感到寒心的，不仅是君王的言而无信，更是来自朝廷的猜忌。

打仗都不行，争权第一名。高宗既已猜忌，这五万人马的归属反复，也未必不是秦桧揣度高宗的心思而提出的。

无语

不过，比起最根本的问题来说，以上这些，都只能算是小摩擦。高宗与岳飞之间，最大的分歧点还是在于他们的理念从一开始就不相合。正如本文之前所提，岳飞要的，是被金人夺去的广阔山河尽数归还宋室。而高宗想要的，是苟活在剩下的这一亩三分地上，当个偏国皇帝。先前对岳飞的种种支持，代表在他内心深处还是有收复故土的愿望的，但最终，性格中懦弱的一面还是压倒了血性的一面，他完完全全地倒向了主和派的阵营。于是，当时就有了这样的局面：一边是岳飞率领岳家军为收复中原而奋力拼杀，一边是秦桧在高宗的授意下与金人互通有无，为求和做着准备。高宗还假模假样地召来朝中将领，问他们关于宋金和谈的意见，岳飞和韩世忠一听这事，都极力反对。岳飞慷慨陈词："夷狄不可信，和好不可恃，相臣谋国不臧，恐贻后世讥议！"[4]韩世忠亦是极力劝谏，可宋高宗全然充耳不闻。无奈之下，岳飞写下《小重山》一词，抒发心事无人能解、有志归隐山林的幽怨：

老套路了，帝王平衡术，心里有了成算，还要走一遍过场。

哎

3 《续资治通鉴·宋纪》。

4 《宋史·岳飞传》。

昨夜寒蛩不住鸣。惊回千里梦，已三更。起来独自绕阶行。人悄悄，帘外月胧明。　　白首为功名。旧山松竹老，阻归程。欲将心事付瑶琴。知音少、弦断有谁听？

绍兴八年（1138）冬，宋金正式开始议和。说是议和，不如说是金廷对宋廷的全方位羞辱。金廷拒绝将大宋作为地位相同的国家来看待，只将其称为"江南"，将之视为金朝的藩属国。不仅如此，金人还提出要求，要宋高宗在和议订立当日，亲自跪在金朝皇帝面前，接过和议书（金人将之称为金朝给宋的诏书）。屈辱至此，如何能忍？一时间，朝堂上群情激愤，主战派大臣再也按捺不住，纷纷苦劝高宗中止和谈，就连一些主和派官员都认为金人的条件过于苛刻，加入了劝阻高宗的行列。然而，这些人的泣血上谏，却只换来贬的贬、谪的谪的结局，到最后，朝中竟只剩像秦桧这样曲意逢迎的佞臣。

当年十二月，江南冻云千里，临安城笼罩在愁云惨雾之中，秦桧代表宋高宗，以大宋宰相身份向金朝使者跪拜，标志着宋朝正式向金俯首称臣，承认自己藩属国的身份，接受金朝"赏赐"的河南之地。

深呼吸，不生气。将熊熊一窝，奸臣当道都是君主不明。

对于此事，岳飞愤恨难平。他认为，这是大宋的屈辱，虽求得一时和平，却又有何值得庆贺之处？他请求北上探查金兵部署，也被高宗拦下。此时的他，对高宗已是失望至极，自觉在前线奋勇杀敌，在朝廷眼里却不如一纸丧权辱国的和约，于是岳飞拒绝了朝廷的封赏，转而再次提出辞官的请求，可高宗没有同意。

十年之力，废于一旦

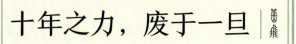

▶ 出自《金佗稡编》

金朝撕毁和约，再次南下攻宋。高宗派岳飞等主战派将领迎敌，却又在奸臣蛊惑下，于功成前夕连发金字牌诏令，让岳飞停止进攻，班师回朝。岳飞眼见十年心血功亏一篑，悲愤不已，却迫于无奈，只能撤军回京。

　　正如岳飞当日所说，金人的许诺是不可信的。就在和议签订后的第二年，完颜宗弼发动政变，杀死金朝内部的主和派大臣，撕毁与南宋的合约。随后，他再度率军南下，要将先前"赏赐"给宋朝的河南之地"收复"回来。宋军在毫无防备的情况下被打了个措手不及，很快，金军便攻陷了黄河以南的许多地区，形势十分危急。高宗意识到，主和派的那一套根本无法解决眼前的问题，为今之计，只有请岳飞、韩世忠等主战派将领带兵出战，迎战敌军。

　　绍兴十年（1140），宋高宗授意岳飞领兵北伐。在岳飞的部署下，岳家军兵分几路，在张宪、牛皋等人的带领下，于蔡州、淮宁、颍昌、陈州、郑州、洛阳等地屡屡大败金军，使这些领土复归大宋。岳飞还命梁兴渡过黄河，联络各地义军首领、忠义豪杰，令他们协助攻取河东、河北各州县，自己则率领主力军队长驱北进，以顾中原。与此同时，韩世忠方面也是捷报频传，接连收复海

贴士
TIPS

拐子马、铁浮屠

拐子马目前最早见载于《顺昌战胜破贼录》，仅提及这一词汇，具体的描述是岳飞的孙子岳珂在岳飞死后六十多年后，在《鄂王行实编年》中编写的。但岳珂并非武将，时隔久远，因此对于拐子马的实际样貌，历史上多有猜测。乾隆皇帝善骑射，就对将马连在一起这一战术提出过质疑。当代宋史研究的重要开创者和奠基人邓广铭先生对"拐子马"也进行过分析考释，指出，"拐子马""铁浮屠"不是同一装备，不应混同。"铁浮屠"是对重铠全装骑兵的称呼，在宋代绘画《中兴瑞应图卷》中，可以看到这种重装骑兵的大略。

《中兴瑞应图卷》（局部）—金军骑兵

州、宿州、亳州等地，大宋王师可谓是势如破竹，锐不可当。

完颜宗弼见状，心中大惧，紧急与手下商量对策，说："其他宋军将领都好对付，只是这个岳飞，实在让人招架不住啊！"于是，他们打算集中兵力与岳飞军队作战。宋廷内外得知了这个消息，都很慌乱，只有岳飞坦然笑道："金人已经黔驴技穷了！"于是，他天天派兵挑衅金军，并对着他们大声叫骂。完颜宗弼火冒三丈，连日集结手下的兵力逼近岳飞军队驻扎的郾城。令金军意外的是，他们摆了如此大的一个阵仗，岳飞却并不打算率先出面，而是派了他的养子——年仅二十二岁的岳云出战。年少英勇的岳云纵马飞驰出城，率领岳家军的精兵强将直冲入金军阵中，只见刀光剑影之中，双方转眼之间便激战了数十个回合，金军很快伤亡惨重、尸横遍野。

完颜宗弼麾下有一支精锐部队，名曰"拐子马"。这支部队中的士兵，都身穿重甲，坚固得如同铁塔一般，称为"铁浮屠"；他们身下的骏马以皮索相连，每三骑为一组，行进起来如同一堵移动的铜墙 ，宋军难以抵挡。为了这场战役，完颜宗弼出动了一万五千名骑兵，一万五千座"铁浮屠"立于郾城之下，气势极为骇人。面对强敌，岳飞采用了智取的方式：他命令步兵挥舞麻扎刀冲入敌骑兵阵中，不要抬头仰视，只砍敌军的马腿。"拐子马"用皮索连接在一起，当中只要有一匹马被砍倒，其他两匹马就失去了行动能力，在岳飞的指挥下，宋军将士奋力攻击，再次大败金军。完颜宗弼见状，悲恸哭道："我从海上起兵以来，都是用这一招（拐子马）取胜，今天算是完了！"

眼见在郾城讨不到好处，金军打算调转矛头，进攻颍昌。然而，这一点也被岳飞料到了。他授意岳云率兵

5　有学者认为，"拐子马"的作用可以类比为现代战争中的坦克。

前往颍昌支援守城军队，岳云领命前往。这一场仗，宋军虽然以寡敌众，却以一骑当千的气势，再次杀得金朝十万大军落花流水，直杀得"人为血人，马为血马"。完颜宗弼落荒而逃，退返开封。

郾城之外的地区，抗金的胜利仍在持续。在连日的打击下，金军已有溃败之势，山河内外捷报频传，大宋举国振奋，百姓都在期盼着金军被驱逐出中原的那一天。此时，岳飞已进军至汴京，在汴京城外再度重创金军，完颜宗弼又一次丢盔弃甲，遁入城中。

就这样势如破竹！

嘿嘿

此时的完颜宗弼，再也没有了一统天下的锐气，他最关心的只有一个问题：还能不能活着回到北方。就在他盘算着放弃开封、渡河北归时，一个转机出现了：有个不知道哪里来的书生，牵住他的马缰，让他不要轻易撤走。完颜宗弼感到很奇怪，在他看来，岳飞攻克开封已经是板上钉钉的事，自己如何守城？只见那书生诡秘一笑，道："从古至今，从来没有权臣在内把持朝政，而大将能在外立功的先例。岳飞现在是祸事难免了，更别提想建功立业了！"完颜宗弼听罢，一瞬间便懂了他的意思。于是，他决定留在汴京，等待变局的出现。

这个突然出现的书生，应当确实是听到了一些宋廷内部的风声，因为他告诉完颜宗弼的话，正是发生在南宋朝堂阴暗处的实情。就在岳飞与麾下将士喋血沙场之时，朝中的奸相秦桧不甘寂寞，反复劝高宗说："咱们本来兵力就少，国力又疲弱，岳飞要是再继续进军，不就危险了？您快点下诏，让他班师回朝吧！"高宗本来就没有收复天下的雄心壮志，又怕彻底得罪金人，更怕岳飞从金人手里将钦宗"抢"回来——到了那时候，他这个临危上位的皇帝该如何自处啊！秦桧的建议，正好给了他中止岳飞北伐的理由，于是，他下了一道诏令，命岳飞即刻停止进军，立刻返回临安。岳飞接到诏令时，刚在郾城大败金军，他对皇帝的用意完全无法理解，便上书分辩道："现在我方占尽了天时地利人和的优

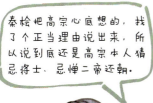

秦桧把高宗心底想的，找了个正当理由说出来，所以说到底还是高宗本人猜忌将士、忌惮二帝还朝。

唔

势，马上就能取得胜利了，这样的机会，一旦错过就不会再来了！"

可高宗主意已定，哪有旁人辩说的余地？数日过后，岳飞在汴京城外大破金军，完颜宗弼惊慌之下打算渡河逃跑。可恰在此时，岳飞一日之内接连收到十二道班师令，道道八百里加急、以金字牌递出，道道之上笔墨淋漓，反复强调着一件事：速归！速归！速归！

直到这时，才理解了那句"马蹄南去人北望"的歌词。

面对皇帝的强硬态度，岳飞无法反抗。十年来，他日夜争驰，为的就是将敌人驱逐出中原；而当这一天即将到来的时候，竟是大宋的君王将他制止。他仰天长叹，愤恨难平，倏忽之间竟落下泪来。他向东遥遥一拜，泣道："十年之力，废于一旦！"

开封百姓又一次被朝廷抛弃，北伐大业被迫中断，十年心血付诸东流！

百姓得知岳飞撤军的消息，纷纷拦在马前，大哭着说："大宋官军入城，我们都戴香盆、运粮草地前来欢迎，金人都已看在眼里了！如今您走了，开封城又被金人占领，我们哪还有活路啊！"岳飞见状，亦是悲恸不已，但他也毫无办法，只能徒劳地解释着："君王一定要我回去，我不能再留下了！"

这是岳飞率领的第四次北伐。它有着不凡的开端，却以令人扼腕的方式走到了终局。岳飞班师回朝后，先前收复的州县很快又沦丧金人之手，这对每一位曾浴血奋战的将士而言都是难以接受的苦痛。回到临安后，万念俱灰的岳飞提出自罢军职，归隐田园，宋高宗却执意不许，因为战争尚未止歇，他不能放任"打仗工具人"岳飞离开。果然，又过了不到一年（1141），完颜宗弼又一次南下攻宋，宋高宗一再催促岳飞前往应援，岳飞只得领命前往。至于他当时的心境如何，恐怕只有他自己知晓了。

青山有幸埋忠骨 岳飞

▶ 出自岳飞墓楹联

高宗一心求和，金朝却提出想要继续和谈，必须先杀岳飞。高宗没有过多犹豫，便决定用岳飞的性命换取和谈的可能性。于是，岳飞被奸臣罗织罪名，关进狱中，最终以"莫须有"之罪被朝廷处死。

经过一而再、再而三的亲身试验，完颜宗弼才终于确信：南宋，一时半会儿是没办法攻灭的。于是，他重新打起了议和的主意，这正中宋高宗与秦桧的下怀。在秦桧的热络张罗下，新一轮的和谈开始了。对于完颜宗弼来说，南宋对于和谈一事的热切，正好为他提供了一个机会，让他可以除掉一个眼中钉——毕竟他相信，为了能和金朝签订和平友好条约（即使这条约并不平等），赵构和秦桧能满足他提出的一切要求。

于是，他写信给秦桧说："你们天天说着要讲和，岳飞却天天想着打到黄河以北来，还把我的女婿给杀了，这个仇，我不能不报。你们得先杀了岳飞，然后咱们才能和平共处！"

或许连完颜宗弼自己都想不到，昏庸的南宋君主对"工具人"的割舍，比所有人想象得都要轻易。在对功高震主的武将的猜忌下、在秦桧煽风点火的劝说中，几乎只是一瞬间，高宗便下定决心，将岳飞作为宋金和谈的牺牲品、南宋王朝的弃子。

> 岳飞在军中、民间声望太高，又有兵权，高宗正想要处理却不能苛待功臣，完颜宗弼正好给他递刀子。

无语

岳飞声望甚高，贸然杀他，恐怕会引来其他朝臣与民众的不满与质疑。因此，高宗与秦桧采取了循序渐进的做法：先指责岳飞作战不力，再剥夺他的兵权，然后污蔑他的属下谋反，借此牵连到岳飞本人。就这样，曾在战场上斩杀无数金人、为赵宋江山抛头颅洒热血的岳飞，被强行冠上了"谋反"的罪名，被押入大理寺狱中。

朝廷命审讯官严加审问岳飞的通敌行径，而岳飞只是坚称自己从未做过，并将背上的"尽忠报国"四个大字给主审官看。主审官看后，非常震撼，知晓这必是一桩冤案，便向秦桧禀报了情况。秦桧却只是云淡风轻地说："让岳飞下狱，这可是官家的意思！"为了尽快将岳飞定罪，秦桧很快就改命一个叫万俟卨（mò qí xiè）的人作为岳飞一案的主审。万俟卨性格乖张，不问是非曲直便将岳飞喝问一通，岳飞屈辱愤怒无比，扬声道："对天发誓，我无负于国家！你们既然掌控刑法，就不能构陷忠臣。日后我到了冥府，也要与你们继续对质！"可万俟卨丝毫不作理会，只是一股脑地往岳飞头上罗织罪名，意图将他直接定为死罪。

当时，"岳飞叛国"一事闹得沸沸扬扬，朝中有正直的大臣闻讯，纷纷站出来为岳飞说话，却无一例外地遭到了贬谪、罢官的惩处。民间有布衣之士为岳飞申冤，却被拘捕至大理寺中残忍处死。与岳飞同为"主战派"领袖的韩世忠听闻此事，认定岳飞绝没有谋反的可能，便前去质问秦桧，秦桧却说："这件事儿，或许有吧（其事体莫须有）！"韩世忠震怒道："'莫须有'三字，何以服天下？"

所有人都知道岳飞不可能叛国，却无法阻止他被冤判罪。

仅凭"莫须有"三个字，当然不能使天下人信服；但天下人的呼喊，却无法阻止赵构的一意孤行，这是封建帝制下的一种悲哀。绍兴十一年十二月（公元1142年1月），秦桧、万俟卨将岳飞罪名坐实，宋高宗御笔亲批，下令赐死岳飞。除夕之夜，岳飞于大理寺狱中被杀，其养子岳云与部下张宪被一并处死。在囚犯们用于认罪的供状上，岳飞没有写下过多的自辩，只是留下八个大字："天日昭昭！天日昭昭！"

岳飞死后，南宋与金维持着虚假的和平，直到十九年后的绍兴三十一年（1161），金海陵王完颜亮撕毁《绍兴和议》，再度南侵。十九年间，忠臣的遗骨被草草掩埋在荒土之下，岳家军将士拼尽全力收复的淮北地区重回金人之手，遗民们的哭声永远无法上达朝堂。宋高宗继续在江南做他的太平美梦，而金朝则心安理得地接受着大宋每年进贡的大量金银绸缎，享受着大宋在他们的脚下俯首称臣。十九年过去，金兵卷土重来，大宋却再也没有了如岳飞一般的杰出将才。人们重新念起岳飞的种种作为，纷纷为其平反。

绍兴三十二年（1162），宋孝宗即位，在他的推动下，岳飞的冤案终于得以昭雪。岳飞的尸骨被从荒草间挖出，以一品官员之礼，葬于杭州西湖栖霞岭南麓。

今天，在岳飞墓前，我们仍能见到秦桧夫妇的跪姿铁像，以及"青山有幸埋忠骨，白铁无辜铸佞臣"的楹联，它们共同昭示着：**千载之下，忠奸自有定论。**

故事至此算是迎来了圆满的结局，只除了一件事：岳飞最后长眠的地方，终究不是他在马背上频频回望的中原。

今天的华夏大地，宋金战争的硝烟早已消弭，民族之间迎来了交流与融合，昔日宋人与金人的后代携起了手，不再将彼此视为仇敌。在这样一个时代，我们该如何理解岳飞与宗泽等人的坚持？他们不惜一切代价抗击金军，要从金人手中夺回属于北宋的地盘，难道他们的想法是有局限性的，是错的吗？赵构与秦桧积极与金人议和，难道他们的行为竟是顺应历史潮流的，是对的吗？

岳飞何以为英雄，他究竟为了什么而坚守——如果要真正理解岳飞精神，就一定无法绕开这个问题。我想，岳飞精神的可贵，并不在于他为一朝、一国而战，而在于面对敌人，他表现出了铮铮傲骨和勇于抗争的精神。在任何时代，不论民族如何融合、版图如何变化，对于中华文明而言，总有"自我"与"他者"的区别；而面对外部势力时，总会有"侵略者"与"被侵略者"的分别。当国家受到侵略、百姓受到伤害时，我们是逆来顺受，还是为争取国家与百姓的主权而抗争到底？

岳飞已经告诉了我们答案。那些用《满江红》作为抗战呼号，用岳飞手书"还我河山"作为救亡图存号召的爱国先辈们，也告诉了我们答案。

写了一万首诗的人，不想当诗人

Song Ci Shan He

陆游
LU YOU

陆游（1125—1210），字务观，号放翁。南宋著名文学家、史学家、爱国诗人。受到家学熏陶，陆游从小便有爱国志向，希望能以自身才干，报效朝廷，收复河山。然而，因朝中主和派势大，主张抗金复土的陆游屡遭打压，有志不得申。八十五岁高龄时，陆游在留下《示儿》一诗后，怀着失望遗憾离世。

陆游才学卓著，在诗、词、文方面成就颇高，亦有成于史学研究。其诗既有现实主义特点，又有浪漫主义作风，语言风格"清空一气，明白如话"，涵盖题材广泛，数量众多，有"六十年间万首诗"[2]之称；其词集豪放、婉约于一身，既长于言情，又着力抒发爱国、报国之志，被明代才子杨慎评价为"纤丽处似淮海，雄快处似东坡。"[3]有《剑南诗稿》《入蜀记》《南唐书》传世。

余杭窑青釉菊花小盒

1　此处"一万"为虚指，陆游一生写下的诗词数量并无确切记载，现存世的有九千三百多首。

2　宋代陆游《小饮梅花下作》。

3　明代杨慎《词品》。

陆游

殷切北望
南渡遗民

姓名：陆游
字：务观
号：放翁
故里：越州山阴（今浙江绍兴）
特长：诗、词、文、养猫

看花秉烛游 | 陆游

▶ 出自陆游《夜梦从数客雨中载酒出游山川城阙极雄丽云长安也因与客马上分韵作诗得游字》

诞生于北宋官宦家庭的陆游，从小便对祖国有着深厚的感情。父亲与同仁们在家中的谈话，让年幼的陆游立下了复兴国家的宏愿。

公元 1172 年冬，一个寒冷的阴雨天。群山崔嵬的蜀道之上，一匹瘦驴正驮着一个中年男人，晃悠悠地行过剑门关，向蜀中而去。驴背上坐着的人身形瘦削，满面愁容，衣服上沾满了灰尘与酒渍，显得格外失意落魄。他抬头环视着高耸入云的群山，透过它们，仿佛能够看到此行的终点，蜀山怀抱之中的"天府之国"——成都。

要去那样一个美好的地方了，可是他一点儿也不高兴。相反，他只觉得心中空荡荡、酸涩涩的。于是，他张口吟出了一首诗（他已记不清这是他人生中的第几千零几首诗），诗的内容是：

衣上征尘杂酒痕，远游无处不销魂。

此身合是诗人未？细雨骑驴入剑门。

他是谁？他为何会作出这样一首诗，又为何会在诗中这样发问？

一切都要从两宋交替时说起。

宋徽宗宣和七年（1125），是北宋最后的和平年月。这一年，官员陆宰因公务进京，与夫人乘舟行于淮河之上，夫人于舟中分娩，生下的孩子被取名为陆游。那一天，江上本是风雨大作，陆游诞生后，风雨便停歇了下来——这似乎昭示着这位新生儿的不凡。

陆游出生后不久，金朝便发动了灭宋之战，并于两年后攻破北宋都城汴京。北宋灭亡，中原地区不再太平，陆游的父亲便携妻带子离开汴京以避兵乱，其中的种种辗转波折，一言难尽。直到陆游七岁时，一家人才回到山阴（今浙江绍兴）老家安顿下来。童年时这段颠沛流离的经历，在幼小的陆游心中留下了难以磨灭的记忆。狰狞的金兵、可怖的战火、狼狈的遗民，也成了他对战争最初的印象。

陆游在山阴家中长大，受到了良好的教育，十二岁时，便能写作诗文，并通过恩荫制度被授予登仕郎一职。但比起文学上的培养，对陆游影响最大的，还是耳濡目染所得的爱国情怀。父亲先前是北宋官员，平日里，家中常有前来拜访的名士公卿。他们与父亲交谈时，常常会谈到"靖康之耻"，话至感伤之处，满座名士每每潸然泪下。从他们的谈话中，小陆游模模糊糊地知晓了一些东西，比如，在他的父辈年轻的时候，大宋是那样强大，汴京城是那么繁华富丽；又比如，是金人的铁蹄将这一切的美好踏碎，将亭台楼阁化为焦土，将徽宗与钦宗废为庶人，并胁迫他们屈辱地北上。从那时起，陆游心中便有了一种向往：他想亲眼看看，全盛时的大宋是什么样子。

十六岁时，陆游初涉举场，十九岁时再次前往临安应试，有何斩获未见记载，倒是有一桩游冶事件被流传了下来：二十岁那年的上元节，他在临安看了一场花灯。上元夜的花灯，似乎预示着这年的甜蜜与浪漫——这一年，他如愿迎娶了表妹唐琬。唐琬聪慧美丽、才华横溢，两人两情相悦许久，如今终于修得正果，这让陆游喜悦万分。婚后，两人琴瑟和鸣，恩爱无比，过着"只羡鸳鸯不羡仙"的日子。

这就是父母言传身教的力量。

东风恶，欢情薄 | 陆游

▶ 出自陆游《钗头凤·红酥手》

在宰相秦桧的干预下，陆游仕途受阻；在家中长辈的阻碍下，陆游与爱妻唐琬分离。外因扰扰，造化弄人，这让陆游感叹："东风恶，欢情薄。"

　　时间一晃就到了绍兴二十三年（1153），二十九岁的陆游再次离开家乡，前往京城临安参加锁厅试，这是一种有官职在身或者蒙受家族恩荫的人参加的进士考试。主考官名叫陈之茂，在阅卷过程中，他发现有一份试卷的文采格外出众，字里行间流露出考生的不凡见地，而这正是陆游的试卷。就这样，陆游成了这场考试的榜首，第二名则是参加同场考试的一个名叫秦埙的"关系户"。

　　这本是一桩伯乐与千里马的佳话，如果不是秦埙的爷爷名叫秦桧的话。秦桧，主和派的领袖，权倾朝野的奸相，高宗身边的第一宠臣，在自己的孙子即将参加进士试的时候，当然会提前打点好一切。在这场考试开始之前，他便特意将陈之茂请到了富丽堂皇的宰相府，半威胁半利诱地告诉他，这锁厅试的榜首，非他孙子秦埙不可。然而陈之茂是个正直的人，他素来看不惯秦桧在朝中的种种作风，因此在评卷时，仍然遵从本心，将他认为最有才华的陆游判为第一。

可这大大惹怒了秦桧。在他眼里，没有人可以挑战当朝宰相的权威，他严厉地惩罚了"不听话"的陈之茂，而压了秦埙一头的陆游成了被殃及的池鱼。第二年（1154），陆游参加礼部试时，秦桧特意叮嘱主考官，不能让陆游通过考试。于是，无辜的陆游就此被黜落，而究其原因，无非是他比当朝宰相的孙子优秀而已。

没能在考试中取得名次，陆游回到了家乡，继续读书写诗，时而游览故乡的山水名胜。随即，便发生了另一件让他感到唏嘘的事：他重逢了表妹唐琬。原来，陆游的母亲一直不喜欢唐琬，总觉得唐琬太聪明又太有才华，陆游和她在一起，会分散对正事的注意力，耽误前途。陆游百般劝说母亲却毫无效果，就在陆游与唐琬共结连理两年后，在陆母的逼迫下，两人被迫分离。陆游后来与另一女子王氏成婚，而唐琬也改嫁他人，如今算来，也有七八年之久了。

陆游没想到的是，在那么久的光阴之后，在故乡的沈园，他与唐琬又相遇了。彼时正是春日，沈家园里繁花如锦，春水绿如锦缎，唐琬站在芳丛之中，美好绰约一如昨日。可陆游却无法与她携手同游，无法与她再次互诉衷情，因为她的身边有另一个人，那是她后来改嫁的丈夫。

在陆游看到唐琬的同时，唐琬也看见了陆游。她差人向陆游送了些酒肴，表示对他的致意，可这却让陆游愈发心绪难平。他将杯中之酒一饮而尽，乘醉在沈园墙壁上写下一阕《钗头凤》：

红酥手，黄縢酒。满城春色宫墙柳。东风恶，欢情薄。一怀愁绪，几年离索。错，错，错。　　春如旧，人空瘦。泪痕红浥鲛绡透。桃花落，闲池阁。山盟虽在，锦书难托。莫，莫，莫。

他永远忘不掉唐琬为他斟酒时的样子，红润的肌肤，如桃花般的面色，美酒自她手中倾倒而出，落在杯中，泛着金黄莹润的光泽。沈园里的柳树已经枝繁叶茂，碧绿的柳条在春日的暖阳中微微飘动，一荡，一荡，一荡。这是一个无比美好的春日，眼前正是那个无比美好的人。可越是美好的人与事，在失去

这可真是神仙打架，凡人遭殃。

无语

钗头凤·红酥手

红酥手，黄縢酒。满城春色宫墙柳。东风恶，欢情薄。一怀愁绪，几年离索。错，错，错。　春如旧，人空瘦。泪痕红浥鲛绡透。桃花落，闲池阁。山盟虽在，锦书难托。莫，莫，莫。

的时候，就越是令人失落。

最让陆游心绪难平的是，分离并非他们的自主意愿。就像春风漫卷，吹得落红如雨，他与唐琬的分离，也正是如东风一般刻薄无情的外力造成的。可他不能反抗母亲的意思，也无法为了唐琬愤然离家出走、自立门户，只能眼睁睁地看着这股无情的"东风"将两人拆散，徒然地感叹"错，错，错"。——可这究竟是谁的错？是这桩不被祝福的姻缘的错？是专权独断的封建家长的错？还是懦弱无为的自己的错？陆游没说，或许在他心里，是兼而有之。正因这一重重、一步步的

> 宋代的家族观念很重，不像现在这样强调个人意志。南渡之后，名门望族的家族观念空前加强，世家子弟是不会为了个人情爱违背家族意志的。

错误，他与唐琬最终走向了陌路，如今再见，虽在咫尺，心却犹如远隔天涯。"山盟虽在，锦书难托"，如今纵然是长飞千里的鸿雁，也再难将他们的心意互相传递啊！

一首词题罢，陆游在酒醉的失意中离开沈园。他走后，唐琬在园壁上看见此词，哀伤难抑，便也提笔和了一首《钗头凤》：

> 世情薄，人情恶。雨送黄昏花易落。晓风干，泪痕残。欲笺心事，独语斜阑。难，难，难。 人成各，今非昨。病魂尝似秋千索。角声寒，夜阑珊。怕人寻问，咽泪装欢。瞒，瞒，瞒。

不久后，唐琬抑郁而终。

中原故老知谁在

▶ 出自陆游《去年余佐京口遇王嘉叟从张魏公督师过焉魏公道免相嘉叟亦出守莆阳近辱书报魏公已葬衡山感叹不已因用所遇拄颊亭诗韵奉寄》

入朝为官后，正直的陆游屡次直言上谏，因此触怒了当权者，遭到贬谪。在谪官任所上，他与张浚结识，获得了这位主战派领袖的赏识，也引来了主和派的敌视，遭到罢官。

佳人已逝，陆游的人生却还得继续。

在当初的锁厅试中，他因才华引来了秦桧的嫉恨，但秦桧的阴影并不能笼罩他一辈子。绍兴二十五年（1155），秦桧去世，这意味着陆游终于拥有了在仕途上更进一步的机会。绍兴二十八年（1158），陆游出任福州宁德县主簿，不久后受到举荐，回到京城担任敕令所删定官，负责整理、校对各种行政命令。这份工作比较清闲，于是陆游有大量的时间与京中人物交游，他与年龄相仿的范成大结为了至交好友。

在仕宦之余，陆游一直潜心写作诗词文章。受到当时人们观念的影响，陆游也认为词是一种浅薄的体裁，仅可作偶尔言情之用；比起意态流媚的词，他更重视能够言志载道的文与诗。在故乡闲居时，以及在闽地与临安就职期间，陆游写下了众多的文章和诗，其诗中多有记游、唱和之作，也不乏关心家国大事的作品，例如在绍兴三十一年（1161）金兵大举入侵，均州安抚使武钜领兵光复洛阳时，他闻讯写下的：

我们现在的考试必背，当年也就是"小玩意儿"。

啊！

白发将军亦壮哉，西京昨夜捷书来。

胡儿敢作千年计，天意宁知一日回。

列圣仁恩深雨露，中兴赦令疾风雷。

悬知寒食朝陵使，驿路梨花处处开。

诗中流露出对收复中原的欢欣鼓舞、对宋金前线战事的无比关注，联系陆游后期更加知名的作品来看，气韵一脉相承。

绍兴三十二年（1162），宋高宗赵构传位给建王赵昚（shèn），结束了他自南宋建立以来长达三十二年的统治。赵昚即位，是为宋孝宗，有大臣举荐陆游，说他"善词章、谙典故"，孝宗听闻后，便召见了陆游，认为他"力学有闻，言论剀切"，是个难得一见的人才。于是，孝宗赐陆游进士出身，并给他升了官，这让陆游十分感激。为了履行职责、报效国家，他更加勤勉地上书，针对宋金战事发表自己的见解。

真是"初生牛犊不怕虎"，初入朝堂就敢对当权者指手画脚。

可是，这份勤勉反而招致了祸事。当时，朝中有名叫龙大渊、曾觌（dí）的两个官员当权，陆游认为他们心术不正，会蛊惑圣听。为了制约这两个人，陆游将自己的判断告诉了军机大臣张焘，希望位高权重的张焘能从旁劝谏孝宗皇帝。张焘认为陆游言之有理，便立刻前去向皇帝报告，结果却引来了皇帝的不悦。孝宗不耐烦地问张焘："是谁和你说的这些话？"张焘回答："陆游。"孝宗觉得陆游多管闲事，十分生气，一气之下将他贬出了京，命他到镇江去当通判。在镇江任上，陆游结识了

朝中主战派的领袖张浚（张浚因与金兵作战时失利，被贬谪到了江淮），便数次向张浚阐述自己对于宋金之战的想法，为宋师北伐建言献策。张浚听了陆游的一番言论，对他非常赞赏，认为他很有志气。

陆游太盼望收复中原，又太渴望建功立业，令他没想到的是，与主战派张浚的交往，使得他成了主和派的眼中钉。主战派与主和派恩怨已久，数十年间一直缠斗不休，颇有"你方唱罢我登场"之势。在孝宗即位初期，因为金海陵王完颜亮撕毁《绍兴和议》、悍然挥师南下一事，朝野上下对金朝的抵抗情绪高涨，孝宗更是带头主持了岳飞的冤案平反，朝堂风向向主战派倾斜。然而，随着张浚指挥作战失利，主和派又趁机大肆宣扬偏安的言论，隐隐有再度占据上风的趋势。张浚与陆游相识后不久便辞世，这意味着主战派少了一个主心骨——在这个扳倒敌对党派的好时机，主和派怎能容忍其他人捣乱？于是，他们一纸上书告到了孝宗那儿，说陆游"交结党人，力说张浚用兵"，将他描绘成了一个喜欢拉帮结派、无脑鼓吹用兵的形象。由此，孝宗对陆游观感更差，索性直接罢了他的官。

在接到罢官诏令之前，陆游刚从镇江调任隆兴（即洪州，今江西南昌）不久。此时已是乾道二年（1166），陆游四十二岁，他感慨岁月的流逝、自身的毫无建树，却没有任何改变现状的办法，只能将自己的所思所想寄托在诗作之中。在隆兴，上元之夜，陆游又看了一场花灯，只是这次，他不再有当年的青

自咏示客

衰发萧萧老郡丞，
洪州又看上元灯。
羞将枉直分寻尺，
宁走东西就斗升。
吏进饱谙箝纸尾，
客来苦劝摸床棱。
归装渐理君知否，
笑指庐山古涧藤。

夜梦从数客雨中载酒出游山川城阙极雄丽云长安也因与客马上分韵作诗得游字

有酒不谋州，
能诗自胜侯。
但须绳系日，
安用地埋忧。
射雉侵星出，
看花秉烛游。
残春杜陵客，
不恨湿貂裘。

去年余佐京口遇王嘉叟从张魏公督师过焉魏公道免相嘉叟亦出守莆阳近辱书报魏公已葬衡山感叹不已因用所遗挂颊亭诗韵奉寄

河亭挈手共徘徊，
万事宁非有数哉。
黄阁相君三黜去，
青云学士一麾来。
中原故老知谁在，
南岳新丘共此哀。
火冷夜窗听急雪，
相思时取近书开。

春意气，只能无奈自嘲："衰发萧萧老郡丞，洪州又看上元灯。"[4]他也得知了张浚归葬衡山的消息，感叹不已，于是写诗道："中原故老知谁在，南岳新丘共此哀。"[5]

有一天夜里，陆游做了一个奇怪的梦。他梦见，天上下着雨，自己和几个人一起载酒出游，来到了一个山川极雄伟、城阙极壮丽的地方。他很惊讶，问这是哪里。同行的人告诉他，这就是长安啊！他在梦里恍然大悟：这就是无数唐人歌咏的地方，是那"山河千里国，城阙九重门"的长安城。于是，梦中几人便在马背上分韵作诗，陆游分得的韵脚是"游"字，醒后，他作诗道：

> 有酒不谋州，能诗自胜侯。
> 但须绳系日，安用地埋忧。
> 射雉侵星出，看花秉烛游。
> 残春杜陵客，不恨湿貂裘。

这是一个很有意思的梦。在宋代文学的语境下，"长安"有两层意思：一层是指大唐国都，李白、杜甫曾俯仰流连过的长安城；一层则是指北宋与南宋的都城——汴京和临安。陆游梦中所见之地，周遭山川雄丽，且是他未曾到访过的地方，因此不可能是临安。而无论他梦到的是长安还是汴京，还是二者在幻想中的结

長安、汴京，中原之地，是华夏文明的摇篮，南宋初年，多少人心心念念北代，收复中原。

---

4 宋代陆游《自咏示客》。

5 宋代陆游《去年余佐京口遇王嘉叟从张魏公督师过焉魏公》。

6 古代诗人通常用文字标示韵脚。"游"字属于"由求韵"，主要包含"ou""iu"这两个音素的发音，是诗人使用频率较高的韵部。

合体，它们的象征意味都是相同的：是陆游从未亲眼见过的上国繁华，是被南宋遗落的故都。[7]

陆游想复国，在梦里都想。他是多么希望南宋王朝能重振雄威，让失落的故都能重回大宋王朝的怀抱！可他等来的却不是王师北伐的消息，也不是孝宗对他的重新起用，而是一纸罢免的诏书。这让他感到无奈，可他却毫无办法，只能收拾行囊，回到山阴老家继续过闲居的生活。

此身合是诗人未

▶ 出自陆游《剑门道中遇微雨》

随着四川宣抚司的征召，陆游终于有机会到南宋的西北边疆，投身抗金大业。这段时间里，陆游研究抗敌策略，侦察敌方动向，过得十分充实。但不久之后，四川宣抚司便被撤销，陆游也被调任至成都。眼看自己年岁渐长，除诗道外一事无成，陆游感到十分惆怅。

闲居的生活，陆游一过就是四年。许是离开朝堂的缘故，他也多少放下了一些"偶像包袱"，开始信笔挥洒一些他之前看不上的文体——词。这些词中，有不少描写了隐居生活的闲适，其中还隐约透露出作者遭遇重大仕途挫折之后抑郁不平的心态。

其中一首《鹧鸪天》道：

插脚红尘已是颠，更求平地上青天。新来有个生涯别，买断烟波不用钱。沽酒市，采菱船，醉听风雨拥蓑眠。三山老子真堪笑，见事迟来四十年。

闻 雨

慷慨心犹壮，
蹉跎鬓已秋。
百年殊鼎鼎，
万事祗悠悠。
不悟鱼千里，
终归貉一丘。
夜阑闻急雨，
起坐涕交流。

游山西村 必背

莫笑农家腊酒浑，
丰年留客足鸡豚。
山重水复疑无路，
柳暗花明又一村。
箫鼓追随春社近，
衣冠简朴古风存。
从今若许闲乘月，
拄杖无时夜叩门。

鹧鸪天·插脚红尘已是颠

插脚红尘已是颠，更求平地上青天。新来有个生涯别，买断烟波不用钱。沽酒市，采菱船，醉听风雨拥蓑眠。三山老子真堪笑，见事迟来四十年。

鹧鸪天·家住苍烟落照间

家住苍烟落照间，丝毫尘事不相关。斟残玉瀣行穿竹，卷罢黄庭卧看山。贪啸傲，任衰残，不妨随处一开颜。元知造物心肠别，老却英雄似等闲！

又有一首道：

> 家住苍烟落照间，丝毫尘事不相关。斟残玉瀣行穿竹，卷罢黄庭卧看
> 山。　　贪啸傲，任衰残，不妨随处一开颜。元知造物心肠别，老却英雄
> 似等闲！

陆游在词中感叹：我原本就知道造物者无情，他的心肠与常人不同——他让英雄毫无作为地平白老去，却能等闲视之！这是对造化弄人的质问，也是对自身经历的哀叹。

有时，陆游也会到周边的名胜、村落中游玩，写下一些记游诗，比如《游山西村》：

> 莫笑农家腊酒浑，丰年留客足鸡豚。
> 山重水复疑无路，柳暗花明又一村。
> 箫鼓追随春社近，衣冠简朴古风存。
> 从今若许闲乘月，拄杖无时夜叩门。

你可能不记得这首诗的全文，却一定能背诵出"山重水复疑无路，柳暗花明又一村"。在今人眼中，这句诗几乎已经成为一句格言，激励着人们在绝境中前行。它告诉人们：即使是看似不通的道路，看似无解的困局，只要坚持走下去，终能看到柳暗花明的未来。

原来这句诗出自陆游！

哇~

写下这首诗的时候，陆游本人应也怀有同样的想法。事实证明，怀抱希望总没有错，在度过四年安逸却无聊的闲居生活后，陆游的仕途终于有了起色。

乾道五年（1169），朝廷重新起用陆游，任他为夔州（今重庆奉节）通判。夔州路途遥远，陆游携家人沿长江而上，途经姑苏、润州、黄州、荆州等地，沿途留下众多的诗作，其中多半是表达对路途遥远艰险的担忧。乾道六年（1170），陆游历经波折，终于到达夔州任上，公务烦冗，不一而足。

乾道八年（1172）一月，陆游又迎来了新的转机：四川宣抚使（即南宋朝

廷西北边区最高统帅）王炎将他征辟为幕僚，任他为干办公事兼检法官，负责协助主官办理司内事务、检详法律，命他即刻前往四川宣抚司上任。对于陆游来说，这一调动具有重大意义：他终于可以到抗金前线去了。

好耶！终于可以为统一出力了！

嘿嘿

两个月后，陆游抵达四川宣抚司的所在地兴元府（即南郑，今陕西汉中）。这是南宋疆域的西北边陲，在这里，可以眺望苍翠的终南山——那是陆游从未见过的景色，此时，他的心中充满着凌云壮志，一腔热血正待报国：

南郑春残信马行，通都气象尚峥嵘。
迷空游絮凭陵去，曳线飞鸢跋扈鸣。
落日断云唐阙废，淡烟芳草汉坛平。
犹嫌未豁胸中气，目断南山天际横。

南郑的军旅生活，与陆游想象中的并无不同。在宋金边界，在王炎幕中，陆游感觉到，自己的才学、方略，终于有了用武之地。陆游积极地向王炎陈述北伐进取之策，他说："要收复中原，必得以长安为起始，要收复长安，必得以陇右为开端。我们应当储蓄粮食，操练将士，有机会就进攻，没机会则固守。"

陆游要做的，不只是纸上谈兵。他还亲自前往大散关、骆谷口、仙人原、定军山等据点和要塞，以研究更加准确、合宜的抗敌策略。除此之外，他还

晚泊（瓜洲）

半世无归似转蓬，
今年作梦到巴东。
身游万死一生地，
路入千峰百嶂中。
邻舫有时来乞火，
丛祠无处不祈风。
晚潮又泊淮南岸，
落日啼鸦戍堞空。

秋风（荆州）

秋风吹客樯，
节物叹遐方。
岁事忽云暮，
吾行殊未央。
霜清汉水绿，
日落楚山苍。
此去三巴路，
无猿亦断肠。

夜登白帝城楼怀少陵先生
（夔州）

拾遗白发有谁怜？
零落歌诗遍两川。
人立飞楼今已矣，
浪翻孤月尚依然。
升沈自古无穷事，
愚智同归有限年。
此意凄凉谁共语？
夜阑鸥鹭起沙边。

要随同前线部队进行日常巡逻，或是跟随侦察部队潜入敌方境内，侦察敌方动向。王炎作为幕府长官，要处理如何用人的问题，当王炎遇到难题时，陆游也会为他出谋划策。可以说，这是陆游目前为止的人生中最充实的一段时光。在这里，他不再是地方上一个碌碌无为的小官，不再是卜居山阴老家的闲散人士，他成了一方统帅的左膀右臂，成了谋士、军人。这种身份上的转变，对陆游思想、情绪上的影响也是巨大的。

所知所学能有用武之地，能为家国天下出力，实在是一件幸福的事。

可惜，好景不长。陆游入幕尚且不到一年，朝廷便再次否决北伐计划，将王炎调回京中，四川宣抚司也被撤销，收复中原之事，复又变得遥遥无期，这让陆游感到无力与悲伤。离开南郑时，陆游写道：

梦里何曾有去来，高城无奈角声哀。
连林秋叶吹初尽，满路寒泥蹋欲开。
笠泽决归犹小憩，锦城未到莫轻回。
炊菰斫脍明年事，却忆斯游亦壮哉。

虽然陆游入幕只有八个月，也未曾亲自在战场上杀敌，但这段短暂的军旅生涯带给陆游的，却是无比深刻的影响。此后数十年，他常常回想起这段日子，在这段风霜与血火的磨砺中，他对家国的情感、对收复中原的期待愈加坚定了。在文学创作方面，亲历边关生活之后，陆游诗中的豪放之情、慷慨气概更胜往昔。离开南郑后，在边关亲历过的一切在他的回忆中不断地发酵、升华，借由诗人日渐老练沉雄的笔墨道出，化为一首首不朽的佳作，在南宋诗坛上熠熠生辉。可以说，这段军旅生涯，是陆游人生经历中的里程碑，也是他文学创作上的一座里程碑。

经历可以开拓文风。

不过，对于此时的陆游来说，说这些还为时尚早。现在的他，心中满是对未来的忧心：朝廷命他到成都府安抚司去当参议官，他将离开战争前线，回到城市，回归到平淡庸碌的官吏生活之中。

乾道八年（1172）深冬，陆游骑着一匹瘦驴，独行在前往蜀中的路上。从南郑到成都，要翻越重重蜀山，途中会经过剑门关——李白《蜀道难》中所谓"剑阁峥嵘而崔嵬，一夫当关，万夫莫开"的地方。如今陆游行经此地，却全无欣赏这奇伟之景的闲情逸致，因为在他的心中，百转千回地萦绕着的只有一个念头：

此身合是诗人未？细雨骑驴入剑门。

年近五十，除诗名外无所成的人生迷惘。

他在问苍天，也是在问自己：我这一辈子，就只能做一个诗人了吗？为什么我竟在这细雨之中，骑着驴过剑门关去？

可没有人能回答他。

一事无成两鬓霜 | 陆游

▶ 出自陆游《鹧鸪天·家住东吴近帝乡》

陆游在成都时，仍忧心国事。旧友范成大帅蜀，陆游入其幕中供职，却在主和派的讥谗下被罢免。几年后，

作品 WORKS

南郑马上作

南郑春残信马行，
通都气象尚峥嵘。
迷空游絮凭陵去，
曳线飞鸢跋扈鸣。
落日断云唐阙废，
淡烟芳草汉坛平。
犹嫌未豁胸中气，
目断南山天际横。

秋波媚·七月十六晚登高兴亭望长安南山

秋到边城角声哀。烽火照高台。悲歌击筑，凭高酹酒，此兴悠哉！多情谁似南山月，特地暮云开。灞桥烟柳，曲江池馆，应待人来。

剑门道中遇微雨

衣上征尘杂酒痕，
远游无处不销魂。
此身合是诗人未？
细雨骑驴入剑门。

047　陆游：写了一万首诗的人，不想当诗人

汉宫春·初自南郑来成都作

羽箭雕弓，忆呼鹰古垒，截虎平川。吹笳暮归野帐，雪压青毡。淋漓醉墨，看龙蛇飞落蛮笺。人误许、诗情将略，一时才气超然。　何事又作南来，看重阳药市，元夕灯山？花时万人乐处，欹帽垂鞭。闻歌感旧，尚时时流涕尊前。君记取、封侯事在。功名不信由天。

鹧鸪天·家住东吴近帝乡

家住东吴近帝乡。平生豪举少年场。十千沽酒青楼上，百万呼卢锦瑟傍。　身易老，恨难忘。尊前赢得是凄凉。君归为报京华旧，一事无成两鬓霜。

次韵季长见示

倚遍南楼十二栏，长歌相属寓悲欢。空怀铁马横戈意，未试冰河堕指寒。成败极知无定势，是非元自要徐观。中原阻绝王师老，那敢山林一枕安。

他在抚州任地方官时，上奏劝说朝廷开仓放粮，不仅意见被驳回，自身也遭到弹劾。随着光阴不断流逝，陆游离自己的理想却越来越远。

锦官城很好，却不是陆游能够发挥才干的地方。他在成都的工作依然很清闲，"冷官无一事，日日得闲游"[8]，让他不禁生出年华虚度之感。他在闲游中度日，可心绪仍然不能平息：他登上千尺高塔眺望神州大地，却忽而想起战事未平，于是"旅怀忽恻怆，涕下不能收"[9]。他拜谒了刘备、诸葛亮的祠庙，却又由三国往事联想起家国悲运，不由感叹："洛阳化为灰，棘生铜驼陌。讨贼志不成，父老泣陵柏。"[10]成都气候湿润温和，不似边塞苦寒，可陆游却更想回到那条件恶劣的西北边陲去，重新做回在军幕中挥洒壮志豪情的自己："羽箭雕弓，忆呼鹰古垒，截虎平川。吹笳暮归野帐，雪压青毡。淋漓醉墨，看龙蛇飞落蛮笺。人误许、诗情将略，一时才气超然。"[11]

不久后，陆游被调任为蜀州（今四川崇州）通判，又调为嘉州（今四川乐山）通判，后又转荣州（今四川荣县）。他在这些地方的工作内容大同小异，这让他愈加忧虑年华老去、功业未就。在嘉州任上，他写词抒发抑郁不平之气：

> 家住东吴近帝乡。平生豪举少年场。十千沽酒青楼上，百万呼卢锦瑟傍。　身易老，恨难忘。尊前赢得是凄凉。君归为报京华旧，一事无成两鬓霜。

8　宋代陆游《登塔》。

9　宋代陆游《登塔》。

10　宋代陆游《先主庙次唐贞元中张俨诗韵》。

11　宋代陆游《汉宫春·初自南郑来成都作》。

淳熙二年（1175），陆游旧友**范成大**被调任至成都，出任四川制置使，聘任陆游为参议官。陆游欣然前往，希望能再次发挥自己所长，为国家效力。可主和派不愿让陆游好过，他们又开始对陆游指指点点：这个陆游啊，与长官相处时不拘礼法，这样颓废放诞，像什么样子！

范成大的田园诗很有名！他俩原来是老朋友。

哇～

陆游听闻后，感到十分荒谬，干脆自号为"放翁"，作为对那些人的回应：你们爱怎么说就怎么说吧，反正我就是这样的人！可众口铄金，迫于朝中舆论的压力，范成大只能将陆游罢免，陆游只得寄居在成都，继续当一介舞文弄墨的诗人。

淳熙五年（1178），陆游奉命离蜀东归。未几，朝廷又派他辗转到建安（今福建建瓯）、抚州等地做地方官。在抚州时，当地发生了严重的水灾，陆游上书朝廷，建议用义仓中的粮食赈济灾民，希望朝廷能下诏，让各郡县向饥民发放粮食。这一建议本是为民考虑，却被给事中赵汝愚驳回了，不仅如此，他还批评陆游：身为官员不知道检讨自己，所作所为多数都不符合规矩。陆游因此被罢职，改官为"祠禄"——在宋代，朝廷会让一些老臣、外戚，或是失意大臣管理道教宫观，这就是"祠禄官"。这种官职没有实际工作，也不用到任所"坐班"，却可以领一些微薄的俸禄。对于一些想躺平度日的人来说，这也许是一件好事；但对一心想戎马报家国的陆游来说，这无异于昭示着理想的再次破灭。

枕　上

枕上三更雨，
天涯万里游。
虫声憎好梦，
灯影伴孤愁。
报国计安出，
灭胡心未休。
明年起飞将，
更试北平秋。

当年万里觅封侯

　　时光流转如白驹过隙，陆游在闲居生活中逐渐老去。有感于这些年的见闻，他写下了《书愤》《诉衷情·当年万里觅封侯》等作品，挥洒心中的幽愤、不甘、无奈、悲慨等情绪。

　　淳熙七年（1180），五十六岁的陆游回到山阴故里，再度过上了长达数年的闲居生活。闲居生活无甚新意，他没有太多的事能做，于是白天写诗，晚上做梦。有时，他的诗里会记录梦；有时，他会在梦里作诗。对于陆游来说，或许梦和诗本就是一体，因为诗里梦里的景象都是如此相似，诗是他清醒时候的梦，梦是他潜意识里写就的诗。在春雨绵密、春雪如絮的江南，在乡间枕上的无数个长梦里，他看到强大的汉唐帝国，看到高耸入云的凌烟阁，看到中原王朝的疆土一直绵延到遥远的酒泉。他看到自己驰骋在金戈铁马的疆场，在山河辽阔的中原大地，一座又一座的城阙大门为他而开。他将梦中的所见所闻与清醒时的所思所想相结合，于是一首又一首悲怀慷慨、气壮山河的诗词从他笔下喷薄而出：

早岁那知世事艰，中原北望气如山。

楼船夜雪瓜洲渡，铁马秋风大散关。

塞上长城空自许，镜中衰鬓已先斑。

出师一表真名世，千载谁堪伯仲间！

　　这首《书愤》，是陆游这段时期的代表作，诗中既有对过往的追忆，也有对现状的无限感慨。他回想起年轻时的自己，那么年少气盛，那么朝气蓬勃，他一心只想着能随王师收复中原，却不知道原来世事如此艰险，很多事情皆是求而不得。他想起二十多年前，自己还在镇江时，曾亲眼看着张浚率领的军队乘楼船在江面上往来，气势何等恢弘；他更记得那短短八个月的军旅生涯，记得在深秋的萧飒寒风中，自己曾骑着一匹飞驰的骏马，迎着飞雪奔向巍然屹立的大散关。可是后来，北伐计划终止，张浚去世，王炎被召回朝中，江淮都督府、四川宣抚司都被裁撤。前尘如梦啊！

　　陆游亲眼见证了那些人与事的风流云散，而他自己呢？他看着镜子里的自己，是那样苍老憔悴，这么多年来的辛苦奔波，换来的却是一事无成；他徒然地自诩为守边的将领之材，希望自己能成为抵御敌寇入侵的"塞上长城"，可功业未就，鬓发却已先斑白了。陆游想起三国时期的蜀汉丞相诸葛亮，他也曾为家国决意北伐，一篇《出师表》光耀千古，千载之下无人可与争辉。他也想效仿诸葛亮出师扫平中原，可这样的抱负，又有谁能理解呢？那些百般阻挠北伐、只想苟且偷安的小人，又岂会拥有这样的壮怀呢？

　　这首诗名为《书愤》，"愤"，是诗中最为突出的情绪。可究竟是什么让陆游感到愤怒？我们当然首先会想到，是金人撕毁合约、悍然无耻的入侵，是中原河山被占据，是无数流离失所的遗民再也无法返回家园。可当我们逐渐了解那段历史，便能看到另一重真相：劝说南宋皇帝中止北伐的不是金人，裁撤前线军署、勒令前线长官回京的不是金人，迫害主战派大臣、让北伐失去生根土壤的也不是金人。战争，从来不只是战场上的兵戈相向，它关乎统治者的意志，关乎朝堂上的博弈。这个道理，陆游年轻时候不明白，只以为在战场上杀退

被迫无所作为才是最深的"幽愤"，热血不能抛洒于战场，而被消磨于权力争斗中，这股不甘，足以带下九泉。

封狼居胥

最早出自汉代司马迁《史记·卫将军骠骑列传》。"封",意思是筑坛祭天;"狼居胥",是指狼居胥山。封狼居胥,即是说汉将霍去病打败匈奴后,在狼居胥山上筑坛,既为祭祀天地,也为祭奠阵亡将士的魂灵。此后,"封狼居胥"成了建立奇功的代名词。

书　愤 必背

早岁那知世事艰,
中原北望气如山。
楼船夜雪瓜洲渡,
铁马秋风大散关。
塞上长城空自许,
镜中衰鬓已先斑。
出师一表真名世,
千载谁堪伯仲间!

诉衷情·当年万里觅封侯 重点

当年万里觅封侯,匹马戍梁州。关河梦断何处?尘暗旧貂裘。　胡未灭,鬓先秋,泪空流。此生谁料,心在天山,身老沧洲。

敌人,中原就能光复,直到他真正遭到主和派打压、目睹了北伐计划数度化为泡影之后,他才真正知晓:南宋收复中原的最大阻碍,不是军队无法打败敌人,而是朝廷连出师的决定都不愿意下。"早岁那知世事艰"一句"世事艰",包含了多少对朝政时局的无奈怨愤!

这段时期,陆游又有词道:

年轻的时候,谁不欲封狼居胥。

淡~定

当年万里觅封侯,匹马戍梁州。关河梦断何处?尘暗旧貂裘。　胡未灭,鬓先秋,泪空流。此生谁料,心在天山,身老沧洲。

同样是对当年的追忆,同样关河入梦,同样字字血泪,西汉骠骑将军霍去病曾言"匈奴未灭,何以家为",以青壮之龄率军北上驱逐匈奴,使"匈奴远遁,漠南无王庭"。陆游欲效仿前人,封狼居胥,可无情的现实,却只能让他"胡未灭,鬓先秋,泪空流",落得一个空有征战边疆之志,却只能在镜湖之畔慢慢老去的结局。

铁马冰河入梦来 陆游

▶ 出自陆游《十一月四日风雨大作(其二)》

六十二岁时,陆游在朝廷的征召下再度出山,又遭主和派排挤,被罢去官职。回到家乡的陆游,在孤愤中日复一日地衰老下去。七十多岁时,他重游沈园,回顾这充满憾恨的一生,写下"伤心桥下春波绿,曾是惊鸿照影来"。

时间一转眼就到了淳熙十三年(1186),陆游已在山阴闲居了六年之久。这一年，朝廷再次起用陆游，命他到严州（今浙江建德）去做知州。此时，不愿做诗人的陆游已是诗名大盛，临行前，孝宗皇帝特意召见他，对他说："严州这个地方，山好水好，你在公务之余，可以赋诗吟咏。"孝宗觉得自己是在鼓励有才华的大臣发挥专长，可这话陆游听后是什么感受，恐怕一言难尽了。

陆游在严州广施惠政，颇受百姓爱戴。严州任满后，朝廷给陆游升了官，将他调回京师临安。不久后的淳熙十六年（1189），孝宗传位于光宗，光宗即位后，有志于励精图治，连下三诏，令文武百官为朝政之事积极建言献策。陆游上书皇帝，提出治理国家的一些建议，并再度提及北伐之事，光宗皇帝并未有所驳斥。可这样一来，主和派大臣们却又坐不住了，他们纷纷批评陆游不务正业，只知道作诗"嘲咏风月"，发表的也都是一些不切实际的言论。一些人甚至直接上疏皇帝，建议皇帝重新考虑是否要继续任用陆游。

还是那句话：众口铄金。这件事的最终结果是陆游再次被罢免，不得不离开京城，又一次回到故乡。对于政敌们的指控，他仍然在心中报以冷笑，昔年有人指责他颓放，他干脆自号为"放翁"；如今又有人说他"嘲咏风月"，他于是将家宅自题为"风月轩"，以示自己不卑不亢、清清白白的傲骨。

作品 WORKS

十一月四日风雨大作（其一）

风卷江湖雨暗村，
四山声作海涛翻。
溪柴火软蛮毡暖，
我与狸奴不出门。

十一月四日风雨大作（其二）

僵卧孤村不自哀，
尚思为国戍轮台。
夜阑卧听风吹雨，
铁马冰河入梦来。

宫闱之中永远不会缺乏新鲜故事，朝堂核心的争斗永远不会止息，可这一切与陆游都不再有太大关联。在他出生、长大的越州乡间，陆游日复一日地衰老下去，陪伴他的，只有愈来愈多、愈堆愈厚的诗稿。彼时的陆游，已经是一个垂垂老翁，此生恐怕再也不会有上前线的机会了。余生还有多长，他还能否看到大宋王师收复中原的那一天？他不知道。

光宗绍熙三年（1192）的一个冬天，风雨大作，寒风呼啸着吹过山林，那声响浩大如同漫卷的海潮。"风月轩"内，六十八岁的陆游吹熄了烛火躺在床上，却迟迟无法入睡。他的心绪繁乱，却不是在为自己的处境感到哀伤，而是在想着家国的内忧外患。夜深了，他养的猫儿已经睡熟了，他也终于有了一丝困意。可窗外的风雨声仍未止息，它们潜入他的梦里，幻化为跨越关河的万里长风，带着陆游前往那遥远的北方疆场。在梦里，陆游又回到了四十多岁的时候，西北寒风刺骨，他骑着一匹披着盔甲的战马，跨过冰封的原野与河流，驰骋在战场之上。他知道，敌军就在前方，只要击败他们，失去的山河就能收复回来，大宋就能回到全盛时的样子。

陆游是极致的"理"与"情"的矛盾融合体，与深爱的唐琬和离如此，拥狸奴梦兵戈也如此，他就像一颗软心硬糖。

次日风雨止歇，陆游从睡梦中醒来，身旁没有关山与河流，没有战场，什么都没有。他怅然若失，呆坐在窗前良久，挥笔写下了：

僵卧孤村不自哀，尚思为国戍轮台。
夜阑卧听风吹雨，铁马冰河入梦来。

在那以后，又是很多年过去，孝宗去世了，光宗也因执政的种种问题引发群臣的不满，赵汝愚、韩侂（tuō）胄（zhòu）等人在太皇太后吴氏的支持下拥立嘉王赵扩登基，是为宋宁宗。陆游依然在乡间，平静、孤独地老去。

七十多岁时，陆游重游了当年遇见唐琬的沈园，却悲伤地发现，故人不再，故园也不再是从前的样子。沈园里，楼阁亭台都已经变了模样，当年曾在春风里飘动的袅袅细柳，也已老得不能再吐出柳絮。他记得四十多年前的那天，唐琬站在似锦的繁花丛中，她的倩影倒映在波光粼粼的水面，是那样幽婉动人。沈园桥下的春水还像那年一样碧绿，可那道令人魂牵梦萦的影子已经无处找寻。在陆游的记忆里，早逝的唐琬永远是年轻美丽的样子，可他已经老了，老得满头发丝都已变白，老得即将化作稽山上的一抔黄土。——即便如此，他对唐琬的思念之情也不会磨灭，以至于四十年以后故地重游，

醉歌（节选）

读书三万卷，仕宦皆束阁。
学剑四十年，虏血未染锷。
不得为长虹，万丈扫寥廓。
又不为疾风，六月送飞雹。

雨中卧病有感

病卧穷山白发新，
不堪风雨过中春。
歌呼空倚一尊酒，
零落渐无吾辈人。
千载诗书成长物，
两京宫阙委胡尘。
非熊老子不复见，
谁吊遗魂清渭滨？

书　怀

老死已无日，功名犹自期。
清斾太行路，何日出王师？

作品
WORKS

病　起

少年射虎南山下，
恶马强弓看似无。
老病即今那可说，
出门十步要人扶。

沈园二首

其一

城上斜阳画角哀，
沈园非复旧池台。
伤心桥下春波绿，
曾是惊鸿照影来。

其二

梦断香消四十年，
沈园柳老不吹绵。
此身行作稽山土，
犹吊遗踪一泫然。

延伸阅读

陈衍《宋诗精华录》评《沈园二首》："无此绝等伤心之事，亦无此绝等伤心之诗。就百年论，谁愿有此事？就千年论，不可无此诗。"

他还会因凭吊往事而泪落潸然。

离开沈园时，陆游留下两首诗：

城上斜阳画角哀，沈园非复旧池台。
伤心桥下春波绿，曾是惊鸿照影来。

梦断香消四十年，沈园柳老不吹绵。
此身行作稽山土，犹吊遗踪一泫然。

但悲不见九州同 | 陆游

▶ 出自陆游《示儿》

陆游至死也没能看到南北一统的那一天。临终前，他留下《示儿》一诗，告诉子孙后代：待到王师收复中原之时，一定要到他的墓前，告诉他这个好消息。

宁宗庆元五年（1199），陆游七十五岁。这一年，他上书乞求致仕，得到批准。但朝中尚有大量修史工作待完成，于是在陆游七十八岁那年再次被诏入京城，参与编修国史。不久后，陆游又被授予秘书监一职。七十九岁时，国史编修完成，陆游又迎来擢升。他不欲久留于朝堂之上，再次上书提出致仕，宁宗初时不允，可陆游态度坚决，最终，宁宗只好放人。

宁宗嘉泰三年（1203），七十九岁的陆游回到山阴，度过人生最后的岁月。同样有志于恢复中原的辛弃疾前来拜访陆游，两人相谈甚欢。

南宋初年，有能力的主战派其实很多，但凡高宗时期能够齐心北伐，南渡可能就像安史之乱一样，是一个王朝插曲。

宁宗开禧元年（1205），主战派官员韩侂胄总揽军政大权。次年，宁宗皇帝正式下诏，命宋军出师北上抗金，史称"开禧北伐"。陆游得知消息，欣喜若狂，这一天，他等了太久太久。可是，因为军事准备不足、策略失当、主将用人不明等，不久后，这次北伐便以失败告终，韩侂胄也死于内部叛乱当中。主和派大臣依照金朝要求，将韩侂胄的头割下，并与金朝签订了丧权辱国的"嘉定和议"，南宋在对金关系中的地位再次降低。年迈的陆游听闻此事，悲痛不已，以致忧思成疾，不久后便卧病不起。

宁宗想战，但战机已过，这次北伐其实主战派的辛弃疾是不认可的。

思考

嘉定二年（1209），陆游怀着对北伐失败的遗憾、对山河难复的郁愤离世，享年八十五岁。临终前，他留下一首绝笔诗《示儿》，将这一生的憾恨与眷恋都写入诗中：

> 死去元知万事空，但悲不见九州同。
> 王师北定中原日，家祭无忘告乃翁。

他知道，此生已经无法得见平定中原的那一天，所以他要告诉子孙们：等到王师真的收复了中原，一统九州的时候，一定要记得到我的坟上来告诉我这件事，千万不能忘了啊！

陆游离去时，恰又是一个寒冬。朔风还是那样呼啸着席卷过大地，一如那年的边关，狂风吹过大雪弥漫的岐山。这风声回荡在弥留之际的老诗人耳畔，或许在这样的风声里，他又见到了从前无数次梦境中的景象。

这场家国大梦，他一做就是几十年。

春　游

沈家园里花如锦，
半是当年识放翁。
也信美人终作土，
不堪幽梦太匆匆。

示　儿　必背

死去元知万事空，
但悲不见九州同。
王师北定中原日，
家祭无忘告乃翁。

　　一个诗人为什么不想当诗人？这似乎是难以理解的事。一个一生写了一万首诗的人，谈什么"此身合是诗人未"呢？

　　在身份认同的纠结这一点上，陆游很像李白。读懂了李白的渴望，便能读懂陆游的希冀；而读懂了陆游的困境，也便读懂了李白当初那个"天真鲁莽"的决定。只靠写诗，救不了国——这是他们的共识。因此，他们宁可在兵荒马乱的世间为家国奔走，也不愿高踞文坛之上，做一个清高的诗人。只是最后，李白轻信永王，在永王兵败后落得一个被拘捕的下场；陆游在乡间孤独地老去，至死也没能回到魂牵梦萦的疆场。

　　人世间的事，往往就是这样阴差阳错。有人高居君王之位，却愿意当个吟风弄月的文人；有人终生沉沦下僚，却不愿靠诗才扬名天下，只求辅佐帝王，建功立业。虽然，他们最终未能得偿所愿，但这种与既定命运抗争的精神，却是值得我们学习的。

江湖雨暗村

声作海涛翻

火软盂迟暖

狸奴不出门

孤村不自哀

为国戍轮台

卧听风吹雨

冰河入梦来

万丈豪情，一世孤独

Song Ci Shan He

辛弃疾（1140—1207），原字坦夫，后改字幼安，中年后号稼轩，南宋官员、将领、文学家，豪放派词人，人称"词中之龙"；与苏轼合称"苏辛"，与李清照并称"济南二安"。

辛弃疾出生于北宋灭亡后的金国境内，自幼便立下抗金壮志。青年时期，他不满于金人的暴力统治，率领两千民众揭竿而起，后加入耿京起义军中。耿京被叛徒杀害后，他长途奔袭六百里，深入金营擒拿凶犯，再渡江南下，回归南宋，英武事迹使得他名传一时。但由于与主和派意见不合，辛弃疾归宋后的仕宦生涯，充满了曲折坎坷；朝廷的偏安政策，也让辛弃疾的北伐之梦化为泡影。最终，他在壮志难酬的失意与悲愤中离世。

对驱除鞑虏、恢复河山的热切盼望，构成了辛弃疾人生的主基调，也成了辛弃疾词的重要主题。辛词多着眼于国家、民族的现实问题，抒发慷慨激昂的爱国激情，间有沉郁顿挫的不遇之怀，堪称"以文为词"。这种风格、内容和手法上的创新，再次拓宽了词的境界，在文学史上产生了巨大影响。刘辰翁在《辛稼轩词序》中评价其词："横竖烂熳，乃如禅宗棒喝，头头皆是；又如悲笳万鼓，平生不平事并后酒，但觉宾主酣畅，谈不暇顾。词至此亦足矣。"

白釉墨彩狗、青白釉狗

生不逢时的南投战将

姓名：辛弃疾

字：坦夫、幼安

号：稼轩

故里：济南历城（今山东济南）

特长：兵法、军事、武艺、填词

登高望远，指画山河

▶ 出自辛弃疾《美芹十论》

辛弃疾的家乡，在北宋灭亡后便沦陷于金人之手。从小，辛弃疾就在祖父的影响下，立下了抗金壮志。少年时期，祖父派辛弃疾前往金都燕京，途中，辛弃疾对燕京附近的军事部署、百姓在金人统治下的悲苦生活有了更深的了解，这更加坚定了他的抗金决心。

辛弃疾出生在北宋灭亡后的第十四年（宋高宗绍兴十年，1140 年）。

那一年，英雄岳飞领兵北伐，在中原战场屡挫金兵，却在十二道班师令的催逼下，眼睁睁看着十年心血付之东流；那一年，十六岁的陆游第一次前往临安应举，目睹了那里的湖光山色、烟柳画桥与歌舞升平；那一年，宋高宗赵构坐镇朝中，宠臣秦桧侍立在侧，君臣二人却不问恢复之计，只求与金朝媾（gòu）和。

而在临安、开封以北，在渤海之南、泰山脚下，那曾诞生过无数豪杰的齐鲁大地，早已沦陷于金人之手。昔日安居乐业的百姓，在金人的统治下民不聊生；昔日钟灵毓秀的山川田野，也在金人的铁蹄下化为焦土。辛弃疾，就诞生、成长在这片焦土之中。

虽然出生于金朝的领土，但辛弃疾从未忘却自己宋人的身份。从小，他

便立下了宏伟的志向：要帮助宋廷恢复河山，将故乡百姓从金人的凌虐中解放出来。

辛弃疾自幼便能有这样的觉悟，与祖父辛赞的影响分不开。辛赞是个颇负才学的爱国之士，曾亲历过家国覆灭、山河染血的他，心中充满着对金人的刻骨仇恨。当齐鲁之地尽数沦陷于<u>金人</u>之手时，他也曾想过率领族众南迁，可家族自先祖辛维叶宋初东迁以来，便世代定居在济南，至今已有一百余年。这些年间，辛氏族人在济南开枝散叶、繁衍生息，要带着整个大家族的人南迁，谈何容易！不得已之下，辛赞还是留在了济南故乡，在金朝做了伪官。他决意用另一种方式完成报国的愿望：深入金廷内部，打探消息、收集情报，为复国做准备。

辛弃疾在辛赞身边长大，一言一行深受祖父的影响。很多年后，他仍然记得，年迈的祖父是如何带着

辛家世代忠勇，家风如此，难怪辛弃疾一心收复北地。

哇～

自己登临高楼、眺望远山的，祖父用那段残酷、屈辱的历史，告诉自己不要忘却国仇家恨。祖父还告诉辛弃疾：一辈子待在家里碌碌无为的话，是永远无法实现报国愿望的。唯有深入金人朝廷，才能知晓他们的弱点，从而制订出攻克他们的策略。于是，十四岁时，辛弃疾在祖父辛赞的安排下，前往金都燕京参加金朝的礼部考试，希望能通过入仕的方式，掌握金廷中的更多信息。除此之外，此行还有另一个重要目的：考察燕山一带的山河形势，为制订策略做足准备。十八岁那年，辛赞再次授意辛弃疾前去燕京。这一次，辛弃疾对百姓在金人残暴统治下的悲惨生活、金人在都城附近的兵力部署有了更加全面的了解。

这段往事被辛弃疾记载在了《美芹十论》的总序之中：

> 大父臣赞，以族众拙于脱身，被污虏官，留京师，历宿亳，涉沂海，非其志也。每退食，辄引臣辈登高望远，指画山河，思投衅而起，以纾君父所不共戴天之愤。常令臣两随计吏抵燕山，谛观形势，谋未及遂，大父臣赞下世。

"谋未及遂，大父臣赞下世。"正如辛弃疾自叙的那样，祖父辛赞怀揣着复国壮志，做出了种种谋划，却没有等到它们实现，便匆匆离世了。辛弃疾在祖父的影响下成长为赤胆忠心的爱国者、慷慨悲歌的豪侠，祖父却没能看到辛弃疾揭竿而起的壮举，也没能看到孙儿飞马缉杀叛党的英姿，这是至为遗憾之事。

而辛弃疾少年时的憾事不止这一件。因为立场的不同，他不得不与自小结识的知己、好友分道扬镳。辛弃疾从十岁起师从亳州名士刘瞻[1]读书，同学中有一位名叫党怀英的，天资聪颖，勤奋好学，与辛弃疾十分投机，他们的才华为时人所推崇，有"辛党"之称。但辛弃疾心中始终有灭金之志，党怀英却甘愿一心一意地为金朝效力，这是辛弃疾所难以理解的。

所求不同，心中道义不同，真正的道不同不相为谋。

----

1 《宋史》中作蔡伯坚。

党怀英认为金朝是可以效忠的对象，而辛弃疾却对自己二十年间亲眼所见的一切无法释怀。他忘不了金人肆意凌辱百姓时的丑恶嘴脸。百姓赖以生存的田地、牲畜，他们偏偏要掠夺而去；百姓至爱的亲人，在繁重的劳役下遭受着非人的对待，以致"民劳而多死于道"。这正是：

> 分布州县，半是胡奴，分朋植党，仇灭中华。民有不平，讼之于官，则胡人胜而华民则饮气以茹屈；田畴相邻，胡人则强而夺之；孳畜相杂，胡人则盗而有之；民之至爱者子孙，签军之令下，则贫富不问而丁壮必行；民之所惜者财力，营筑馈饷之役兴，则空室以往，而休息无期；有常产者困窭，无置锥者冻馁。[2]

古代先贤曾说："为政以德，譬如北辰，居其所而众星共之。"[3] 可看看金人的所作所为，哪里有半点"德行"可言？在百姓的哭号之上建立起来的政权，又有何值得效忠的地方？

宋绍兴三十一年（1161），随着金主完颜亮再度南下攻宋，辛弃疾心中也有了新的打算。他与党怀英各奔前程的日子，已经近在眼前。

壮岁旌旗拥万夫

▶ 出自辛弃疾《鹧鸪天·壮岁旌旗拥万夫》

完颜亮的南下计划，让北方百姓的处境进一步恶化。由于不堪忍受金人的统治，年轻的辛弃疾率领两千乡民起义，与耿京起义军会合。

南宋统治者宋高宗赵构，是一个求和主义者。他的人生准则大致是：能逃跑绝不镇守，能求和绝不作战。为了能偷得一时安稳，他对朝中主战派的意见充耳

2　宋代辛弃疾《美芹十论·观衅第三》。

3　《论语·为政》。

不闻，而是致力于与金人签订种种不平等的和约——**尽管他清楚地知道，这些丧权辱国的和约，并不能带来长久稳定的和平**；它们的时效，完全视金人的心情而定。

在宋金《绍兴和议》订立的二十年后，金主完颜亮觊觎南方的广大土地，撕毁和约，南下攻宋。但战争是极为耗费人力物力的事，要做足攻打南宋的准备，当然要有足够的人马、粮草、兵器、战船。这些人力与物资从哪儿来？他首先想到的，是从百姓中榨取。

就这样，随着完颜亮的积极备战，金朝统治下的百姓再次陷入了水深火热之中。兵力不够怎么办？从百姓中征调。于是，壮丁们纷纷被征召入伍，不得不与亲人辞别。物资不够怎么办？从百姓手里征收。很多人家维持生计本已困难，还要应付无休无止的上缴，这让他们贫苦的生活愈发雪上加霜。为了满足用兵的金钱之需，他们还被迫背上了繁重的税赋；为了供应大军粮草，他们要上缴家中本就不多的粮食……凡此种种，逼得百姓到了活不下去的地步。百姓比任何时候都怀念大宋的统治，遥想北宋尚未灭亡时，大家过着"耕而食，蚕而衣，富者安，贫者济"[4]的生活，多么快乐！

重压之下，必有反抗。连年的压迫，早已在百姓心中种下了起义的种子，完颜亮的南下之举，成了引发反金的导火索。一时间，各地豪杰纷纷起义，反抗金朝的残暴统治。辛弃疾对金人不满已久，不愿继续留在金朝走入仕之路，干脆率领乡众起义反金。齐鲁大地多有仗义豪雄之士，辛弃疾振臂一呼，很快便引来两千余名乡人响应。后来，辛弃疾率领这支队伍与另一位山东义士——耿京所领导的起义军会合，自己留在军中，成为耿京麾下的掌书记，负责起草文书，参与战略制订，深受耿京信赖。

当时，有个名叫义端的僧人，也集结了千余部众，起兵抗金。义端本人十分擅谈军事，辛弃疾与他交谈过，认为他是同道中人，便劝说义端率众加入耿京的起义军。可义端与辛弃疾究竟是不同的人：辛弃疾聚众起兵全无私心，全为带领乡众反抗压迫，因此在遇到势力更大的耿京军时，他不假思索，便率众

4　宋代辛弃疾《美芹十论·观衅第三》。

加入，以壮大起义军的整体力量。对于自己从起义军首领变为耿京幕僚一事，他也不甚在意，对于抗金大业来说，个人的虚名又算得了什么？

这种人纯粹是乱世投机分子，哪里有利益就投靠哪里。

然而义端不这么想。加入耿京起义军，意味着他不再是一军头目，更要时时受到他人的制约。或许是出于对权力丧失的不满，加入起义军不久，义端便从辛弃疾那里偷走了军队的印信，连夜叛逃了。耿京得知此事后大怒，想要杀掉辛弃疾——毕竟，这个无耻的叛徒是辛弃疾引荐而来的啊！面对耿京的怒火，年仅二十二岁的辛弃疾展现了超乎常人的冷静与担当。他对耿京说："给我三天时间，我去捉拿贼人。如果三天之内抓不到义端，再处死我也为时未晚！"耿京同意了。

僧人义端会带着帅印跑去哪里？辛弃疾分析，他一定会将它献给金国主帅，并将起义军内部的消息告知金人。于是，他即刻启程，策马往金军驻地方向而去，果然抓到了正匆匆赶往金营的义端。义端见到"从天而降"的辛弃疾，大

坐以待毙，不如揭竿而起！

为惊恐，于是祈求说："我识君真相，乃青兕（sì）也，力能杀人，幸勿杀我！"[5]青兕，是古代神话中一种貌似犀牛的神兽，头上长着一支角，重可达千斤，十分威武。义端这是在说：我知道你的真身便是那神兽青兕，具有能杀人的神力，行行好吧，千万别把我杀了！可辛弃疾毫不理会，手起刀落，直接斩下义端的首级，将其带回起义军中，献给耿京。耿京大喜之余，更动容于这个年轻人的智慧与胆魄，于是愈发器重他。南下投靠宋廷，便是他在辛弃疾的影响之下做出的决策。

锦襜突骑渡江初 辛弃疾

▶ 出自辛弃疾《鹧鸪天·壮岁旌旗拥万夫》

为了争取南宋朝廷的支援，耿京派辛弃疾南下与宋廷接洽，可在此期间，耿京却死于叛徒之手。辛弃疾率五十人小分队北上追凶，擒获凶徒后，再渡江返回临安，历时五十余天，往返两千多里，终于将罪人正法。

完颜亮南下不久后，即殒命于内部叛乱中。金朝易主，抗金事业却还得继续。辛弃疾认为，起义军虽声势浩大，但要长久作战，必须取得南宋朝廷的支援；如若继续孤军奋战，将会产生无穷隐患。耿京认为辛弃疾言之有理，于是在绍兴三十二年（1162）派辛弃疾与义军提领贾瑞一同南下，前往建康朝见高宗。高宗得知北方有这样一批抗金义士，非常高兴，对他们予以了嘉奖，并授耿京为天平军节度使、辛弃疾为天平军掌书记，贾瑞等起义军中的其他重要角色，也都被授予了官职。宋高宗的态度，明白无误地昭示着南宋朝廷对起义军的接纳，代表着这支民兵力量终于受到宋廷认可。在今后的作战中，他们都将获得来自朝廷的调度和支援——如果不出意外的话。

与宋廷接洽的任务达成，朝廷又给他们授了官，辛弃疾心中十分痛快。在

5 《宋史·辛弃疾传》。

建康小留了几日后，辛弃疾与贾瑞便启程返回军中，向耿京复命。不料此时，又一桩变故发生了：**义军将领张安国被金人收买，悍然叛变，耿京被杀。**

耿京是起义军的头领，骤然被叛徒杀害，影响非同小可。一时间，起义军内部群龙无首，在一次次战斗中好不容易凝聚起来的军心，化为一盘散沙。许多士兵看到首领毙命，干脆作鸟兽散，重又回到乡间务农去了。可贼人仍逍遥在外，叛国、叛军之罪不可姑息，必须有人为死去的耿京讨个说法，让天下人都知道：杀害南宋官员、挑衅大宋威严，会有怎样的下场！

在这紧要关头，年轻的辛弃疾站了出来。当时，他与贾瑞正行至海州（今江苏东海县）附近，得知消息后，他当即决定：不管张安国跑到哪里，他都要把他找出来，抓住他。他紧急集结了海州统制王世隆、起义军勇士马全福等人，组成了一支五十骑的小分队，即刻纵马北上，缉捕叛徒张安国。

张安国此时身处何方？原来，杀害耿京后，他便心安理得地接受了金人的好处，做了济州（今山东济宁）知州。这天，他正在与部将大肆宴饮，忽然之间，有人骑马闯入帐中，用绳索将他缚住，擒拿上马，真叫一个行云流水、一气呵成。张安国还没反应过来，便已被辛弃疾等人擒获。

见此情形，**帐中金将无一不是目瞪口呆**，回神后连忙纠集部众、策马追逐，终究还是失了闯入者的踪迹。自济州脱出后，五十人马不敢有丝毫松懈，又是昼夜疾驰，一路奔往南宋都城——临安，终于顺利将张安国交给朝廷治罪。面对种种罪状，张安国无法狡辩，只能伏法，后于临安街头被斩首示众。这个杀害起义军首领的叛徒、暗中勾结敌国的罪人，终于得到了应有的惩罚。

"安国方与金将酣饮，即众中缚之以归，金将追之不及。献俘行在，斩安国于市。"这是《宋史》中对这桩缉凶事件的记载。今天我们读这行文字，会觉得辛弃疾一行人深入敌营、捉拿叛贼，简直轻易得如同探囊取物一般，但实际上，当年他们面对的困难，可要比史书上记载的多得多。从海州到济州，沿途六百多里，尽为金人领土，要如何在金国境内缉拿金人官

员，擒获之后又该如何平安折返，都是他们需要考虑的问题。此行之凶险，不言而喻。再者，张安国做了济州长官后，麾下部众多达五万人，**要以五十人之力深入五万人众，再由其中突围而出，**根本就是"万军之中取上将首级"，难度可想而知。然而，辛弃疾一行人做到了，还做得这么果断、这么漂亮：从海州出发到济州，再从济州缉获贼人返回临安，这样遥远的路程，这样艰巨的任务，他们仅用了五十余天，便圆满完成。

> 太厉害了！

哇~

可以想见，这件事为当时的南宋带来了怎样的震撼。在高宗的偏安政策笼罩下，南宋朝野已经沉寂了太长时间，南宋军民已经太久没有听见战场上令人激动的消息，太久没有看见英雄人物的出现。可如今，辛弃疾等人深入敌营、虏获叛贼、全身而退的事迹，**就像平地里的一声惊雷一般，**让人们看到了抗金事业的希望，为人们带来了极大的精神鼓舞，就算是平日里最懦弱的人，听闻此事后都激动万分。当时著名的文学家洪迈在《稼轩记》中，生动地记述了时人对此事的反应：

> 如同在死水中溅起浪花，让麻木的人重燃热血！

开心

"壮声英慨，懦士为之兴起，圣天子一见三叹息。"

就这样，辛弃疾出了名。此时，起义军大部分已溃散，他也无意返回北方，于是决定留在南宋领土内，一心一意为南宋效力。高宗接纳了他，并任命他为江阴签判——虽品级不高，但辛弃疾从未参与南宋科举便能入仕为官，已代表了朝廷对他的别样恩惠。

也正是在这一年，高宗退位，宋孝宗赵昚即位。赵昚素有恢复中原之志，即位之初便为岳飞的冤案平反，他对抗金之事的态度，比起高宗赵构要积极许多，这让朝中的主战派群臣看到了收复山河的希望，也让辛弃疾的心中充满了报国斗志。无限光明的未来似乎就在眼前，这一年，辛弃疾才二十三岁。

生怕见、花开花落，朝来塞雁先还

▶ 出自辛弃疾《汉宫春·立春日》

轰轰烈烈的隆兴北伐开始了，辛弃疾却在江阴过着无人问津的生活。隆兴北伐失败后，主和派抬头，辛弃疾写下《美芹十论》，劝说皇帝坚定用兵决心。可是，他用心写下的平戎之策，没有得到任何回应。

然而，之后的发展，却并不如辛弃疾所料。

宋孝宗即位后，重用主战派大臣张浚，并于隆兴元年（1163）命张浚领兵，开展隆兴北伐，以图收复北方失地，提升南宋在对金关系中的地位。初时，北伐取得了一些成效，但很快便暴露出了很多问题：首先是前线将领关系失和，导致各部之间非但不能配合作战，反而互相牵制，矛盾不断。其次，自《绍兴和议》签定后的二十余年间，宋廷一直奉行主和政策，疏于练兵，致使南宋军队军心涣散、战斗力下降。而最主要的问题，还出在隆兴北伐的两位重要推动者——孝宗与张浚身上。张浚志大才疏，在北伐中展现的作战指挥水平难谈上乘；孝宗思虑不周，在做出重要决策时屡次失误。种种因素累加在一起，终于使隆兴北伐走向了失败的结局。最终，金军大败宋军于宿州符离郡，**随后宋金签署了《隆兴和议》。**

符离之败，击溃了隆兴北伐的宏图愿景，也击溃了孝宗恢复中原的雄心。随着张浚作战失利、朝中主和派抬头，孝宗开始越来越多地向主和派倾斜，他不再一味积极地谋划抗金，而是在战与和之间摇摆不定。

战争如果一直赢，可以掩盖很多矛盾，一旦输了，就暴露出更多矛盾。

那么，从孝宗即位到筹划北伐，再到宋军兵败的黯然收场，这段时间辛弃疾在做什么呢？这样一个年少成名的抗金志士，想来不是奔波于战场之上，就是运筹帷幄于军帐之中吧！然而，事实却是：他什么也没做。

如果孝宗知人善任，让辛弃疾主导北伐，会不会迎来不一样的结局？

思考

江阴签判，本就是一个清闲的地方小官，职责与军事作战丝毫不相关，这让曾经活跃于抗金战场上的辛弃疾十分不适应。想来，力主议和的高宗授予他这个官职，固然是表示嘉奖，却也并不希望他在抗金事业上真有什么突出成就。一边是轰轰烈烈的北伐，另一边是自己**独居江阴无人问津**，这让辛弃疾心里很不是滋味。可他别无办法，只能在闲暇之时写词自娱：

春已归来，看美人头上，袅袅春幡。无端风雨，未肯收尽余寒。年时燕子，料今宵、梦到西园。浑未办、黄柑荐酒，更传青韭堆盘？　　却笑东风从此，便熏梅染柳，更没些闲。闲时又来镜里，转变朱颜。清愁不断，问何人、会解连环？生怕见、花开花落，朝来塞雁先还。

眼看着时间一天天地过去，自己却只能在江阴做个闲人，他好愁啊！要如何才能像解连环一样地解开自己心中的愁绪？他不知道。他只怕年华渐老，自己也会无所事事地老去，只能闲看花开花落，无言送大雁飞去——可山河未复，人难北还，又怎忍见得雁子北归呢？

辛弃疾虽身处江阴任上，却仍密切关注着朝堂上的风吹草动。隆兴北伐失败后，主和派对张浚等人的声讨不断，而辛弃疾却敏锐地发现，有一些批评的声音并不客观：它们的重点，并不是对失败原因的客观分析，而是对出兵北伐这一基本决策的批判。辛弃疾看得明白，这根本就是主张投降的那批人在借题发挥，企图搞垮政敌。他们想趁张浚作战失利的机会，彻底瓦解孝宗皇帝的作战意志，让主战派永远无法翻身。

可是，北伐的决策真的是错的吗？并非如此。南宋统治者曾惧怕金人如畏惧猛虎，可在金国境内出生、长大的辛弃疾知道，金国并不是坚不可摧的敌人，其内部政治斗争、民族矛盾严峻，这让它的实际国力远不如看上去的那样强悍。况且，曾经活跃在抗金战场上的宗泽、岳飞、韩世忠等人，不是也用赫赫战绩证明了，南宋不是没有可胜之机吗？辛弃疾曾亲眼见过百姓在金人统治下的悲惨生活，只有收复故地，让他们重回大宋的荫庇之下，才能将他们从被凌虐的痛苦中解救出来。更重要的是，即使订立和议能保障一时和平，也终究不是长久之计。南宋若长久偷安下去，军民斗志、官兵战斗力将会进一步折损，若金朝在此期间厉兵秣马、整顿上下、提升国力，则南宋

汉宫春·立春日

春已归来，看美人头上，袅袅春幡。无端风雨，未肯收尽余寒。年时燕子，料今宵、梦到西园。浑未办、黄柑荐酒，更传青韭堆盘？　　却笑东风从此，便熏梅染柳，更没些闲。闲时又来镜里，转变朱颜。清愁不断，问何人、会解连环？生怕见、花开花落，朝来塞雁先还。

何时复我旧河山！

必将迎来灭亡的结局。

辛弃疾想，自己不能再坐视张浚等人遭受攻击了，他必须做点什么，劝说皇帝不要放弃出兵的决意，不要对收复故地失去信心。于是，他将自己多年来在金地观察所得的信息、自己对宋金战争的看法、对金朝内部形势的分析、对作战方针的建议尽数写了下来，形成了《审势》《察情》《观衅》《自治》《守淮》《屯田》《致勇》《防微》《久任》《详战》十篇军事论文。详观其内容，无一不是观点明确、条理清晰、有理有据。

十篇中，《审势》写的是金朝的整体形势，陈述了金朝必将灭亡、也应当被灭亡的主基调；《察情》写的是对金人惯用手段的分析，以及南宋应采取的应对策略；《观衅》写的是金朝内部的种种问题；《自治》是对"南北有定势"观念的看法，劝说南宋君王应有一统南北的格局；《守淮》是陈述淮河一带的用兵方略；《屯田》是讲如何优化屯田之法，在解决军需的同时，缓解原本的屯田法引发的社会矛盾；《致勇》是说如何提振军队士气；《防微》是建议皇帝广开言路，笼络人心，防止有人被敌方收买，泄露秘密；《久任》是坚定皇帝的用人信念，劝说皇帝不要因为一时的胜败，就撤销对主战派的信任；《详战》则是对南宋作战策略的具体性陈述。这十篇论文，每一篇都有其侧重点，串联起来，便勾勒出了对金作战的形势与策略全貌，作者之用心，可见一斑。

文章著成后，辛弃疾取"野人美芹而献于君"的典故，将其合称为《美芹十论》，又将序文附在卷首，作为对写作背景的介绍。乡间野人不知什么是好东西，将自己喜爱的芹子献给贵人品尝，虽说来滑稽，可待人的一片真心却十分可贵。辛弃疾将自己的论著称为《美芹十论》，正是希望通过这些心血之作，让君王感受到他报国的拳拳忠心。可让他失望的是，当他将十论进奏于孝宗之后，却没有得到任何答复。

生不逢时，如果辛弃疾遇到的是神宗，燕云十六州都能拿回来了。

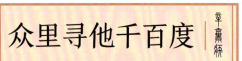

众里寻他千百度 辛弃疾

▶ 出自辛弃疾《青玉案·元夕》

时间一天天流逝，辛弃疾这把"宝刀"却始终没有用武之地。他向宰相虞允文上《九议》，再次被忽视。忧国忧民、郁愤不平的他，在临安的上元夜写下了《青玉案·元夕》。

江阴任满后，辛弃疾被改任为广德军通判，后又改为建康府通判。之间又度过了数年时光。

辛弃疾到建康府时，已是乾道四年（1168），他本人已经二十九岁。此时距离他归宋，已过去了六年，生命中的黄金年华，就在年复一年的赋闲与等待中慢慢消磨掉了。到达建康后，他开始愈来愈多地创作词，他要将心中的不平之气都写入词中，唯有这样，他才觉得心头瘀积的块垒能消散一些。

建康城西有一座赏心亭，下临秦淮河，极尽观览之胜，辛弃疾经常登临此亭，眺望远山寒江，抒发怀古之思，感慨兴亡之事。俯仰古今，他以东晋名臣谢安自比，抒发怀才不遇的忧愁。谢安本是寄情山水的风流人物，为匡扶朝政，出山入仕，却因遭受谗言被皇帝疏远，以致在宴席上听闻筝曲《怨诗》后，情不能自已，泪下沾巾。辛弃疾一心报国却不得重用的心境，与谢安何其相似！于是，他挥笔写下：

> 当年五十人奇袭五万人军帐，俘获敌将的行动派，不得不无所事事地消磨生命。
>
> 呜呜

我来吊古，上危楼，赢得闲愁千斛。虎踞龙蟠何处是？只有兴亡满目。柳外斜阳，水边归鸟，陇上吹乔木。片帆西去，一声谁喷霜竹？　却忆安石风流，东山岁晚，泪落哀筝曲。儿辈功名都付与，长日惟消棋局。宝镜难寻，碧云将暮，谁劝杯中绿？江头风怒，朝来波浪翻屋。

念奴娇·登建康赏心亭呈史留守致道

我来吊古，上危楼，赢得闲愁千斛。虎踞龙蟠何处是？只有兴亡满目。柳外斜阳，水边归鸟，陇上吹乔木。片帆西去，一声谁喷霜竹？　却忆安石风流，东山岁晚，泪落哀筝曲。儿辈功名都付与，长日惟消棋局。宝镜难寻，碧云将暮，谁劝杯中绿？江头风怒，朝来波浪翻屋。

满江红·点火樱桃

点火樱桃，照一架、荼蘼如雪。春正好，见龙孙穿破，紫苔苍壁。乳燕引雏飞力弱，流莺唤友娇声怯。问春归、不肯带愁归，肠千结。　层楼望，春山叠。家何在？烟波隔。把古今遗恨，向他谁说？蝴蝶不传千里梦，子规叫断三更月。听声声、枕上劝人归，归难得。

春归时，他向北眺望故乡，只见千波回阻，万山相隔，那片他魂牵梦绕的齐鲁大地，终究是远隔在望也望不见的远方。他在失落中写道：

点火樱桃，照一架、荼蘼如雪。春正好，见龙孙穿破，紫苔苍壁。乳燕引雏飞力弱，流莺唤友娇声怯。问春归、不肯带愁归，肠千结。　层楼望，春山叠。家何在？烟波隔。把古今遗恨，向他谁说？蝴蝶不传千里梦，子规叫断三更月。听声声、枕上劝人归，归难得。

好在，此时的宋孝宗并未完全被主和派劝服。乾道五年（1169），孝宗再次起用主战派大臣虞允文为相，筹划北伐大计。乾道六年（1170），孝宗召辛弃疾入京，询问他对于南北形势、用兵策略的看法。在华丽巍峨的延和殿上，辛弃疾侃侃而谈，他对于时局的深刻

真的很难理解孝宗的思维，一个熟悉北地和金廷的战将，却在北伐中得不到重用。

无语

认识、对攻守之道的独特见解，让孝宗皇帝印象深刻。此后，辛弃疾被授予了**司农寺主簿一职**，留在京中。

对于辛弃疾来说，能在临安就职，是接近主战派核心、为北伐献策的绝好机会。他将《美芹十论》中的重要观点再做提炼、整理，又结合时局补充了一些要点，写成九篇文章，合称《九议》，进献给宰相虞允文。辛弃疾对虞允文的反应寄予厚望，他甚至在文章中提出：这些论述都是在讲收复大计，如果您想知道更加详细的内容，我可以为您逐一讲解。可是，这一番苦心再次落空了——他没有等到任何回音。

　　自己积极建言，却被朝廷一再忽视，这让辛弃疾感到心灰意冷。耿直的辛弃疾没有想到的是，在朝言事，有能言之事，也有不能言之事。他的《九议》中，涉及对孝宗和虞允文先前一些决策的否定，这必然是虞允文不乐意见到的，《九议》不被采纳，大概率与此有关。但即便辛弃疾不对这些决策进行批判，《九议》就一定能受到当轴者们的重视吗？也未必。考察种种征象，我们不得不质疑：孝宗所谓的"广开言路"，是真的打算听取旁人的建议吗？还是说，真正的话语权仍然把持在那几个心中已有定计的头头脑脑身上？想来应当是后者。

　　乾道七年（1171）的新春，辛弃疾在都城临安度过。宋金之间边事未定，而临安城兀自张灯结彩，宛如升平之世。上元之夜，临安的街边挂满了花灯，远远看去如同春风吹开了千树繁花；一簇簇焰火在空中盛放，余烬落下时，就像是一场会发光的雨。来看花灯的京中贵人络绎不绝，他们那华丽的马车经过时，留下满街馥郁的香气。凤箫声在城中回荡，明月渐渐西沉，而那些鱼龙彩灯仍在不知疲倦地飞舞，人们通宵达旦地赏灯作乐，这喧嚣与欢闹仿佛永远没有尽头。

北伐想成功，必得上下其心，不计个人得失，这在当时的南宋朝廷太难了。

—唔

好事近·西湖

日日过西湖，冷浸一天寒玉。山色虽言如画，想画时难邈。　　前弦后管夹歌钟，才断又重续。相次藕花开也，几兰舟飞逐。

青玉案·元夕 必背

东风夜放花千树。更吹落，星如雨。宝马雕车香满路。凤箫声动，玉壶光转，一夜鱼龙舞。　　蛾儿雪柳黄金缕，笑语盈盈暗香去。众里寻他千百度，蓦然回首，那人却在，灯火阑珊处。

可在这一派歌舞升平的氛围中，辛弃疾却是一个格格不入的角色。他游走在南宋领土最繁华的城池之中，西湖畔的千灯烂漫，是甘愿偏安的宋廷为自己编织的一个美梦。他忧心于家国的未来，无力于南宋朝廷的粉饰太平，可所有人都沉浸在寻欢作乐之中，谁又能理解他的心事？那首著名的《青玉案·元夕》，便是在这时写成的：

　　东风夜放花千树。更吹落，星如雨。宝马雕车香满路。凤箫声动，玉壶光转，一夜鱼龙舞。　　蛾儿雪柳黄金缕，笑语盈盈暗香去。众里寻他千百度，蓦然回首，那人却在，灯火阑珊处。[6]

"众里寻他千百度，蓦然回首，那人却在，灯火阑珊处。"他在寻找什么？对于这首词的解读，历来众说纷纭。有人说，他只是在寻找一位一见难忘的美人；有人说，他在寻找一个能够理解自己的知己；有人说，灯火阑珊处的"那人"，是借用了屈原"香草美人"的语意，以美人指代君王；更有人说，"那人"是指已经失落于金人之手的北宋都城汴京，唯有如此，"那人"才配得上辛弃疾千百次的寻觅，因为辛弃疾是那样一个热爱大宋江山、心怀天下百姓的人。

"那人"究竟是谁，恐怕只有辛弃疾自己才能说清。但无论词人寻觅的对象是何人何物，有一点是无疑的，那就是词中流露出的顾影自怜、遗世独立的情绪。"众里寻他千百度"，在满城的欢声笑语之间，唯有辛弃疾是一个失魂落魄、寻寻觅觅的人。而他追寻的"那人"，也不在烟火最盛之处，而是静静地伫立在灯火寥落的角落，这恰恰

6　关于这首词的系年，有多种说法。有人认为作于南宋乾道七年（1171），有人认为作于淳熙元年（1174）或淳熙二年（1175），也有人认为创作于淳熙十四年（1187），还有人认为创作于淳熙九年（1182）至绍熙二年（1191）之间。无论哪种说法，都不影响人们对本词内涵的解读。此处用乾道七年之说。

表明了作者的心迹：他的自我、他要追求的东西，都不在烟火红尘之中。世人在灯火通明间起舞，情愿用享乐麻痹自我，而辛弃疾的目光，却看向灯火阑珊的地方——那一刻，他是狂欢中的清醒者，也是人世间最孤独的人。

无人会，登临意 辛弃疾

▶ 出自辛弃疾《水龙吟·登建康赏心亭》

岁月流转，辛弃疾继续着他的仕宦生涯。虽然也在滁州等地做出了政绩，但南宋对"归正人"的排斥、北伐的停滞不前，还是让辛弃疾感到年华渐老、壮志难酬。

乾道八年（1172），辛弃疾出任滁州知州。自《绍兴和议》被撕毁后，滁州屡遭兵祸，城中建筑被焚毁殆尽，百姓只能栖身于草棚瓦砾之间。安抚百姓，重建城邑，是辛弃疾首先需要着手的事。他在滁州"宽征薄赋，招流散，教民兵，议屯田"[7]，让人们重新振作起来，齐心协力重建家园。

民心安定下来了，房屋盖起来了，可辛弃疾并不满足于此，他要让滁州更加富庶。为了振兴商业，辛弃疾主持建造了一座"繁雄馆"，让往来的商旅行客有落脚的地方。繁雄馆的落成，吸引了四方行商前来，滁州街市又热闹起来，地方经济得到了很大的发展。

在辛弃疾的治理下，滁州面貌很快便焕然一新，呈现出欣欣向荣的蓬勃之景。为了让滁州父老能有登高游娱的场所，辛弃疾又修建了一座"奠枕楼"，楼名取"安居在此，高枕无忧"之意。登楼远眺，只见城外山川秀美，城内民生安乐，昔日的焦土废墟，重又焕发了曾让"醉翁"倾心的光彩。

在滁州时，辛弃疾也十分关注朝中动向。他向君相上书，议论金国形势，但让他感到失望的是，孝宗自几

辛弃疾真是干啥都厉害！

---

7 《宋史·辛弃疾传》。

作品 WORKS

水龙吟·登建康赏心亭

楚天千里清秋，水随天去秋无际。遥岑远目，献愁供恨，玉簪螺髻。落日楼头，断鸿声里，江南游子。把吴钩看了，栏杆拍遍，无人会，登临意。　休说鲈鱼堪脍，尽西风，季鹰归未？求田问舍，怕应羞见，刘郎才气。可惜流年，忧愁风雨，树犹如此！倩何人唤取，红巾翠袖，揾英雄泪！

年前开始谋划的北伐行动，至今仍是一纸空谈，朝廷向北发兵之日依然遥遥无期。他只能像安史之乱后悲叹"秋槐叶落空宫里，凝碧池头奏管弦"的王维一样，徒然悲歌："管弦凝碧池上，记当时、风月愁侬。翠华远，但江南草木，烟锁深宫。"[8]

辛弃疾没有在滁州停留太长时间。一年后，他因病离任滁州太守，回到位于京口（今江苏镇江）的宅第中休养。又过不久，朝廷任命他为江东安抚司参议官，于是他又一次来到了建康。淳熙元年（1174）秋天，三十五岁的辛弃疾登上熟悉的赏心亭，只见楚地秋色无垠，山光水色还如旧时一般美丽，而他却已在岁月的消磨中逐渐老去了。十年弹指一挥间，他不忍去想，自南归以来，自己已经蹉跎了十余年的岁月，少年时收复山河的壮志，不知何时才能有实现的一天。他将眼前的凄清秋景、心中的悲慨豪情啸入词中，写就一阕《水龙吟》：

楚天千里清秋，水随天去秋无际。遥岑远目，献愁供恨，玉簪螺髻。落日楼头，断鸿声里，江南游子。把吴钩看了，栏杆拍遍，无人会，登临意。　休说鲈鱼堪脍，尽西风，季鹰归未？求田问舍，怕应羞见，刘郎才气。可惜流年，忧愁风雨，树犹如此！倩何人唤取，红巾翠袖，揾英雄泪！

在两宋词坛上，苏轼与辛弃疾是公认的两杆"豪放派"大旗。北宋苏轼以其灵心慧眼、豪宕胸怀，将万事万物写入词中，大大扩展了词的题材范围，开拓了词的表现领域，独开豪放一派；南宋辛弃疾嗣苏轼余响，词风亦多以豪放为主，大力抒写爱国之志，这便是郭沫若先生给

8　宋代辛弃疾《声声慢·开元盛日》。

予辛弃疾"铁板铜琶,继东坡、高唱大江东去"评价的原因。不过,虽同为豪放派词人,苏辛二人的写作题材与写作风格仍有所不同。

苏轼不曾亲历金戈铁马的战争年代,"战争"并不是他词中的主角。他又是个天性豁达的人物,对什么都能想得开、放得下,因此在豪放风格上,他更偏向于"放"的一面。《江城子·密州出猎》是他为数不多的涉及沙场描写的作品之一,词中有"会挽雕弓如满月,西北望,射天狼"的描述,但这明显是对从军生活的一种理想化想象,其作用并不在议论战争本身,而在于彰显自己的豪情壮志。

辛弃疾与苏轼不同。他成长在一个血与火的年代,少年时便奉祖父之命考察金国山川形势,青年时便策马驰骋在乱世烽烟中,杀敌寇,擒叛党,对抗金斗争有着深刻认知。对驱除鞑虏、收复山河的热切期盼,构成了辛弃疾生命中的主色调,也便成了他词创作的重要主题。可朝廷怯于用兵,南北一统遥遥无期。辛弃疾没有苏轼那样放旷的性格,他放不下对家国的挂念,因此他的词更偏向"豪"的一面,重点表达心系天下的豪情与收复故土的宏愿。这首《水龙吟·登建康赏心亭》,便是辛弃疾豪放词中的代表作。且看辛弃疾如何着墨:

"楚天千里清秋,水随天去秋无际。"开篇便是楚地的千里秋色,那景象既凄清又辽阔,让读者瞬间便置身于一幅萧瑟的秋水晚景图中。接下来,"遥岑远

声声慢·滁州旅次登楼作

征埃成阵，行客相逢，都道幻出层楼。指点檐牙高处，浪涌云浮。今年太平万里，罢长淮、千骑临秋。凭栏望，有东南佳气，西北神州。　千古怀嵩人去，还笑我，身在楚尾吴头。看取弓刀陌上，车马如流。从今赏心乐事，剩安排、酒令诗筹。华胥梦，愿年年、人似旧游。

声声慢·开元盛日

嘲红木犀。余儿时尝入京师禁中凝碧池，因书当时所见。

开元盛日，天上栽花，月殿桂影重重。十里芬芳，一枝金粟玲珑。管弦凝碧池上，记当时、风月愁侬。翠华远，但江南草木，烟锁深宫。　只为天姿冷澹，被西风酝酿，彻骨香浓。枉学丹蕉，叶底偷染妖红。道人取次装束，是自家、香底家风。又怕是，为凄凉、长在醉中。

目，献愁供恨，玉簪螺髻。"举目远眺，只见江南那层层叠叠的远山，如同美人头上的玉簪、螺状的发髻一般，虽是秀丽，却引发了词人的无限忧愤。这忧愤因何而生？下一句即给出答案："落日楼头，断鸿声里，江南游子。"夕阳西下，孤雁啼鸣，这是极凄凉的光景。而词人这个生于北方、客居江南的游子，正如离群的大雁一般孤寂。唐人李贺曾有诗云："男儿何不带吴钩，收取关山五十州。"看看如今的自己吧！**空有一身武艺、一腔壮志豪情**，却只能"把吴钩看了，栏杆拍遍"，叹息"无人会，登临意"。

成年人的憋闷，壮志难酬，此前多少努力汗水，割舍牺牲，都空付了。

辛弃疾好用典故，往往能将历史故事、名人词章巧妙地化用至词中，为词增色。这首《水龙吟·登建康赏心亭》的下片，首句"休说鲈鱼堪脍，尽西风，季鹰归未"便借用了西晋张翰的典故，表达归乡之思。张翰，字季鹰，在洛阳为官时，见秋风起于洛水，便思念起故乡吴中的菰菜、莼羹、鲈鱼脍，于是放下功名利禄，返回家乡。"求田问舍，怕应羞见，刘郎才气"一句，则是用三国时期许汜的典故，嘲笑自己如今的处境：自己就像许汜一样，做着那些置地买房的短浅事情，倘若见到了刘备这般胸怀气魄的人，怕是要无地自容了！"可惜流年，忧愁风雨，树犹如此"接连化用自苏轼的《满庭芳》和庾信的《枯树赋》，表达目前情势的严峻：时光稍纵即逝，国家风雨飘摇，人也在这样的消磨中逐渐老去，怕是再也没有能实现抱负的那一天。可即便如此，又能怎么办呢？既然这世上没有理解、怜悯他的人，谁又会在乎他独对着滔

滔江水、漫天残阳，老泪纵横呢？唯有请人唤来那红巾翠袖的歌女，"揾英雄泪"罢了。

辛弃疾是孤独的，只不过人们常常因为其豪放，而忽视了他的孤独。他主张对金用兵，却始终无法真正进入到南宋朝廷的主战派势力中；他用心写就的万言平戎策，从未得到南宋君相的半点回应；他视大宋为生身母亲，毅然离开故乡土地，南下投宋，却被贴上了"归正人"的标签，受到猜忌与歧视。年华渐老而壮志难酬，这是辛弃疾的悲哀；但放任有识之士不用，更不顾中原民心，狭隘地将"归正人"排挤在外，这是南宋朝廷的悲哀。

西北望长安，可怜无数山

辛弃疾词

▶ 出自辛弃疾《菩萨蛮·书江西造口壁》

由于右丞相叶衡的举荐，辛弃疾终于得以一展才能。在平定了茶商的武装暴动后，辛弃疾迎来了一系列升迁，

菩萨蛮·书江西造口壁

郁孤台下清江水，中间多少行人泪。西北望长安，可怜无数山。　青山遮不住，毕竟东流去。江晚正愁余，山深闻鹧鸪。

满江红·汉水东流

汉水东流，都洗尽、髭胡膏血。人尽说、君家飞将，旧时英烈。破敌金城雷过耳，谈兵玉帐冰生颊。想王郎、结发赋从戎，传遗业。　腰间剑，聊弹铗。尊中酒，堪为别。况故人新拥，汉坛旌节。马革裹尸当自誓，蛾眉伐性休重说。但从今、记取楚楼风，裴台月。

可他并未因此感到快乐。

幸而，上苍没有让辛弃疾这样的人才被全然埋没。数月后，右丞相叶衡向孝宗举荐辛弃疾。应皇帝召见，辛弃疾再次前往京中。这次会面，再次加深了孝宗皇帝对他的印象。隔年，湖南、江西一带有茶商武装军发起暴动，辛弃疾主动请缨讨伐，随即被授为江西提点刑狱官，赶往赣州进击茶商军，很快便大获全胜，这让他进一步得到了孝宗的嘉许和信赖。他被升了官，以江陵知府兼湖北安抚使的身份移镇江陵，之后又任湖北、湖南转运副使，后又被提拔为湖南安抚使，成为权震一方的封疆大吏。

辛弃疾的才能，终于真正地被当权者看到了。可他心中的忧愁，便能就此消除了吗？

在江西任上时，刚刚平定茶商暴动，辛弃疾没有沉湎于胜利的喜悦，而是远望重山，忧心故土难复，写下：

郁孤台下清江水，中间多少行人泪。西北望长安，可怜无数山。　青山遮不住，毕竟东流去。江晚正愁余，山深闻鹧鸪。

在江陵时，他没有沾沾自喜于仕途的升迁，而是一心征战沙场、抗金报国，写下：

汉水东流，都洗尽、髭胡膏血。人尽说、君家飞将，旧时英烈。破敌金城雷过耳，谈兵玉帐冰生颊。想王郎、结发赋从戎，传遗业。　腰间剑，聊弹铗。尊中酒，堪为别。况故人新拥，汉坛旌节。马革裹尸当自誓，蛾眉伐性休重说。但从今、记取楚楼风，裴台月。

在湖北转运副使任上时，他叹息北伐化为泡影，感伤壮志难酬，写下：

更能消，几番风雨？匆匆春又归去。惜春长怕花开早，何况落红无数。春且住，见说道，天涯芳草无归路。怨春不语，算只有殷勤，画檐蛛网，尽日惹飞絮。　　长门事，准拟佳期又误，蛾眉曾有人妒。千金纵买相如赋，脉脉此情谁诉？君莫舞，君不见，玉环飞燕皆尘土。闲愁最苦，休去倚危栏，斜阳正在，烟柳断肠处。

在湖南安抚使任上，他怀古视今，痛惜南宋文恬武嬉、萎靡不振的局面，写下：

汉中开汉业，问此地，是耶非？想剑指三秦，君王得意，一战东归。追亡事，今不见，但山川满目泪沾衣。落日胡尘未断，西风塞马空肥。　　一编书是帝王师，小试去征西。更草草离筵，匆匆去路，愁满旌旗。君思我，回首处，正江涵秋影雁初飞。安得车轮四角，不堪带减腰围。

辛弃疾希望驰骋在抗金战场上，可朝廷派给他的任务，只是镇压境内的盗匪流寇、平定农民起义而已。它们非但与抗金之事全无关系，反而让他看到了更多南宋统治下的阴暗面，这让他感到痛苦无奈。青年时曾投身起义的辛弃疾知道，如果不是面临过重的生存压力，百姓也不会揭竿而起，因此他无法视这些农民起义军为仇敌。他向皇帝上奏，为民请命："田野之民，郡以聚敛害之，县以科率害之，吏以乞取害之，豪民以兼并害之，盗贼以剽夺害之，民不为盗，去将安之？……欲望陛下深思致

淳熙己亥，自湖北漕移湖南，同官王正之置酒小山亭，为赋。

更能消，几番风雨？匆匆春又归去。惜春长怕花开早，何况落红无数。春且住，见说道，天涯芳草无归路。怨春不语，算只有殷勤，画檐蛛网，尽日惹飞絮。　　长门事，准拟佳期又误，蛾眉曾有人妒。千金纵买相如赋，脉脉此情谁诉？君莫舞，君不见，玉环飞燕皆尘土。闲愁最苦，休去倚危栏，斜阳正在，烟柳断肠处。

木兰花慢·席上送张仲固帅兴元

汉中开汉业，问此地，是耶非？想剑指三秦，君王得意，一战东归。追亡事，今不见，但山川满目泪沾衣。落日胡尘未断，西风塞马空肥。　　一编书是帝王师，小试去征西。更草草离筵，匆匆去路，愁满旌旗。君思我，回首处，正江涵秋影雁初飞。安得车轮四角，不堪带减腰围。

盗之由，讲求弭盗之术，无徒恃平盗之兵！" 9

在江西、两湖一带辗转仕宦的日子如水一般地逝去，在这段时间里，辛弃疾一直等待着、盼望着，希望有哪一天，能从临安传出北伐的消息，希望自己能接到皇帝的诏令，到战争的最前线去，为国家抛头颅、洒热血。可是，他什么也没有等到。他开始对这样的生活感到厌倦了，而他也敏锐地察觉到，宋孝宗用兵的意志，似乎一年比一年萎靡。但出于强烈的责任心，他不可能真的将本职工作弃之不顾。在江西、湖南、湖北等地为官时，辛弃疾都颇有政绩，其中最具代表性的，是建立了"飞虎军"。

那是在湖南安抚使任上的时候。辛弃疾观察形势，认为湖南当地常备军力量薄弱，不足以应对起义、暴动等突发事件，便上书朝廷，提出要创建一支新军，并将之命名为"飞虎军"。孝宗认为此事有理，于是予以批准。

创建新军并不简单，军士的选拔、军营的营建、资金的来源，无一不是辛

9　见《宋史·辛弃疾传》。这段话的大意是：普通百姓，深受郡、县、官吏、豪强、盗贼的欺压，不起而为盗，又能怎么办呢？希望陛下深思导致盗贼之祸的根本原因，讲究消弭盗贼的方法，不要只依靠兵力镇压。

弃疾需要操心的事。不过，这些事项再麻烦，辛弃疾也总能凭借智慧、经验解决，但有一个问题，是他无论如何也解决不了的，那就是朝中人的议论。辛弃疾性格豪爽直率，言行无忌，在朝中可谓是"异类"，有一些人先前就看他不顺眼。他们得知辛弃疾要耗费巨资成立飞虎军后，便找到了攻讦他的借口：有人嘲讽说，辛弃疾是为了自己耍威风，功利心太重；有人诬陷说，辛弃疾为了快速获得资金，搜刮当地民脂民膏；还有人唱反调说，根本就没有必要成立什么飞虎军，把湖南原本的官兵挤一挤、练一练，怎么就无人可用呢？

搜刮民脂民膏一说显然是子虚乌有，对此，辛弃疾本人也用资金来源的详细记录做出了有力澄清；飞虎军建立后，当地治安有了较大提升，盗贼不起、百姓安居，这样的成绩，是对那些嘲讽声音的最好回击。可是，**多数大臣对辛弃疾创立飞虎军一事的反对态度，本身已足够说明一些问题**，比如南宋朝堂的恐惧变革、死水一潭，比如辛弃疾在朝中的孤立无援。而飞虎军的建立，也终究成了辛弃疾被弹劾的导火索之一。

此时的南宋朝廷积重难返，想做事的人反而被群起而攻之。

无语

醉里挑灯看剑，梦回吹角连营 辛弃疾

▶ 出自辛弃疾《破阵子·为陈同甫赋壮词以寄之》

壮志尚未实现，辛弃疾便受到台臣弹劾，被罢去官职。无奈之下，辛弃疾归去带湖之畔，开始了长达十年的闲居。在那里，他结识了志同道合的朋友，与他们的交往，重又点燃了辛弃疾心中的英雄之气。

淳熙八年（1181）冬天，刚由江西安抚使改官为两浙西路提点刑狱公事的辛弃疾接到诏令，内容竟是罢免他的所有官职。弹劾他的人是台臣王蔺，理由

沁园春·带湖新居将成

三径初成，鹤怨猿惊，稼轩未来。甚云山自许，平生意气；衣冠人笑，抵死尘埃。意倦须还，身闲贵早，岂为莼羹鲈脍哉。秋江上，看惊弦雁避，骇浪船回。　东冈更葺茅斋。好都把轩窗临水开。要小舟行钓，先应种柳；疏篱护竹，莫碍观梅。秋菊堪餐，春兰可佩，留待先生手自栽。沉吟久，怕君恩未许，此意徘徊。

水调歌头·盟鸥

带湖吾甚爱，千丈翠奁开。先生杖屦无事，一日走千回。凡我同盟鸥鹭，今日既盟之后，来往莫相猜。白鹤在何处？尝试与偕来。　破青萍，排翠藻，立苍苔。窥鱼笑汝痴计，不解举吾杯。废沼荒丘畴昔，明月清风此夜，人世几欢哀？东岸绿阴少，杨柳更须栽。

菩萨蛮·稼轩日向儿童说

稼轩日向儿童说。带湖买得新风月。头白早归来，种花花已开。　功名浑是错，更莫思量着。见说小楼东，好山千万重。

是"用钱如泥沙，杀人如草芥"，将辛弃疾直接打成了一个贪赃枉法、中饱私囊、杀人如麻的恶棍形象。可辛弃疾究竟是不是这样的人，孝宗皇帝真的不知道吗？何以一见弹劾奏章，便立刻将辛弃疾罢官？——这背后也另有缘由。

辛弃疾好写词，他的那些词作品，早已在民间流传开来，其中屡屡提及向北发兵、收复中原之事，更不乏有对懦弱的南宋朝廷的不满。在当权者看来，这些词极大地挑战了宋廷的权威，因此辛弃疾在宋孝宗心中的地位一落千丈。再加上朝中之人素来对辛弃疾的微词、辛弃疾"归正人"的敏感身份，在孝宗眼中，辛弃疾的形象愈发危险起来。王蔺对辛弃疾的弹劾，想来正好遂了孝宗的心意，于是他不顾辛弃疾过去的种种功绩，直接将他一罢到底。你不是对朝廷不满吗？干脆哪儿凉快哪儿待着去吧！

罢官后的辛弃疾能去何处呢？好在，还在江西安抚使任上时，他便为自己物色了一个好住处。在信州（今江西上饶）城外，有一片风光秀美的湖泊，湖面狭长如宝带。辛弃疾甚是喜爱这片湖泊，将之命名为"带湖"，并买下了湖边的一块土地，打算在此营建新居。在遭到弹劾之前，他在带湖的美宅便已将近完工，为此，他还写词庆祝：

三径初成，鹤怨猿惊，稼轩未来。甚云山自许，平生意气；衣冠人笑，抵死尘埃。意倦须还，身闲贵早，岂为莼羹鲈脍哉。秋江上，看惊弦雁避，骇浪船回。　东冈更葺茅斋。好都把轩窗临水开。要小舟行钓，先应种柳；疏篱护竹，莫碍观梅。秋菊堪餐，春兰可佩，留待先生手自栽。沉吟久，怕君恩未许，此意徘徊。

当时的辛弃疾，在连年奔波之下，早已疲于吏事，因此词中流露出些许隐逸之念。他多想在这里休憩一阵，过过闲适的田园生活，可又怕负了皇帝重望，因此不敢贸然归隐。现在好了，**皇帝直接罢了他的官，他还怕什么"君恩未许"呢？** 直接归去带湖罢了！

真正的心寒，是即使热血未凉，也情愿深埋心底，不再表露。

思考

就这样，这头铁血青兕在带湖之畔"躺平"了。他将新居的主建筑起名为"稼轩"，并自号为"稼轩居士"，表明了隐居不出之意。自己是因何而引来嫉恨，又是因何而被免官，他看得清清楚楚。对于近来这段波折，他宽慰自己："器才满后须招损，镜太明时易受尘。终日闭门无客至，近来鱼鸟却相亲。" [10]

10　宋代辛弃疾《有以事来请者效康节体作诗以答之》。

即事二首（其二）

百忧常与事俱来，
莫把胸中荆棘栽。
但只熙熙闲过日，
人间无处不春台。

清平乐·为儿铁柱作

灵皇醮罢，福禄都来也。试引鹅雏花树下，断了惊惊怕怕。　　从今日日聪明，更宜潭妹嵩兄。看取辛家铁柱，无灾无难公卿。

八声甘州·故将军饮罢夜归来

夜读《李广传》，不能寐。因念晁楚老、杨民瞻约同居山间，戏用李广事，赋以寄之。

故将军饮罢夜归来，长亭解雕鞍。恨灞陵醉尉，匆匆未识，桃李无言。射虎山横一骑，裂石响惊弦。落魄封侯事，岁晚田园。　谁向桑麻杜曲，要短衣匹马，移住南山？看风流慷慨，谈笑过残年。汉开边、功名万里，甚当时、健者也曾闲？纱窗外、斜风细雨，一阵轻寒。

贺新郎·同父见和，再用韵答之

老大那堪说。似而今、元龙臭味，孟公瓜葛。我病君来高歌饮，惊散楼头飞雪。笑富贵千钧如发。硬语盘空谁来听？记当时、只有西窗月。重进酒，换鸣瑟。　事无两样人心别。问渠侬：神州毕竟，几番离合？汗血盐车无人顾，千里空收骏骨。正目断关河路绝。我最怜君中宵舞，道"男儿到死心如铁"。看试手，补天裂。

美丽的带湖，为辛弃疾带来了无穷的慰藉。他喜欢倚杖在湖边漫步，欣赏那碧波荡漾的美景："带湖吾甚爱，千丈翠奁开。先生杖履无事，一日走千回。"[11] 他在带湖畔的家园里种植花草，坐看花木映衬着湖上的无边风月，心中感到十分惬意："稼轩日向儿童说。带湖买得新风月。头白早归来，种花花已开。功名浑是错，更莫思量着。见说小楼东，好山千万重。"[12] 他努力从失意中走出来，还作诗讲述自己的人生感悟："百忧常与事俱来，莫把胸中荆棘栽。但只熙熙闲过日，人间无处不春台。"[13] 他希望孩子们能在这样安稳的环境中平安长大，不要像自己一样颠沛流离、遭人讥谗："看取辛家铁柱，无灾无难公卿。"[14]

世间际遇说也奇妙，辛弃疾在朝中为官时，"孤危一身"[15] "年来不为众人所容"[16]，归隐带湖后，却结识了许多知己。**在这些人中，有的是力主恢复的朝中前辈，有的是与辛弃疾一样，被投降派打压的平辈好友。** 正因有这些同道中人的存在，卜居田园的辛弃疾才能壮心不死，乃至用日益沉雄开阔的词笔，写出更加铿锵有力的词章。

有能力的主战派要么被冷落，要么被针对。

无语

韩元吉是辛弃疾隐居后结识的前辈。他曾官至吏部尚书，在朝中时力主恢复，更曾奉朝廷之命出使金国，沿途观察敌情，为南宋收复中原之事献计献策，著名爱国

11　宋代辛弃疾《水调歌头·盟鸥》。

12　宋代辛弃疾《菩萨蛮·稼轩日向儿童说》。

13　宋代辛弃疾《即事二首（其二）》。

14　宋代辛弃疾《清平乐·为儿铁柱作》。

15　宋代辛弃疾《论盗贼札子》。

16　宋代辛弃疾《论盗贼札子》。

诗人陆游也是他的好友。先前，他与辛弃疾未曾谋面，如今韩元吉致仕、辛弃疾罢官，两人同样隐居上饶，这才有了结识的机会。他们的年岁相差甚大，但抗金雪耻的报国之志却是同样的，因此聊得格外投机。在韩元吉六十七岁的寿辰上，辛弃疾写词祝寿，词中既有对国事的忧心，亦表达了愿与韩公一同收拾河山的雄心壮志，自首句而下，字字句句如同破空而来，笔力万钧，气势非凡：

> 渡江天马南来，几人真是经纶手？长安父老，新亭风景，可怜依旧！夷甫诸人，神州沉陆，几曾回首！算平戎万里，功名本是，真儒事，公知否？　况有文章山斗，对桐阴、满庭清昼。当年堕地，而今试看，风云奔走。绿野风烟，平泉草木，东山歌酒。待他年，整顿乾坤事了，为先生寿。

陈亮，字同甫，他是辛弃疾的同辈之人，"才气超迈，喜谈兵"[17]，素来主张抗金。淳熙五年（1178）时，他便因反对和议招致主和派的敌视，被诬入狱。面对种种诽谤和打压，陈亮毫不退缩，出狱之后，心性反而更加坚定。淳熙十五年（1188）冬天，陈亮来到上饶，到访已在此闲居七年的辛弃疾，两人同游鹅湖，意气相投，临别时仍依依不舍。别后，两人屡有诗词唱和，辛弃疾曾为陈亮遥寄《西江月》一词，其中"我最怜君中宵舞，道'男儿到死心如铁'。看试手，补天裂"一句，可谓有裂石穿金之力，遂成千古名句。但在辛弃疾写给陈亮的词中，最著名的还要数那首《破阵子》：

> 醉里挑灯看剑，梦回吹角连营。八百里分麾下

17 《宋史·陈亮传》。

水龙吟·甲辰岁寿韩南涧尚书

渡江天马南来，几人真是经纶手？长安父老，新亭风景，可怜依旧！夷甫诸人，神州沉陆，几曾回首！算平戎万里，功名本是，真儒事，公知否？　况有文章山斗，对桐阴、满庭清昼。当年堕地，而今试看，风云奔走。绿野风烟，平泉草木，东山歌酒。待他年，整顿乾坤事了，为先生寿。

贺新郎·别茂嘉十二弟

绿树听鹈鴂，更那堪、鹧鸪声住，杜鹃声切。啼到春归无寻处，苦恨芳菲都歇。算未抵、人间离别。马上琵琶关塞黑，更长门翠辇辞金阙。看燕燕，送归妾。　将军百战身名裂。向河梁、回头万里，故人长绝。易水萧萧西风冷，满座衣冠似雪。正壮士、悲歌未彻。啼鸟还知如许恨，料不啼清泪长啼血。谁共我，醉明月？

破阵子·为陈同甫
赋壮词以寄之 必背

醉里挑灯看剑，梦回吹角连营。八百里分麾下炙，五十弦翻塞外声。沙场秋点兵。　马作的卢飞快，弓如霹雳弦惊。了却君王天下事，赢得生前身后名。可怜白发生！

炙，五十弦翻塞外声。沙场秋点兵。　马作的卢飞快，弓如霹雳弦惊。了却君王天下事，赢得生前身后名。可怜白发生！

那晚他于醉中挑灯看剑，在映照宝剑的烛火熄灭后，他梦见的是什么？是军营里的号角阵阵，是塞上的琵琶声声。他梦见营中的战士们个个英姿勃发，大家大笑着饮酒，分食着鲜美的牛肉；在秋高马肥的季节，他们昂首立在沙场之上，接受将军的阅兵。他梦见自己骑着骏马在战场上飞驰，他手挽长弓射杀敌人，弓弦的响声就像霹雳一样令人心惊。他要这样一直驰骋下去，直到将敌寇驱逐出中原，直到为大宋君王完成天下一统的大业，在生前、在死后都留下为国立功的赫赫威名！

——这是辛弃疾的梦，是陈亮的梦，是陆游、韩元吉，以及天下无数爱国志士的梦。战，必须要战。不战，何以驱逐金人？不战，何以恢复中原？只要朝廷一声令下，他们便愿意于草莽之间站起身来，抖一抖身上的尘埃，擦亮手中的宝剑，翻身上马，披挂上阵，纵然此去家山万里、马革裹尸，亦无怨无惧。宋金对峙的时势，造就了这一批忠肝义胆、铁血报国的英雄豪杰，可对于英雄来说，最大的遗憾不是埋骨沙场，而是将年华空耗在无望的等待上：不知道朝堂上的风向何时逆转，不知道君王何时决意出兵，不知道中原百姓何时才能回归大宋的怀抱。柔美的带湖之水浸老了英雄骨，稼轩之内宝剑生锈、明珠蒙尘，中宵梦醒，长淮以北依旧是神州陆沉。此情此景，令人徒然感叹："可怜白发生！"

六百里追击，夺敌将于千倍于己的军阵中，那些热血、豪情，都已恍若隔世。

千古兴亡多少事？悠悠

辛弃疾

▶ 出自辛弃疾《南乡子·登京口北固亭有怀》

在等待与闲居中，辛弃疾来到了人生的暮年。辛弃疾六十多岁时，朝廷决定北伐，辛弃疾认为时机未到，却无人肯听取他的意见。北伐失败，辛弃疾回到铅山，再未出山。

在带湖边上，辛弃疾一住就是十年。正如他自己在词中所说，他已日渐呈现出衰老之态：他的头发白了，还掉了几颗牙齿。五十岁那年，他前往当地的博山寺，有人惊讶于他的衰老，他还写词自嘲："头白齿牙缺，君勿笑衰翁。"[18] 站在人生暮年，回望半生沉浮，他说：

少年不识愁滋味，爱上层楼。爱上层楼，为赋新词强说愁。 而今识尽愁滋味，欲说还休。欲说还休，却道天凉好个秋。

年少时根本不懂什么是真正的愁，只在登楼远望时为了写出新词，勉强说一些愁闷的话。那时候他哪里知道，真正深重的愁思，是藏在心底、哽在喉头，说不尽、道不出的啊！

光宗绍熙二年（1191），辛弃疾被朝廷重新起用，出任福建提刑，后加为福建安抚使。其间，他与理学大家朱熹过从甚密，并与陈亮再次晤面。不久以后，陈亮去世。绍熙五年（1194），辛弃疾再遭弹劾，罢职还家。

---

18 宋代辛弃疾《水调歌头·元日投宿博山寺，见者惊叹其老》。

丑奴儿·书博山道中壁 必背

作品 WORKS

少年不识愁滋味，爱上层楼。爱上层楼，为赋新词强说愁。 而今识尽愁滋味，欲说还休。欲说还休，却道天凉好个秋。

临江仙·钟鼎山林都是梦

钟鼎山林都是梦，人间宠辱休惊。只消闲处过平生。酒杯秋吸露，诗句夜裁冰。 记取小窗风雨夜，对床灯火多情。问谁千里伴君行。晓山眉样翠，秋水镜般明。

未几，带湖庄园失火，他便将住处迁移至铅山瓢泉，在那里长久地定居下来。

宋宁宗庆元六年（1200）的一天，有客人来辛弃疾家中拜访，大谈功名之事，六十一岁的辛弃疾也因而追思起了少年往事，即席作成一首小令：

壮岁旌旗拥万夫，锦襜突骑渡江初。燕兵夜娖银胡䩮，汉箭朝飞金仆姑。
追往事，叹今吾，春风不染白髭须。却将万字平戎策，换得东家种树书。

那个曾一呼百应、揭竿而起的年轻人是谁？那个突破金兵防线南下，教"圣天子一见三叹"的青年俊杰又是谁？那真的是自己吗？怎么如今回想起来，竟恍如隔世啊！他想起三十多年前，江阴春色满城、繁花似锦，年轻的自己坐在案前，聚精会神地写下长达万言的《美芹十论》。可他用热情与心血写就的平戎策，换来的只是君相们的漠然。

辛弃疾这一生，又何尝不似他的《美芹十论》呢？对于不愿平戎的南宋朝廷来说，平戎之策不过是毫无用处的东西；对于不愿出战的偷安君臣们来说，力主用兵的辛弃疾等人，显得也是如此不合时宜。辛弃疾老了，他老在了林泉田园之间，他曾珍之重之的那万言平戎策，也被拿去向邻人换了种树书，曾经"壮岁旌旗拥万夫，锦襜突骑渡江初"的少年英雄，老去竟蹉跎至此，让人怎能不喟叹！

宁宗嘉泰三年（1203），随着主战派官员韩侂胄逐渐掌握大权，一批主战人才再次被起用，六十四岁的辛弃疾被任命为绍兴知府、浙东安抚使，隔年调任为镇江知府。得知朝廷的用兵倾向，辛弃疾精神大振，赴任后便积极备战，为未来的北伐做着准备。可辛弃疾不知道的是，不出两年时间，这场仓促的北伐就要开始了。

宁宗开禧元年（1205），在宋宁宗与韩侂胄的共同推动下，"开禧北伐"启动在即。在这朝野上下的主战派欢欣鼓舞的时刻，辛弃疾却认为，南宋所做的准备还远远不够，此时出兵，并不是合适的时机。然而，宁宗与韩侂胄决心已定，箭在弦上，不得不发，怀着对时局的种种忧虑，年迈的辛弃疾登临北固亭，写下了《永遇乐·京口北固亭怀古》：

> 千古江山，英雄无觅，孙仲谋处。舞榭歌台，风流总被，雨打风吹去。斜阳草树，寻常巷陌，人道寄奴曾住。想当年，金戈铁马，气吞万里如虎。 元嘉草草，封狼居胥，赢得仓皇北顾。四十三年，望中犹记，烽火扬州路。可堪回首，佛狸祠下，一片神鸦社鼓。凭谁问：廉颇老矣，尚能饭否？

北固亭，坐落于镇江北固山，南邻东吴铁瓮城，北临长江，于亭中远望，可见长江滚滚、山形巍峨，当年辛

鹧鸪天·欲上高楼去避愁

欲上高楼去避愁，愁还随我上高楼。经行几处江山改，多少亲朋尽白头！ 归休去，去归休，不成人总要封侯。浮云出处元无定，得似浮云也自由。

鹧鸪天·壮岁旌旗拥万夫

有客慨然谈功名，因追忆少年时事，戏作。

壮岁旌旗拥万夫，锦襜突骑渡江初。燕兵夜娖银胡䩮，汉箭朝飞金仆姑。 追往事，叹今吾，春风不染白髭须。却将万字平戎策，换得东家种树书。

永遇乐·京口北固亭怀古 （必背）

千古江山，英雄无觅，孙仲谋处。舞榭歌台，风流总被，雨打风吹去。斜阳草树，寻常巷陌，人道寄奴曾住。想当年，金戈铁马，气吞万里如虎。 元嘉草草，封狼居胥，赢得仓皇北顾。四十三年，望中犹记，烽火扬州路。可堪回首，佛狸祠下，一片神鸦社鼓。凭谁问：廉颇老矣，尚能饭否？

南乡子·登京口北固亭有怀

何处望神州？满眼风光北固楼。千古兴亡多少事？悠悠，不尽长江滚滚流。　年少万兜鍪，坐断东南战未休。天下英雄谁敌手？曹刘，生子当如孙仲谋。

辛弃疾纪念祠楹联
郭沫若

铁板铜琶，继东坡高唱大江东去；美芹悲黍，冀南宋莫随鸿雁南飞。

弃疾登临时，见到的就是这样的景色。这片辽阔的江山，见证过东吴霸主孙权的雄图伟业，见证过南朝宋武帝刘裕的北伐功勋，可如今，他们与当时的遗迹，都化入了长江的烟涛之中，再难寻觅。

往事已矣，可对于正在发生的事情，辛弃疾不能不顾。因此，在词的下阕，他用南朝宋文帝刘义隆的故事做出警示："元嘉草草，封狼居胥，赢得仓皇北顾。"——若是急于求成，贸然出兵，只会落得失败的下场。可是，他能将这警示说与谁听，谁又会听他的呢？"四十三年，望中犹记，烽火扬州路。"此时距他锦襜突骑、渡江南下，已经过去了四十三年之久，他这把四十三年未曾出匣的宝刀，已不再是操刀上阵杀敌的首选了。

辛弃疾这一生，是与南宋命途相错的一生。孝宗隆兴北伐时，辛弃疾太年轻，皇帝不了解他的能力，朝堂上没有他的话语权，他只能在江南一隅，坐看能力平庸的张浚将北伐引至失败的结局；宁宗开禧北伐时，他已太过年迈，皇帝不以他为主持北伐的主要力量，而将希望寄托在轻敌冒进的韩侂胄身上。"时来天地皆同力，运去英雄不自由。"生不逢时的辛弃疾，将生命中的黄金时光空耗在了等待、悲叹中，终其一生，他也没有遇到信赖他、支持他的明主。他为恢复中原研究过无数计策，曾为北伐无数次地上谏，可是在归宋后的四十多年里，自始至终，没有任何一个君王愿意认真听听他的想法，仔细看一看他的平戎策，愿意视他为北伐的中流砥柱。一句"廉颇老矣"，叹的却是到老也不能为君王所用的自己。

开禧北伐的后续发展，果然如辛弃疾所料。因将帅冒进、军事准备不足等，北伐以失败告终。但那已与辛弃疾无关。早在朝廷正式发兵之前，辛弃疾便又一次身陷政治风波之中：他受到谏官攻击，遭到降职。这场变故应当对他的心态影响很大，是以之后的一连串任命都被他推辞了。后来，他带着满心的疲惫回到了铅山，终其一生，未再出关。

开禧三年（1207）秋天，六十八岁的辛弃疾于铅山家中病逝，临终前，犹勉力高呼："杀贼！杀贼！"

辛弃疾在世时，策略多不被君王采纳，当他去世后，这位杰出将才的先见之明才真正在历史的云埃之中显露出来。

乾道八年（1172）时，辛弃疾曾在《论亡虏疏》中说："仇虏六十年必亡，虏亡而中国之忧方大。"这是辛弃疾以一个军事家、战略家的眼光，对宋、金两国做出的预言。

公元 1234 年，在辛弃疾说出预言的六十二年后，金国在南宋与蒙古的南北夹击下灭亡。而在这之后发生的事情，也正如辛弃疾所说：金国覆灭后，真正的危机才开始浮现。南宋与蒙古之间，开始了长达四十余年的对峙。

公元 1279 年，南宋与蒙古军队在崖山展开了大规模海战，这是宋元之间的最终决战。此战中，南宋残余势力全军覆没，忠臣陆秀夫背负少帝赵昺投海自尽，赵宋皇族八百余人跳海殉国。追随其后的是宋室大臣与十万军民，他们眼见祖国覆灭，宁死不愿降敌，纵身跃入海浪风涛之中。至此，南宋灭亡。

崖山海战，是南宋留给历史的最后一面，也是享国三百一十九年的赵宋王朝最后一次的吐息。这个典丽而文弱的王朝，以无比悲壮的方式迎来了她的终局，留下那些传奇的故事与词章，在海风中流传不息。

何处家国

公元 1162 年，当二十三岁的辛弃疾擒获叛徒张安国后南下、突骑渡江、返回临安时，他大概预想不到，这是他与山东故乡的永别。奔涌的长江之水，是一道天然的界限，他出生并长大的故乡在界限以北，他念兹在兹的家国在界限以南。在二者之间，他毫不犹豫地选择了后者。为此，他付出了离开族人、空耗半生、成为"异类"的代价，但他无怨无悔。

如辛弃疾这样的人，毕竟是少数。更多的人，选择了留在故乡，留在自己熟悉的那片土地上。时间具有抹平一切的力量，它让人们学会了适应，学会了忘记。自那年烽火扬州路后，四十三载春秋转瞬即逝。四十三年后，昔日的年轻将才已垂垂老矣，昔日对金人统治怨声载道的民众，也已习惯了这样的生活。"可堪回首，佛狸祠下，一片神鸦社鼓。"百姓们已不再敌视新的统治者，转而参拜起他们的神庙——这是心怀收复失地之愿的辛弃疾最不忍见到的事。

四十三年后，偏安已久的南宋终于决定北伐，但它来得已经太迟太迟。被南宋朝廷遗忘的百姓，终究也会将南宋抛诸脑后，到最后流下血泪的，唯有那些心存不甘的爱国志士。

参考资料

岳飞

[1]（宋）谢起严. 忠文王纪事实录 [M]. 北京：北京图书馆出版社，2006.

[2]（元）脱脱. 宋史 [M]. 北京：中华书局，1985.

[3] 郭光. 岳飞集辑注 [M]. 郑州：中州古籍出版社，1997.

陆游

[4]（宋）陆游，夏承焘，吴熊和，陶然. 放翁词编年笺注 [M]. 上海：上海古籍出版社，2019.

[5]（元）脱脱. 宋史 [M]. 北京：中华书局，1985.

[6]（清）赵翼. 陆放翁年谱. 载于宋人年谱丛刊 [M]. 成都：四川大学出版社，2023.

[7] 于北山. 陆游年谱 [M]. 上海：上海古籍出版社，2017.

[8] 上海辞书出版社文学鉴赏辞典编纂中心. 宋词鉴赏辞典 [M]. 上海：上海辞书出版社，2023.

辛弃疾

[9]（宋）辛弃疾. 美芹十论 [M]. 广州：中山大学出版社，2012.

[10]（宋）辛弃疾，邓广铭. 稼轩词编年笺注 [M]. 上海：上海古籍出版社，2016.

[11]（元）脱脱. 宋史 [M]. 北京：中华书局，1985.

[12]（清）辛启泰，吴洪泽. 稼轩先生年谱. 载于宋人年谱丛刊 [M]. 成都：四川大学出版社，2023.

[13] 邓广铭. 辛弃疾传 辛稼轩年谱 [M]. 上海：生活·读书·新知三联书店，2017.

[14] 辛更儒. 辛弃疾新传 [M]. 北京：北京联合出版公司，2023.

[15] 王水照. 宋代文学通论 [M]. 上海：复旦大学出版社，2022.

[16] 上海辞书出版社文学鉴赏辞典编纂中心. 宋词鉴赏辞典 [M]. 上海：上海辞书出版社，2023.